政协文史"亲历、亲见、亲闻"文库

辛亥革命

·第六辑·

《"三亲"文库》编纂工作委员会　编

中国文史出版社

1911年11月3日，上海同盟会和光复会发动起义。次日，上海“光复”。图为上海民军占领江南制造局。

1911年11月5日，上海各界商议成立沪军都督府。图为开会时合影。

民军“光复”上海后，派兵保护沪宁车站。

1911年11月5日，江苏“和平光复”。12月2日，南京被江苏、浙江、上海革命党人组织的江浙联军攻克。图为向南京挺进的浙军。

被联军攻克的南京富贵山炮台。

民军占领南京后的雨花台。

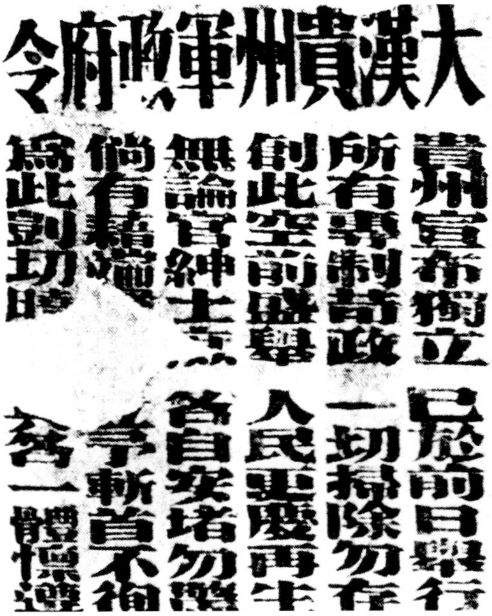

大漢貴州軍政府令

貴州宣布獨立　已於前日舉行
所有專制苛政　一切掃除勿存
創此空前盛舉　人民更慶再生
無論官紳士民　各自安堵勿驚
倘有藉端滋事　斬首不徇
爲此剴切曉　務一體懍遵

1911 年 11 月 3 日，贵州陆军小学率先起事，新军也发动起义。4 日，大汉贵州军政府成立。图为大汉贵州军政府成立时发布的安民告示。

1911 年 11 月 4 日，贵州军政府枢密院成立。图为主要成员合影。

目　录

第六辑　各方响应

（江苏、贵州）

辛亥上海"光复"前后

傅　孟　李健青　李净通　余芷江　张志鹤
林道源　贾粟香　张斯麟　周　斌　唐执夫*

一　"光复"前的活动

傅墨正：武昌起义后，形势一度危急。如果上海不赶快响应，

---

*　傅孟：时任沪军第二团第一营营长，后任江苏都督府上校参谋。
新中国成立后，任上海市文史研究馆馆员。
李健青：时为上海交通大学学生。
李净通：时任上海《时事新报》编辑。
余芷江：时在沪军都督府总务处任职，南北议和时任南方代表团秘书。
张志鹤：时任上海川沙厅议事会议员，后任江苏省民政司总务科长兼代教育科长，江苏省行政公署第二科科长。
新中国成立后，任上海市文史研究馆馆员。
林道源：时为上海南市商团团员，后任浙江省定海水陆军总司令、镇江警察厅行政科长。
新中国成立后，任上海市文史研究馆馆员。
贾粟香：时为敬业学堂教员。
张斯麟：时任江浙联军参谋处长，后任北京政府派驻俄沃木斯克中国军事代表。
新中国成立后，任上海市文史研究馆馆员。
周斌：时为上海湖州旅沪公学学生。
唐执夫：时任袁世凯的参议、侍从武官，后任陆海军大元帅统率办事处总务厅厅长兼任军需处处长，总统府机要处长，后兼代参谋次长。
新中国成立后，任上海文史研究馆馆员。

各省起义就要推迟，辛亥革命恐不能迅速成功。上海“光复”后，浙江、苏州、镇江、南京在政治、经济和军械上都曾得到上海很大的支援。上海为中外瞩目之地，一旦起义，影响很大。所以，上海的独立是辛亥革命的转折点。

李健青：我很同意傅老的看法。上海未独立之前，只有湖南、陕西、九江、南昌、山西、云南等6处响应武昌起义。上海独立，东南响应，关系全局很大。

李净通：辛亥上海“光复”的准备工作，如运动军警以及联系青洪帮，都是陈其美去进行的。“光复”时，我在《时事新报》任编辑。“光复”前一天的上午，我亲见陈其美来报馆说：“明天上海就要‘光复’了。”果然，到了当天深夜，就有访员来报告，陈其美已率领部队进攻制造局。到了天明，全市即悬白旗。稍迟，访员又来报告，陈其美已做了沪军都督。

严谔声：上海“光复”时，陶成章在不在上海？青洪帮是谁去联系的？

傅墨正：陶成章当时在上海。当时，同盟会和青洪帮的联系是很秘密的，只有横的联系，没有纵的联系，所以没有参加联系工作的人不知道。

余芷江：各省的革命党人到上海后，或到哈同花园，或到“铁笔报”（即在大陆报馆楼上另辟一室；“铁笔报”只是一个机关，没有出版过）。起义前，陈其美、宋教仁，蔡元培等在“铁笔报”研究，究竟是先以全力支援湖北还是先在上海起义。后来因为湖北形势不好，乃决定先在上海起义，以为声援。进攻制造局以前，已与各方有接洽，让进攻的部队在沪军营集合，也是因为事先有过接洽的缘故。陈其美和各方面的联系工作是做得很好的。“铁笔报”本来只有吴稚晖、柳亚子、戴天仇、叶楚伧这些人，后来陈其美也参加了。

贾粟香：我晓得李平书常在小花园一个馆子里请客，请的都是地方自治机关里的人。

林道源：那个馆子叫“都益处”。

余芷江：当时，时报馆楼上有一个“息楼”，对外称“俱乐部”，吃吃喝喝的地方，其实，里面都在搞政治活动。赵凤昌、沈恩孚、李平书、狄平子、袁希涛、陈冷、雷奋、史良才（史量才）、龚子英等，都是息楼里面的人物。姚文楠、袁希涛、陆文麓没有参加辛亥上海“光复”。雷奋和陈冷是郎舅。赵凤昌是湖北候补知府，张之洞手下的一个红人。他住在上海，与同盟会南北方的人都有接触，是一个跑腿朋友。

严谔声：是不是可以说，息楼是以张謇为首呢？

余芷江：可以这样说，但他不常到。狄平子也是一个重要人物。

张志鹤：张謇是江苏独立的首脑。由程德全领衔的江苏独立的电稿，据说是张謇在苏州铁路旅馆拟就后交程拍发的。

余芷江：我记得有一份电报是沈恩孚起草的，张謇看过。电报底稿一直在我家里，抗战时被日军搜去了。这份电稿内容是江浙士绅要求清帝退位的。本来要张謇起稿，张说，清廷对他还有点恩，他起不了手，所以改推沈恩孚起草，由张謇、汤寿潜两人领衔发出。以后又有军政界程德全领衔的电报，也是要求清帝退位的。

傅墨正：听说苏州程德全独立，是上海独立之后同盟会派章梓去活动的结果。

张志鹤：江苏都督府民政司以李平书为司长，沈恩孚为副司长。民政司下分总务、教育、实业、交通、警务各科。李平书因在上海沪军都督府任民政总长，并不到司办事。史量才在民政司任实业科科长，但也不去办事，因其时张謇为盐政督办，史正受张命筹办松江盐务。

二　进攻制造局

余芷江：进攻制造局的日期，是在信成银行（南市毛家弄码头）协商，最后在郯嬛里“尚义队”里商定的。

林道源：进攻制造局前，商团休息的地方就在汉口路云南路口郯嬛里，名为“尚义队”，凡商团团员住居在租界者在此集合。

贾粟香：进攻制造局的时候，只有商团，没有军队。商团去了多少人我不知道。商团开到制造局，起先并没有进攻。当时也没有人说起有陈其美参加。陈其美忽然站出来说，他来说服守卫制造局的军队，可以不流血。这时，李平书才晓得陈其美也在场。陈其美对张楚宝的军队做了一番演说。军队方面认为他既不是沈恩孚，又不是李平书，不理会他，并出其不意，把他拖了进去。外面要里面释放，里面不放；外面就要进攻，里面说：“不睬！”正在相持不决的时候，忽然有人说：“张楚宝溜掉了。”有人说：“张楚宝既然溜了，上吧！”于是才开枪进攻。里面也还枪。伤人不多。有人就去制造局后门放火。道台衙门和右营衙门都烧起来了。因为大家都知道那天夜里要攻制造局，所以清朝的那些官吏都早已溜走。老百姓皆安然无恙。放火以后，制造局算是攻下来了。大家进去以后，陈其美还绑在那里，故陈后来有“一榜（绑）都督”之称。

林道源：攻制造局，除商团外，刘福彪的敢死队大有力量。

余芷江：刘福彪原来是在邑庙卖拳头的。攻打制造局的时候，他本来是打前队的，即敢死队。打不进去，他退下来，退到老西门外万生桥。制造局后由伶界潘月樵等和商团部分团员攻入。刘后为福字营营长，我未见过这人。

傅墨正：刘福彪后来做福字营营长，驻在斜桥附近。

严谔声：刘福彪的福字营是临时搞起来的吧？

傅墨正：只有几十人，临时组织的。那时，有几十几百人就号称营，号称军。也没有什么武器，有几个炸弹就行了。

余芷江：关于进攻制造局的情形，据亲自参加攻打制造局的许奇松先生告诉我说：进攻时，有商团、民军（包括敢死队福字营）和伶界人士，先在沪军营集合。陈其美拿来了两只箱子，里面全是手枪、步枪和炸弹，发给大家并叫大家臂缠白布。陈其美自己拿了一面白旗，大叫“冲呀”！大家从沪军营一冲冲到制造局。到了那里，陈其美先进去说服总办张楚宝，没有结果，反而被张扣留，绑在会客室。大家把陈被扣的事去报告留守救火联合会的商团等，于是决定进攻。这时，张楚宝已经逃走，李平书也已从制造局出来了。大家推李平书做进攻制造局的总司令。李平书乃委托李英石。李英石是骑马的，看见过的人说，他骑在马上，一点也不神气。

闸北方面的革命党人知道南市方面制造局打不下来，就派人去支援。一直打到天亮，制造局的前门打不进去，改打后门，还是打不进去。那时，制造局附近有一家小店，店老板看见这个情况，就说：

“打不进就烧吧！”他还捐了十几听火油。一烧，制造局前门的守卫就乱了。制造局就是这样攻进去的。

傅墨正：攻制造局时，我不在上海。我听曾经参加攻制造局的俞凤韶说，攻的时候，商团是进去的，还有伶界的许多人。和陈其美同时进去的还有高尔登，都被绑起来。他们被绑起来以后，外面急了，由杨谱笙和俞凤韶到闸北，向闸北警察署署长陈汉卿恳求共同攻制造局，这才把陈其美救了出来。杨谱笙和俞凤韶是夜里一两点钟到闸北的。第二天清晨，制造局就攻下了。

余芷江：攻制造局时，商团只有团员张沛如中流弹伤重而死。

傅墨正：光复会也有人参加攻制造局。还有几个女子如尹锐志、尹维俊等。陶成章恐怕也参加了。

李健青：我听说，上海“光复”，闸北先于南市。11 月 2 日那天，地方上谣言很多。闸北巡警总局巡防队因请领枪弹未发，鼓噪起来，往外散。不知怎么一来，有民房失火。大家以为革命党来了。闸北巡警总局局长姚捷勋派巡警去镇压。各区巡警闻警毕集，但巡警回来时已臂缠白布。姚就逃入租界了。上海道刘燕翼也逃入租界。上海县田宝荣晚上继之出走。巡防队推陈汉卿为司令，闸北即告“光复”。制造局总办见此情形，就加强防范，因而进攻时比较困难。最后是由局后逾墙而入，举火焚局才攻下的。不知是否如此？

余芷江：是的。闸北在农历九月十三日上午就“光复”了。本来是约好南北同时动手的。

林道源：攻进制造局以后，里面混乱得很。

余芷江：是的。当天下午，我进去看看里面的情形，没有人理会。满地是枪。大家都在抢枪。也有许多子弹，但和枪的口径不合。

正在那个时候，外面传来谣言说，北方派了两艘兵舰来攻制造局了。于是有人说，里面的人一概不许出去，准备抵抗。前后门都关起来了。到了4点钟，有人请求看守门的杨谱笙开门，杨谱笙不答应。快5点钟的时候，李平书派人到局说，现在要清理制造局内部，把门开了。于是大家一哄而出，枪和臂上所缠的白布也丢掉了。我就到海防厅，遇到朱少屏。他要我帮他搞都督府总务处的工作，我答应了。又遇到陈其美。陈要我和伍廷芳联系，我即又到伍廷芳寓所。大约在6点钟的时候，领袖领事问伍廷芳：听说北方有军舰攻制造局，他们没有得到情报，问南市的情况怎样？伍廷芳转问我，我就把我被关在制造局3小时中所见告诉了伍廷芳，但伍廷芳没有把这种情况告诉领袖领事。

李健青：听说进攻道衙时，有小队民军手缠白布，由小东门入城，一路并未遇抵抗。道衙的卫队反正后，还参加进攻制造局。道台刘燕翼则已先遁入租界。

三　推举沪军都督

贾粟香：不知为什么，制造局攻下以后，倒有人恐慌起来，搬到租界去。李平书一看情形不对，第二天（农历九月十四日）召集地方自治机关、商会、商团、救火会在海防厅署开会。那时，我在敬业学堂教书。制造局攻下以后，大家都无心读书了，停了3天课（农历九月十四、十五、十六）。我晓得那天要选出重要人物，就去看看情形。到了海防厅，看见李平书、顾馨一、姚文枏、李英石、穆恕斋都在场。我是一个不速之客，李平书见了我，点点头。穆恕斋就对在座的说："今天的会不是什么人都可以参加的。"我也不理他。开会了，先举出李平书为民政总长，举穆恕斋管警察，王一亭管财政，葛尚聪做审判厅厅长，吴怀玖做民政长。接着就选军事方面的人。有人提出要成立军政府，大家赞成。于是举陈其美为军政长（这两个意见是谁提的，我记不起了）。快要散会时，忽然又出来一个不速之客。他站在会议室当中，摸出手枪在桌上一拍，说："上海与中国全局有关，武昌起义选出鄂军都督，声望不小。陈其美昨天吃过大苦头，现在给他一个军政长太不公平，不足以响应起义。"大家听了都不响。这人又说，他看应该组织都督府，要陈其美做都督。没有人反对。大家一拍手，事情就停当了。这个不速之客姓刘，不知是陈其美的什么人。

余芷江：这个姓刘的就是刘福彪。

严谔声：选举都督时，有没有人提李燮和？

林道源：不敢提。

余芷江：李燮和没有势力。

严谔声：陈其美方面的湖州帮势力大。

贾粟香：选举军政长的时候，曾有人提钮永建，但是另外有些人说："我们不认得他。"这些人当然也是陈其美的人。

张斯麟：李燮和也想当沪军都督。陈其美当了沪军都督，李燮和就去吴淞当都督了。那时，吴淞要塞司令姜国梁是被周南陔说服反正的。

余芷江：李燮和虽然在"光复"时没有参加打仗，但他在"光复"前参加过策划，所以也有资格做都督。当时，李平书曾要钮永建做都督，因为钮是上海人，但钮不愿。有人想提李英石做都督，因为认为陈其美没有军事知识。但当时湖州人的势力大，拥陈的人多。李平书虽然参加了“光复”，但他和革命党人还有些距离，认为大家既然推陈其美做都督，这样也好。

傅墨正：当时上海一般人士对上海“光复”是满意的。把清朝统治者赶下台，是大快人心的。后来对于沪军都督府不满，也有一部分乡土观念问题在内：“湖州人怎么能够来管上海？”

余芷江：上海士绅本无革命思想，他们的看法是：“你要革命，你就去革命吧！”有些老士绅甚至连邑庙里桂花厅前那块“皇帝万万岁”的牌子都不肯拿掉呢！

傅墨正：陈其美是在日本学警察的。辛亥革命时，回国的士官学生倾向于陈其美，所以陈有军事方面的支持。同时，陈其美在进攻制造局这件事上也有功，所以许多人推他做都督了。当时，新闻界也有许多人捧陈其美的。同盟会上海分部由陈其美主持，所以，以陈为都督比较相宜。陈其美和各省的联系工作做得很多。浙江“光复”前，他也曾到杭州去联络过。

那时，闸北方面以陈汉卿的势力最大，成立了游击队，号称两团，后来被陈其美解散。当时部队的名目繁多，女子队也有好几个。还有湖南、广西、广东方面来的部队。后来都逐渐改编，编成两个师。一个师以吴兆麟为师长（第一师），一个师以黄郛为师长（第二十三师）。另外还有李征五的光复军，下分两个团。张宗昌当时在李征五手下当营长。李英石亦带一部军队。我当时在第二十三师任第九十团团长。黄郛的参谋长是何澄（亚农），副官长是吴荣鬯（震修）。黄郛的部队里，留学日本的士官很多。旅长许厚德就是士官一期的（以后缩编为第六十一团）。还有刘建绪、金骐平、蒋介石、杜炳章、陈韬、陈其蔚。陈其美的哥哥陈其采也是士官第一期的。所以士官生与陈其美的关系很密。蒋介石在“光复”时回国，他和何应钦、张群、王柏龄等都接近黄郛。他们都捧陈其美，所以陈其美的势力较大。

李净通：听说陈其美在日本时，陶成章曾当着孙中山先生面前劝陈戒嫖戒赌。陈认为陶有意侮辱他，恨之甚深。又听说，陶与徐锡麟均为光复会的发起人，光复会是苏浙皖三省的革命团体。自徐在安徽遇难后，陶成章即成为光复会的唯一主要人物。上海“光复”后，沪军都督一席应由陶成章担任，三省革命同志才能信服。陈其美探知这个情况，遂下毒手，阴谋将陶暗杀，以绝后患。

傅墨正：我曾在浙江参加光复会。秋瑾是光复会在浙江方面的主持人。秋瑾、徐锡麟遇难后，光复会的名义在表面上没有了，但它的精神和实质还是存在的。至于光复会和同盟会的关系，光复会实际上是同盟会的一部分。同盟会当时与很多组织有关系，光复会就是其中之一。同盟会在浙江的活动，以光复会为主干。秋瑾失败后，光复会的一切活动都以同盟会的名义进行。起义以前，同盟会和光复会的成员都在一道做地下工作，并没有什么争执。上海“光复”后，上海的同盟会由陈其美、宋教仁主持。陶成章、李燮和是光复会的。为了争夺上海都督这个位置，光复会和同盟会发生了摩擦，陈其美和陶成章暗斗很烈。一般人都说，陶成章是陈其美派人去暗杀的。陶成章死在广慈医院。在斜桥安徽会馆开追悼会时，陈其美曾去主祭，当时防范甚严。陶成章曾想做浙江都督，但他资望不够，他在浙江也没有什么活动。

周　斌：1909 年，我在上海湖州旅沪公学读书。那年秋冬之交的某一天，我在学校看到一个陌生人，年纪 30 岁左右，穿小袖长袍、西装裤，着皮鞋，发辫已剪去，梳成左边分开的西洋式，戴眼镜。他这种打扮在当时是比较少见的。后来得知此人姓杨，曾在日本留学，回国后，在湖州旅沪公学任代课教员。上海“光复”后，有一天我在路上遇到曾在湖州旅沪公学教体操的金铁军。我问他在哪个学校教体操。他说，他在沪军都督府里做事。我问他：“你怎样进都督府的？”他说：“都督陈其美就是当年湖州旅沪公学的那个代课教员。”他又说，“从前在湖州旅沪公学当教员的，现在都在都督府里做事。”我这才明白彼时的杨某就是陈其美。

上海解放前 3 年，我在上海组织“辛亥革命同志会”，经常和曾任湖州旅沪公学唱歌算术教员的王汉强见面。据他说，陈其美留学日本以及他回国后进行革命活动，都得到湖州旅沪公学创办人之一的杨信之的帮助。王一亭、张静江也介绍陈与各方面联系，陈本人也很积极，因此当选为沪军都督。陈后来委杨信之的兄弟杨谱笙为军需科科长，委王汉强为总务科科长。杨谱笙又是王宠惠的叔丈人。

林道源：王汉强是人事科科长。

余芷江：沪军都督府成立时，财务先推王一亭。王一亭没有钱，要他搞财政，是“摆摆炮”。后来改推沈缦云，因为沈有信成银行可资活动。府里的秘书多半是学校教员，如杨济沧、杨保恒等。我当时和朱少屏在政务处下面的总务处里工作。

“光复”后第一张安民布告是军政府发的，由陈其美出面，用的是黄帝纪元多少年。军政府存在的时间很短，连徽章都没有发过。

张志鹤：军政府的存在还不满一天。

李健青：沪军都督府成立后，有两件大事：第一件事是陈其美联络程德全、汤寿潜等召开十三省区代表会议，在爱俪园开会，倡议组织临时政府，推黄兴为大元帅，黎元洪副之。鄂军反对这个决定，黎元洪也不愿。后来重新选举，改以黎为正，黄为副，但要黎到南京就职，黎不能来，黄也不愿。虽无成就，但已是组织临时政府的先声。第二件事是孙中山先生回到上海，直到赴宁就临时总统为止，一切招待皆由沪军都督府负责。

傅墨正：沪军都督府成立后，内部组织分 6 处：参谋处（黄郛任参谋长）、军需处（杨谱笙）、军务处（许伯铭）、军械处（大概是张祥）、传令处（姚霁）、谍报处（应桂馨）。此外还有何应钦、朱绍良、沈鼎吾、沈鹏、王子良等人分散在各处。都督府外面有政务处（李平书）、财务处（沈缦云、周佩箴）。沪军都督府谍报处是做特务工作的。

李健青：沪军都督府的谍报处组织最乱，投效的人都安插在此，阿猫阿狗都可以参加。

余芷江：沪军都督府成立以后混乱得很。经济账目，包括许多人的捐献账目在内，始终没有弄清楚。我曾看见过一篇账：买两把藤椅竟要 28 元之多。

严谔声：应桂馨组织的共进会的情况怎样?

傅墨正：沪军都督府成立后，应桂馨做谍报处处长，陈其美有许多事是要他去做的。蒋介石当时不在都督府，他在军队里当团长（后改隶黄郛部下）。另外还有一个团，团长是刘基炎。这一团后来派到山东烟台去北伐了。

余芷江：我与应桂馨同过 3 天事。他是绍兴人。听说共进会成立后，应桂馨极力避免出面。共进会的成员主要是贩运私盐的“盐枭”。他们原来与政治没有关系，只是为了生活。当时的盐警加入共进会的不少。应桂馨手下的人到长江两岸，可以不带钱，有吃有住。我和应桂馨在一道的时候，起先并不知道他是共进会的。有一次，我和应桂馨同到四马路大西洋西菜馆去吃饭。第二天，我又去吃饭时，那里的一位茶房问我为什么和应桂馨在一道。他说，应桂馨了不起，是共进会的头脑。我这才知道应桂馨是共进会的首领。

我在沪军都督府代朱少屏做了3天总务处处长，曾经历过这样一件事：我当时是管钱的。当时领款的手续是付款单子上由陈其美盖私章后，交财务处沈缦云付钱。陈其美把他的私章放在我那里。我到都督府的第二天，有一个叫王钟声的到都督府找到了我，问我要3000块钱，说是要去解散他的弟兄。我说，我没有陈其美的图章。王钟声气势汹汹，拔出手枪，一定要钱。这时，陈其美的卫队在隔壁房间听见了，跑过来对他说：“要钱，要钱到都督那里去要，不许在这里吵”，并把王钟声拉了出去。他走了，我也就从后门溜走了。第三天，我才知道王钟声在马霍路（今黄陂路）找到了陈其美，逼着陈其美给了他3000块钱。王钟声拿到钱，买了船票，连夜逃去天津。谁知应桂馨已经有电报到北京，说是上海有革命党到北方来。他的电报里也没有指名是谁。王钟声坐的船一到天津就被搜查，王钟声被搜到了。3000多块钱，还剩2000多。王钟声马上被枪毙了。

贾粟香：李平书因为是制造局的提调，所以在财政方面比较有办法，上海独立后，他搞到30万两银子。

傅墨正：张静江对于上海同盟会也有经济上的补助。

余芷江：陈其美想从大清银行来解决一部分经济问题。那时，宋汉章任大清银行行长。陈和宋谈，要接收大清银行。宋汉章不答应，陈其美就要捉宋汉章。但是大清银行开在租界上，陈其美不能去捉。有一天，宋汉章在廉惠卿和吴芝瑛家小万柳堂吃饭，被陈其美侦知，用小火轮由黄浦入苏州河到廉家，就从水阁上去，把宋拖上小轮，关在曹家渡都督府。各国在上海的领事认为陈其美是在租界上捉人，不答应，并找伍廷芳交涉。伍廷芳（这时伍已任南方外交代表，是黎元洪聘任的，他素来崇美）认为陈其美胡闹，不应该在租界上乱捉人，就派人和陈其美商量：银行事由伍廷芳负责要宋停止将款项解往清廷，但要将宋释放。双方谈妥后，伍廷芳要我和陈其美接头，并且搞了一辆汽车把宋汉章接出来。宋汉章一见汽车，吓得发昏，以为要枪毙他了。我对他说："出了小东门就是租界，你放心好了。"宋汉章为了对商界标榜自己吃过这回苦头，后来编了一本《伍公平法记》，要我到著易堂书店去印，印刷费用由宋汉章自己出。宋后来到北京去开会，把这本书带去送人。据说，这本书对他后来出任中国银行行长有关系。

南京临时政府成立时，上海广肇公所两天内支借了 82 万两或 83 万两。温宗尧当时是广肇公所董事，这笔钱是温宗尧向广肇公所说项，由旅沪广帮商家借给南京的。

四　南北议和

余芷江：南北议和前，袁世凯当时认为清帝退位已经是不成问题的了，而南方不知道。南北双方决定议和后，汪精卫从北京监牢里出来，还以为没有恢复自由。他到了旅馆里，押送他的军警走开，他还莫名其妙。直到旅馆的人送报给他看，他才知道武昌起义了。

议和本是要在湖北举行的。北方总代表唐绍仪已经准备带一班人去了。南方的伍廷芳不敢去，他不敢出上海租界。黎元洪派雷奋到上海来接伍廷芳，伍廷芳仍不肯去，反而要唐绍仪到上海来。经过湖北方面与唐接洽，唐也同意到上海开会。南方代表团有参赞温宗尧、王正廷、王宠惠。温是总参赞。正在组织议和工作时，汪精卫忽然到了上海，也是参赞之一。南北议和时，我和汪精卫同了几十天事，常听他谈天。他说，他在监牢里很受优待，善耆还送许多书给他看。他一天到晚在伍廷芳家里。汪精卫、伍廷芳、王宠惠、唐绍仪等交谈时，说广东话，我听不懂。

陈其美主张在南市开会，唐绍仪和伍廷芳不同意，要外国人保护，于是就借南京路上的工部局市政厅开会，对面就是巡捕房。

会议时，各省派来的人都不参加，只由伍、唐两人谈。王正廷等虽也出席，不过听听而已。汪精卫起先也不参加，后来因为要他写写东西，也就参加了。唐绍仪带来的人，我知道有许鼎霖和赵椿年等是参加的。

这次议和是一个大烟幕。有关会议情况的电报，白天打出去的和晚上打出去的完全不同，是两回事。我当时管会议的电报，明码、密码都管。白天开会是在做文章，谈停战问题，规定你让出多少里，我让出多少里。白天打出去的电报是互斥对方违反协定，等等。重要问题在夜里谈：清帝退位问题、退位后的优待问题、退位后谁来的问题，要外国承认问题，等等。所以夜里打出去的电报才是会议真正的内容，而这些内容在会议进行时并不公开。会议开了几天以后，袁世凯将唐绍仪的职务撤销，改由袁与伍廷芳直接电商。这时就完全通过电报来开会了。议和结束后，汪精卫带了一班人到北京去了。

陈其美这班人没有参加议和。张謇、赵凤昌参加过会议以外的会，商量对策。唐绍仪被撤去北方总代表的职务后，虽不出面，但参加了南方的会议以外的会。

李健青：我听说，当时一班名流常借赵凤昌宅开会，伍廷芳、张謇等均在其列。清廷退位诏书是送经南方修改过的。诏书末段“予与皇帝得以退处宽闲，优游岁月，长受民国之优礼，亲见郅治之告成，岂不懿欤！”是幕后人刘厚生的手笔。

唐执夫：南北议和告成后，袁世凯不肯到南京，并且指使曹锟在北京发动兵变。南方迎袁代表蔡元培、汪精卫就打电报给孙中山先生说，只求赶快统一，实现共和，小问题不要计较了，而且听说日本已要派兵干涉，其他国家也要效法日本。南京就回电说，北方总要派代表到南京来谈谈北京情况，南方才会谅解。那时，王揖唐很想当代表，他自荐，南京不同意。后来袁世凯就派范源濂和我为代表到南京（这大概是梁士诒和唐绍仪商量决定的），叫我们第二天就动身南下。要在南京讲的话，范源濂早已和袁世凯商量拟好。我们到南京，见了孙中山先生。孙先生陪我们到参议院。范源濂叫我把他拟的几句话念一遍，我就照念一遍。几句话的内容，无非是说袁世凯来不了，我们算是代表袁世凯来说明情况。一篇谎话。我念过以后，全场鼓掌，算是同意了。其实，孙中山先生早就知道袁世凯想做总统。从清帝退位的诏书里也看得出来。这篇诏书据说是赵秉钧的秘书洪述祖起草的。诏书由世续呈进隆裕，隆裕率宣统退位时就照发了。当时，我也在场。进宫时，有胡维德、赵秉钧等10

来个大臣。袁世凯没敢去，叫胡维德代。他们进宫时，心里也发慌。袁世凯叫 4 个军官姚宝来、刘恩源和我（另一人回忆不起）穿军装同去接受诏书。

余芷江：蔡元培他们在北京住的招待所，隔壁是一个教堂，就是准备让他们在“兵变”后逃到那里去的。兵变后，袁世凯要大家开损失账。大家都不开，只有同去的一个姓曾的开了，说他在兵变中失去一只表，价 800 元。袁世凯就给了他 800 元。

五　领事团的态度

余芷江：上海“光复”前伍廷芳在上海做寓公，武昌起义后，黎元洪聘他为外交总代表。当时他的外交工作很少。沪军都督府成立后，领事团不承认，也不否认。都督府成立后送照会去，领事团只是收下而已。各国领事接洽公事，都找伍廷芳。都督府后来就聘伍为外交代表。起先，伍也没有什么工作，后来，革命军队伍要通过租界，要伍和领事团接洽，伍和领事团接洽后通知陈其美说，军队只能由南到北或由北到南，横越南京路，不能由东到西或由西到东，经过南京路。领事团始终没有和都督府直接办过公事，他们只和伍接头。陈其美总想使军队能到租界，领事团始终不答应。伍廷芳起先和陈其美处得很好，后来认为陈不懂外交而与陈疏远了。其实，伍廷芳崇洋崇得厉害。

傅墨正：第二十三师成立时，司令部在闸北南海会馆。我的部队先负责守卫制造局，我常要到南海会馆司令部去。我每次去都要路过租界。我武装骑马过租界时，领事团从未干涉，这说明他们当时是很重视革命军队的。我骑马经过的地方，外国人的马车总是让我先走。这虽是小事，但证明领事团的看法与过去不同。我经过南京路时，也从未遭拒绝。

严谔声：这是民元时的情况。

傅墨正：后来完全是袁世凯搞坏的。

余芷江：我认为外国人并不重视当时的革命军，实在是因为带枪的人在租界进进出出的很多，都督府的人连去买一把椅子也随身带枪。外国人防不胜防，怕弄出事来，革命党要到租界上去“捣乱”。而且，华商商团是准许带枪的。外国人也搞不清谁是商团，谁不是商团。他们始终只重视北方政府。领事的公事上对沪军都督府的称呼起先总是用“乱党”，后来经伍廷芳交涉，才改用“革命党”，还是不称“沪军都督府”。南北议和时，沪军都督府要派军队保护双方代表，领事团不答应。伍廷芳坐的汽车和办公地点都由英国巡捕保护。开会时，从浙江路到西藏路一带的南京路断绝交通，由外籍巡捕戒严。

傅墨正：革命初期，人民民气旺盛，国际方面对我们的看法就两样了。

林道源：上海“光复”后，我每天早上到小东门海防厅去，要经过租界。我穿军装带枪，租界上的巡捕眼开眼闭。只有一次，有一个巡捕对我说：“你把枪放在下面好哦？不要露出来。”尹村夫续弦，迎亲队伍经过租界，队伍里有洋枪队，租界当局也没有干涉。

六　袁世凯扩充势力

傅墨正：陈其美在被发表为工商部部长后，就辞沪军都督之职。南北议和以后，他就辞过好几次。当时，江苏人认为江苏省内不能有两个都督，上海士绅也有这个意见。

余芷江：陈其美辞职，是因为江苏各地的都督都取消了。

李健青：事实上是袁世凯的意思。

傅墨正：另外还有一个原因：地域观念。他是湖州人，不是上海人。

傅墨正：沪军都督府撤销后，上海的民政军政由江苏都督府管。我由第九十团调到江苏都督府做上校参谋，与黄某负责编遣无锡至上海一带的部队，对于那些编余的军官，给以"参议""谘议""差遣"等名义，并给予相当的薪酬。

袁世凯在上海扩充势力，主要是用钱收买。上海制造局局长陈榥被收买了。驻制造局的第六十一团团长陈其蔚（和陈榥同乡）等也被收买了。应桂馨也是被收买的。其他各方面的人被袁收买的也很多。暗杀宋教仁、陈其美，就是收买了人去干的。

贾粟香：癸丑之役，陈其美第二次攻制造局，商团、商会和地方上的人都不参加。第一次攻制造局，大家不逃难；第二次攻制造局，大家知道要失败，纷纷逃难。陈其美一打就失败。陈其美走了之后，上海还有自治，但一切请示上海镇守使郑汝成。

林道源：商团就是郑汝成奉袁世凯的命令解散的。

傅墨正：癸丑革命失败原因很多，当时袁世凯虽派了郑汝成和臧致平率兵一团及海军一部到上海监视，但主要原因是南方没有统一的组织和计划——你失败了，我才来，致被袁世凯各个击破。有些省份和队伍还被袁世凯收买了。此外国际方面的关系也很大。我带第六十一团攻制造局失败后，就是被租界当局缴械的。那是癸丑年阳历 7 月中旬的事。

癸丑革命以前，我因南北业已统一，有志深造，到北京入陆军大学旁听，所以对北京方面的情况比较了解。我们暑期回南，适遇南京开会讨论独立问题。我认为按照当时我们的力量看来，是毫无希望的。回到上海，孙中山先生召我去谈话，我们明知要失败，但仍决定干。中山先生和上海同志们决定要干，我不能例外，就担任前敌司令。现在回想起来，真是太没有计划了。

（上海市文史馆　整理）

（选自全国政协文史资料研究委员会编《辛亥革命回忆录》第 4 集，中国文史出版社 2012 年 6 月第 2 版）

上海和江浙辛亥革命概况的回忆

傅墨正 *

1911 年农历八月十九日（10 月 10 日），武汉共进会党人遵循孙中山先生革命精神，联合新军革命同志，高举民主主义革命义旗，在武汉仓促起义，进行革命斗争，推翻清政府。其时清廷惊闻武汉革命党震撼人心的义举，当命陆军部尚书荫昌率师南下，抵抗失败，万分恐惧，立即起用袁世凯总揽全国军务。袁派冯国璋率师沿京汉路南下，同时派海军部部长萨镇冰率海军军舰由长江开往武汉夹击。不久，我汉口汉阳部队相继失败，武昌形势已陷孤立，岌岌可危。当时各省民气虽甚激昂，《民立报》（中国同盟会中部总会机关报，于右任创办）大力鼓吹，但各省尚有不能即时发难的。上海党人宋

* 傅墨正：时任沪军第二团第一营营长，后任江苏都督府上校参谋。新中国成立后，任上海市文史研究馆馆员。

教仁、邵力子、陈其美、于右任、黄郛、高尔登、陶成章、章梓、张人杰、叶楚伧、朱少屏、朱宗良、姚勇忱、龚未生、计宗型、周佩箴、欧阳予倩、李燮和等焦灼万分，深恐武昌不守，革命瓦解，连日密议，发动群众。除密派个别同志分赴各地催促响应外，又在上海健行公学开会数次（朱少屏任该公学校长），公推教仁同志主持同盟会总部，张人杰、周佩箴两同志担任经费筹措，运动制造局护防部队，并联系该营排长李振翮担任地下工作至10月20日。李燮和已率防营一部在吴淞起义，遂派朱少屏同志先后在四马路小花园某报馆邀请士绅李平书（李原任制造帮办）、穆杼斋（南市警察局局长）、沈缦云（原任信诚银行经理）、姚子让、姚紫岩、王涵之、吴怀疚、王震（任日清公司总办）与陈其美见面，说明共举白旗以救武汉危急，当经同意。于是南市商团及救火会（以上机构由地方士绅办的）均参加起义部队。新舞台、戏园及其他话剧方面，由王钟声、欧阳予倩、潘月樵、夏月润、夏月恒等活动；制造炸弹由尹锐志、尹维俊姊妹等相助；刘福彪等数人任敢死队；铁路方面由周亮才、王战秋等做联系工作。诸种计划就绪，遂于农历九月初一（10月22日）午夜，由陈其美、高尔登率领同志等连同救火会同人、新舞台大部艺人及敢死队等，向高昌庙制造局前进，一面请商团维持地方秩序。在到达制造局时，初为该局防营业已联系妥当，只要我起义同人到达该局，即可高举白旗而成大事。不料事与愿违，我起义同志到达该局前，该局护军营即行抗拒。陈其美与高尔登即勇往先行，宣告起义大义，竟被拉去。我起义同志等见陈、高两同志被捕入局，异常愤怒，但均徒手空拳，仅有数颗毫无威力的炸弹无补于事。在万分紧张之际，俞凤韶与杨谱笙两同志谓众曰：我二人可深夜奔往闸北，请陈汉卿（防营管带，事先已有联系）率队急来援救并进攻该局。众甚同意，俞、杨二人即飞奔前去。余则在局外等候。俞、杨两同志与陈汉卿见面后，该营其他官兵初时不肯出发，经陈汉卿苦求才肯开拔，此时陈、高两同志在制造局内毫不畏惧，恳切说明此次起义大义，该局官兵大为感动，一面又见义军已到，伪局长张楚宝业已逃跑，该局遂于翌日 10 时全部响应。制造局遂归我革命部队占领，上海亦即于是日“光复”。

占领制造局后，陈其美、高尔登、俞凤韶、杨谱笙、王钟声（原做话剧）及诸同志等，至海防营旧址（原机关在小东门内）召集士绅李平书、穆杼斋、沈缦云、葛益甫、黄涵之、叶惠钧等开紧急大会。先由陈其美说明经过情况，继由王钟声、黄郛说明陈其美同志此次起义之功绩，当推选陈其美为沪军都督、李平书为制造局局长兼民政部部长、吴怀疚为民政长，王涵之为审判所所长、葛益甫为检察长、穆杼斋为警察厅厅长、沈缦云为财政部部长。另设工商部部长，外交方面推请伍廷芳前辈担任人选，推定后，遂分别组织成立沪军都督府，即设立海防营旧址，初组织时，由王钟声主持。但王钟声能力较差，秩序纷乱，继推黄郛为都督府参谋长，重行编组。秩序大定并以俞凤韶为参议，杨谱笙为军需处处长，许伯明为军务处处长，姚霁为传令号长，应桂馨为谍报处处长，张群为军械处处长，沈鹏、何应钦、朱绍良、沈虬齐等为科员，并派姜国梁为吴淞炮台司令，陈汉卿为游击队司令，黄汉湘为外海水警司令，李征五为光复军旅长，刘福彪为福宁营营长，李显谟、吴兆麟、黎天才亦各成立部队，预备进攻南京。

不久刘艺舟在烟台失败，又由蓝天蔚重往该埠独立，沪军方面派刘基炎率步兵一团支援，又派傅孟赴甬召集孙贯生、董孟蛟等旧部训练一营调沪驻制造局并监管军械枪弹。

上海“光复”后清廷异常震惊，革命军士气于是大振，国际方面亦极其重视，但上海兵力甚微，南京、苏州、镇江、杭州尚未“光复”，仍极危险，故先后密派黄郛、姚勇忱、计宗型、尹维俊等赴杭与杭州新军重要同志顾乃斌、俞炜、朱瑞、童保暄、徐士镰、吴思豫、葛敬恩、周亚卫、傅孟及省议会议长褚慧僧等先后在太平坊巷傅孟家中（农历九月初七）、板儿巷老人弄顾乃斌家中（农历九月十二日）开重要会议，决定于农历九月十三日夜11时发动，推葛敬恩拟定作战计划，当推周承菼（原定第八十二标标统）为总司令，褚慧僧为民政长。至次日午夜，起义新军即按预定作战计划实施，由傅孟率步兵第八十二标弁目队为先锋冲入浙江抚署，立时放火烧毁浙抚，增韫亦由傅孟亲解至白衙巷原镇司令部监视，其余各衙署军械局等（除旗营未下外）亦于同时由各部队分别占领，地方秩序及教堂医院等由陆军小学同学负责维持。杭州遂于农历九月十四日“光复”，次日推汤寿潜前辈为浙江都督，设都督府于梅花碑旧织造署。其时驻防旗营官兵尚在协领贵林统率下顽强对抗中，周承菼（总司令）准备派员劝降，和平解决，初派朱瑞不去，次派吴思豫又不去，继派傅孟前往办理，傅孟不顾危险，单身进去说服将军德济，经七昼夜交涉，始将全旗军械、马匹、印信、官兵名册、文件等等送交都督府点收，于是杭州秩序大定，各府州县亦相继“光复”，成立军政分府。

苏州方面自武汉起义上海“光复”后，苏州当然不能例外，程德全巡抚（驻苏州）为形势所迫，派陈光甫赴沪商谈，上海党部开会讨论，公推章梓去苏与程洽商，总以不扰民、不杀人为前提，和平“光复”为原则，程与清廷公谊私交毫无留恋，愿通电全省州县父老兄弟姐妹脱离清廷云云，章梓遂起立，请程老上坐，受汉族之寄托代理苏督以便发号施令，并告示凡不赞同革命宗旨者，以军法治之，民事则请地方父老自行商定，军人不得干涉以符军民分治之义。程老甚悦，遂组织军政厅，以卢鹿萍为厅长，顾忠琛为参谋厅厅长，民政方面由士绅推选，组织就绪，开会于留园，高举白旗，苏州于是“光复”。

镇江方面，上海总部曾派李竟成、欧阳振声前往，运动驻镇新军下级士兵起义，经许崇灏同志侦悉不妥，不如联系驻镇各营管带林述广、刘成、章祖蘅等并亲往上海接洽，至上海“光复”后，密推林述广为代表到沪接洽，请求补充子弹，许崇灏、刘成在镇布置一切，叶开鑫、官成鲲联系镇江炮台及巡防营方面，但驻镇张勋部队与驻防旗兵防范甚严，待林述广回镇后，遂派黄祖澄、许燕士率改装士兵数十人赴沪取回子弹，开会决议，就下令集合各营于山岘凉山宣布起义，援助武汉，时在农历九月中旬，并推林述广为镇军总司令，许崇灏为参谋长，镇江于是“光复”。

次日，南京步兵第十七协及马炮各标营在秣陵关起义，进攻雨花台，因缺乏子弹失败，分路向镇江方面退却，镇军急派章祖蘅、明阴林两部赶至高资句容收容，同时柏文蔚、韩恢由上海携炸弹来镇。即派柏文蔚、黄祖澄为正副收容所长收容南京退却部队，不久，推柏文蔚为镇军第一师师长、徐宝山为镇军第二师师长，改推林述广为镇军都督。

上海、杭州、苏州、镇江各地先后起义后，南京尚未“光复”，张人骏（两江制台）、铁良（将军）、张勋（江防营统领）等仍拥大兵坚守南京，控制南北上海总部，力急谋进攻南京，支援武汉及北伐计，遂推举徐绍桢（归第九镇统制）为联军总司令，江、浙、沪、镇各军均归其指挥。浙军方面遂出动一支队攻宁，以朱瑞为支队司令，葛敬恩、吕公望、徐聘耕、吴元钧为参谋；苏军派刘之洁为司令，沪军派黎天才、洪承点为正副司令，各率所部到镇江集中，联合镇军、宁军积极准备进攻南京。徐绍桢亦来到镇江就职，设联军总司令部，其时陶骏保（原充第九镇宪兵营长）反对徐绍桢为联军总司令，挑拨离间，曾由许崇灏调处无效，以后沪总部嘱其到沪执行枪决，联合军指挥始告统一。粤军方面姚雨平亦曾派任鹤年率领一部经沪到镇参加，会攻南京。不日，南京天堡城富贵山、乌龙山等重要点均被我军占领。张人骏、铁良、张勋等知大势已去，无力维持。相继溃退，大部投降，南京于是"光复"。云南蔡锷、陕西张凤翙、山西阎锡山、粤省胡汉民（由李准欢迎反正）亦先后起义。

南京"光复"后，武汉形势仍尚危险。黎元洪率部已退至洪山，闻南京业已"光复"，急电求援，联合军遂推黎天才为援军总司令，编组一师，星夜西上。同时我军又分派一部乘胜渡江北追，皖省巡抚朱家宝亦在此时响应独立，我军派钟毓灵（原江阴要塞工程营队官）携旱雷队赴临淮关以防变化，不日改推孙少侯为皖省都督，湘省谭延闿、赣省李烈钧亦相继在各省独立。

沪军方面见上述各省先后"光复"，但袁世凯仍派新属部队由津浦路线南下，我党形势仍未稳定，兵力亦感不足，迅速组编北伐军两师，派吴绍麟为第一师师长，以顾乃铸等为团长，派黄郛兼第二十三师师长，以刘建绪、许厚德为旅长，蒋介石、傅孟、陈其蔚、胡大猷为步兵团长，以徐士镳、金骐为炮工营长，由各种杂色部队及新招一部编成之，分驻苏州、镇江、上海淞江、宝山一带，时在十二月间。

年冬末，孙中山先生由国外返抵上海，我党同志及各省代表在沪开欢迎大会，继再召集各省地方重要士绅省议会代表褚慧僧（辅成）等开选举大会，孙中山先生得17票，当选为中华民国临时大总统，决定南京为首都，组织临时大总统府，推黄兴为陆军部部长，李书诚任总统府秘书处军事组长兼陆军部顾问官，蒋作宾为次长，其他各部长亦分别推定，此时我革命军与清廷已成对立之势。

至此，袁世凯见东南、西南各省先后独立，大势已去，就以责任内阁名义，请英国公使朱尔典居间接洽议和，派唐绍仪、张绍曾为议和代表，一面由段祺瑞等逼迫清廷宣统退位，革命胜利遂告基本完成。

和议成立后，临时政府撤销，推黄兴为留守府留守，镇军都督林述庆因部属业已分散，遂以不赞成和议而通电下野。上海方面，因江苏一省有两个都督殊不合理，沪军都督陈其美自愿撤销，以程德全为江苏都督，以上海都督府参谋长黄郛为江苏都督府参谋长，章梓为军务厅厅长，调傅孟、徐士镳为参谋。上海所属部队由江苏都督府实施编遣，上海第二十三师缩编为步兵第六十一团，派陈其蔚任团长，驻上海制造局龙华及淞江一带。其他全省各部队由参谋处派傅孟、黄元秀等赴各师旅点验兵额以后缩编为八师，第一师师长章梓、第二师师长陈懋修、第三师师长冷遹、第四师师长朱履先、第五师师长章驾时、第六师师长顾忠琛、第七师师长洪承点、第八师师长陈之骥，分驻全省各地，编余官长依阶级高低派任都督府顾问、谘议、差遣等职。

（选自上海市政协文史资料委员会编《上海文史资料选辑第138辑·辛亥百年拾遗》，上海人民出版社2011年8月第1版）

辛亥沪宁“光复”的片断回忆

黄一欧*

1911年，武昌起义后不久，我在东京接到先君克强先生来电，叫我赶来香港。不料到香港时，先君已经乘轮去上海了。我本想即时赶往上海和先君见面的，但因胡汉民坚留暂勿离港，等待广东方面发难，以致未能成行。这时，香港统筹部迭接陈其美自上海来电，请速输送同志前往协助，于是，指派我和另外7个同志到上海去。记得同去的有洪承点、赵光、赵彦先和一个姓巴的江苏人（此人后在沪军司令部任军需处处长），其余3人的姓名已记不起来了。

我们坐海船由香港动身，于重阳前后到达上海，在跑马厅后面马里士（小弄堂名）机关部见了陈其美。他说先君已经往武汉去了，

---

* 黄一欧：系黄兴之子，时为日本东斌学校学生，后任沪军副司令，南京国民政府立法院立法委员。新中国成立后，任湖南省政协副主席，第五届全国政协委员，民革中央委员。

并告事机迫切，有一触即发之势，叫我们就住在机关部待命。

农历九月十二（11 月 2 日），陈其美、李燮和等秘密集议，认为高昌庙江南制造局储存的械弹很多，且吴淞口外泊有清海军 5 舰，将运制造局械弹上济清军，急攻汉阳；急需夺取制造局，“光复”上海，并可防止上海武器运往汉口。于是，决定 3 日午后举事，警察、商团同时发难。这天午后 3 时，陈其美、李燮和等率领同志分途出发，进攻江南制造局。从马里士出发时，陈其美叫我和他同坐一辆马车，随身带了炸弹、短枪，还带了一捆旗帜，我们在南市附近下了马车，赶到高昌庙制造局。当时制造局四角围墙上设有炮楼，大门前是一条长巷，门口安置了重机枪。党人奋勇进攻，守兵用机枪猛烈扫射，不易接近。从午后 4 点钟开始，相持约有两个钟头。这时，自治公所总董李平书坐汽车赶来调处。他说英国领事出面担保，愿陪同陈其美到制造局内谈判。陈其美答应下来，和李平书一道坐汽车进去了。我们在原地及四周田野严阵以待。天黑以后，李平书独自出来了，说谈判破裂，陈其美被扣在局里。我们为了营救陈其美，夺取制造局，决定继续攻击。我向附近的巡防营（士兵多湘乡籍，平日已通声气）借到土炮一尊，还来了两个炮手（一个是湘乡人，名叫王得胜）。此外，住在法租界黄浦滩附近名利栈的南京陆军小学下来的 200 多名广东籍学生也赶来加入了战斗。虽然增加了新的力量，终因守军火力过强，迄无进展。后来，一部分同志在制造局西边围墙下挖开一个洞子，塞满炸药。霎时轰然一声，炸开了一个大缺口。大家奋不顾身地冲进去，分途搜索，彻夜枪声不息。守军遭到内外夹攻，无法支持。大约在 4 日午前 4 点钟的光景，全部占领了制造局。

上海“光复”后，原来由南京陆小来的广东籍学生无人统率，机关部因我与赵光懂得广东话，便指定我们率领，开往龙华担任警戒（枪械弹药是取自制造局的）。我们这支没有名义的部队到达龙华后（驻于龙华寺），立即侦察地形，挖筑壕沟，以防敌人偷袭。第二天，忽然得到消息，说由嘉兴方面蹿来一部分“旗兵”，我们立即做好战斗准备。只见远处黄尘滚滚，一队骑兵来了。我方首先开枪，对方并不还击，有人高声喊叫：“同志们！不要开枪，我们是巡逻队（属闸北警察总局，11 月 3 日下午起义的）。”巡逻队队官陈汉钦随即过来了。原来是误骑兵为“旗兵”，惹出一场虚惊。记得驻军于龙华寺时，陈嘉佑、陈嘉任、陈家立、刘况、刘大辉都先后来会过面，他们是路过上海往武汉去的。

11 月 6 日，我由龙华进城，先到海防厅都督府看看，不料里面空空如也，像座冷庙。惊诧之余，问明情况，才知道前两天推举出来的都督李燮和，因为人地生疏，一筹莫展，早已躲到租界上去了，而陈其美也没有过问。一个新成立起来的都督府，竟陷于瘫痪状态。当天晚上，一部分同志在一品香开会，改推陈其美为都督。我参加了这次会议，洪承点、赵光、赵彦先以及京剧演员潘月樵等都在场。陈其美本人却不在场。

陈其美出任都督后，洪承点即着手组织沪军。这支部队是以南京陆小来沪的粤籍学生、原第九镇一部分官兵、参加起义的警察、商团和巡防营士兵组成的。都督府委派洪承点和我担任沪军正、副司令。沪军成立时有 2000 余人，装备齐全，不久就开往苏州阊门外驻扎，加紧训练。当部队由北火车站乘车出发时，上海各机关、团体、学校及工商界代表齐集车站欢送，群众狂热欢呼，鞭炮声震耳欲聋。许多人争着把一串串的鞭炮吊在竹竿上，再把竹竿绑到火车头上。

各界送的罐头、食品、香烟、毛巾等慰劳品，堆积如山，应有尽有。车到苏州时，程德全都督率领各界代表在车站迎接，并有苏州军列队欢迎。

沪军开往苏州，正是汉阳战局紧张的时候，先君多次电促陈其美速即进取南京，策应汉阳。陈其美叫我和刘步青（湘阴人，日本士官毕业生，1912 年继洪承点任第七师师长）先到第九镇徐绍桢处了解情况。我们由上海坐一个火车头（只挂一节车厢）开往南京，在尧化门第九镇司令部见了徐绍桢。他介绍了敌情，并谈到部队打了很久，弹药缺乏，亟待补充，希望上海方面予以接济。和徐绍桢见面之后，我们马上赶回上海，报告陈其美。他认为南京城内清军实力雄厚，单靠沪军和徐部难以攻下，必须联合江浙各地民军一致行动。于是，又叫我们先往杭州和朱瑞联系。我们仍是坐火车头出发的。在杭州见到朱瑞，面达先君和陈其美问候之意（杭州“光复”前，陈其美曾亲往策划，并接济械弹及经费），力陈组织联军会攻南京的重要意义。朱瑞表示赞同，并即做好行军准备。我们马上通过火车站上的电话报告陈其美。随后，又到苏州见了程德全、刘之洁，到镇江见了林述庆，最后见了徐绍桢。他们都赞成组织联军，并认为越快越好。不久，朱瑞统率的浙军首先开到镇江，其他各军也陆续到达。在陈其美的提议下，公推徐绍桢为江浙联军总司令，指挥各路民军。并在上海成立总兵站，担任联军的后勤工作。总兵站设在闸北巡警总局内，总监为李厚祐，副监陶逊。

农历十月初二（11 月 22 日）起，联军开始向南京进攻，23 日逼近南京近郊。兵力部署如下：战斗力较强的浙军有常备新军两标、马队一队、炮队一营，以及工程营、辎重营、敢死队等，人数在

5000左右。进攻太平门至南门之线；第九镇担任南门至通济门之线；沪军担任神策门至天保城之线；镇军在沪军右翼至江边；吴淞军在镇军右侧沿江一带；苏军为总预备队。当时沪军司令部有两个日本顾问：一个是本庄繁少佐（就是“九一八”事变后侵略东北的日本关东军司令官本庄繁大将），另一个是上野炮兵大尉。他们是由日本驻上海领事馆介绍来的，因为我懂日语，大部分时间都和我在一起，有关作战的意见也是向我提出的。此外，还有一个日本记者随军采访。

24日晨，联军进攻乌龙山，很快地占领了乌龙山炮台，清军退守幕府山。当夜乘胜进逼，第二天拂晓占领了幕府山炮台。我军占领幕府山炮台以后，马上掉转炮位，朝下关城内狮子山打。打了几炮之后，狮子山炮台的清军炮兵用旗语要求停止炮战。于是，双方都停止了。就在这时候，吴淞炮台的一尊要塞炮也由沪宁铁路运到南京，架在尧化门附近。我去看过，这尊巨炮还是乾隆年间向外国定制的，带来的炮弹只有10余发，真是聊胜于无。

我在日本大森体育学校学过击剑，回国之前，一位日本朋友（宫崎寅藏的妻舅前田九二四郎）送给我一把古刀，这次进攻南京，将它带在身边，很想及锋而试。有一天，我在联军总部，看到押着4个敌探将要处决。我拖出一个敌探举刀一砍，立即身首异处。刚刚用绸巾揩干刀上的血迹，潘月樵接过刀去砍另一个。他双手握刀，用力猛砍，敌探砍死了，自己也跌倒在地上了。潘由上海随军出发，记得是担任参谋之类的职务。南京太平门外紫金山西峰的天保城，是太平天国保卫南京时的重要堡垒，居高临下，形势险要。张勋派精兵凭险坚守，在很大程度上威胁着浙、沪两军。11月29日，联军第一次总攻，没有进展。11月30日至12月1日，发动第二次攻击，激战一昼夜，完全占领了天保城炮台。8 尊过山炮（6 尊对准朝阳门浙军阵地，两尊对准神策门沪军阵地）只有两尊被清军卸下了炮栓，其余 6 尊都没有来得及卸下。不仅如此，连帐篷也未收起，里面丢下许多行李以及大堆的中文和日文的军事书籍。这是我亲眼看到的，由此可见清军仓皇溃退的程度。由于天保城的夺得，整个战局形势急转直下，南京郊外很快就没有清军的踪迹了。

我军自 12 月 1 日拂晓占领天保城起，集中轰击城内的重要军事目标，掩护地面部队进攻。农历十月十二日（12 月 2 日）早晨，南京城内清军见大势已去，悬白旗投降。镇军林述庆部由仪凤门首先入城。沪军由神策门入城时，我和洪承点骑马领先，清军降将巡防统领赵会鹏、米振标率领所属官兵在城门外列队相迎，执礼甚恭。事后，这两个人把他们的 4 匹坐马也送给我了。

南京“光复”后，本庄繁怂恿我单另成立一个师，并说日本方面可以接济军需物资和经费。我没有理会他这个不怀好意的建议。临时政府成立之后，徐绍桢自动地撤销江浙联军总部，所部交由陆军部直接管辖。中山先生曾任命他为南京卫戍总督。以后，临时政府北迁，卫戍部并入南京留守府。援宁沪军改编为陆军第七师，由洪承点任师长。我因行军日久，染上寒热病，战事结束不久，就离开部队到上海就医，不再过问军队的事了。

（选自全国政协文史资料研究委员会编《辛亥革命回忆录》第 4 集，中国文史出版社 2012 年 6 月第 2 版）

略谈上海“光复”之役

郭汉章*

一

辛亥革命以前，爱国志士凡在内地不能立足者，多逃亡上海。我等潜伏在上海闸北巡警局中者即有13人之多，皆改变本名，一律以“汉”字排行，称为十三太保。陈汉钦，湖南人，足智多谋，我们公推他为13人的代表。其余12人，连我在内，都是安徽人，其中姚汉福、姚汉民、姚汉成是我的表弟，杨汉山、杨汉杰、杨汉霖是我的师弟，马汉云、乐汉亭、张汉富、卫汉雄、吴汉玉是我的朋友，都是由我因亲及亲、因友及友，从乡间带出来的。此前，我在江西

* 郭汉章：时任沪军都督府卫士队兼侦缉队队长，后任中华民国临时大总统府侍从队队长。新中国成立后，任职于南京中山陵园。

常备中军王芝祥部任职，原名步青，以后辗转到了苏州，加入新军充任步兵一标三营后队三排排长，因参加同盟会被上级发现，逃往上海，改名“汉章”，投入闸北巡警总局，任骑巡队队官。时陈汉钦任巡警总局警备队队长。我们十三太保中有二人编入陈汉钦的警备队，有 9 人编入我的骑巡队。每届夜晚，我们即往局后田野间开会，密议革命活动。巡警局总办姚捷，因过去曾在广西两广提督汪瑞闿部下同事甚久，以为我和陈汉钦都是他的亲信，丝毫不怀疑我们暗中有何革命活动。辛亥年三月二十九日广州起义失败消息传来后，沪地党人陈其美、李平书等在永安公司大东旅馆召集紧急会议，群情愤激，咸欲举义。部分同志则持慎重态度，认为条件尚未成熟，不宜轻易发难，主张暂时忍耐，庶免影响全局。此议获一致通过，遂继续从事准备工作，加强与各方之联系，如积极联系爱国志士较多之南市商团和闸北巡警，以及帮会乃至艺人夏月润、刘福彪等，促其参加革命。当时计议，静待时机到来，以狮子搏兔之力，冀求一举而成。

二

八月十九日（农历）武昌起义的消息传来后，我们上海全体同志极为振奋，认为机不可失，皆跃跃欲试。同时闸北巡警局总办姚捷闻讯，甚为震惊，亦加强防范。他对于本局警士亦很注意，平日发出的子弹，除每枪限留 5 发外，多者悉令上缴，运存缉私营所属海豹兵舰，以防不测。但姚仍视我等为其亲信，并扩充陈汉钦警备队为营，升陈为警备营管带，恃为护卫。此举无疑是为革命增强了实力。于是党人秘密集会，公推陈其美主持起义，并以闸北巡警为主力。派陈汉钦为总指挥，编组全体警备军为四队，我首先自请为敢死队队长，马汉云为先锋队队长，杨汉霖为侦察队队长，杨汉山为预备队队长。密定农历九月十三日下午2时在闸北起义，宣布独立，并定于是日晚6时由苏州河航行至沪南，进攻江南制造局和西炮台。陈汉钦率领警备营进攻制造局正面，商团围攻制造局后面，艺人夏月润、王钟声和刘福彪随同参加，担任越墙纵火的任务。我和杨汉霖率队进攻西炮台。起义计划决定后，各人即分头准备次日的行动。

三

九月十三日下午2时，我们即照预定计划开始行动。总指挥陈汉钦率领警备队鸣枪为号，发起攻击。我和马汉云、杨汉霖、杨汉山四个队长即各领所属部队，闻声鼓噪而出，一面抛掷土法自制的炸弹，一面放火焚毁姚捷住宅。姚捷全家出走。陈汉钦即宣布闸北独立。当时有主张杀掉姚捷全家者，我以姚待我等不薄，建议放他一条生路。商团总司令朱少沂、总教练沈鹏同时在南市发动，会师进攻，很快地就把全市机关占领，时为下午6时。我和总指挥陈汉钦及所有部队即在太阳庙集合，地方商民已组成慰劳队，携带面包、馒头、茶水、水果等赶到犒劳。各队饱餐后，齐向江南制造局和西炮台两军事重要目标出发。

四

夜8时，陈汉钦率领所部配合商团，向制造局发起围攻。我和杨汉霖率领所部配合商团，围攻西炮台。战至夜11时，忽闻同往进攻制造局的陈其美被俘，但士气并未受挫，而是更加同仇敌忾，奋勇百倍。战至夜12时，西炮台已被我方完全占领，旋即合力围攻制造局。时艺人夏月润、王钟声、刘福彪等已越墙进入制造局，四处纵火。制造局总办张士珩、管带苏文斌见四面火光冲天，无法可守，始各逃去。天未拂晓，已完成攻占任务。寻至马号，迎出陈其美。十四日天明，浙沪要塞司令姜国梁、游击龚光辉、参将许宏一齐投降。至此，上海全境“光复”。

五

上海全市“光复”的当天，各界人士公推陈其美为沪军都督。十五日正式组成沪军都督府，并公推伍廷芳为外交长、黄郛为参谋长、姚际为副官长、李平书为民政厅厅长、沈鹏为财政厅厅长、王一亭为财政厅副厅长、蔡寅为执法处处长、高一谋为人事科科长、应夔丞为谍报科科长、黄岳渊为调查科科长、陈汉钦为独立旅旅长，我为卫士队兼侦缉队队长。都督府设在小东门海防厅。卫士队驻扎上海道署，担任保护都督府之责。南京“光复”后，陈都督两度赴南京开会，我均率领卫士随往。

六

约在农历冬月某日上午，江浙联军总司令徐绍桢和代理十七协协统沈同午同来拜会都督陈其美，密谈甚久。是日下午 3 时许，又有镇军林述庆部参谋长陶骏葆穿着新狐坎皮袍，乘坐马车来拜会陈都督，副官请他在客厅坐候。这时执法处奉陈都督命，草拟陶的罪状，宣布陶在九镇进攻雨花台时中途截留由沪运往械弹，以致九镇遭受极大牺牲，应处以死刑，并当场在沪军都督府大堂执行枪决，由我负责执行，连打了 13 枪，陶才毙命。同时我又奉命率领便衣卫士前往跑马厅三泰旅馆 21 号房间捉拿林述庆。迨我到达，林已远遁。我一面遵照命令指派卫士前往沪宁车站和各轮船码头分头缉捕，一面回府报告。事后闻知，系由于陶骏葆的马车夫看到陶被枪决，奔回旅社报告，林即他遁。

（选自全国政协文史资料研究委员会编《辛亥革命回忆录》第 4 集，中国文史出版社 2012 年 6 月第 2 版）

光复会和光复军

杨镇毅 *

一　光复会的点滴活动

“光复会”是当年反清革命的生力军之一，开始成立于日本，后迁至南洋爪哇，光复会之陶成章、李燮和、章太炎等均为南洋华侨所最信奉者，一言一动，无不从命。爪哇、泗水、吧城、甲网、滨港等岛各书报社，以光复会名义，鼓吹革命。于是人心大动，每岛均成立光复会，于是光复会会员遂遍布于南洋群岛矣。

我，浙江临海人，生于1876年。1906年，留学于东京弘文学院，结识了更多的革命同志，相与讨论国家前途和革命步骤，革命思想

---

* 杨镇毅：时任光复军总部参谋长兼顾问长，后任北洋政府浙江巡按使公署机要秘书兼省惩戒委员会委员长，山东省长公署高级顾问。

更有所发展，知时机不可失，遂于 1907 年匆匆回国，在杭州创办赤城公学，自任教务长，为发展会员、联络同志之光复军建立根据地。赤城公学学生中有周琮、屈映光等是我的入室弟子，亦是革命活动中的健儿，相与在校内积极进行发展工作。在他们积极的影响下，不到半年，赤城公学学生参加光复会者过半数以上。时陶成章、龚宝铨、徐锡麟、秋瑾等在绍兴创办大通体育学堂，为了革命需要，响应大通，我于当年秋偕周琮、屈映光回故乡，和当地学生光复会会员洪士俊（宇清）、项霈（仲霖）、杨哲商等惨淡经营，又创办了耀梓体育学堂。这时科举已废，由我领衔具名，向台州府知府许邓交涉，拨校士馆为创办"耀梓"之用，我任学堂监督。为了革命事业，与大通互通声气。那时秋瑾给我的信件，信封左末不署发信地址和姓名，仅仅写上"秋千"二字。有一次我正在办公室内阅文件，门房送信进来，我问几封信，门房说："昨天秋千有信来，今天秋千又有信来了。"这可说是当年革命活动时期一个有趣的回忆了。革命活动之紧张，亦可于此想见。

大通固为各会党之渊薮，然因时机未熟，安徽牵动，秋瑾遽为发难，酿成巨大破坏。光复会数年之经营，致遭挫折，在风声鹤唳、风雨飘摇中，"耀梓"也几乎遭到查抄封闭之危。当时我忧心如焚，为了继续展开活动，与周琮、项霈等筹商改名"耀梓师范"，仍然播撒革命种子。为了打入新军内部，我曾一度参与"浙军二标"戎幕为书记官，在此期间，结识了督练公所中有新思想的军人，并和夏超（定侯）、周凤岐（恭先）、蒋尊簋（百器）等过从甚密。

二　“光复”上海的经过

1911年秋，革命党人将攻取上海江南制造局，我在故乡接到上海各同志函电，辞别了父母，匆匆赴沪，投身于火热战斗之中。那时会里同志联络都用暗号，把革命机关称作“学社”“报馆”“印刷所”，把革命活动称作“书报生意”，把武器称作“印刷机器”。那时上海同志给我的电报，末尾署“寿”或“喜”字；我给他们的电报，末尾署“福”或“禄”字，都不署姓名，是为了保密。这年秋，我连续接到好几封“喜”字电报，就出门了。当时心情是豪迈异常、激昂慷慨的，今天回忆往事，也好像雄姿英发，不减当年。

自从黄花岗起义失败后，革命党人多聚集在上海租界，密谋再举。那时，光复会的总机关设在上海嵩山路叫“锐俊学社”，以浙江嵊县人尹锐志、尹维俊二位女同志出面租为主人。因为那时清政府搜捕革命党甚严，单身男子去租屋，屋主怕惹是非，不敢答应，所以革命党人租设机关，都由女同志出面。除“锐俊学社”外，其他分支机关也很多，如江苏吴江人甘成志、浙江临海人王素常二位女同志，均出面租屋，以研究学术或办理书报为名，进行革命活动。

为了配合武昌起义，光复会夺取目标是江南制造局。因为这个局是清政府在南方制造军械的地方。拿过来，革命就有了本钱，同时上海地居冲要，攻下来足以影响全国，造成革命有利形势。这时，会员也能自制炸弹，当时制造炸弹的主持人叫杨哲商，在维昌洋行楼上秘密工作，哲商把炸药放在空香烟罐和空牛肉罐中，制成炸弹，运送东南各地。上海“光复”后，为了“光复”南京的紧急任务，连日赶制炸弹，工作时间过久，身体不能支持，偶然打了个盹，手里的炸药落在地上，“轰”的一声，房屋墙塌瓦飞，哲商被炸身亡。由于当时弹药兵员还感不够，于是策动清政府驻沪水陆军队“新军”，成为我们革命活动的主要任务。

当时光复会和同盟会在上海的领导人是：光复会副会长陶成章在南洋，会务由总干事李燮和主持，中部同盟会与孙中山领导的同盟会别成系统，主持人是陈其美（英士）。当时两会协商，在辛亥年九月初二（1911 年 10 月 23 日）分路进攻江南制造局，又因新军都是湖南人，两会共同推定李燮和主持起义，因李是湖南人，且早年在南洋教育界以光复会名义鼓吹革命，发展会员，颇得华侨之敬仰与爱戴，威信卓著，便于策反新军，指挥军事。并约定在起义成功后，由李燮和出任沪军都督。

我去上海之前，同志们已经把起义准备工作（辛亥年四月到八月即 1911 年 6 月至 10 月）都已做好。驻沪新军也已运动成熟，起义日期亦已确定，我到上海是农历八月三十日下半夜二三点钟（九月初一拂晓），距预定起义日期还有一天，可是轮船刚刚到十六铺码头，就看见许多伤兵，有坐黄包车的，有躺在担架上的，不断运送过去。我很奇怪起义日期还没有到，为什么就发生战争了呢？上岸一问，说是陈其美的败兵，我更奇怪，新军都已联系好，难道又发生变卦吗？急忙赶到“锐俊学社”，只见尹锐志、尹维俊两同志神色很紧张，她们告诉我说：“陈其美败下来了，我们刚刚接上去。”我刚到上海，情况还不够了解，就暂住“锐俊学社”等待消息。大约到 12 时光景，捷报就传来了，我急忙到制造局，老远就看见迎风飘动的光复军旗帜出现在制造局门楼上，我非常高兴，心情是激动的。同志们及起义新军都臂缠白布，我和同志们执手道贺。李燮和告诉我这次战斗情况，原来陈其美事先不和我们联系，就在九月初一（8 月 30 日的深夜）冒冒失失地带了几十个人，闯进制造局，企图抢夺头功，可是他不懂我们和清军联系好的口号，一闯进去，就被打垮，陈其美被擒。李燮和听到这消息，觉得这是成败的关头，不能坐视不救，就急速动员全体同志和一部分新军组成光复军，全力赴援。光复军一到，一部分新军做内应，经过数小时的激烈搏斗之后，制造局官兵全部投降，清朝的“苏、淞、太兵备道”也已逃走。就这样，光复军“光复”了上海。

上海“光复”后的第二天，陈其美即在中部同盟会势力的推拥下当上了沪军都督，光复会方面愤愤不平，但李燮和考虑以革命全局为重，坚决主张退让，并率部（光复军）退驻吴淞。

三 陶成章被刺

记得初到制造局的时候，我们临时办公地点门禁是松弛的，我们没有经验，事务把我们忙得天昏地黑，没有注意到严密门禁问题，同志和起义新军各不相识，也没有规定的符号可资识别，只凭臂缠白布，就可以自由进出，当时是否有不良分子混进来，冒领枪支的，我们也无从知道。记得当天傍晚，闯进来一个臂缠白布的日本浪人（名字记不得了），我们盘问他要做什么？他说：“向总司令来献宝剑，表示对贵国革命成功的祝贺。”我们回说总司令不在，他就扬长而去，以后再也没有来过。从这件事情可以看出日本浪人是不怀好意的，可能是探探虚实，看看情况。

不久，光复会的领袖陶成章被暴徒刺死的事件发生，陶虽是光复会的副会长，但负责实际会务，正会长章太炎不过挂个空名而已。

陶处事精明干练，深得华侨信任，光复会革命经费的筹措和会务擘划，几乎是他一人的力量。能力既强，遂遭人忌。上海“光复”时，他在南洋，光复军到吴淞以后，他从南洋回国，会里就得到有人要谋刺他的消息，他因有要事留在上海接洽，不能到吴淞光复军总司令部去，就秘密住在上海金神父路广慈医院。谁知没有几天就被刺了。广慈医院围墙很低，辛亥年十一月十二日（1911 年 12 月 31 日）深夜，两个刺客从矮墙跳进来，用手枪向他射击，陶猝不及防，身中数弹，当场牺牲了。这一夜月色微明，刺客跳出去，医院里有人亲眼见两个黑影，逃得很快，转眼就不知去向了。

这件凶杀案，当时广慈医院曾有详细记录，事后总司令部侦知凶手，一个是蒋介石，另一个是湖州人（姓名记不起来），凶杀谋主光复会方面咸指为沪军都督陈其美，但后来却不了了之。那个湖州人后来被总部捕获，判处死刑。陶案发生后，孙中山即电陈其美，令其保护章太炎。时章太炎住哈同花园。

当陶成章刚从南洋回国时，我曾去广慈医院看他，寒暄过后，他一言不发，背着两手，在房内踱来踱去，似乎心里有重大忧郁的样子。我以为他身体不好，未敢多烦扰他的精神，坐了一会儿就走了。第二次去看他时（1912 年元旦），他已经被刺了。光复军总部还在吴淞，陶之被刺，当时我们都不知道。这一天上午，我和王文庆坐马车从吴淞到广慈医院，陶住的房间在楼上，我是熟悉的，所以一到就一直进去，刚走到楼梯边，正想上楼，只见一个穿白衣的外国女护士在楼上乱摇手，阻止我们上去。尹维俊已经先在楼上，听见我们的声音，便捧着一件血淋淋的皮袍哭着走下楼来，我们相对欷歔，涕泣不止，一面即电总部筹备善后。

四　光复会后期的援宁援鄂

上海“光复”后，反革命势力仍很猖獗，张人骏、张勋在南京蠢蠢欲动，有侵犯苏沪的形势。这时浙军已由朱瑞（介人）带领一支队前去堵截，陈其美不肯出兵，光复军乃招募数营兵力，其中一营是我电嘱洪宇清在台州招的，连同原有起义新军，悉数调到前线和新军并肩作战。龙潭一役，取得重大胜利，迫使张勋退入城内，不敢出动，浙军乃得顺利攻下天保城，“光复”了南京。援宁结束后，接着就是援鄂。援鄂第一师师长黎天才原是广西防军统领，武昌起义后，清政府手忙脚乱，起用岑春煊为两湖总督，岑调黎到上海，准备率领他进窥武昌，镇压革命。但黎一到上海，上海、南京都先后“光复”，大局已定，岑的两湖总督也做不成了。黎天才正在彷徨之际，光复军总部收编了他，委黎为第一路统领，任命状是我亲手填写，亲手交给他的。当时我还晓以“排满”大义，并分析了当前革命形势，他表示愿意接受革命道理，做个革命军人。

这时鄂事方急。袁世凯派冯国璋率军南下，攻占汉口汉阳，黎元洪退驻洪山，发电呼援，革命形势至为危急。光复军总部就积极准备援鄂，总部人员大多不是军人出身，即使有几个军人，也都没有带过兵。黎天才起义以后表现很好，同时所部也比较精锐，因此就以他原来所部和“光复”上海时起义的新军合编为援鄂第一师，派他任第一师师长。援鄂军成立后，我就辞去参谋长之职，专任顾问部长，参谋长由陈强继任。辛亥年十二月（1912 年 1 月）总部派我为全军代表，和浙江都督府所派遣的许耀（颖生）、徐乐尧（聘耕）、屈映光（文六）3 人，偕同鄂军政府顾问官孙发绪，前往武昌，商量援鄂事宜，黎元洪派杨开甲和孙发绪招待我们一行于盐道衙门。我们回来后援鄂军才出发，辛亥除夕初更，我们由汉口动身，于长江轮船上度岁尾年头，壬子年元旦申刻于南京登岸，转车返沪。

1912 年 2 月，援鄂军入鄂，鄂事已平，军队就驻在湖北。黎元洪继任大总统以后，以黎天才援鄂有功，任命他为“荆施区镇守使”。

自从光复军总部成立之后，因为援宁援鄂，兵员逐渐扩充，军费支出浩大，南洋方面活动经费一时接济不上，光复军退处吴淞，又没有土地人民可资凭藉，筹措粮饷也有困难。在这种情况下，同志们认为只要对革命有利，何必拥兵自据，于是有解散之议，但是还没有决定。又因陶成章被刺后，南洋经费来源断绝，总部乃决定于壬子年正月解散。解散时，参加上海起义的官兵，一律颁发“奠定东南”纪念章一枚，以资纪念（纪念章制于 1912 年元旦，到解散时发给）。所有兵员，有一部分改编为陆军步兵第二十三团，隶属浙军。

总部解散以前，孙中山曾授李燮和为陆军部次长，李没有到任，解散以后，光复会会员各自星散，孙中山又任李为长江水师总司令。乙卯年（1915 年）袁世凯帝制自为，李燮和附袁，被列为“筹安会六君子”之一，未敢声明，遂被后人议为晚节不贞。

（杨福祥　整理）

1962 年 4 月

（选自全国政协文史资料委员会编《中华文史资料文库》第 1 卷，中国文史出版社 1996 年 4 月第 1 版）

辛亥上海敢死团述略

徐霁生*

1911年，英人图占我云南之片马，一时社会嚣然，同志愤激。吴兴朱家骅时肄业上海同济大学，以时不可失，机不可疑，遂首组敢死团，借御外之名称，立排清之根基，斥金以谋经费，登报以征团员（《民立报》所载本团简章第八条内，有“若交涉和平了结，本团亦永不解散”一语，其立意可知矣）。风声所播，获同志者500余人，假广东路张静江所设之通义银行为团址，于是年二月二十日开成立大会，推朱家骅为团长，徐霁生为总务，陈天民、李灿东、沈铁铮、王星垣为军事设计，徐一龙、戴述铭、徐炎为筹募，金汉声、孙脱兮为文牍，章景云、毛仲达、吴国桢、陈汕蘅、徐四

* 徐霁生：时任上海敢死团总务。

达为交涉。每星期集会一次，赁湖北路三马路英明照相馆为临时会场。祇以御外之号召渐大，致引起英捕房之严密侦防，虎尾春冰，至为危险。时陈英士、戴季陶、于右任、张静江、周柏年、宋渔父、范孤鸿诸辈咸奖掖而深许之，团体既坚，进行益力。

适清廷欲收回沪杭铁路为国有，并任端方督办川粤汉铁路大臣，名为官督商办，实则攫夺民利，尤复肆行压迫，民气激昂。不旋踵武汉首举义旗，传檄沪渎，各同志急谋响应。经数度集议，祇以捕房侦察綦严，致会场有一日数迁者，幸筹备缜密，联络周至，机关幸免于破获。军警中如道署卫队、吴淞炮台营、南北警察局、沪防营等皆相继推派代表，具名册来团密约赞助，以后果然临事无反抗者，此皆先期沟通使然也。既得武汉檄文，乃昭告曰：

云贵地近边徼，瘴烟蛮雨，伪政府早视为化外，故不恤割其土地，以饷友帮，片马割让，尤其末事。为今之计，非革命告成，恕终难保其故土，前者曾组敢死团，以抗外邦，而何也竟疏于恕无可恕之满虏耶！

欲讽促以响应之。同志曾选议先去报聘，相度形势，再筹赴鄂援应。适遇英士，乃互商革命经略，始变更援鄂而为在沪自动之呼应也。盖未晤英士之前，本已推定团长朱家骅偕黄国华（黄伯樵）等潜赴武汉，招聘于黎元洪都督，并告申江策应计划，沪事方面，则委由徐霁生负责积极进行。后值陈英士来沪，陈固知团中实力，唯其已与蒋伯器议有成约在前，欲共图在浙举事。霁生以沪地较浙尤冲要，控长江之咽喉，为东南之险阻，陆行既利，海通畅便，义旗一举，足寒贼胆，即以转移外人之视听论，亦较发难于浙地为得计矣。

英士韪之，乃与旅沪之李平书、王一亭、沈缦云及各同志议定九月十二日下午全体动员，集中敢死团、商团、义军于沪南沪防营旷地，以手枪炸弹向高庙制造局进攻。

先是，吴淞炮台驻沪海军军舰、警察局各方皆预约响应。斯时总办制造局者为张楚宝，提调即李平书，李因接洽有素者，且谓张亦默契其事，可派代表前赴局方，毋庸大队齐发。当时在沪防营操场集议，公推陈英士为代表，赴局见张，推徐霁生督率团队以为后援。讵英士昂然直入，张竟拒而不见，反令缚陈于长凳之上，时随陈径入者，有我团队近百人，以防诡变。局中防军见我军汹涌冲进，果竟立起反抗，剧将铁门严扃，各险要亦皆以武力守之，如临大敌。斯时我方团队冲入局之防线者尚仅十之三四，势危事急。所幸内外齐心，奋勇力斗，始得冲破防卫一角而出。计死于是役者，有匡扶九、陈侠民 2 人；断手折臂者，有姜宪武、陈天民 2 人；其他轻重受伤不等者近 10 人。同时，外界如道署卫队、闸北警局，均鸣枪纵火，响应助威，而新北门城楼警察且白旗高悬矣。独制造局负隅凭险，顽固抵抗，事将败于垂成，英士生命悬于俄顷，千钧一发，大局堪虞。幸赖同志，百折不回，迭开紧急会议，决以必死之心，期达必成之事。复于深夜 11 时及子夜 2 时，出其不意，先后再度猛攻，更于局墙四周，浇油纵火，声势益张，卒之张楚宝乘轮宵遁，防军卫队见势不支，相继退却。时为九月十三日晨，上海“光复”。

沪事底定，召开全市大会，各界人士以英士出生入死，应推首功，公举为沪军都督。徐霁生任敢死团代理团长兼任义武宪兵队司令。凡团员之死亡受伤者，分别呈请优恤或给奖。敢死团之编组，计分 4 大队，每大队分 4 分队，每分队分四排。其大队、分队各队官，以陈天民、沈铁铮、戴述铭、洪涛、张洁、刘汉裔、徐绍熔、李伟、杜国珍、丁士杰、刘钧、徐槐生、黄汉臣等分任。又任雷雨生为参谋，周应时为总教练，应绍馥为文案，吴国桢为军需，徐四达为军械。由是南洋华侨闻风归国参加革命者，实繁有徒，而吾团亦得优秀分子蒋士超、士标两昆仲及杨景明等61人。时各地响应，唯苏松太海隅一带，间有未明大义者，更由霁生分派代表并率带商团人员为宣慰，相机收复浏河、南江、川沙、奉贤、嘉定、太仓等县。其闸北警局，循地方父老之请，为维持治安，临时派黄士龙接收而任之。至龙华地势冲要，有制造局弹药厂等为军用命脉，且毗邻高昌庙制造总局。初戴述铭带一分队为分防司令，继派祁性初，祁又调，以吴昆山接替。旋查各代表去宣慰收复之各县，所至之处，备受欢迎，有以饷糈犒劳者，一律交还地方公用，秋毫无犯。唯收复南汇时，有枭匪突出以武力相见，致代表戴述铭受伤几殒，商团俞志伟出力致死。至枭匪此举，非为清廷，实为自利耳。英士总揽军政，财政则属沈缦云、朱葆三，民政李平书，外交温宗尧、警政穆杼斋，司法蔡寅，军法许葆英（许伯明），参谋长黄膺白，参与戎机者有蒋介石、何应钦、朱绍良、贺耀祖、王金发、姚勇忱、陈仲权、杨虎、陆士栋等。松江军政府为钮永健，光复军为李征五，先锋队为洪承点，长江水师为黄汉湘，淞沪水警为陈汉卿，敢死队为刘福彪，间谍为应桂馨、吴豹军，人事为高一某、曾孟鸣，军械为张群，饷糈为杨谱笙、陈果夫、王汉强，文书为汤济沧、何云逵、赵赐琛、杨春时，警卫为王韶文。旋聘王一亭、虞和德、姚文楠为商务高等顾问，刘冠雄为海军高等顾问，伍廷芳为外交高等顾问。

沪军成立之初，饷糈给养，足资供给，第四方响应革命者，认春江为财赋之枢纽，故皆仰给于沪军。嗣是杯水车薪，终虞不继。霁生乃派第二队队官张洁同华侨蒋士超、蒋士标、杨景明4人，赴南洋各群岛筹募，所遗队官缺，以梅傲接替之。朱家骅以汉皋报聘归来，鉴本团发起之使命已达，因事亦负责有人，亟欲出国就学以期精益求精。同志欲挽不获，嗣得以官费留学德国。

迨苏浙初定，黄膺白以刘基炎为知兵，介绍于英士，委令率师北伐。而敢死团同志，胥抱扫穴犁庭，痛饮黄龙之愿，遂推派沈铁铮、王星垣、李东屏、完义辅、狄膺、刘开臣、汤树人、施凤翔、刘汉臣、黄斌臣、洪涛、张韫如、徐绍熔、丁士杰等率团员一大队附属之。团中复派陈天民、李灿东、徐一龙、金汉声、姚觉民、佟天责、孙脱兮、洪秉端、徐亚伯等北上密谋暗杀清廷之秉政者，并在天津租界创《民约报》，经英士、汪精卫措资万元为报社基金，由陈天民主其事，聘林纾为总纂。又于北京组五族共和联合会，吸引各族之青年，灌输革命思想，主理会事者为李灿东。所借去之各同志，赖能多有分工合作之精神，斯皆霁生预谋而总策焉。

迨和议既成，袁氏窃柄，政令设施，每违民意，霁生既睹环境乃尔，遂辞去团长兼宪兵司令之职。不久，英士亦辞去沪军都督。后英士谋二次革命，霁生亦预焉。旋败，英士出国以为后图。袁氏目霁生为四凶之一，悬重金以通缉，幸赖息隐租界而经商，未为所逮。待袁氏将称帝，英士归国以谋申讨，被袁逆侦知，贿潜沪军之旧部张宗昌及褚玉璞辈至沪寓伺隙狙击，致遭戕害。自此，沪军团体势涣，各自奔竞，风流云散矣。

（选自全国政协文史资料研究委员会编《辛亥革命回忆录》第7集，中国文史出版社2012年6月第2版）

上海女子北伐敢死队

杜　伟*

辛亥年十一月，我从武汉到达上海，在海军陆战队担任教练官。工作之余，遇到一位有世谊的青年同乡郑璧女士（原是天津女子师范的学生）。她告诉我，上海的妇女界有许多革命组织，如上海女子北伐敢死队、上海女子国民军、中华女子竞进会、医务界女子后援会、女子经武练习队等。其中以女子北伐敢死队活动最为积极，受到沪军都督陈其美及参谋长黄郛的重视和支持，派了沈警音担任队长。

女子北伐敢死队的成员共有70多人，平均年龄在20岁左右，

---

* 杜伟：时任上海吴淞海军陆战队兼上海女子北伐敢死队教练官，后任南京国民政府浙江省政府委员兼民政厅厅长。
新中国成立后，任杭州市各界代表会宗教团体代表。

以天津女子师范的学生居多数。她们因为受到革命先烈秋瑾精神感召，奋起从戎，结伴而来，参加了革命斗争。郑璧女士就是该队成员之一。

该队军事教练员祁性初原系体育教员，不懂军事，因此，郑璧女士就向队长建议，邀我去兼任这项工作。我每日抽出半天时间，给她们教练初步军事知识和作战技术，并指导她们实弹射击等等。她们个个都认真学习，不怕艰苦。

队长沈警音，嘉兴人，很活跃而有才干，工作十分积极，为全体队员所爱戴。队员郑璧、葛敬音、葛敬华、黄绍兰、丁志谦、汪纬霞、孙侠、范模瑛、张卓群、梅琼英等都是队里的骨干。葛敬音为队副，管理内部事务；郑璧负责对外联系。

女子北伐敢死队除了学习军事外，还和其他妇女团体有密切联系。她们和妇女界的代表人物吴芝瑛、吴木兰、林宗素、林宗雪等都有经常联系。吴芝瑛是秋瑾的老朋友，和上海地区的各个女子组织多有联系，参与政治活动的范围很广，是当时鼓动妇女参加革命运动的重要人物。吴木兰是江西人，短小精干，长于演讲，屡次在集会场合发表演说，号召妇女同胞奋起参加军事、政治活动。林宗素是福建人，社会党党员，曾经筹办社会党的报纸，鼓吹女子参政。林宗雪原姓张，因婚后丈夫姓林，即以林为姓，是浙江平湖人，对女子的军事组织工作特别热心。她自己经常身穿军服，腰佩战刀，姿态英武，不亚于男子。她的妹妹张馥真，也很有活动能力，乃姊林宗雪的政治活动，常以她作“参谋”。起初，她曾在陈其美的支持下，创办过“尚侠女校”及“女子进行社”（主要活动是销售《民声报》及《民主报》等），颇具苦干精神；后来又从事实业活动，在上海福州路开办女子植权物产公司。此外，还有唐群英、沈佩贞、尹维俊、尹锐志等，除了积极参加进行社的革命活动外，常以女军人的姿态活跃在大庭广众之间，积极争取妇女参军参政。又有医务界的张竹君，是以女医师的身份参加政治活动的，终年不辞辛劳，各处奔波，在各战区创设救护队，尤其和上海女子北伐敢死队联系得更为密切。

上海的军政界首领陈其美、李燮和、黄郛等，为了壮大革命声势和激励士气，并有利于提高他们的政治地位，对这些妇女团体曾从各方面给予支持。当女子敢死队队长沈警音向上海都督府提出组织计划时，立即得到批准，并领到所需的武器、弹药和服装配备（这是其他男子部队所不能轻易取得的），受到多方鼓励。

另有黄兴的女秘书徐宗汉（老同盟会会员）对这支敢死队也十分重视和关怀。她经常来到队部对队员们讲话，策励队员们加强战斗的决心和信心。由于得到各方面的支持和鼓励，这支新型的女子队伍，对于辛亥革命事业和以后的妇女运动，是起了一定的作用和影响的。

后来，我随吴淞海军陆战队参加了南京战役，有关该队的军训工作仍由祁性初兼任。南京“光复”时，这支女子北伐敢死队与张馥真、林宗雪所率领的上海女子国民军一起开到南京,要求北上参加战斗。

不久，南北议和告成，革命军北伐之举因而停止。这两支女子队伍的活动也就告一结束。军政当局动员她们复员，她们大多数表示不愿离开组织。经过反复劝导之后，有的回到原校继续读书，有的分头组成女子代表团，准备参政活动。有的则追求享乐和虚荣。敢死队队长沈警音就和黄郛结为夫妇，其他陆续婚嫁，放弃革命斗争，做上了官太太的也不少。有的则变为投机政客，例如沈佩贞就是其中之一：她去北京大搞政治投机，和同辈争权夺利，结果被袁世凯收买利用，成为袁的爪牙，袁氏垮台之后，也就随之没落。唐群英、林宗素等，也是热心于追求个人政治地位的，然而没有得到什么结果。此外，有些较有正义感的人，因眼见当时的军政要人们都在为个人的名誉地位而钩心斗角，深为悲愤，而在个人生活方面，又因旧礼教的束缚，不得自由舒展，精神苦痛，情绪消极。例如林宗雪于复员后不久，由于感时忧世，抑郁成疾，以致一病不起。又如女子国民军北伐队的张馥真和女子北伐敢死队的丁志谦，竟因此而遁入空门。

张馥真、丁志谦二人，自从昔年出家以来，青灯黄卷，几将四十年矣，现今均已年逾古稀，却还健在。张在杭州紫阳山祇园庵，法号耀真；丁亦在杭，现住龙驹坞广德庵，法号达道。作者曾经数度前往分别访问，以上资料，除作者本身的回忆追记之外，也取材于张馥真的口述。

（选自全国政协文史资料研究委员会编《辛亥革命回忆录》第4集，中国文史出版社2012年6月第2版）

攻占上海制造局亲历记

王子骞 *

辛亥年广州之役失败，我仍回到日本东京，因情绪激动异常，读书深造之念全消。这时党内为广州发难所购物品，尚有部分未运的手枪、磺药、雷管、电线等物分藏在各党员手中，党命我收集密运上海，并预约陈其美按指定的船只日期到码头接取。八月（指农历，下同）下旬动身，余健（四川荣昌县人）、胡光蜀（四川西昌县人）两党员同行。行前往会日本民党宫崎寅藏和萱野长知，探武昌起义情形（武昌已于八月十九日发动）。他们说，正有日本大佐级军人两位前往武汉观战，为我做了介绍，并以途间安全相托。当船进入上海黄浦江，我怦然心动，暗忖万一其美不来接，我当如何逃避海

* 王子骞：曾任四川省参议员。
新中国成立后，任四川省文史研究馆馆员。

关的检查。及船抵岸，见其美立岸上，心顿坦然。但又想，素以机智灵敏、神通广大著称的陈其美，他将如何逃避检查呢？倒要留心留心，长长经验。其美上船，与我略一招呼，即指挥来人把大小行李从船尾吊下，又引着我和余、胡两人到船底火舱，开门下舢板。他对船上人说些什么我一点听不懂，只见他指挥舢板，未经过海关检查处，径向华界方面开，抵一小汉港，有马车一辆停在岸侧。他又指挥把行李取放车上,平安无事地到了跑马厅侧马霍路一所住宅，把我一人留下了。这是其美私宅，楼下一排房作招待来往党人之用，洪承点、巴泽宪、陈方度（湖南宝庆人）、李燮和（湖南安化人，后来变节为筹安会发起人之一）已住在内。这时袁世凯已被清廷起用，派段祺瑞率兵南下，夺回了汉口，党军岌岌可危。聚集上海的各省党人，在其美的团结下，都在日夕筹划策应武昌办法，认为非赶快占取上海制造局，以其军械资助党军，不能挽救颓势，于是决定九月十三日在上海发难。某日，其美向我说："晚上要和清朝官员开谈判，敢不敢去？"我答云："老兄敢去的地方我总敢去。"黄昏时，其美归，约承点和我到了南市，下车一看，是上海警察厅，这是党人向有戒心的所在。入内，在一大房间坐下，已有七八人先坐在内与其美打招呼。移时，厅长出来，身体魁梧，操北方口音（是否姓徐，现在记不清楚），说话颇爽快。他说："武昌已起义，我是汉人，革满洲的命，我有什么不赞成？但是，上海是华洋杂处的地方，动辄惹起外交，你们革命党我信得过，只是发动时，帮会匪类难免不乘机抢劫、杀人放火，维持治安一事，又是我的职责所在。"他的话是一放一收，神态是又赞成又为难。登时其美站起，以手按桌上，望着那个厅长说："我们就是为着华洋杂处，动惹外交，希望彼此少流点血，才来和你开谈判。你纵有为难处，我们要干的总是要干。”他表现出一种勇敢坚决气概，威胁着对方。其美话刚完，对面有一个绅士状的人在发言，我暗问承点是谁，承点答是李平书。这人说：“厅长知道吗？已有好几千革命党到上海，他们的炸弹那样厉害，上海真会糜烂，还是和平想办法的好。”那厅长听完话，即说：“就这样子吧，你们事前活动，我可装着不管；发动时，我的警察决不参加战斗，只负维持治安责任。”所谓双方谈判，就此结束。这一谈判当然是我方胜利，警察的力量，讲打是无力的，但在党人未集合前，还是有力可以阻碍党人的活动，甚至逮捕党人；有了这次谈判，党人就可毫无顾虑地携带手枪，在华洋交界地大胆进出了，对进行革命，便利不小。

我带回的东西有限，此外究有好多人和枪支，我们外来的人不明了，也没做过地形侦察，全局的部署都在其美心中。他整天忙，对我们也只说个大概。到了九月十三日上午 9 时左右，有人引着我们到斜桥上海总商会，广场旗杆上升起的清朝龙旗当空飘扬；一队一队商团开来，洋装革履，械弹精良，步伐整齐。队伍排列好后，即有人登台演说，宣布独立，扯下了清朝龙旗，升起了同盟会制定的青天白日旗（民国成立后的海军旗样式）。一时欢声雷动，经久不息。商团分道出发，负责维持街市治安。革命党人三三五五地奔向西园集合，发长枪、手枪、炸弹等物，临时司令是高知白（浙江人）。党人身先群众，队伍整顿毕，即向上海制造局前进。路上岗警看热闹似的望着我们跑过。四川同志余健、胡光蜀、尹赤侠亦继至。制造局前门一带，手拿着明火枪、四瓣火枪、猎枪、羊角叉、大关刀、长矛等各色各样的武器，成千上万的人，从各条道路、各条小巷蜂拥而来，对制造局形成了一个包围形势。当时制造局的大门站着几个卫兵，看不出有什么惊慌样子。站在前面的党人中有人说，我们先礼后兵，向卫兵交涉。卫兵表示："我们倒下照，当心里面的军队。"大家听到这一句话，便如潮水一般，冲进了大门，经过两丈余的通道，见一长方形大坝，其后列一洋式楼房。我们在坝内散开，即发枪并抛出炸弹向洋楼攻击。洋楼发出一排一排的枪向下打来，我们伏在地上，每向前冲一次，楼上的回击也紧一次。炸弹（香烟筒做外壳）的力量有限，我们冲不进去，但敌方虽是俯瞰射击，也竟没有打死我方的人，这是因为里面的军队有同情革命的，因而向空发射之故。这样相持了许久，仅有高知白司令腰受微伤，离队而去，便由其美担任临时司令。在冲击时，围着制造局的广大群众，挺着各式军器，发喊助威，震天动地，声势实足慑服敌人。相持至 5 时左右，我们退回大门外时，局内出来一洋员招手说："派代表入局交涉。"众推其美往，其美进去后铁门随着关了。薄暮，李平书（他是制造局会办）乘马车自内出，众人把他挡住问消息，他说其美已被捆绑，苏州有无军队开来不可知，劝我们快散，说完就催促马车飞驰而去。这时，我们外来的人真想不出办法，只得陆陆续续回到其美家中。大家正在冥思苦想之际，突然听到一声枪响，大家吃了一惊，立刻掏出手枪应变。随即听外面有人说着："是我走了火"，出去一看是李燮和。大家狠狠地责备他一顿，并问他说："护厂营的湖南军队，你夸口已运动好，何以今天还未开来？"他着了急，说："我马上就去效申包胥秦庭之哭"，并约好次早在制造局晤面。翌日，不待天亮，我们奔向制造局，持械围局的民众似较昨日更多，火把还未尽熄。不一会儿，有人跑来说，炮兵营运动好了，跟着燮和也跑来了。他说炮队就要开来，这话登时传开，大家沸腾起来了。炮队炮车果然开到，一面忙着架炮实弹，一面就有人越墙进去，把局侧的职工学校放起火来。仅仅向洋楼打了几炮，里面毫无声息，霎时一支白旗出现，铁门敞开，内有工人大声喊："总办从后面（黄浦江）逃走了，赶快进来。"大家汹涌冲了进去，一面寻出被绑的其美，护送回家，一面推燮和充临时司令，主持一切。这时情形混乱，军械库已被群众打开，自由携取枪支。我和承点异常着急，认为如此举动，于革命无益，容易招乱，请燮和下令禁止。但他不知命令如何下，承点即在他的大红名片上为他写了命令，偕同志数人到库前对正在取枪的群众传达命令，宣传革命意义，并告以马上成立军队，已经取枪的人早来登记，没有枪的投效后一律按照才能授职。群众真是拥护革命，马上停止取枪，让我们把库门锁了。当天约散失两三千支枪，其他库房仍是储满武器，真令人高兴。

这时苏州尚未独立，我们为了保卫新占领下的制造局，由党人编组巡察队，日夜巡察，以防意外。像这样的工作整整搞了三天三夜，到九月十五日江苏巡抚程德全宣布独立，我们才松了一口气。十六日，上海军政府成立，举其美为都督。承点、泽宪、赵某（赵声之弟）和我皆认为如不尽快编组军队，打下镇江、南京，还是不能解武汉之急。往商其美，得其同意，另组沪军先锋军，任承点为总司令。燮和原属光复会，自以是役功多，不得选都督，遂自成一系，率军占取吴淞，任吴淞都督。越数日，军政府派第三科科长张群来局接收武器。我们护厂之责已完成，就移住西园，成立总司令部，开始募兵。承点旧隶熊成基部一同起义，军界源源来助者日众，第八镇新军退伍不久，已倾向革命，纷纷投效，兵源得以无缺；至于武器配备和一切军用品的购置，有军政府的大力支持，亦易办到。为日不久，就组成了一支强有力的军队，镇江、南京之攻取，出力甚多。

事隔50年，所能回忆的仅此，不够详细，当年参加此役的同志认为有错误的，切盼予以纠正。

（选自全国政协文史资料研究委员会编《辛亥革命回忆录》第4集，中国文史出版社2012年6月第2版）

忆中华民国学生军团

陈雪涛[*]

辛亥革命前夕，上海驻军甚少，江防各处多系绿营旧制，更形腐败。上海一埠，由于有租界掩护，麇集革命同志甚多，所以在武昌起义三周后即告克复。但少数正规组织的革命军事力量，实不足以镇慑十二分复杂、匪盗横行的上海社会，维持治安。于是，理论精辟而又擅长讲演的革命大家沈剑侯（名宗傅）同志有鉴及此，乃与沪军都督陈其美协商在上海创立中华民国学生军团，尽量容纳当地和各方逃避来沪、有革命志愿的学生和一般知识分子，俾易于训练成军，以备扩充北伐军的干部。计议既定，招生广告一经报刊登出，不及旬日，即招足 1000 余人，分驻吴淞中国公学、上海斜桥潮惠会

* 陈雪涛：时任中华民国学生军团文书兼经理科科员，后任上海银行武昌分行经理。新中国成立后，任上海银行汉口分行副经理。

馆、浙江杭州高等审判厅等处。一时风声所播，声威大，沪杭一带惶惶不可终日的人心为之大定。所以说中华民国学生军团的寿命虽不到半岁，也未能及时开到前方杀敌致果，而在当时沪杭一带的声威，实起了寒敌胆、壮人心的大作用，所以有回忆写实、提供史料参考的必要。

笔者（当时名陈毫）是当时北京京师大学堂第一个剪发的学生，由海道逃避来沪，志愿参加本军团的。[①]不久被提充文书科科员，兼经理科科员（后改称军需部），担任宣传、募捐、运输军资、军饷等事宜，与陈鹏（军需部部长）、裘维章、单成仪等同志始终其事，所知比较详细。我早想写出提供参考，讵料田颂尧同志走前了一步，已于《辛亥革命回忆录》第四册中发表了一篇《辛亥革命时期的“江浙学生军团”》，细读内容，确确实实就是我所提的中华民国学生军团，但觉与我所叙述的多少有些出入，可能是由于彼此担任职务的差异和彼此离团时间有先后而有所不同，似有将本人当时亲历的情况如实写出以资参证的必要。

一　军团的名义

本军团的名称确为“中华民国学生军团”，成立于辛亥年农历十月半前后。笔者于该月下旬到上海，次日即约同胡克己、蔡著才、潘宜之等到斜桥永锡堂办公处报名参加，当日即随同领导到吴淞中

① 武昌首义，凡在北京剪发学生均有被捕杀可能，于是纷纷化装逃避，笔者亦其中之一。当时同轮逃沪参加学生军团者有日本东斌学校董正国，陆军军官同学陈朝俊、鄢淮洲、田颂尧，及随熊克武同志回川的向传义、吕超等，还有由东京回国留学生邹鲁、陈怀忠等。

国公学入团，不数日，又迁到上海县西门外斜桥潮惠会馆编队，不久即招足1000多人。笔者被提充文书科科员兼办经理科，即往来于上海、杭州之间，直到由团保送投考南京陆军军官学校为止，军团名义并未改变。而田颂尧同志撰文所称“苏浙学生军团”，不知是否拨到杭州高等审判厅训练时，与浙江政府当局挂上了钩，为便于联系并仰给供应起见而改用的名称，那就不得而知了。由于我考入南京薛家巷军官学校是辛亥年底，此后军团的行政及改为入伍生队等即未预其事了。

二　军团的编成

武昌首义，全国人心振奋，特别是革命思想澎湃、热血沸腾的青年学生和一般知识分子，认为上海易于活动进取，都如潮水一般地向沪宁方面麇集而来。所以，军团开始招募不出旬日即额满，见遗者比比皆是。与笔者同时参加尚能回忆的有潘宜之（湖北广济）、胡克己（湖北黄陂）、蔡著才（湖北监利）、陈鹏（浙江）、邹鲁（广东）、裘维章（江苏无锡）、单成仪（无锡）及四川陆军同学田颂尧、陈朝俊等人。团本部原设永锡堂，后迁潮惠会馆，推沈剑侯任军团长，陈鹏为军需部部长，田颂尧为训练部部长，下设文书、经理、劝募、庶务等科，分途办公。当时最紧急的任务是军资的供应，其次是军火，已由沪军都督陈其美批准拨给，浙江都督亦允协助。还记得当时社会人士对本军团支援最大、奔走最力的，当推南京新舞台演员同志潘月樵（艺名小连生）、毛韵珂（艺名七盏灯）、夏月珊、夏月润等。冬至前夕，他们为本军团专场义务演出拿手好戏，并当场募捐数千元。

在演出前，本军团开成立大会，发布宣言，略谓：本军团组织已告成立，誓必渡黄河、捣幽燕、灭满奴、兴汉族……三户亡秦、廿年兴越，我江东八千子弟讵不足以灭彼贱虏乎？愿我同人厉兵秣马，与各界父老青年相见于五色国旗之下，扫除专制余孽，创造新兴共和民国，收回祖国全部领土，保持世界和平……为对观众聊表谢意起见，当场散发给每人白兰花两朵，青果两枚。沈团长的开会词中警句最精辟的有：“我既有国，我不能不爱国；国既有我，谁也不能禁止我不爱国……”寥寥数语，意味深长，真不愧为当时革命宣传能手。词尾对所发白兰花和青果释之曰：“这朵花是我们新中国的自由之花，愿它开遍全国。这青果就是清廷的结果，永不再生。”话仅两句，观众大为激动，掌声如雷达十几分钟之久。甚至有兴奋感动泪如雨下者，其感人之深可知。

三　军团的所在和训练

本军团招募时，仅招足两大队即行停止，每队 640 人，约合一营制。其枪支初由沪军都督府拨给步枪 300 支，就潮惠会馆及江苏教育会为训练处所。嗣以地址狭隘，不敷应用，改由浙江都督府拨发枪支 500 支，分批开往杭州高等审判厅和某寺院为驻扎训练处所。由于本军团成员都系学生知识分子，宗旨在今后扩充北伐师旅的下级干部，所以在训练上偏重军事学术和战略及实地战斗训练，经常做野外演习，夜间紧急集合、急行军、宿营等演习。军纪军风均臻上乘，因而地方安堵如故，人心稳定，赞颂不绝于口。

至本军团实际担负训练责任的训练人员，除田颂尧军务部部长兼教练主任外，尚有大队长、中队长、分队长，如叶焕舟、罗天曾、史俊生、高泽生、袁海秋、徐自强及保定军官学生、南京陆军中学生等，此外还有向海潜、朱再璋（鄂西人）等亦曾参加短期训练事宜。所有上述一切工作人员，除饮食由公费供应外，一切一切都系自备，更谈不到支取工资了。虽大家全是义务性质，但在工作上都十分认真，分毫不苟，热情极高，此足证当时人心向背之一斑。

四 军团的军容、军威所起的作用和归宿

本军团成员经济情况，十之八九是过得去的。由于对革命的认识较清，也具有一定的热情，所以不唯学生成员一概不给军饷，即在团工作的职员也全系义务性质，不取分文报酬。并且学生成员的军服，概是自己出费，按照军团规定制服置备，每套时值 20 元左右（青厚呢质），式样即现在的中山服。我是个穷学生，手中所余旅费 20 余元，又在中国公学驻扎时被扒手窃去，我的制服费是由陈鹏和裘维章两同志代付的，至今未忘他们的友谊。可惜我们 3 人值得纪念的金兰结盟肖照（在上海炮马厂对过亚新相馆拍的）未能留存到现在。全军团 1000 余人制服制帽，不到半月全部完成，人人穿起来走出市街，十分漂亮，集体整队外出时，市民莫不称赞不止。

回忆当时沪杭军政首长之所以敢于大胆派出所有军事实力开赴前线，实赖两地各驻有学生军一队镇慑地方，安定人心。所以本军团虽未到前方杀敌，而于后方镇压地方维持治安上，实起了很大的作用，在辛亥革命“光复”故土的光辉历史上，不能不占重要的一页。

迨南北和议告成，遵南京政府陆军部令开赴南京，归部派路孝

忱同志领导，改编为入伍生队，与南京薛家巷陆军军官学校一起编入武昌南湖陆军第三预备学校，肄业深造。笔者虽亦滥竽其间，但在开学前夕，因各省同学公举代表集议于武昌三佛阁江西会馆，向校长金永炎（字晓峰）提出改革意见20条，并决议如不见纳，誓不返校。意见卒被拒绝，我遂卷起一肩行李愤而告退，遄赴南京投入陆军第八师第十五旅第二十九团第三营充当下级军官。当时对校长所上条陈被拒，愤而出走者尚有江西同学卢昭，后来一同留学东京。至其他各省同学代表如江西赖世璜，安徽朱传经、吕六韬，福建张心哲等人，闻已十之八九私自违背决议返校，向校长做了检讨，写了悔过书，始予收留，以气节信守论，殊不直其所为也。中华民国学生军团之归宿如此，是为记。

（选自全国政协文史资料研究委员会编《辛亥革命回忆录》第7集，中国文史出版社2012年6月第2版）

上海“光复”时的巡防营和吴淞炮台

周南陔*

1911年，我年19岁，以二品荫生，又经屡次保举，得以道府分省，在上宝会丈洋商租地局任委员，管理财务。由于职务关系，与各国领事馆、工部局、公董局、会审公廨的一些高级职员都有交际往来。我当时已参加了同盟会，组织上交给我的秘密任务是在外交方面进行工作。

那时，英租界望平街口、九江路与汉口路之间有一“公余总会”，它是“高等华人”所办的最老总会之一。会员不满100人，一般都是官僚、买办。美其名曰“接洽要公”，实际是大家聚在一起赌博叫局，大吃大喝，甚至贪赃纳贿，借此运动门路。我看中这个总会，

* 周南陔：时任吴淞炮台外交官，后任国民党上海交通部交际部代部长。新中国成立后，任上海市文史研究馆馆员。

做了该会会员，以便从中展开联络活动。

上海华洋杂处，地当冲要，清朝政府在这里驻了5个巡防营，以3个营驻在高昌庙、南市、闸北和浦东，两个营驻在吴淞和狮子林。巡防营是由绿营改编的，每营有200余人，5个营合计1200余人。所用的武器是后膛枪，子弹配备相当充足。在当时看来，这是一支不可轻视的反动武装。

巡防营统领兼吴淞炮台总台官姜国梁（号文舟，贵州人，湖北武备学堂出身）与我是同乡，其父曾任福建镇台，与我祖父（福建藩台）同寅，论起来，我们又是世交。同时，江南第九镇统制徐绍桢曾以候补道在福建办过督练公所，与我祖父颇有交情，姜是由徐提拔才做巡防营统领的，常在姜的面前夸奖我。因此姜对我另眼看待。姜秉性懦弱，优柔寡断，我不大瞧得起他，而组织上又没有要我联络军人，我也不便有所活动。

1911年八月十九日武昌起义，震动了全国，也震动了上海。望平街报馆林立，率先报道起义新闻的是《民立报》，继之而起的是《申报》《新闻报》和《时报》。“公余总会”原是官僚、买办聚集之所，在那里有官场的消息、私人的电讯，以及武汉来往旅客的种种见闻，不但消息灵通，而且比较真实。我经常出入于“公余总会”，探听消息，向组织上反映，成为我的首要任务。

有一天中午，忽然接到组织上的电话，要我立刻回去，有要事相商。我匆匆赶到马霍路（今黄陂路）进益里某号楼上（同盟会的秘密接头处），有陈其美、姚勇忱和其他两人在座。陈其美郑重其事地对我说，大意是：姜统领已与光复会秘密接头，准备首先反正，响应武汉；这事当然很好，不过光复会的联络是靠不住的，他知道我与姜统领是世交，要我设法把姜拉到同盟会这边来。他又说，姜已得了光复会一笔钱，这不要紧，同盟会还可出更多的运动费。我回答说，我从未过问过运动军队的事，既然如此，让我相机进行。陈说，时机紧迫，必须在两三天内有切实回信，并要我注意3点：

（一）事关秘密，不可稍露风声，使姜知道同盟会与光复会的关系；

（二）要姜完全接受同盟会的调度指挥；

（三）姜仍与光复会保持联络。

接着陈又告诉我，有巡防营会计官王幼垣，湖北人，系同盟会会员，已由其负责运动巡防营的下级官兵，要我与王随时接头。姚勇忱从中插话说，运动新军是从下而上，巡防营是老军队，服从性极大，因此要从上而下。我答应在一两天内回信，即告辞而出。行至房门口，陈其美附耳对我说，你不要胆小，如果姜不听话，到了紧急关头，我们可以“做了他”。我想这是可能的，因为当时革命党很看重暗杀。

当晚，我即与姜密谈。姜表示对革命毫无成见，不过要看南京的情形怎样，他不能先动。我便单刀直入地说：“听说老伯（我平日称姜为老伯）已与革命党秘密联络，准备首先反正，响应武汉。”姜闻言一怔，默不作声。我接着说：“请老伯放心，我同革命党也有往来，如实言相告，我还可以帮忙。”姜脸露微笑，拍拍我的肩膀说：“我早就疑心你是有把戏的。”他说他曾由一姓谭的广东人介绍，和黄汉湘接过头。黄是湖南人，据说是黄兴的亲信，而且是同宗，上海的革命由黄汉湘与李燮和负责，接头的地点在白克路（今凤阳路）永年里。他又说，至于首先反正之说绝无其事，还是要看看南京和苏州如何再做决定。

王幼垣是姜的连襟，在巡防营任军需官，兼吴淞炮台军需官，我因为姜的关系早与其相识，但不知道他是同盟会会员。我访王密谈，王表示很好，他把巡防营和吴淞炮台的实力向我做了详细介绍，彼此相约分工合作，一致进行。王说，姜胆小多疑，因此一直没有向姜暴露他是同盟会会员。据王估计，如对姜以威力相要挟，使其幡然就范是不成问题的。

第二天晚上，我将接洽经过汇报进益里。陈其美不在那里，姚勇忱对我说，上海要首先发动，不能等候南京；巡防营固然重要，可是海军的情形很不好，要用吴淞炮台的力量来对付海军；在上海发难的军队已有充分准备，我们要求巡防营中立，吴淞炮台首先响应。他又说，黄汉湘不是军人，好说大话，其人原系同盟会，也可能与光复会有关系；李燮和等不是我们的人，不可信任，姜尽可与其“虚与委蛇”。姚还说，光复会专门同我们捣乱，破坏我们联络军队的工作。我问姚：“光复会是浙江的革命团体，你们都是浙江人，为什么要生意见？”姚说：“光复会以绍兴人为中坚，杭州人不多，浙江势力全在宁波与嘉湖人手里，只要他们不捣乱，我们也决不与其分家。”我们还谈到外交情形、北方局势以及上海道刘燕翼的为人，直到深夜始散。

经过几天的往返接洽，最后商定了这样几条：

（一）巡防营不发难，任革命党人进攻制造局；

（二）巡防营不攻城，不作战，纯守中立；

（三）吴淞炮台宣布独立，由各台官合词请求总台官更换旗帜；

（四）海军出入不阻拦、不开炮，如无敌对行动即听其自由；

（五）如海军侵犯炮台，即由各台采取自卫办法。

由杨某（商人，已忘其名，此人后来在国民党政府做过淞沪警察厅厅长）出面请客，被邀的有姜国梁、陈其美、李平书、朱葆三、王一亭、吴怀疚和我10余人。大家并未提及约定内容，而在言辞之间却一致赞成革命。经此一番宴会，使姜坚定了倒向同盟会的决心。

王幼垣又对我说，制造局有卫队一大队，枪械齐全，实力不可轻视，队官卢家有系一不识字的老粗，曾在巡防营当过哨官，他可以负责去运动。我把此事告诉了陈其美，陈说，不错，已另外有人接洽了。我汇报了王，并嘱其不必进行，以免分歧。

这时，革命形势已达到高潮，南京方面对姜的压力也就越来越大，我很担心会起变化，特商之王幼垣。王说，巡防营与吴淞炮台都有了切实布置，尽可放心，姜以地位关系，对他的部下自然不便有所表示，一俟时机成熟，即可按约行事，绝无问题。他又说，姜的公私银钱以及巡防营和吴淞炮台的全部款项都在他的手里，更不怕他“走样”。我认为王的看法很对。

有一天，姜对我说，上海道约他去过几次，谆谆告诫他要“尽忠报国”，严防革命党，并在必要时调他镇压上海城厢地方。姜回答说，他的部队极为稳定，足以维持地面而有余，如另调外处军队到上海驻防，反而不妙。姜又秘密告诉我，听说南京徐统制（徐绍桢）并不反对革命，大概也同革命党有了联络。我听见这个消息，当然顺着他的话应声说：“有的。”

在陈、姚等人的谈话中，我得知吴淞炮台比巡防营更重要，很想知道那里的情形究竟怎样。王幼垣约我到炮台一行，我们到总台部见着了南台台官施泽（号冠西，南通人）、北台台官潘碧澄（湖北人）、狮子林台官于连会（天津人，“光复”后改名春会，升任总台官），还有四五位副台官，开了一次秘密会议。我在谈话中提到姜统领已赞成革命，吴淞炮台的独立方式是由各台官合词请求总台官更换旗帜，希望大家建功立业，共襄盛举。各台官的革命情绪非常高涨，发言慷慨激昂，使我很受感动。他们还自动表示，如海军侵犯炮台，即起而与之作战。

当晚，我将此行经过报告了陈其美。陈很欣慰，但是他说，不怕他们不听话，我们有足够的力量打进炮台。我觉得陈对于炮台的情形不大明了，未免有些夸张，只好“姑妄听之”，随说随了，我没有把陈的话语告诉姜、王，以免引起误会。

上海“光复”，首先是革命党人进攻制造局。所用兵力，以商团为主，配合了一部分警察、市民和青年学生。所用武器，只有长枪和手枪，实力也并不充足。其之所以敢于进攻制造局，一则由于革命军的声势夺人；二则由于制造局的卫队已说妥内应。谁知卫队方面并未接洽妥当（听说接洽的人系借此骗钱），竟起而抵抗，革命军一触即溃。陈其美亲自前往劝说，被其扣留，次日即行释放。

在革命军进攻制造局的同时，巡防营不但如约严守中立，还派出军队放哨维持地方秩序。高昌庙如此，南市、闸北以及浦东那些地区也是这样，做到了地方安谧，匕鬯不惊，并掩护革命军如商团等之撤退。

吴淞炮台方面，南台、北台和狮子林炮台当日即扯上白旗，宣布独立。所有官兵都上了炮台，卸下炮衣，准备作战。驻在吴淞和宝山的巡防营同时放出步哨，与炮台密取联络。驻在浦东和吴淞的缉私营也派人和巡防营接洽，相安无事。

上海“光复”后，开会选举沪军都督，大家推举姜国梁，姜不愿就，举陈其美以自代。后来姜对我说，这次选举都督，秩序不佳，喧扰四五小时之久，才最后推定陈其美。

李燮和在吴淞成立一军政分府，实权由黄汉湘掌握，与陈其美的沪军都督府分庭抗礼，不相上下。陈屡次约我和姜密商，拟以武力解决吴淞军政分府，姜不愿做恶人，无结果而罢。吴淞军政分府以经费无着，不久也就结束了。

（选自全国政协文史资料研究委员会编《辛亥革命回忆录》第4集，中国文史出版社2012年6月第2版）

松江军政分府及其他

朱叔建*

辛亥为阳历1911年，时年我27岁。前一年我已考取七品小京官，签分前清法部举叙司。辛亥年闰六月，我请假南旋松江，晤陈陶遗先生，知革命暗潮如厝火积薪，不可终日。不三月而武昌变起，上海陈其美以农历九月初十（11月4日），苏州程德全以11月5日相继起义独立，农历九月十六日，松江士绅不期而集于市政公所，群情激昂，一致决议响应苏、沪通电，宣告独立。徐锡之倡议公推钮惕生（永建）为松江军政府司令，众无异议。继又推沈思齐先生（维贤）为副司令。并推谢宰平先生（葆钧）为民政部部长，钱选青先生（铭铨）为财政部部长，沈思齐先生兼司法部部长。时前清松江

* 朱叔建：时任《民立报》兼《女学报》记者，后任江苏省议会文牍科秘书，松江县教育局局长。新中国成立后，任江苏省政协委员，江苏省、上海市人民政府参事室参事，上海市政协委员。

府知府为戚升淮（名戚扬，绍兴人，前清翰林，在松江被目为伸手龙图。北洋军阀时期出任江西省长。徐锡之为松江人，钮永建的学生）。徐锡之奋起与其他数人驰入府署，手提布包炸弹（或云假的），面索印信，并限日交出公款档案，迁出府署。于是全市遍挂白旗。

一　松江军政分府期间

军府设在原江南提督署，提督刘某出巡未归，群众相率入署而占领之（提督署系明朝徐阁老旧宅）。有义形于色而当仁不让者二三人，倡议分别部署，指名任职，众皆唯唯。经正副司令首肯，于是若者为总务，若者为军务、为机要、为兵站、为文牍顾问等，一一指派，即日开始办公。在事者大都为同盟会同人及紫岗学舍学员（紫岗系永建在本乡所办军事学校）。钮先生健谈，每日会餐，即非请演讲亦滔滔不绝，主要是讲编组松军，会师北伐。

钮永建是上海马桥乡人，前清举人，考入湖北武备学堂，以第一名为张香涛（之洞）制军所器重。唐才常死后，先生回乡办讲习所，注重军事、兵法、体操。晨起打靶，能中飞禽。我以通家子时往参观。先是，先生与上海宋书楼师为莫逆，我父延书翁课我兄弟读，先生到松必顾我家。与书师及我父剧谈，通宵达旦，亘数日不倦，有所写作，手不停挥，很为敏捷。然急功近名，不甘寂寞，其一生迷恋于反动统治之间。

沈思齐先生，松江举人，大桃县知事，候补浙省，历署衢州府首县，兼浙抚增子固（增韫）总文案，赫赫有能声。一旦闻武昌首义，星夜弃官回乡，自动剪除发辫，被推为副司令，其机警善变如此。

军府草创，千头万绪，以练兵、筹饷为第一。但既无计划，又无专款，悉索数赋，罗掘俱穷。于是财政部之外有所谓筹饷局者，有各界募铜团者，有以军府少数人名义要求借贷于富室者。少数用事者，既大为乡人侧目，即负责财政者如钱选青、谢宰平、闵瑞之（瓛）、夏昕渠（允麐）诸君，亦莫不仰屋扼腕。同盟会同人中亦有谓以一县之力而经营全局，徒苦我民，无裨大局，觖望去之者亦不乏其人。我初任文牍，后改顾问，乃与袁仲廉（希濂）、李芑香（维翰）、吴叔于（前枢）、张少白诸君发起松江政论会，每周出一小型报刊，对财政有所商榷。

南京“光复”后，我与张聘斋、李芑香、张慰舟等随陈陶遗先生（临时参议会副议长）到南京参加同盟会临时大会。听到各省都督报告各省情况之演词，莫不趾高气扬，激昂慷慨。然而基础薄弱，组织散漫，于敌我对比，估计不足，徒欲以虚声压倒实力。不满一年，而革命所得仅有的果实，悉被军阀篡夺尽净。所谓民党除投降分化被屠杀者外，少数坚强不屈者仍不能不度其流亡生活。资产阶级民主革命失败的公式，不独辛亥、癸丑之役为然也。

孙中山先生回国至上海，曾与陈其美、戴天仇等一起赴松江同盟会支部（西门外陈化成公祠），由陈陶遗先生任招待，留有摄影。中山先生又到城内清华女子中学校，由校长夏昕渠，教师顾家轩、张聘斋等招待，有全校师生欢迎中山先生照片。中山先生成立南京临时政府，吕天民同志（志伊）为司法部部长，以我为秘书，我未及去南京到差，而政府已告撤销。

当时松江政论会对于军政分府的意见其较重要者有如下几个问题。

（一）地方新官制

松江独立之初，已指定民政、财政、司法3部，此仅为治理松江一县而设也。前清原为府、县两级制，“光复”后府州一级除浙省初时尚存其旧外，其余各省即已废止府制。松江本为一府七县，华亭、娄县同城合并为一县，改名松江。乃未几而忽有推举民、财、法三总长以辖治6县之议。而上海不在其列，政论会不能默不作声。报刊发表后，此议遂作罢。

（二）民刑权限与人权保障

审判员应有权直接理审案件，而六七少年，日夕孳孳以持其后，权限不明，审判员等于傀儡。书记对当事人擅自留止，对诉讼代理人的申述可以自由拒却，不依法规，又当局对民诉案件有不准保释者。政论会据调查反映提出商榷。

（三）军府决算问题

北京政府正式成立，陆军部通令各省所属军府依次撤销，松江当不例外。然而收支报销迟迟未公布，仅据财政处一方面极含混的报告，于财政部支出7万数千元，而总务科竟以事务繁巨不暇清理为理由，拒不公布账目；军务处以款多活支无从结束为辞。当此战事告终，除了清理账目准备移交外，似再无其他繁巨公事可称，何为而不暇清理乎？所谓活支，某事用若干，某物费若干，亦尽可就活计支按类归纳，不过一算手、一书手之劳，可以刻日蒇事，而竟迁延又迁延，一若好整以暇，便无其事者然。以松人办松事，竭松人之脂膏，供军府短期所需，而迄未能以一纸决算，示松人以大公而昭大信。直至癸丑讨袁之役，皇皇然复欲以松军相号召、孰听之哉！

二　随孙中山先生入京

中山先生辞临时大总统，政府北迁。袁世凯请孙先生与黄克强（兴）先生入京，命步军统领衙门凡孙先生车行所过路线遍铺黄土，断绝交通。居然以帝王出入警跸仪式对待先生，这说明袁氏脑中帝王思想的牢不可破，洪宪春梦，其所由来者渐矣。我因随中山先生入京，参与了一些政治活动。

孙、黄二先生旅邸在铁狮子胡同某宅，富丽堂皇，赛似皇宫。我们征得两先生同意请柳亚子先生临时发起在京“南社”同人雅集，摄有全体相片，刊入《南社》二十集首页，背面有同人题名录。可惜我的一份已经散失。

两先生在京，应各党各团体请求，演讲无虚日。袁氏与中山先生表面互相推崇，似和谐乐观。袁欲以全国铁路督办屈先生。先生毅然引为己任。但袁氏暗中嫉视民党，广布爪牙，扶植恶势力，向民党无孔不入地进攻。党员被其收买、分化、暗杀者日有所闻。中山先生扩然大公，喜怒不形。内部同志惄焉忧之。特别是宋遁初（教仁）先生机警突出，每次领袖会议痛切陈词，指出袁氏野心极大，势不两立，应急谋对策。经相当时间酝酿，于是有联合5个小党组织国民党之议。当时的策略是：欲以政党的绝对多数，效法西欧责任内阁制来束缚袁氏总统制的野心。然各党对民生主义和女子参政权有矛盾，虽再三忍让多方说服，最后民生主义仅在宣言中略一提出而期之将来，而妇女参政权竟被取消。所以国民党廾成立大会宣布党纲时，女子北伐队代表唐群英、沈佩贞登台厉声质问，继而挥拳，会场秩序颇乱，幸赖中山先生出而解围。尔后每逢开会，沈佩贞一见宋先生即跃起以折扇不断地扑宋。从此，宋先生与会议席竟绝缘。

党既宣告成立，于是组织本部，分部设长，机关庞大颇类政府（当时各党组织大同小异）。所合并的各党领袖，各占一部或两部，非部长即副部长。其下设各科各股干事。总务部部长为殷铸夫（汝骊），副部长为周志成（珏），交通部部长似为李印泉，财政部部长似为陆见山（定），其余已不能尽忆。我任机要工作，受殷、周两君指挥。

同时党还办一机关报，命名《民主报》，规模也不小。报社社长为仇蕴存（亮）同志，日出大型报一张或数张。主其内部者为刘揆一。社论特约章行严先生撰写，我亦叨陪末座。

民国元年 3 月，政府由南北迁，因而延长临时期间，由 6 个月而展至 10 个月。然而半年之间，内阁三易，未办一事。始蔫唐少川（绍仪）内阁以与总统权限之争而辞职，继蔫陆子欣（征祥）内阁以不得参院信任而病假，而辞职，辞职不遂而派代，乃有再展临时期限之说。是年 9 月 8 日《民主报》乃有《痛临时政府》之社论，《临时约法》规定，变更《约法》非参议院大总统不得提议增修，然而山东都督周自齐忽通电倡议撤销内阁总理，蔑弃《约法》，得罪民国。于是 7 月 7 日《民主报》乃有《辟邪说》之社论指出："政府越规毁矩，内阁虚悬无主，其症结所在，实惟总统制与责任内阁制之争。"而 7 月 2 日与 7 月 14 日《民主报》又有《总统与内阁权限问题》《两院势力平均之争点》的两文。其时各省都督日日提倡军民分治，日日宣传军人不入政党，乃对参议院同意阁员投票，纷纷函电质问，强行干涉。于是 8 月某日《民主报》有《军人干涉政治足以亡国》之社论。

不但此也，武昌起义有功之张振武与方维两将军入京来见大总统，袁世凯密令军警于正阳门、大清门中间之石栏内围捕之，械系军政执法处，袁亲自电话命陆建章立即枪决。万众同声愤慨；参议员质问不得要领。于是，震撼中外之弹劾案提上日程，虽然法定人数不足未经讨论，但案情重大，《民主报》有《分析研究之必要》一文，指出：

缘此案之发生，造意于黎副总统之一电，袁之命令执行，亦惟以黎电为根据。是则弹劾之目的疑在黎而不在袁。然弹劾副总统，只见之美国之宪法，我国《约法》无明文规定。黎电的造意，无论其为挟嫌诬陷，为逢迎当道，甘作傀儡，更无论其用副总统或湖北都督之名义，在参院仅能以《约法》第十九条第十款，咨请政府查办，而不可能比附第十一、第十二两款。为不及格之弹劾。然则将进而弹劾袁总统乎（《约法》第十九条第十一款弹劾总统仅限于谋叛行为）？此案袁仅根据黎片面捕风捉影之词，不交国家司法机关搜集证据，公开审判，而擅自掩捕屠杀如刲羊豕，其为专制蛮横，目无法纪，固不能为其曲讳，然谓之违宪则可，谓之谋叛则不可。是则弹劾之对象似不在总统，更不在副总统。无已，其惟国务员乎?《约法》第四十四条，国务员辅佐大总统负其责任；第四十五条，大总统发布命令须国务员副署。今张、方之死，仅由并无民国法制上官厅资格之步兵统领衙门宣布罪状，国务员并未副署，则在国务员为溺职。若总统不交国务员副署，则在总统为侵权。总统纵不惜以国家最尊严最荣誉之元首而贸然出身以当政海之狂澜，而在吾人尊重《约法》，苟非谋叛行为，断不能以不当负责者而轻负以责任，使野心家可以揭破脸面，明目张胆，遂行其侵略政权之手段。况侵权溺职同为违法，无论如何，国务员总不能逃出柙毁椟之罪。且此次陆军总长之转电黎副总统更有其代负责任之实证。

《民主报》于是年 8 月 30 日社论提出如上意见，供参议院参考。

在这半年中，我以新闻记者名义（《民主报》兼《女学日报》），日日驱车于国会、国务院之间。两院会场活剧光怪陆离，令人哭笑不得，而以众院为甚。有时群起拍案顿足，墨匣横飞，几如一哄之市；有时互相笑骂，一人痛哭，两人挥拳，甚至讲台上摔跤。国务院则冷冷清清，瑟索无生气。但植之秘书（泰）接待新闻记者，每日碰头，出示新闻几则，大抵无关政要。国务院秘书长王劼孚先生（广圻）住在北京饭店，不常见，见亦照例寒暄而已。

始我与陈陶遗先生等随中山先生入京，秋后中山先生出京，仍相随南下。事隔 50 年，原有的印象已模糊不清，现在仅就记忆所及并参考当时仅存之文稿，征询旧同事吴信三老先生，述其概要如此。其中错误遗漏，当然不免，务祈海内君子不吝指教和纠正。

三　筹组国民党苏省支部和江苏省议会

我们随中山先生南下后，陈陶遗先生主办国民党江苏支部，准备第一届国会议员和江苏省议员的选举。其时宁、苏尚沿旧制分治、宁支部由方寰如（潜）在南京负责进行，苏支部设在苏州沧浪亭。我与许苏民先生终始其事。国民党与进步党竞选，我党获胜。民国 3 年春（1914 年）第一届参、众两院与省议会先后正式开幕，省议会互选议长一人，副议长二人，许久香（鼎霖）先生当选议长，钱强斋（崇固）、沙健庵（元炳）两先生当选副议长。许议长以事久假，会务一切皆强斋先生主持。时秘书长尚虚悬，我以文牍科秘书与议事科秘书张逸笙先生轮流代理出席，其后始由黄允之（守孚）来任职。是年六七月间，四都督讨袁失败，国民党被解散，议员资格被取消，强斋与我皆浩然归去，沙副议长始来就职。但此时议员已不满半数，不能开会。无何，参、众两院与省议会同时被解散，直至袁死黎继，法统恢复，省议会才继续召开，时民国 6 年（1917 年）。

附记二则

（一）宋案内幕

民国 2 年（1913 年）3 月，宋遯初先生入京，将组织内阁，不幸在上海北火车站被贼狙击，弹中要害，越夕即逝。全国震骇。时沪军都督陈英士、南京留守黄克强向各方搜查证据，得赵秉钧（时袁贼国务总理，共和党领袖）、洪述祖（财政部职员）与上海流氓应桂馨往来密电甚多。出事后应电赵，有“梁山魁首已毁”一语，其余隐语尚多。后购得袁氏密电本子，全部译出，由陈陶遗先生交我整理。一方面交上海地方检察厅提出公诉。时检察厅厅长蔡季平（名光辉，与我为松江融斋书院同舍生），签传赵秉钧到案，屡传不到。将改用拘提，适讨袁失败，全局大变，事遂中止。其后赵竟被袁世凯毒死，洪述祖畏死逃职，应桂馨胆敢到京索酬，袁厚待之，护送到津，在车中杀之以灭口。凶手武士英被拘后，死狱中。洪述祖后判绞刑，执行时新绞刑机用不如法，头亦落地。

（二）刺陶焕卿凶手

杀陶者一说为蒋某，一说为王某，陈陶遗语我曰："非他人，蒋介石也。"焕卿与英士因党派不同，两不相容。"光复"后陶到沪，又发生争执，英士遣小蒋贼之。陶遗深夜冒雨到沪军府排解，已不及。归途覆轸而踣，断一臂，裹药赴武昌，或问：得毋为流矢所伤？遗笑颔之。

何震生尝语我曰："宁波都督王金发与英士、介石为拜把弟兄，王老大、陈老二、蒋老三，大家呼蒋为小蒋。王到沪与陈狎妓饮酒，必呼小蒋写局票。"陈果夫、陈立夫因之尊蒋称三伯。

1961 年 9 月

（选自江苏省政协文史资料研究委员会编《江苏文史资料选辑》第 6 辑，江苏人民出版社 1981 年 5 月第 1 版）

我所知道的陈其美

张任天*

陈其美的政治舞台生活时间不长，但在辛亥革命前后究不失为一个风云人物。我与陈其美接触不多，相知当然不深，只能谈谈某些片断情况。

一　“光复”

陈其美在辛亥风云中崭露头角，是他自日本回国以后。这时国内民族革命运动已是山雨欲来。他在上海很注意联络革命党的领袖人物，同时网罗交结青帮以为羽翼，成为青帮在上海的头领。

* 张任天：时任浙江台州军分府参谋，后任北洋政府浙江省公署秘书长、教育厅厅长。新中国成立后，任杭州市政协委员，民革中央团结委员会委员，浙江省人民政府参事室参事。

其时，谭人凤、宋教仁、陈子范、范鸿仙、周淡游、杨谱笙等组织中部同盟会，总会设上海，策划指挥长江中下游的革命活动。陈其美在上海有社会基础，情况熟悉，与杨谱生又有亲戚关系，就委托他为中部同盟会庶务长，坐镇上海。他在上海马霍路德福里开设天宝客栈，作为革命的秘密机关。时有叛徒刘光汉向端方告密，张恭（同伯）被捕，系南京狱，陈其美、王金发在狱外狱内做了工作，同伯得以不死。

陈其美在上海还办过一个武术学堂——精武武术学校。因当时北方著名拳术家霍元甲到上海传拳授艺，名震沪滨，陈其美慕其名、重其艺，与之接谈，知霍非一般拳师，乃一富于爱国思想之武术家，深与结纳，联合上海武术爱好者，创办此武术学校。以霍元甲为总教师，挑选党人及帮会中的弟兄身体强健者入校学艺，并习军事，以 6 个月为一期，每期招收 50 人，培养他们作为将来的军事骨干。后因安东间岛问题发生，党人发起排日运动，在沪日本浪人阴谋报复，见霍元甲武艺超群，非所能敌，故又忌又恨，乃密谋杀害。设宴召霍，置毒酒中。霍饮之，中毒身死。

1911 年 10 月 10 日，武昌起义，江西、山西、云南、陕西等省相继独立。上海起义是同盟会和光复会联合进行的，在李燮和、陈其美之领导策动下发难。上海的“光复”，世多归功于陈其美，而李燮和之名不彰。李燮和，湖南安化人，原名柱中，参加黄兴领导的华兴会，后又加入光复会，参与长沙起义，事泄逃往日本，1905 年，在日本参加了同盟会，曾参加萍浏醴起义，事败，赴南洋诸岛教书，在华侨中威望颇高。1910 年陶成章在日本重组光复会，举章太炎任会长，陶副之，李燮和实主其事。光复会在南洋募款，李一倡导，巨款立集。武昌起义以前，李燮和即衔陶成章、黄兴之命，到上海策动新军，为东南大起义做准备。自广州之役后，清廷把驻粤新军调沪，以镇压上海的革命活动，而新军中多湖南籍，李燮和在沪运用乡籍关系，运动新军反正颇为得手。武昌起义后，李燮和即与陈其美共商，以策动新军已经成熟，决定 11 月 4 日发动起事，先占领吴淞炮台、巡警总局，再攻江南制造局；陈其美负责联系商团与上海士绅，同时并举。讵知陈其美听说新军已运动成熟，以为可以轻易取胜，而生怕功劳为李所得，乃率亲信商团武装弟兄数百人，提前一日抢先进攻江南制造局，以夺取“光复”上海的头功。不料遭到制造局守军的坚决还击，陈其美被俘。李燮和闻讯，急令光复军全力赴援，经过激战，攻破了制造局，救出了陈其美，上海随之“光复”。11 月 6 日，李燮和、陈其美以及以李平书为首的立宪派人集议于海防厅，共议推举上海都督，一致推举李燮和，连李平书亦赞成，但陈其美利用其青帮弟兄，哄堂鼓噪，大闹会场，反对李燮和，推举陈其美。李燮和为顾全大局，力示谦逊，陈其美即被举为都督，即日就职。

海防厅的会议一结束，衔头即贴出了安民布告，衔头是“中华民国军政府沪军都督陈”，时间是“黄帝纪元四千六百〇九年十一月日”，日期尚未填，盖在起事以前，陈其美即准备好了都督府大印与安民布告。陈其美在党人中是以“四捷”著称的：“口齿捷，主意捷，手段捷，行动捷”，取得沪军都督，也说明“四捷”之名不虚传。李燮和被迫将光复军转移到吴淞，也自称“中华民国光复军总司令”，设司令部于吴淞的中国公学。陈其美曾派人刺李，未成。其后李即被迫离沪。

二 刺 陶

1912 年 1 月 14 日深夜，陶成章（焕卿）被刺死于上海法租界广慈医院。其时我适奉陶成章之命，回仙居招集潘门主帮，准备练兵北伐，不在焕卿左右。闻讯驰沪，仅得与陶公遗体一别。为什么要刺陶？是谁主使的？事实早已大白。陶成章 1906 年春在东京以光复会个人身份参加同盟会，其后因在革命战略、人事、经费上与中山先生意见相左。武昌起义，陶自南洋赶回，参与了杭州的“光复”。当时光复会同志即拟推陶为浙江都督，而陈其美阻之，力荐汤寿潜，但又曾遭谢飞麟、王金发、张伯岐等之激烈反对。南京临时政府成立，已任浙江都督之汤寿潜，去南京任交通总长，所遗都督一职，浙人又寄望于陶成章。时陶在沪，函电纷至，促陶来杭，主持浙事。陈其美则深忌之。陶成章被刺，孙中山急电陈其美严缉凶手，电文中说：

陶君抱革命宗旨十有余年，奔走运动，不遗余力，光复之际，陶君实有巨功，猝遭惨祸，可为我民国前途痛悼。法界咫尺在沪，岂容不轨横行，贼我良士？着由沪督严速究缉，务令凶徒就获，明正其罪，以慰陶君之灵，泄天下之愤，切切！

黄兴闻讯，也极为震惊，电陈其美“根缉严究，以慰死友，并设法保护章太炎君为幸”。陶被刺后，上海《民立报》发表了两条新闻，一条是报道刺陶现场情况；一条是说，“盛传满洲暗杀党南下，谋刺民国要人，公或其一也”。又说“军政府刻已严密查究”云云，迹近烟幕。

1月21日，沪督陈其美与绍兴旅沪同乡会在上海永锡堂召开了徐锡麟、马宗汉、陈伯平、陶成章四烈士追悼会。在追悼会上陈其美的祭文是上海民政总长李平书代读的，陈其美发表了演说，是四烈士并提，对四烈士之成仁表示悼念，对陶成章死于其辇毂之下，则避而不谈。沈定一（剑侯）在追悼会上的演说，则是激昂慷慨，他说："陶公之死，非死于汉奴，非死于私仇，必死于怀挟意见之纤竖，吾同胞当必代为雪仇。"语中虽未提挟私者之名，而其人呼之欲出。孙铁舟演说词旨，则更激愤，他说："陶公之死，必死于竞争权利之徒，如今后有挟私害公者，当以手枪杀之！"言毕掷手枪于祭案前。会后，陶公灵柩由永锡堂发引至车站，以特备花车运杭，安葬于西湖。我亦随车护灵至杭。

三 反 袁

南京临时政府成立，孙中山就任临时大总统。光复会的一些人始终是主张继续练兵北伐的，王金发到绍兴筹饷购械，日夜练兵，其他分府都督也是如此。但同盟会内部则意见分歧：一派主张如果南北和谈，袁世凯不能就范，就武力统一南北；一派则主张坚持实现和平统一，不惜曲徇袁世凯的要求，违背孙中山之主张，同意袁建都北京。

当临时参议院做出建都北京的议决时，孙中山大为震怒，黄兴也非常愤慨，说参议院如果不撤销此一决议，当调动军队包围之。但妥协派在党内占优势，孙中山亦无可奈何。袁世凯一方面制造舆论，一方面制造兵变，使得代表革命政府赴北京迎袁南下的蔡元培也为形势所迫，劝中山先生放弃立都南京的主张。宋教仁这些“议会迷”则认为欲制袁在于控制议会，建都地点无关宏旨。孙中山在党内外妥协派的包围压力下，不能不辞去临时大总统的职务。陈其美开始也是主张妥协的。当袁世凯继孙中山在北京就任临时大总统，陈其美也就辞去了沪军都督，去北京就任袁氏政府的第一任工商总长。教育总长为蔡元培，农林总长为宋教仁，其余各部都是袁的亲信。本来是内定黄兴为陆军总长，袁世凯不放心，以段祺瑞为陆军总长，于是军政大权全被袁世凯所操纵。“无量头颅无量血，可怜购得假共和！”孙中山也就不得不提出实业救国，无可奈何就任袁世凯所委派的全国铁路总办。

宋教仁（别号渔父）看透了袁世凯的野心，为了实现他议会政治责任内阁制的抱负，先想建立一个占绝对优势的大党，于是改组同盟会，建立国民党。这个新建立的国民党，成员极为复杂。孙中山在无可奈何的情况下，就任国民党的总理。宋要利用这个大党来组织责任内阁，冀图扼制袁世凯的野心。讵知大功未成身先死，1913 年 3 月 20 日，被袁世凯指使其死党赵秉钧、洪述祖派人将宋刺死于上海火车站。

刺宋案发生后，国民党内部对此案如何对待，又产生严重分歧：渔父被刺，孙中山闻讯，自日本赶回上海，在黄兴寓所召开党人的紧急会议，力主武力讨袁；而以黄兴、陈其美为首的国民党人，则主张法律解决。孙中山认为袁世凯挟总统之名位以令天下，断非法律所能解决，只有立即起兵，制敌先机，以推翻袁世凯之统治，方可保共和之大业，非仅为宋复仇而已。陈其美则认为共和已建，不宜轻于动兵，支持黄兴法律解决的主张。议论不决，失去战机。等到袁世凯调兵遣将，又进行善后大借款，在军事上、经济上已准备就绪后，即无视议会的弹劾、法院的传讯，悍然埋葬国会，毁弃约法，大兵南下，对革命派实行武力镇压。黄兴方知法律解决之无望，仓促赴宁，起兵讨袁。陈其美就于1913年7月18日以上海讨袁军总司令名义，宣布上海独立，树起讨袁旗帜。癸丑年（1913年）赣宁讨袁之役，迅速失败。黄兴弃宁出走。陈其美把责任推给黄兴，说"南京是黄留守旧地，讨袁军系黄之旧部，不战而溃，弃地而走，黄兴不能辞其责"！这样又加剧了孙、黄之间的矛盾。黄兴出走美国。革命党人大多亡命日本。陈其美也离开上海到东京。陈其美到了东京，成为孙中山"毁党造党"的一个得力帮手。

孙中山接受讨袁失败的教训，归结于党内意见之不统一，不能团结一致，全力以赴，要挽回革命颓势，必须有一个坚强统一的革命组织，他说，同盟会改组为国民党，党员流品复杂，意见分歧，步骤凌乱，"既无团结自治之精神，复无奉命承教之美德，致党魁等于傀儡，党员有类散沙"，乃决心组织一个革命的政党。这即是中华革命党之由来。陈其美极力支持孙中山"毁党造党"的主张，并建议以帮会秘密结社的方式方法来约束党员，控制组织。此皆得到孙中山的赞许与信任。1914年7月8日，孙中山在东京精养轩召开大会，正式宣布中华革命党成立，孙中山自任总理，陈其美任总务部部长，主持组织工作。党章规定：入党要履行严格的手续，要填写誓约，参加者要"永守此约，至死不渝，如有二心，甘受极刑"，要绝对服从党魁之命令；党员如果叛党，除处本人以极刑外，介绍人还要负连带责任。孙中山带头宣誓，由胡汉民主盟，陈其美、居正做入党介绍人。这个新党得到很多老同志的支持，反对过孙中山的人，也有不少向孙中山靠拢，参加孙领导的反袁护国斗争。但是也有一部分老同志，认为中华革命党是帮会式的组织，不像一个革命的政党，对陈其美以青帮首领的身份与手段操纵党务，表示反对。黄兴因而出国。而梁启超这些人又另树反袁旗帜。中华革命党的反袁斗争受到了牵制，无从统一国内反袁的力量。陈其美则奉中山之命到大连，成立奉天革命党的机关，经营东三省的革命。1915 年 5 月，袁世凯接受日本提出的“二十一条”，卖国求荣，又成立“筹安会”，帝制自为，已箭在弦上，全国反袁护国的浪潮高涨。陈其美奉中山先生之命，到上海组织中华革命军，策动长江中下游反袁军事。当时袁世凯派驻上海的护军使郑汝成拥兵 10 万，坐镇东南，是袁世凯对长江中下游的镇慑力量，是中华革命党开展反袁斗争的主要障碍，陈其美派遣王明山等二人伺机进行暗杀，将郑汝成击毙于外白渡桥。这是对袁世凯一个沉重的打击，大涨了革命党的声势。击毙郑汝成后，接着陈其美又派杨虎策动“肇和”兵舰起义，原计划“肇和”先发难，“应瑞”“通济”两舰即响应，攻打江南制造局、警察总局等。但“肇和”虽如期发动，并一度占领电话局，而其他两舰已被敌收买，转而猛攻“肇和”，致使上海起义失败。这是陈其美在中山先生领导下参与反袁斗争的高潮。上海起义虽不成，影响是大的。不久西南起义，蔡锷回云南组织护国军，出兵讨袁，国内形势又出现了另一个局面。

四 被 刺

陈其美在上海组织中华革命军，策动海军起义失败，损失甚重，元气大伤，经济更形竭蹶，无所展布。袁世凯以郑汝成被陈击毙，乃悬重赏募人暗杀陈其美。1916 年 5 月 18 日，陈其美被刺死于上海萨坡赛路 14 号陈的寓所，刺客是袁世凯以重金 40 万元购得的，陈其美部下的一个团长程国瑞。他叛投了张宗昌，张宗昌贪图袁世凯 40 万元赏金，叫程国瑞勾通中华革命党另一个叛徒李海秋向陈英士献策，说鸿丰煤矿公司有一块矿地准备向日本人抵押借款，如陈能为之从中介绍，款子借到，将以十之四酬谢介绍人，可作为革命经费。陈其美正在经费拮据、筹款无路之时，即面允其事，约其将抵押合同拿来由陈签字。5 月 18 日下午，李海秋带同鸿丰公司办事人员拿了合同来陈的寓所。陈接见，刚刚坐下，门外即冲进两个刺客拔枪向陈其美头部连开数枪，陈登时气绝身死。

陈其美被刺前后，浙江正在酝酿独立。浙军第二旅旅长童保暄、嘉湖镇守使吕公望、台州镇守使张载阳、宁波独立旅旅长周凤岐、警察厅厅长夏超，还有张羽生、王文庆和我等赶走了投袁的朱瑞，推举屈映光为临时都督。屈是个两面派，不久亦被迫辞职，乃改推吕公望为都督。陈其美被刺消息传来，我们感到意外，但并不震惊，浙江公私团体及个人都有唁电，浙江军政府为照顾大局，对外一致，经过讨论，也发了唁电，派人赴沪致祭，我代表王文庆、张翅（羽生）亦随往。祭文是王、张二人联衔，其中有两句话是："鸿欲翔天，忽罹赠缴，丈夫奋志，动经挫衄！"孙中山挽额是"成仁取义"四字。蒋介石与陈其美是结拜生死弟兄，自称义弟，陈死，以陈之化身自誓，读祭文时，极表沉痛。孙中山的祭文，对陈其美也极尽推崇。袁世凯死后，1917 年 5 月陈其美灵榇归葬湖州碧浪湖，假打铁浜苏州集义公所开吊，孙中山又亲临致祭。当时国民党请按黄兴、蔡锷的先例，举行国葬，遭到参议院部分议员的反对，引起一场争论。孙中山与唐绍仪联名致书各议员、各总长，历举陈其美革命功绩，请援黄兴、蔡锷之例，予以国葬。北伐后国民党取得政权以后，对陈其美又大事表彰，在西湖边为他铸立铜像，并命名一条街为英士街，在浙江又创办英士大学。在上海中华路为他兴造了纪念塔，又将上海北京路寿圣庵改筑为陈英士纪念堂。在辛亥革命的先烈中，在国民党政权时期，受到如此崇高待遇者，唯陈其美一人。

（汪振国　记录整理）

1984年3月

（选自浙江省政协文史资料研究委员会编《浙江文史资料选辑第27辑·浙江辛亥革命回忆录续辑》，浙江人民出版社1984年10月第1版）

沈缦云的一生

沈子高 *

一　童年及入赘沈家

沈缦云（1867—1915 年）是我祖母的弟弟，原姓张，名翔飞。据先祖母告诉我，他出生在江苏吴江县的一个书香之家，父亲姓张，是前清的举人，母亲也读过书，擅长书画。父母两人在家中两个厢房里设了一个私塾，招收当地士绅子女 20 多人，男生坐右厢，女生坐左厢，由两人分别施教，家中经常书声琅琅，一时传为美谈。

太平天国进军江南时，先祖母与两个弟弟翔和、翔飞随父母避乱至上海，父亲在一绅士家任家庭教师，母亲应聘在美国基督教长

* 沈子高：系沈缦云（曾任沪军都督府财政部部长，中华实业银行总理）姐姐之孙，曾任南京普道胜学校校长。

老会主办的清心女书院当教师，先祖母随同入学，翔和、翔飞在家自学。当时美国基督教监督会（圣公会）在上海办有男女兼收的培雅书院（约翰书院的前身），院长颜永京早年留学美国，是先祖母的父亲到上海后新结识的朋友，因翔和、翔飞在家自学，无人辅导，经颜许可，入培雅书院为插班生。两人入学后，成绩优异，多次越级升班，翔和读了5年多即毕业（照章须读7年），由颜永京介绍，随美国牧师赴美留学，准备学成后回母校任教，翔飞12岁那年，还在培雅书院读书。其时上海有个实业家沈某开创铁工厂，资力雄厚，但膝下无子，只有一女，一心想在“洋学堂”中找个家世清白、品学兼优的学生招赘为婿，继承他的事业。经培雅院长颜永京介绍，翔飞就在这年入赘沈家。因当时男女双方都未成年，暂不举行婚礼，但翔飞从此迁住沈宅，改姓沈，名懋昭，字缦云。

缦云到沈家后，其义父聘请无锡一老秀才为家庭教师，教他攻读“四书”“五经”和诗词、时文。到20岁时，他先后考取秀才、举人，但其义父不愿他做官，要他在沈家开设的几所铁工厂学习技术和经营管理，缦云也有志振兴实业，因而弃官就商。

二　接办信成银行和沈氏铁厂

那时上海金融界只有中国商人开设的旧式钱庄和外国人在租界开设的西式银行。银行可以自由印发纸币，钱庄无此权力。于是缦云的义父和富商周舜卿等合股开设了上海第一家华资银行，取名信成银行，经营存款、放款等业务，并发行钞票。股东会推举周舜卿为总经理，缦云义父为副总经理，实际主持行务。后来缦云义父年老告退，将信成银行及沈氏经营的铁工厂全部交给缦云掌管。缦云少年老成，办事精干，不久即在上海工商界、金融界崭露头角，成为社会知名人士。

三　加入同盟会从事革命活动

缦云接办信成银行及沈氏铁工厂之时，正值中国内忧外患交织之际。他平日关心国内外大事，兼读英文书籍报刊，经常与上海一部分工商界头面人物和爱国士绅交往，咸以国势阽危、振兴实业和创办银行虽可为祖国争光，但清政府腐败无能，若不在政治上效法西方，实行民主改革，仍然无济于事。因此倡议组织北上代表团，向清政府请求立宪，得到上海各界人士支持。

清光绪三十年（1904 年），由沈缦云领队，率代表团到北京请愿。清政府起初拒绝接见，后来借口立宪条件尚不具备，须俟指派大员赴欧美各国考察后才能着手筹备宪政，因而请愿未有结果。

通过这次请愿，沈缦云对清政府的反动顽固极为悲愤，即于1910 年加入了孙中山先生领导的同盟会进行反清活动。此时孙中山先生和同盟会的主要力量集中在反清宣传、筹集经费、购买武器、准备起义等方面，缦云都积极参加，做出贡献。

首先，他利用信成银行接受欧美日本及南洋群岛等地华侨接济同盟会的捐款。不久，又受孙中山先生委托亲往南洋群岛，在华侨中汇报祖国情况，宣传革命主张，劝募捐款，筹组同盟会支部，工作颇有成效。回国后，向中山先生汇报，受到嘉许。当时海外侨胞汇款接济同盟会，收款人都用孙中山或沈缦云的化名，由信成银行经收，为数可观。这些捐款，对同盟会支付日常开支，先后创办《民呼日报》《民吁日报》《民立报》和购买武器等都起了重要的作用。

关于秘密购买武器，缦云自告奋勇，一力承担。那时他的胞兄张翔和已留学回国，由上海德商瑞记洋行聘为华经理，缦云以信成银行行长名义代为出立 1 万两银子的保单，并与该行德籍总经理密商，代同盟会购买约值 1 万两银子的武器，寄存在该行仓库（这家洋行一向代清政府及各地军阀购买进口武器）。这些武器，后来在“光复”上海和支援各地起义时取出使用。此外，同盟会在上海所办《民立报》等报的馆址，实际上成为各地同盟会会员来往上海的秘密联络点，所有房金及招待等费用，都由信成银行负担。

上海“光复”前，沈缦云经常在华界工商业人士中进行宣传，建议仿照租界洋人组织商团的办法，成立自卫武装，表面上协助清廷军警维持地方秩序，暗中做武装起义的准备。这个建议得到工商界上层和广大职工的支持，不久，各行各业纷纷成立商团，在上层人物中，沈缦云第一个报名参加。实行军训之日，他经常步行到操场，脱去长袍，持枪操练，丝毫不苟。

由于沈缦云积极参加革命活动，贡献较多，上海“光复”后，孙中山先生曾亲笔题赠“光复沪江之主功”匾额，我在他家曾亲眼看到过，可惜后来散失不见了。

四　信成倒闭及主持军政府财政

信成银行秘密为同盟会服务，在上海“光复”前已渐为外界所知，同时信成业务兴盛，为部分同业所忌，因而在社会上散播出信成即将倒闭及所发钞票将成废纸等谣言。一时持有该行股票、钞票和在该行有存款者，纷纷要求退股、兑现或提取存款，虽经缦云多方奔走，并请求友好同业接济现金，终因内囊空虚，风潮不息，不得不宣告破产停业。

辛亥年上海“光复”后，成立军政府（后改沪军都督府），沈缦云被推任财政总长。当时军政费用开支浩繁，而财源枯竭，左支右绌，颇为困难，缦云悉心擘划，一面筹组中华银行，作为新政府的金融机构，发行纸币及债券应付开支，一面派人至南洋群岛等地招募银行股款，推销债券，颇著勋劳。

不久，南北议和，中山先生辞职，被袁世凯篡夺了革命果实。1913 年，袁世凯派人刺杀宋教仁于上海，中山先生和同盟会诸领袖被迫流亡国外。这时缦云因与日本驻上海领事素有来往，即避居日本领事馆，着手清理同盟会账目，旋经日本友人护送，全家迁往大连。

五　客居大连及中毒逝世

沈缦云到大连后，继续秘密进行革命活动，经常与当地绅商及教育界、新闻界、宗教界人士接触，同盟会会友前往拜访者也不少。有个自称是东北新闻记者的同盟会会员常到缦云寓所，表面上对缦云执礼甚恭，尊称为老师，并经常谴责袁世凯量小忌才，怀有异志，还不时报告一些东北军队的消息，以骗取缦云信任。有一天，此人邀请缦云到他家晚宴，缦云欣然前往，至夜 10 时后散席。不料回家后不久，顿觉头晕欲吐，四肢麻木，全身抖颤。家人疑为酒醉，缦云说，他从不饮酒，那天因为主人殷勤相劝，只喝了半杯，绝非酒醉。

家人即至一日本医院请来日本医师，诊断为烈性中毒，开方给药，并嘱次晨必须送往医院治疗，否则生命难保。

从当晚到翌晨，缦云病状迄未好转，时而昏迷，时而清醒。清醒时，曾断断续续说："你这个盟友已变成叛徒""孙中山先生和我都是不怕舍身的基督徒""你能害我的身体，不能损我的灵魂、灭我的志愿"等等。最后一次清醒时，还对家属说："我死了，你们不必悲伤……我的心会永远与你们同在……再相会，再相见……"这时已处于弥留状态，一边喘着气，抖动嘴唇勉强说话，一边流着眼泪，表示心有遗恨。延至天明，不及送医院治疗即停止呼吸，与世长辞，时年46岁。

（选自上海市政协文史资料工作委员会编《辛亥革命七十周年——文史资料纪念专辑》，上海人民出版社1981年8月第1版）

支援革命经费的上海信成银行

沈云荪 *

一　在革命运动酝酿成熟中成立

上海信成银行是以民营商业银行为掩护，筹划经费支援革命的财政机关。该行协理沈缦云是同盟会会员，负责实际行务。资本定额为 50 万元，先收半数 25 万元，大商人周舜卿出资最多，自任该行总理。营业性质主要是储蓄业务，呈请商部注册批准，为中国第一家储蓄银行。总行设于南市万聚码头，分行在自来水桥浜北，北京、南京、天津、无锡等地相继设立分行。

1906 年，沈缦云于该行开第一次股东大会上报告说：

* 沈云荪：系沈缦云（曾任沪军都督府财政部部长，中华实业银行总理）之孙。

商战剧烈之时代，各国商界所持以占优胜地位者厥惟银行，夫人而知之矣。第银行之组织不一：曰国家银行，一国之财政所出纳者也。曰商业银行，商界所以通有无资金周转者也。曰劝业银行，一国之农工商业所赖以发达者也。曰储蓄银行，为小本经纪存储积备缓急者也。夫各国银行组织之完备，故民富国强有蒸蒸日上之势，吾国欲与之争竞自当以广设银行为要着，遍查国中，国家则有户部银行，商业则有通商银行，劝业则有信用银行，亦云备矣。独于储蓄银行虽有议之而卒未试办，未免阙如。缦云拟有积余章程，周君舜卿见而称善，是年秋亲往日本考察储蓄银行章程，知规模虽小实为富民之根本，归国后决意拟办，邀集同志公同会议，以商业而兼储蓄，拟招股 50 万元，先收一半试办，认股既定，商部即行注册，当时集股之易，开办之速，皆诸同志协力扶助，赞成此局，是本银行发起之大略情形也。

该行开业后，经营殷实，发行钞票，流通市面，信用卓著。

二　在帝国主义的魔手下经营

1910 年，奥国公使代表奥、德政府将所议定的方案向上海信成银行提出“集资合办”的要求。在该行第五次股东大会上，总理周舜卿的报告说：

驻京奥国公使屡与敝人提议中奥银行之联合，欲各集资本 100 万元，由华商出名在中国商部注册，权限则两国平均。又云吾奥德联合有极大之联德银行为之后盾，如商部批准，贵行各股东允许，告之联德银行，即可成立等语。

经沈缦云严词峻拒。在外国银行力图控制中国金融事业的情况下，上海信成银行虽然经营业务重重困难，但始终坚持国人自办，不向外国资本低头。

三　三次改组未成

1911年11月3日，上海民军联合商团武装起义。次日，组织上海军政府。最初，革命党人想指定上海信成银行的钞票由军政府担保，支发军饷及其他的用途。后因财政已经稍有头绪，将原计划打消，自行组织中华银行发行军用钞票及公债票，以资应付。

1912年，南京临时政府成立，缔造维新，振兴实业。上海信成银行拟大加扩充，改为实业银行，议定名曰“中华民国信成实业银行”。孙中山先生曾允任该行名誉总董。1912年3月3日，孙中山先生给沈缦云的信中说：

执事诸君以信成银行拟改为实业银行，创实业金融机关，以资流通挹注，热心盛举，弟极赞成。辱认弟为总董，职任甚重，而弟为东西南北之人，何以克称，若以同情之末，许为名誉之员，或庶几耳。

此举筹备多时，未见实施。

1912年4月，孙中山先生舍政治而从事实业，研究实业建国计划，并开办金融机构，以为实施实业计划的基础。孙中山先生与一部分同盟会会员在上海发起组织中华实业银行，初议拟将上海信成银行扩充改办，故在中华实业银行招股简章中载有："惟当实业银行创始之际，原禀拟就商办之信成银行基础，扩充改办。兹经同人公议，一切手续，仍须俟股本招集以后，讨论利弊，再行议决，信成与实业之归并或分立办法。"1913年5月15日，中华实业银行正式开幕，未将上海信成银行合并改办。

四　支援辛亥革命经费

上海信成银行支援革命经费，从开办至民国成立（1906—1912年），前后总计银323000余两，并洋67000余元。该项巨款统由该行协理沈缦云负责从行中挪付。1912年1月，沈缦云申请将该项费用报销，在呈文中说：

窃缦云经营革命，历有年所，一蹶于湖北唐氏之役，再蹶于香港查没之举，屡经挫折，此志不衰。至近年组织《民吁日报》《民立报》等报，复一以文字鼓吹，天佑中国，武汉一发难而东南各省次第反正。都督以物望所归，统辖沪军，缦云忝随骥尾，承乏财政，值戎马仓皇之际，当楚歌四面之时，沪军需饷既不可稍缓须臾，而各地之接济又悉视上海为要枢，军书旁午，无日不有，缦云罗掘俱穷，勉支危局，任事匝月，无一时一刻不在惊涛骇浪之中。所以能免于陨越者，幸得常从缦云所经理之信成银行中挪借巨款，而信成银行之所以能贷于缦云者，因有前清沪道公款26万余两存于该行之故。燃眉暂救，非能久借不还者也，侧闻光复以来，前清帑贮悉入公家，当缦云交卸财政时，即思具呈钧座，请将前清沪道存于信成之款，与缦云挪借之款相抵，以免债负。乃甫卸财政，即承江苏都督委任为通阜司正长，栗六奉公，因循未果。兹闻启节因公来宁，用敢详达前情，呈请察核，伏恳查照。缦云此项挪移之款，事属因公，免其赔累，准将前清沪道存款作抵，曷胜感祷待命之至！

经陈其美批示于后：

据呈已悉。该财政长经营国事，夙著热心，擘划财政，尤能勉为其难，殊无听其因公赔累之理，惟所请以前清沪道存款作抵一节，查沪道存款关涉赔款，现道署各项契据均由领事团收执，俟将来收回后再行查明核销也。

因此，未能将挪用之款与沪道存款相抵。又查1913年10月28日上海信成银行股东会上该行查账员汪幼安报告说：

据第七届账略观之，两数相抵，固属有盈无绌，但细究内容，贷出各款或以少押多，或无信滥借，以及烂账或以已经破产等类，盖居贷出款中十之二三，而沈协理缦云自欠及经手323000余两，并洋67000余元犹未计焉。

报告中所说的沈缦云经手之款，即支援辛亥革命经费之款项。

1913年秋，上海信成银行由于支援革命经费，支付巨额款项，以致资金短少，周转困难，该行负责人沈缦云参加癸丑二次革命失败，奔走大连，行务乏人主持。因此，各地分行相继停闭，总行停止营业，着手清理。

（选自全国政协文史资料研究委员会编《辛亥革命回忆录》第7集，中国文史出版社2012年6月第2版）

辛亥革命后的上海中华银行

沈云荪*

上海中华银行，是上海光复后沪军都督府创办，成立于辛亥年农历十月一日（1911 年 11 月 21 日）。1912 年 7 月改组，由孙中山先生任总董，重订章程，扩充范围，招股增资。1913 年 2 月，经股东大会决议，改为中华商业储蓄银行，全归商办。它是中华民国成立后建立的第一家银行，对支持革命政府财政起过重要的作用，在辛亥革命史上留下光辉的一页。

一

沪军都督府成立事起仓促，军无宿储，前清所设各税捐局所已

* 沈云荪：系沈缦云（曾任沪军都督府财政部部长，中华实业银行总理）之孙。

于起事时明令裁撤，原当事者均闻风挟款逃避，以致饷糈无出，而各地军队集合上海者有数万人之众，军政各费，皆需财政部门筹措，财政部门罗掘俱穷，准备发行军用票和公债票，以应急需。起初曾打算指定与革命有联系的上海信成银行扩大钞票发行，由沪军都督府担保，支发军饷及其他用途。不久，决定自行组织中华银行，发行军用票和公债票。于是一面由财政部长沈缦云筹划款项，拟定章程，积极准备，一面由都督府发布《筹备设立中华银行告示》晓谕市民。

辛亥年农历九月二十日（1911 年 11 月 10 日）告示贴出，文曰：

为晓谕事：照得上海为通商巨埠，中西荟萃，商贾辐辏，素称殷埠。比年以来，历因金融困滞，贸易衰减，屡起恐慌。自本年 8 月迄今，又因战事影响，困难已达极点，若不亟为维持，诚恐陷溺日深，不可收拾。况自本军政府建立以后，治军行政，需用浩繁，然当百日维新之始，又岂忍遽行征敛，重累同胞。日采虚心谘访，筹议再三，惟有亟行组织财政金融机关，以期流通泉货，酌剂盈虚，既裕饷需，兼苏商困。刻已特嘱财政总长会集本埠商界热心诸君，即日创设中华银行，以为整理财政之枢纽。……除嘱由上海财政总长迅筹款项，妥议章程，赶即开办外，合行出示晓谕。

同月十二日，沪军都督府又发布了《创立中华银行发行公债、军用票告示》，并公布了《中华银行简章》。告示说：

照得本军政府自恢复上海以来，治军、行政百务待兴，仓促之间，需款孔殷。查照万国通例，当此军需紧急之时，惟有发行公债、军用票等以应支发。无如事机迫切，办理不及，因拟指用信成银行钞票支发饷糈。前已示谕，由本军政府担保该银行钞票，期于金融不致阻滞。数日以来，财政机关业已粗有头绪，议定即日创立中华银行，以为经济之枢纽。所有公债等票，亦拟次第发行，日前担保信成银行钞票一节，当应取消。惟本军政府组织银行之本旨，在于流转金融，并非把持货利。所有本埠一应华商银行，仍应竭力保护，各银行所出钞票，亦应一律通用，勿得阻抑歧视，致妨市面，是为至要。除分别照会外，合行出示晓谕。为此，示仰本埠商民人等一体周知。

特示

《中华银行简章》共16条，除确定行名、分行地址和开办日期外，暂定股本银洋500万元，分为100万股，公股、商股各半，股款先收半数。经营范围除一般信贷业务外，兼管军政府发行的军用钞票和国家收入的一切赋税饷款。对于银行的组织机构、人员委派以及股东权利等，也做了具体规定。简章中还说明："本银行暂行试办，以六个月为期，届期再当开股东会厂举行正式选举，并宣布详细章程。"当时，公股先交一半洋125万元，已经筹足，为了应付形势的迫切需要，不及等待商股的半数筹齐，即于是年农历十月初一（11月20日）在南市吉祥弄口正式开幕，所发行的军用票也立即流通。军用票式样正面印横"中华民国军用钞票"字样，右首印"黄帝纪元四千六百零九年九月吉日"，左首印"中华银行经理"，并有"沪军都督""财政部长"红色印章，章下印钞票号码，中间头花及四角加印票额（分拾元、伍元、壹元、伍角、贰角、壹角6种），两旁有小字"凭票即付上海通用银圆，只认票不认人执此为照"。背面均印西文，并印有财政部长英文签名，系沈缦云手迹。

中华银行开幕那天，沪军都督府陈其美主持开幕仪式，并在会上讲话。财政部长沈缦云做了筹办报告，监理及来宾代表先后演说，最后，全体人员三呼："中华民国万岁！"第二天，报纸发表开幕消息，并称"该行组织以来，未及旬日已告成立，现由监理李君云书、总理林君莲荪、协理顾君毓卿、董事郭君竹樵等主持银行全部事务。开会时，来宾甚多，士绅商学济济一堂，无不欢欣鼓舞。兑购军用钞票之时，咸不惜巨资争先兑得第一号，如董事郭君竹樵以500元兑得10元钞票的第一号，黄君少岩以105元兑得五元钞票的第一号，朱君少屏以50元兑得五角钞票的第一号，杨君谱笙以60元兑得10元钞票的第二号，方君樵苓以50元兑得五元钞票的第二号，陈英士都督以及沈缦云、俞寰澄、周葆元、王一亭、虞洽卿诸君，均以高于票额的代价各兑得钞票的三、四号，而王君奋独以价值昂贵之钻戒一只购得一元钞票的第一号，尤为义勇百倍。观此足知人心之所趋，如水赴壑，亦中华新纪元灿烂之纪念"。

二

中华银行筹组成立，公股先收半数虽已筹足，但须继续招股，以充实力量。因此，沪军都督府特派财政部长沈缦云前往南洋各埠动员华侨工商界认购股份和公债。当时陈英士给了沈缦云一张照会，原文是：

中华民国军政府沪军都督府陈为照会事：溯自上海光复以来，

建设军府，筹谋北伐，所有慰抚旧营、招练新队及绥靖地方各事，组织一切，需用浩繁，幸赖贵财政长悉心擘划，独任其难，用能措置裕如，规模日扩，热心毅力，遐迩同钦。惟上海为交通总汇，财政枢机，近之则西北诸军，均将恃以为转输，远之则赔借各款，亦将倚之为挹注。地虽一隅，关系全国。乃近年以来，金融竭蹶，市面凋残，今值用兵之时，商务更难起色，经济自益恐慌，为日方长，将何以继？虽中华银行已经设立，军用钞票及公债票已次第发行，基础已成，绸缪益亟，素审同胞诸君子之侨居南洋、美洲等处者，殷富比肩，英豪接踵，平日挚念祖国，醉心共和，凡各军政府之起义均蒙函电赞成，今当需财孔亟之时，自无不竭力维持，助成伟业。且我国数十年来，内政外交日趋腐败，以致国势日衰，天地之间几无同胞立足之地，今我民军誓欲湔雪斯耻，丕焕新猷。然事成则为万国所欢迎，事败益为列强所蔑视，我同胞或为上等国民，或为亡国贱种，生死祸福，决于俄顷。伏望诸君子父诏兄勉，争先恐后，速输金钱，共购幸福，遥望重溟，莫名馨祝。尤愿执事不惮艰险，慷慨一行，以冀现身说法，获集巨资。至奖励章程，一俟新政府成立，即当议定勋爵继袭之法，以非常之赏，酬异地之功，其次者亦必优加报施，以示激劝，但俟电请前来，无不立加核准。其公债饷捐如何。募集，银行股份如何开招，悉听执事转商华侨领袖诸君子择便施行，不为遥制。事处急迫，合亟沥忱，照请贵财政长即日束装就道，俾救困厄而造福神州，铜像巍巍，有所属矣。望切盼切。须至照会者。

右照会上海财政部长沈。

黄帝纪元四千六百有九年十月初九日

十月十四日沪军都督府又发给沈缦云出国护照。同时，唐文治也给沈缦云写了致新加坡华侨佘勉然的介绍信，除请他本人酌认银行股份和购买公债票外，还希望他向各侨商广为劝募。

当时沈缦云担任沪军都督府财政部长，军政各费皆需他设法筹措，都督虽有照会，但不能即刻远行，因此先行委派庄希泉、孔天相、颜伯成等为代表赴南洋各埠劝募。庄希泉等到吉隆坡、槟榔屿等地后，侨商都热心支持，认购银行股份取得了成绩，但对于公债一事，侨商都认为应有中央政府公债票，方能认购。据庄希泉等从吉隆坡致沈缦云的信中说：

同人等抵吉隆坡以后，即知该地华侨已尽力募捐，寄济上海，喜慰无量。小霹雳地方大资本家黄务美已从槟城汇沪一万元，加入中华银行股份。对于公债一事，因广东、福建均有代表来此劝募，纷纷不一，人谁适从，若非议定办法由中央主持通告各省，断无应募之人矣。

信中还报告了吉隆坡侨商陆佑拟认购公债二三十万元，庄希泉等曾托陆的友人与之接洽，据云须有中央的公债票始肯照购。因此庄希泉等建议，中华银行应向南京临时政府呈请承认为中央银行，沪军政府发行的公债票，请呈大总统签字承认为中央公债票，布告各处，则劝募更易。后因时局发生变化，此事未见结果。

中华银行为了扩大招股宣传，曾在上海《民立报》刊登招股广告：

上海市面，自八月以来，屡起恐慌，以致金融困竭，周转不灵，各业均告束手，若不一思流通，诚恐瓦解土崩不可收拾。现奉军政府命令组织中华银行，即经会同本埠商，界诸君，妥拟章程，克日会办，议定资本洋五百万元，公股、商股各半，每股洋五元，先收一半。凡我同胞热心诸君，如欲附股者，请至南市久大码头财政部总事务所及下开各处取阅章程为荷。

并附上海收股 24 处和杭州代收股款 5 处的单位名称。

沪军都督府为发行公债票，拟订了《中华民国公债章程》10 条，规定此项公债共募集 1000 万元，票面分零整四等：整票每张 100 元，共 25000 张；零票 50 元者 5 万张，10 元者 25 万张，五元者 50 万张。零整四等债票，每等又分为天、地、玄、黄四号，以区别还期之远近。规定分 4 期还清，民国 3 年（1914 年）为第 1 期，拨还天字号债票；民国 4 年（1915 年）为第 2 期，拨还地字号债票，以下依次类推，至民国 7 年（1918 年）还清。公债的利息逐年递加，一年年息 7 厘，以后每增一年加息一厘，均于认购付款之日扣除。章程还规定，此项公债票由沪军都督府民政、财政两部长盖印担保，由上海中华银行经理负责还本付息。这 10 条章程全文，均印于公债票上。

三

1912 年 1 月 1 日，中华民国临时政府在南京成立。中华银行总理林世杰等具文呈请孙中山大总统拨款 30 万元，设立南京分行，1 月 21 日，总统府批复："禀悉。现今南京市面恐慌，实因金融滞塞所致，该行有见及此，拟在南京设立分行，并请拨给官股以维市面，核与南京现势尚属可行。仰候令由财政部饬江南造币厂，即拨 30 万元发给备用可也。”后因财政部将大清银行改设为中国银行，故未见实施。当时沈缦云已调任江苏都督府通阜司正。中华银行南京分行虽未成立，但此建议对临时政府将大清银行改为中国银行起了一定的促进作用。

当总统批复中华银行时，曾同时通知江苏都督府转知造币厂拨发 30 万元给中华银行为南京分行公股。江苏都督府财政司以该厂本无现款，乃致函沈缦云，询问此项指拨巨款是否系中央财政部筹存厂中？沈缦云接信后致函江苏都督说，接到财政司来信：

捧读之下，正在筹商，适得财政部部长陈兰生君欲将大清银行旧址改设中国银行，已有成议开办在迩之信，欣慰无量。盖此次李厚祐等组织中华银行，原为维持金融，救济市面，并借以流通军用钞票起见，至于造币厂之无款可筹，诚如钧谕，缦云亦深知底蕴，故邀集上海中华银行总经协理具禀案下，用意亦为挹彼注兹，借苏民困，今财政部即可赶将大清银行旧址重行建设，即日开张，则军用票之问题，市面之困难，不烦言而解决。所议开办中华银行南京分行一事，似可缓办。至造币厂拨款一节，自应续呈大总统，仰候训示祗遵。

这场公案就此了结。

四

1912 年 4 月，陈其美被袁世凯免去沪军都督职务，委以中央政府工商部部长之职，坚辞不获，不日即将北上。沈缦云请其确定中华银行的性质，并建议把中华银行改组成为完善的商业银行，陈允倏到任后，添拨官股，加以扩充，改为商业银行。同时，华侨联合会陈楚楠、吴应培、吴世荣、徐瑞霖、谢碧田、王少文等公议，委托江上青前赴南洋各岛筹设中华银行分行，并致函南洋各埠侨胞踊跃认股，以厚基础。但这些措施，后都未见成果。

1912 年 4 月，孙中山先生辞去大总统职务，接着沪军都督府撤销。上海中华银行为适应环境起见，经董事会公议，决定请孙中山先生担任该行总董，公推郭竹樵、杜次珊、江少峰、林莲荪（林世杰）等持函面谒孙中山先生劝驾，孙先生当即同意，并正式复函说：

中华银行董事局诸公伟鉴：惠函具悉。总董一席当敬承雅命，勉从其役，请即宣布可也。至如何整顿业务，以求进行之处，容于日内偕一深明银行学者同至尊处，从长商酌，详订善法，以期营业发展。

隔了两天（7 月 30 日）下午，中山先生就偕同徐固卿、薛仙舟等到中华银行视察，由该行监理李云书接待，会谈了行务情况，并推举徐固卿为董事。孙中山先生巡视银行一周，所见秩序井然，深加赞许。接着召开会议，议定中华银行改为完全商办，重订新章，扩大招股，并准备在各埠设立分行。会后拟就了《中华银行宣言书》和《招股简章》24 款、《招股细则》14 条，由总董孙文、副总董黄兴，临时董事徐固卿、王采丞、王铁珊、陈英士、王敬济、周金箴、朱葆三、王一亭、顾馨一、李云书、朱子谦、郭竹樵、杜次珊、傅筱庵、王奕友、杨梦初和总理林世杰、协理江上青等署名印发，并刊登有关各报。

《中华银行宣言书》云：

溯自武昌起义，上海响应。当是时，金陵负固，浙省戒严，沪埠当江海要冲，大兵云集，财政竭蹶，供应綦难，筹运稍迟，哗溃立见。我中华银行，奉沪都督命，会合绅商，筹集股款，组织于风涛险恶中，幸不辱命，旬日告成，凡海陆军糈，商家汇兑，悉取给焉。报纸宣传军队闹饷，无地蔑有。同人等触目惊心，夙夜兢兢，绳勉将事。幸自军兴以迄罢兵，始终无意外之变。今者沪督奉命取消，我中华银行原议官商合办者，今乃未克实行。伏思客岁同人等，殚精竭虑，昼夜图维，际兹民国基础已立，我名誉夙著之开国第一银行，亟应力求推广，继续进行，庶毋负当时海内外同胞踊跃赞助之热忱。同人等有鉴于此，方谋所以扩充，时本银行总董孙中山先生、副总董黄克强先生、董事徐固卿先生等，适皆莅沪，爰于七月之季，特开会议，改为完全商办，重订新章，一意进行，并拟在各埠设立分行，以期联络商情，发展工业。投股诸君，当知本银行与民国共休戚，合群策群力以经营之，而利赖之。他月各埠分行成立，声气灵通，汇兑便捷，则金融机关，操纵自如，不难与西国商帜，共树于地球之上，俾期我行与河岳日星而并寿，是则同人等所馨香祷祝者也。章程列后，幸垂察焉。

招股简章规定：银行名称暂仍用中华银行原名，是否改名待股东大会决议。银行改组后纯属商股商办，为股份有限公司，以发展工商实业为宗旨。股本暂定规银 1000 万两，分为 100 股，每股 10 万两，先收一半，余半由董事会体察营业情形，决定续收与否。改组前所发入股收据，俟旧账清理后一概掉换新据。股票分一股、十股、百股 3 种，概用记名式，非中华民国国民不得认购，公司商号与外人并资合办者，亦同此例。无论何事何故，经何手续，股票所有权落于外国个人法人、政府或中外合办公司之手，则该股票即作为废纸，完全无效。未发股票前所给附股收据，亦同此例。凡一般银行所经营的各种业务，本银行皆得经营，唯必须划清界限，厘定妥章，斟酌各地之习惯，采用欧美之新法。银行组织分股东、董事、执行 3 部。股东大会每年召开一次。董事由股东大会推举 7 人至 15 人，任期 3 年，续举续任。董事为股东之代表，其职权为监督全行营业、任免执行部人员、厘订办事详章。执行部分总理、协理、经理、分理各员，统由董事部委任，其职务为遵照本行章程和办事细则，执行一切业务，并谋本行营业之发达。对于盈余分配，规定每年盈利除去应提之公积金外，其余净利先按股本扣出 5 厘，其余分作 10 成，一成作为各董事之酬劳，一成作为开办工商大学，造就实业人才，以备兴办实业之用；其余八成为特别公积，备补利率之不足。这一《招股简章》之外，还附有《招股细则》。后来又续议草拟了《中华银行股份有限公司简章》及《办事细则》。公司简章中，在原有招股简章基础上，增加了主要业务：发行钞票；经理定期、无定期各种存款；发行长期债券；经营货币和汇票、债票以及抵押品借款等。对于股东会、董事会、执行部的职权，也分别做了具体规定。整个简章分为总则、股东、营业、组织、分机关，年结盈余分派，解散银行、更定章程、报纸广告等 7 章，共 73 条，较为完整。

中华银行除在国内招募新股外，1912 年 10 月，又由孙中山先生派王奕友等携带改组后的新章程，前往南洋各埠向华侨商界劝募股份。中山先生还曾致电新加坡商务总会转各埠商会各团体，告知派王奕友南来筹办招股事，希望他们鼎力提倡，以救祖国经济。新加坡商务总会接电后，即在新加坡各报登载劝募中华银行股份的广告，文曰：

上海中华银行总董孙中山先生，近日特派本坡陈君武烈、邓君泽如会同特派员王奕友、余西畴、陈杰民、谢坤林诸君携带该银行改组新章南来添招新股，务使资本充足，信用广孚，以培成我民国最强大银行之基础。王君等日昨抵坡，并交到孙中山先生介绍书，接读之下，不胜欢迎。兹将该银行改组新章刊登各报，通告侨胞须知：民国初兴，万端待举，财政奇绌，筹办维艰，此项银行为全国最强大之金融机关，完全商办，胜券可操，凡我爱国诸侨胞，务各踊跃认股，共襄要举，幸勿观望不前，是所至盼！特此广告，即希公鉴。大中华民国元年 11 月 2 日。

新加坡中华商务总会谨布

五

1913 年 2 月，中华银行准备召开股东大会。会前曾定期先开董事会，邀请孙中山先生出席主持。2 月 9 日，孙先生嘱马君武致函银行，告知“2 月 11 日有日本之行，董事会不能赴，请诸公决议一切，归时报告可也”。2 月 26 日，中华银行在上海召开股东大会，到会 300 余人，首由临时主席周金箴报告，该行开办以来，已获盈余，壬子年（1912 年）股东红利可得五分，全数发给本行股票。并谓本行开办之初，原议官商合办，现所有股本均由商界担任，建议将中华银行改为中华商业储蓄银行，提请公决。继由林莲荪代表临时董事会报告账略，自辛亥年十月一日起至壬子年十二月底止，净盈规元 54200 多两。大会决议中华银行改为中华商业储蓄银行，并投票选举郭竹樵、谢纶辉、朱葆三、周金箴、贝润生、王一亭、朱五楼、顾馨一、李咏裳等 9 人为董事。

（谢胥浦　整理）

（选自上海市政协文史资料工作委员会编《辛亥革命七十周年——文史资料纪念专辑》，上海人民出版社 1981 年 8 月第 1 版）

辛亥革命时期上海新闻界动态

严独鹤 *

要讲到辛亥革命前后上海新闻界的面貌和活动，不能不回溯清末时期在上海发行而致力于宣传革命的报纸。在这些宣传革命的报纸中，自然首先要提到《苏报》。谁都知道，《苏报》案是中国新闻史上一件大事。此案的发生，标志着当时革命的火焰，已凭着舆论的力量，向腐朽的清政府作强烈的喷射，也暴露了清廷以毒辣又很卑劣的手段，多方乞助于帝国主义者，对当时鼓吹革命的知识分子，对上海新闻事业，加以严重迫害。关于《苏报》案，在戈公振所著《中国报学史》和其他叙述上海新闻史料的刊物中，都有比较具体的记载，本文就不重新细述了。

* 严独鹤：曾任上海《新闻报》副总编辑。
新中国成立后，任第三、四届全国政协委员，民进上海市委员会委员，上海市人大代表。

《苏报》案虽然使上海新闻界在当时环境下受到了一次打击，但并没有摧毁革命者的意志。紧接着《苏报》案而重整旗鼓的有《国民日日报》，其后又相继出现了《民呼日报》《民吁日报》和《民立报》。这些都是主张革命斗争的报纸，也可说是同《苏报》走一条道路的报纸。

《国民日日报》是在苏报馆被封闭的同一年（1903年）创刊的，创办人是章行严、何靡施和陈去病。报纸出版后，恐再遭清廷封禁，曾向英国领事馆注册。但清政府还是要想尽办法来扼杀这张报纸，既通令沿江各省，严禁商民售阅，又由外务部行文总税务司要求停止邮寄，事实上都没有能完全达到目的。后来因为馆中人内部发生意见分歧，以致停刊。

《民呼日报》《民吁日报》两报历时都很短促。《民呼日报》创刊于1909年春季，只刊行了92天就停刊了。《民吁日报》创刊于同年秋季，只刊行了48天，也就停刊了。这两张报纸都是于右任主办的。于右任在1910年又创办了《民立报》，执笔者是宋教仁（别号渔父）、吕志伊、章行严等。当时宋教仁所写的文章很受读者的欢迎，《民立报》销量很广，在辛亥革命前夕，对革命事业的宣传有着相当大的影响。

辛亥以前被称为革命报纸的，除上述各报外，还有《神州日报》。《神州日报》创刊于1907年，创办人是于右任、杨笃生（名毓麟）和汪彭年。历时未久，于右任因事离去，杨笃生也出国留学，《神州日报》就归汪彭年一人主持。杨笃生是一个革命志士，后来因各地的革命起义屡次失败，民党同志惨遭杀害者甚多，国事也愈见败坏，就怀着满腔忧愤在英国利物浦蹈海自杀。汪彭年独自接办《神州日报》时，由汪允中主笔。汪允中是俞樾的门生，在政治主张上也赞助革命，和当时《神州日报》的宗旨甚相合，所写的文章也都以鼓吹革命为中心。武昌起义的电报到达上海的当夜，汪允中写了一篇社论，词气颇为激昂，开头两句就说是“天佑我汉，胡运告终”。这篇社论商得汪彭年同意后，在次日报上发表。《神州日报》的历史，是延续得相当长的。到了袁世凯称帝的时候，汪彭年在北京突遭拘捕。袁政府派人威胁他，要他脱离《神州日报》，并将这张报让给袁党，才准具保开释。汪为保全自身、避免迫害计，接受了这个条件。于是《神州日报》就归孙震东接办。孙是袁乃宽手下的人物。自此以后，这张报纸随着政局的推移、政潮的起伏，屡易新主，屡起变化，和辛亥前后那一个阶段相比，简直是名称依旧，面目全非了。

上文所叙，是辛亥前具有革命性的报纸。进入民国初期，上海又出现了不少新型的、以宣传革命为目标的报纸，其中声势较壮的是周浩、戴天仇创办的《民权报》、吕志伊创办的《国民新闻》和邓家彦创办的《中华民报》。以“民”字标名的报纸，在新闻界中有“竖三民”“横三民”之称。“竖三民”是说“一脉相承”，指《民呼日报》《民吁日报》《民立报》三报；“横三民”是说“齐头并起”，指《民权报》《国民新闻》《中华民报》三报。“横三民”持论较激烈，那时“竖三民”已只存《民立报》，与“横三民”的《民权报》常展开论战。《民立报》的政治论调趋于温和，为不少中、上层知识分子所爱阅。但一般革命热情较高的读者和向往革命的青年学生都欢迎《民权报》。《民权报》的执笔人是戴天仇、牛匹逊（名柽）、蒋箸超。报上不另辟文艺副刊，但逐日刊有小说或其他文艺作品。徐枕亚所著《玉梨魂》小说，最先就连载于《民权报》。徐是被目为鸳鸯蝴蝶派小说主流的，因此，《民权报》的文艺园地也可以说是鸳鸯蝴蝶派的发源地。《民权报》停刊后，报馆中一部分人组织了一家“民权素出版社”，出版了一种期刊，就标名为《民权素》，同时又把以前刊在《民权报》上的小说如《玉梨魂》等，刊印单行本。《玉梨魂》刊出在《民权报》时，因徐枕亚是报馆内部编辑人员，所写小说就不另取报酬。民权素出版社印行《玉梨魂》，对徐枕亚仍没有补付稿费，又没有征得他的同意，徐于是大为不满，引起争执。结果是经人调解，《玉梨魂》版权归之于徐，任其自行出版。

《中华民报》的创办人邓家彦是坚决反对袁世凯的。南京临时参议院成立，邓是代表广西省的议员。当投票选总统时，其他议员所投的票都选袁世凯，独邓选孙中山先生，以此大招袁党之忌。据说在暗杀宋教仁案内曾发现袁方密电，有“毁宋灭邓”4字。结果邓虽未被暗害，但在癸丑讨袁战役后，袁党仍假借了一个比较严重的罪名，向上海会审公廨指控邓，终于使邓遭到了监禁一年多的处刑。《中华民报》自邓家彦离去后，归汪洋主办，因经济异常竭蹶，勉强支持了不多时就停刊了。

当然，癸丑年讨袁失败以后，报纸被迫停刊的，不止《中华民报》一家；几乎所有反袁的报纸都在威慑与高压之下无法存在，连那些报人也都风流云散，剩下来的只有几家老牌报纸了。因此，在辛亥革命时期，上海新闻界确曾一度呈现蓬勃的气势，而当革命进入低潮以后，却又随之显出异常萧索的景象。

这里，我想再谈一下辛亥革命时期老牌报纸所持的态度。当时所谓老牌报纸，如果以出版先后来说，最老的要数《申报》，其次是《新闻报》，再次是《时报》。论报纸内容，却是《时报》较有革新气象，为当时多数青年所喜阅。老牌报纸为了要争取各方面的读者，在辛亥以前对各省不断发生的起义事件都视为大事，详细报道；对清廷用暴力镇压革命和残杀革命志士的行为，也都或轻或重地发表了一些谴责的评论。例如秋瑾案发生后，各报一致指责浙省官府，不但形诸文字，还附加图画。我至今仍记得《时报》曾刊载一幅插画，上面绘着一条小帆船，在风雨如晦、大潮汹涌中颠荡不定，旁边题着两句诗："风雨昏昏天欲黑，张帆暗荡浙江潮"，从诗意中说明画意，可使人一望而知是讽刺当时浙江巡抚张曾扬的（号筱帆）。但老牌报纸的表现，也只是如此而已；如果和倾向于革命的报纸作一对比，那就显分为两派。虽然两派之间并没有形成对立，也没有引起论争，实际上却是处于两种境界，隔着一道鸿沟。

《申报》在北军南下、战局告紧那一段时期里，曾因张贴号外引起一场风波。当时《申报》还是一张洋商报纸，主持全馆的席子佩又是一个买办型的人物。他在这风云变色的时候，依然守着一套从新闻上抢先出风头的老手法，并不考虑到人心所向。《申报》一得到冯国璋部队攻陷汉阳的电讯，立即在门口贴出号外来，并加上很大的标题，画上鲜红的圆圈。望平街头的行人看到这张号外，顿时引起愤慨，纷纷拥进大门，向馆中人提出责问。馆中人见来势汹涌，赶快取出电稿，给大家传观，证明号外消息并非虚构。但群众仍未能平息怒火，认为即使消息确实，报馆也不应当为敌军宣传胜利，动摇人心。群众在哄闹之下，就将报馆门口的大玻璃窗打碎，借以泄愤。这件事以《申报》而论，可算是受了一次来自读者方面的打击。

《新闻报》和《申报》同样是洋商报纸，在业务上是彼此竞争的；在办报方针上，却真是"鲁卫之政"，是基本一致的。《新闻报》

处于福开森控制之下。福开森在辛亥以前，早已从各方面参加政治活动，并和清廷大员相勾结，对于革命事业可说是格格不入，甚至处于敌对地位的。这从中国史学会主编的《辛亥革命》（上海人民出版社出版）第一册所载“《苏报》鼓吹革命清方档案”中就可得到证明。在这些档案内，有不少福开森致当时湖广总督端方的密电，报告上海方面特别是领事馆和“工部局”办理《苏报》案的经过情形，也随时提出他本人所拟陈的意见。另外在两江总督魏光焘、上海道袁树勋等致端方的电文中，又屡次提到福开森，并有“切嘱福开森设法”的词句。张之洞致端方电，更着重指明“此事枢纽全赖福开森”。由此足见福开森在《苏报》案中竟是以一个“洋员”的身份而接受着一种特殊的使命，担负着一种秘密的任务。福开森购得《新闻报》，事在《苏报》案以前（《苏报》案发生于1903年，福开森接办《新闻报》在1899年）。福开森既是一个倾向于清廷的人物，他所主办的报纸，从政治角度上看，就不可能不受到他的很大影响。福开森虽然为了报纸要争取读者，推广销路，也有所顾忌，未敢在革命高潮中公开地唱反调，搞垮他的企业，却只能掩饰内心，虚装幌子，念动他那“无党无偏”的口诀，使报纸表现出不痛不痒的态度，以此敷衍场面，就算尽其能事了。

在辛亥年至癸丑年那一个阶段里担任《新闻报》总主笔的金煦生（别号“柳簃”，笔名单用一“柳”字）是福开森的门生。他每天写一则时事短评，所持的论调是两面骂，有时骂袁政府，有时也骂民党中心人物。我于1915年初进新闻报馆时，馆中有一位姓吕的老年排字工人曾对我述说了一桩关于金煦生的故事：金煦生有一次写了一篇指责民党的时评，其中有这样两句：“空手而来，满志而去。”第二句中被吕老师傅排错了一个字，将“满志”误排作“满载”。金煦生看了，就笑着对他说：“你有这个胆量，排出‘满载’，我却没有你这个胆量，只好仍改作‘满志’。”从他所写的时评和对老工人所讲的这番话中，可以想见他作为当时一张大报的总主笔，却是对时局的变革别具一种观点，也别有一种心情。金煦生在《苏报》案中和福开森有联系，并曾写过一篇论文《论革命党》刊在《新闻报》上。这篇论文是反驳革命的。福开森致端方电和端方复电中所提到的“金世和”，就谈的是他（金名世和，煦生是他的号）。

1912年，《申报》有了个大变迁，那就是由席子佩将该报转售与史量才（史于次年正式接办）。这件事固然和辛亥革命并没有什么直接关系，却也不能不说是辛亥以后时局的变迁间接影响到《申报》的变迁。在《申报》让渡时，史量才方面投资的三大股东张謇（号季直）、应德闳（号季中）和赵凤昌（号竹君），都是当时在政治活动中和辛亥革命有相当关系的人物。再讲到史量才本人，他在辛亥以前已入《时报》。狄楚青在时报馆楼上另辟有精室，题名“息楼”，作为朋侪憩坐清谈之所。当革命风云勃起的时候，狄楚青和一些对政治有兴趣或有关系的友人，常在息楼上聚谈或对政治问题有所议论。于是息楼人物无形中也成为一个自然集合而又含有政治性的小集团。史量才和雷奋（号继兴，是史的同乡）都是息楼座上客。此外，在武汉义旗高举以后，各省从政治上进行活动的代表人物会集于上海，开会地点就在《申报》初期三大股东之一的赵竹君家中。赵的南阳路住宅内有一“惜阴堂”，比较宽广，成为当时讨论国事的会场。会议内容都是有关全局的大事件，如国体问题等。参加会议的人，从那时的到会签名录来看（“惜阴堂”的会议记录和其他有关资料，现藏北京图书馆），其中有赵竹君、张季直、汤寿潜、张元济、黄任之（签名用“韧之”两字）、温钦甫等，史量才也是经常出席的一人。以息楼的集合和惜阴堂的会议而论，足见史量才在辛亥革命时期的政治生活中，已和各方面有频繁而密切的接触。史氏遇害后的讣告内，刊有黄任之所撰《史量才先生之生平》一文，说道：“武汉革命军起，各省响应，主江苏者实为程雪楼、张季直、应季中诸公，先生盖无事不参与商洽也”；又说，“先生独着眼社会事业……遂以民国二年接办《申报》”。这说明了史量才寄热情于新闻事业，早有了政治上的基础。由此推论，他的发愿接办《申报》，就很有可能是受着辛亥革命的影响，或者是辛亥革命后的时局对他起了一种推动的作用，给予他一个积极发展的机会。

《申报》在辛亥革命以后有了变迁，《新闻报》也几乎同时有变迁。这一点我在新闻报馆工作数十年之久，毫无所闻，是直到如今才知道的。最近我遇到前文所述及的在辛亥前就主持《神州日报》的汪彭年，在谈话中提起福开森。汪彭年对我说，他在民国元年期间到北京，福开森曾对他诉说心事，想把自己所握的《新闻报》股票全盘出让，理由是大局已起了这样的变化，感到对办报已深为厌倦，大有从早打算、待价而沽之意，并问汪是否有兴趣接办。汪闻言也颇为心动，但因福开森开价 5 万元，在当时确是巨数，汪自度无此资力，未敢承揽。汪言之凿凿，使我想到福开森当时如果能找到对象，得到善价，那么，他的出售股权就不会迟至 10 余年以后，而是和《申报》同样，《新闻报》会随着革命后时局的转变，也即时实现一个新旧交替的局面了。再说福开森因革命后一切形势起了变化，就对办报感觉厌倦，更可说明辛亥革命在他内心中是大有反感、极不愉快的。福开森这时的意愿虽没有成为事实，却也足供研究上海新闻史料者的参考，值得作为遗闻，附带一记。

（选自全国政协文史资料研究委员会编《辛亥革命回忆录》第4集，中国文史出版社2012年6月第2版）

柏文蔚谈浦口南京之役

柏文蔚*

光绪三十四年春（宣统元年，1909 年），文蔚至奉天，适王揖唐（合肥人）任督练处总参议，段祺瑞之胞弟老三段子游任兵备处总办，管允成（海州人）任参谋处总办，文蔚即在参谋处任二等参谋。斯时同乡同志在奉天者日多，不似从前之寥落矣，此时有三江旅馆、三江会馆（即苏、浙、赣三省）内中所住旅客，半多革命分子，且多为文蔚介绍，有穷而不了者，且予以资助，曾记是年端阳节亏累至 700 元之巨。

* 柏文蔚：时任中华民国陆军第一军军长兼北伐联军总指挥，后任安徽都督，国民党中执委委员，南京国民政府委员。

武昌举义　文蔚南旋

辛亥年（1911 年）八月二十四日，接到郑赞丞、范鸿仙、陈英士电邀南归，当即密约同志会议，决定去留。以冯天阁为五营统领，早经取得同意，并约定“一天星斗”图章为通消息之密语。但张作霖时为三营统领，对本党常持反对态度，以其红胡子杜立三早为所卖，故大家决定不在奉天举义，一致都要南旋，以谋进取金陵，响应武汉。但同志人多，川资难以筹措，商由文蔚先行到上海后再行汇款，陆续南往。八月二十四日遂搭车至营口，而川资已告尽矣，因将所带衣服典去买船票。

九月初一至上海，会见郑赞丞、范鸿仙、陈英士、黄克强等，欢愉之情，不言而喻。当由陈英士送来 300 元作为零用。鸿仙妇人赵三姑娘在上海窘甚，本允分给 100 元，不料外出为扒手悉数扒去。此亦南旋时之趣事也。

上海会议决定文蔚负责南京规划“光复”之责

九日初二会议进取南京，响应武汉。当即决定克强赴武汉，指挥军事；文蔚赴南京，规划“光复”。克强由沈仲理向红十字会租船一条，径往武汉；文蔚由英士给以千元旅费，搭京沪车至南京，住下关含美楼。当即晤见凌毅（字蕉庵，定远县人），各处打听消息，联络同志，蕉庵任之。时南京城风声已紧，但蕉庵行若无事，从未顾及个人危险，不时与第九镇各部下级官如排长侯吕、司书生李华农等，商讨举义办法。而各部多问伯先来否？时伯先已死，以其号召力大，秘不实告，答曰：“不日即到。”各部兴奋异常，曾在内桥由蕉庵租屋一所，使李华农夫妇看屋，专留暗藏炸弹，举义之用。李氏夫妇后为张勋所杀。

在此短时间，英士在上海筹划炸弹 3000 多枚，手枪 300 支，多由各同志亲由火车上运来，时《新报》《申报》载有不利本党战事消息，曾被同志捣毁。斯时本党声势风起云涌，大有排山倒海之势，各处多自动揭竿而起，向持反对者莫不闻风丧胆。迨手枪、炸弹运达南京之后，同志实力益厚。

徐绍桢（字固卿）统制已为张勋所忌，令其全部出城，驻秣陵关并收缴子弹，所秘而未被收缴者合计不过 570 发而已。城内全为张勋、铁良等军队驻扎。文蔚商得同志之意思，应先往见徐固卿，一日晚雇小木船到秣陵关，达岸时见各部多拍手欢呼曰："柏管带来了！"时正九月，月光之下，情景动人。

当即见徐统制，并有伍崇仁（字寿卿）在座，伍刻已升标统，驻标部。徐曰："你来甚好，请即就炮标标统何如？"文蔚答曰："我来是拥固帅为都督，个人虽执鞭亦乐为之。"徐曰："现在哪有都督之称？"始终犹豫不决。文不得已，次日即回。旋由张勋派来代表杨少寅（天津人）、顾子斌（五河县人）两人（系武备练军同学），声称接洽响应武汉事，文蔚认为不可靠，佯曰："可向徐统制接洽。"张不承认，仍以文蔚为主体。蕉庵在座，深以张之所见极是。当请蕉庵草拟条件，继续讨论，条件仍宜由张提出。无何，杨、顾等果持条件来，全文不能记忆，大概有：

（一）取消帝制赞成共和；

（二）将军铁良保其安全离南京；

（三）两江总督张人骏举为都督；

（四）张勋原来地位不动，全部官兵保留；

（五）不承认徐固卿，并请他离开江苏。

条件大概如此，相约会面签字。蕉庵机警，恐有反悔，商请文蔚先至镇江，再电邀张之代表往镇签字。时徐固卿处，有士官学生多人劝徐即时进攻南京，否则柏某先发，恐统制之地位不能得矣。徐遂即进攻雨花台，为张勋炮兵击败，而第三十三标亦溃不成军，四处乱散，徐固卿逃往上海，与英士接洽，推为联军总司令，回镇江收容第三十三标散兵，所有苏、浙各军均归指挥。镇江原驻有第三十五标，标统为林之夏，林述庆在第三十六标充当管带，吴忠信（号礼卿）亦在第三十六标充当管带。林述庆反对徐固卿为联军总司令，经文蔚力言不可，林自称为镇军都督，郑权（号仲劲，福建人）为其参谋长（参谋长初为陶骏保，后被杀，郑权时为参议而已，非参谋长也）。文蔚为镇军第一镇统制。时林之夏（号秋叶）痛哭流涕，不愿与述庆共事，即将去矣，嘱文蔚善自图之。文蔚因亦辞去，述庆大骇，痛哭，不得已，始允欢迎徐固卿来镇就职。但是时所有第九镇溃军多为文蔚收编，又得英士给枪 2000 支，徐来镇后即商给予文蔚名义，文曰：“什么事我都能干，但要固卿就民国联军总司令。”徐至此释然，所有溃兵概交文蔚收编。

时有张子刚、朱雁秋新编之先锋营，常与徐（绍桢）之宪兵冲突，经文蔚一再婉转始能平息。一日，徐之宪兵在江口稽查，将张勋派来两使（即前此与文蔚接洽之杨少寅、顾子斌代表）拘拿，责打军棍，杨供系与柏某事前有约而来，徐竟不听，杀之。张勋因之大怒，进攻镇江，先锋已达高资。文蔚与述庆等扼守铁路，天晓回至司令部，人已一空，后始知徐已移住江中船上。乃与林述庆相约会师浦口，以北伐直捣黄龙为目的。讵到浦口后，鸿仙、赞丞来嘱，应即过江，因林述庆与徐固卿争都督，行将爆发，赵小轩已在北极阁架大炮轰林述庆都督府矣。文蔚渡江，往见林谓曰："此时何时，乃竟相争，应以徐为都督。"林初不以为然，经文蔚力言，如再不决，北极阁之大炮必无情飞来矣。林不得已，允移三江师范，任北伐总司令；而徐固卿亦以大义所迫，未就任都督；程雪楼遂因此获得都督之名矣。

先占浦口　后复南京

在镇江与林述庆约定北伐，徐固卿及林述庆等进攻南京，文蔚率第九镇零星队伍，有张子刚、朱雁秋两先锋营及学生军千余人，由六合出发，时在十月初。到高塘集中，适徐宝山、赵宏喜攻南京败溃之师至，当由文蔚安抚备至，犒以牛酒，整理补充，数日后军威大振，计约3000余人，有机关枪八挺，会攻浦口。张勋以后路遮断大骇，乃于十月二十二日夜乘车北逃，所有车辆带去十之八九，而遗下辎重甚多，约有铜圆20余箱，元宝16万两，后即交与金陵制造局铸成银币，作为军需。浦口既得之后，南京城因之动摇，而联军所辖苏军程雪楼部朱熙标统、浙军朱瑞团长，粤军司令姚雨平，以及其参谋长林正，约有一标，扬州军（编者注：应为苏军）刘之洁标统，镇军为文蔚负责。曾记有美国人某随从革命任联军侦探，悬美国旗及红十字会旗帜，先乘火车头前往，联军即由尧化门、神策门攻进城内，时为十月二十四日（农历）。林述庆部杨韵珂为第三十三标一营管带，攻至天堡城，时张勋部诈降架枪，杨管带信以为真，前往点验该部，至时突以手枪击杨，当即殒命。林部愤恨异常，天堡城之战又起，张部至此始行瓦解，南京遂为我军完全攻下矣。

南京奠定组织北伐军

文蔚为第一军，徐宝山为第二军，王子强为第三军，朱瑞为第四军，姚雨平为第五军，此五军组织为南京“光复”调整后各军北伐之大概也。至第一军所辖之实力，有镇军第一标明羽林，第二标葛应龙，第三标李玉昆，第四标人数不足，半多零星部队，为卢慈佛所辖。马标余明勋仅两连，炮标赵开运（号小仙），辎重兵后委方振武为队官。先锋营两营，一为张子刚，一为朱雁秋。端木渔滨为第一军参谋长，后以调整改师；第一师为高佐国（士官学生）；孙孟桀为第四师（始终未就），后改委葛应龙，袁家声（号子金）亦曾代理该师职务；第九师为郑维城，后改委冷御秋。并有两个混成旅：一为张孟介（始终未就），一为张子刚。两个混成团：一为杨瑞九，一为毕少山。张宗昌本为李征五部，后改为第九师冷（御秋）部骑兵团长。迨癸丑革命，张首先叛变，南京因之动摇，此为第一军先后组织之经过。

北伐时文蔚统辖各军

张勋逃后，先拔滁州抵抗，本党军队一时未能调整，指挥未能统一，文蔚曾奉令北伐，兵力未能达到徐州之前，所有苏、浙、扬、粤各军，统归文蔚指挥。但事实上所有军阀官僚各军，半多意志不坚，藉故自由行动。滁州、固镇之役，粤军英勇，出力尤多；次则即系本军。姚雨平初受指挥时，颇多误会，有五不解之诘难，经文蔚亲往临淮驻军地解释，幸有其参谋长林正从中婉言解释之后，由文蔚向姚告曰："北伐大业，直捣黄龙，匪异人所能任，真正同盟党军，仅我与君（指姚）耳。"雨平释然，笑容可掬，相处益得。粤军缺马队，当给以一连骑兵；粤军多流线炮弹（空中爆炸），送我300颗；从此双方团结，北伐因之顺利。在固镇时之战，粤军英勇进攻，死伤达80余人，本军仅伤20余人，当即送往第一军野战医院诊治。唐尧钦为第一军陆军医院院长兼野战医院院长，医药半多由上海红十字会捐赠而来。自固镇一役后，张勋部即不敢再行抵抗，旋即占领徐州。正图北渡黄河，直捣燕京，乃南北议和起，北伐大业遂告终止。

（陈紫枫　整理）

（选自江苏省政协文史资料委员会编《江苏文史资料第40辑·辛亥江苏光复》，1991年8月）

南京陆军第九镇起义始末

程家模*

当辛亥之秋，蜀人为争川汉铁路事而起大波，清廷先后命盛宣怀、岑春煊带兵入川平乱，皆未果。其后端方负带兵入川平乱之任，电江督张人骏，假南京第九镇第三十三标机关枪队，护之入川。

当时新军编制，各标营皆无机关枪装备，唯三十三标有德制马克沁机关枪4架、日本三十年式机关枪4架、步兵炮6门。第三十三标统带王光照奉第九镇司令部命令，集中各队学习机关枪官兵80余人训话，发饷银一月，携德制机关枪4架，乘招商局轮出发。迨抵宜昌，标中同志闻武昌新军第八镇起义，即止不发，欲加入武汉民军战线，兼程东下。当时由周汉臣同志率队抵武昌，谒黎

* 程家模：时任江苏新军第九镇第三十三标第三营队官（连长）。

元洪，即委之为敢死队队长，率机关枪队加入大智门前线作战；另由数同志回南京归队报告。未几，汉阳失守，苏、皖震骇，南京新军第九镇急谋响应。当时江宁将军铁良、江防军统领张勋深知新军倾向，谋缴新军枪械；而新军各标营打靶余弹，又为奸人献策，于数日前缴去，致全部新军同志未能如愿。当时江防军以三营之兵力，日夜布防第三十三标附近，且架炮于标房后之猫儿山；狮子山炮口又复对准第三十三标营房，大有山雨欲来之势。

第九镇统制徐绍桢与张勋议于制台衙门，各不相下。徐绍桢对张勋言：欲缴九镇全部枪械，请张帅自任之，如有意外，绍桢不负责也。会议遂成滞局。幸当时金陵名士伍兰荪先生曾充前任江督端方之军政幕宾，对革命深表同情，建议于张人骏制军之前，谓江防军怀疑新军既深，可命新军驻城外，免激事变。而藩台樊增祥、宁绅马相伯复赞其说，遂下令。于是第九镇全部新军于农历九月初十（10 月 31 日）开拔出城，驻于秣陵关。当日保全九镇新军，即保全革命之元气，伍兰荪、樊增祥、马相伯三公之功不可没也，“光复”南京三公实与有力焉。当第九镇新军出城驻扎秣陵关未久，苏抚程德全，经顾忠琛前往运动宣布反正。沪陈英士、陈汉钦，松江钮永建，吴淞李征五、李燮和，炮台官姜国梁等先后起义。镇江林述庆、李竟成、冷御秋、柏文蔚等率驻镇第九镇新军第三十五标、第三十六标起义。扬州徐宝山、常州何健、无锡秦效鲁，继揭义旗。其他省份响应继起者，浙江蒋百器、朱瑞、汤寿潜，安徽新军丁瀚东、程心安，芜湖范鸿仙、滁县有少舟、江西马毓宝、湖口炮台官徐公度、山东登州刘艺舟、烟台刘基炎，湖南焦达峰、陈作新、谭人凤、洪孝仁，广西沈秉坤、王芝祥、陆荣廷，广东胡汉民、陈炯明、姚雨平等先后起义。而清江十三协新军将领蒋雁行、孙岳等适于斯时率军反正。东南半壁，转危为安，实有赖焉。盖以地势而言，当时汉阳失守，武昌孤立无援，张勋退守徐州，扼南北之枢机，津浦路所有机车悉被带走，集中徐州，其江防军实力尚有 30 营之众，倪嗣冲拥兵颍上，遥为犄角。我军进攻失利。设清江十三协不起，则必沿淮河而下扬州攻镇江。倪、张两军沿津浦路，7 小时可达浦口；汉阳清军亦可分兵沿江而下；若此则民军“光复”南京，实不可能，故清江新军十三协之反正，关系东南半壁之安危至巨也。

时驻扎南京秣陵关之新军第九镇各部队苦无子弹，各同志集议，公推第三十三标三营排长华彦云率领百余同志化装成农民，徒走镇江转沪运动子弹接济，以备大举进攻清军。讵料交通阻挠，未能如期运到；而城内制台衙门之卫队营已经九镇同志运动，响应城外新军入城。原约九月十八日（11 月 8 日）同时发难，讵事机不密，为制台张人骏所悉，杀卫队营管带。全营官兵见事危急，即于十七日起义，欲冲开南门接应新军入城。张勋知之，立调大兵围攻，卫队营寡不敌众，大半战死，生还者寥寥无几；而驻扎秣陵关之九镇新军，得悉卫队惨败之讯，目为之裂，军心异常紧张。各部队推举代表：第三十三标推举伍崇仁、杨言昌、华彦云，干部同志俞子厚、沈华龙、炮兵柯生、马兵孙元岳、工程营邓质彝、辎重营方某等晋谒徐绍桢，要求立即动员。绍桢即允所请，下令动员。十八日黎明，即在秣陵关誓师，分三路进攻清军。临出师时，每人仅有实弹 3 颗，假子弹数发，辎重营子弹稍多，而口径不同，故未能用。炮兵一弹无存，唯有白刃作战。第三十三标统带王光照献缴打靶余存子弹，以有汉奸嫌疑，于出师前三日脱逃。遂以第一营管带伍崇仁升任统带，率领全标官兵担任攻击汉西门、制造局、雨花台一带之任务。崇仁先对全标同志训话云："我九镇同人，曾在革命先烈赵伯先先生领导之下，革命之急先锋，惟有我三十三标诸同志。今时已至矣！革命实现之时至矣！各位同志抱定其前仆后继之决心，努力奋斗。"言毕率领全标进发。

及达花神庙，天已暮，即开始进攻。斯时敌弹如雨，全标皆以肉搏挺进。溯自晨至暮，只一餐，而饥饿全忘。迨攻至雨花台下，猛力冲锋3次，皆未得手。末由二营管带杨言昌选敢死队百余人，挟炸弹冲锋至敌营墙下。奈敌军工事坚固，加以雨花石子光滑，不易攀登，难以攻入，卒因弹绝无援而退。附近村民纷纷冒险携饭食以飨各同志，虽给值亦不收，曰："诸君舍身救国，为同胞争光荣，区区饭食，不足云敬。"斯时已至寅卯之间，太平门、朝阳门（今中山门）、汉西门，各路战事均无进展。于是总指挥沈同午下令，集中兵力总攻雨花台，猛攻数小时，仍归退却之途。我军死伤300左右，城内留守官兵、学生、百姓被张勋屠杀者700余人。十九日晨，九镇全部新军在大雾掩护之下，分向芜湖、镇江两处退却。其时张勋饬令马队追击，抵秣陵关，仅见新军遗下之辎重，乃兴之而归。甫抵雨花台附近，守兵为雾所迷，疑系新军马队，开炮轰击，至雾收日出，始知为本军之马队，然已死伤过半矣。

时沪宁沿线之清军，已被南京第九镇第三十五、第三十六两标所败。新自南京退却之步、骑、炮、工、辎各部队集中镇江。第三十三、第三十四两标因死亡之多，乃合编为镇军第三标，李玉昆任标统。斯时驻扎镇江之新军第九镇第三十五标、第三十六标已经起义，推林述庆为镇江都督，林即委柏烈武为师长，伍崇仁、端木藩两人为旅长，以南京退却之九镇各部队编为基本队伍。徐绍桢则由江、浙各将领在上海张园开会议决，推为江浙联军总司令，顾忠琛为联军总参谋长，史久光为参谋长，指挥各部向南京推进。前方战事，有第九镇第三十五、第三十六两标，苏军陈光祖一支队，浙军朱瑞一支队，与清军相持于马群一带。扬州徐宝山部渡江走六合，截击张勋，获米数千石，分贻联军各部队。敌将王有宏在马群阵亡，我军士气大振。参谋长史久光率领将校数人往前方侦察阵地，为清军张勋部所俘，生命濒危。缘史之先人为清名宦，张勋有所顾虑，且爱史之才识，屡迫史降，乃为拒绝，其随从将校皆殉难。至农历十月初九（11 月 29 日），新编镇军第三标领到大批枪弹，由统带李玉昆率领出发，当日下午 2 时抵尧化门宿营。是夜在某寺开军事会议，与会者有总参谋长顾忠琛、镇江都督林述庆、沪军先锋队司令洪承点、镇军第三标统带李玉昆、第一营管带谢时、第二营管带柳天质、第三营管带杨韵珂等。议决以攻天堡城为目标。

初十下午，镇军第三标奉到攻击令后，统带李玉昆即指挥全标向天堡城进攻。甫过铁路，敌军炮弹纷如雨下。适沪军先锋队炮兵赶到，与敌军开始炮战。镇军第三标猛力冲破敌军紫金山之线，欲一鼓作气拿下天堡城；奈天堡城险要，守易攻难，我军与敌相持至 6 小时，未有进展。第三十五标因弹罄，退出阵线。天堡城之敌，以电话向城内告急。是夜 11 时，敌军以我军无备出城来援，被我军预伏太平门附近便衣队袭击，复退入城。天堡城之敌知之，乃遣人持白旗至我军阵地乞降，允之。不意为其所诈，死管带杨韵珂 1 人、连长 2 人、排长 5 人、士兵百余人；浙军敢死队、死队长 1 人、士兵 10 余人；沪军先锋队死参谋 1 人。我时任杨韵珂部连长，亦受重创，被敌刺中腿部，深及 2 寸。斯役几乎前功尽弃，仅镇军第三标第三营及浙军敢死队两排之兵力未退。

是夜月色皎洁，12 时后，顿起大风，继降雨雪，幸海军探照灯助战，得力不少。我见本营官兵死伤甚多，即令号兵吹紧急集合号，集中兵力，向敌军阵地猛力冲锋肉搏，敌军不支，纷将枪械抛地求降，其中尚有赤膊跪地者，际此冰天雪地之时，我军不忍尽戮，唯将其狡诈之首领正法，遂占领天堡城全部，夺获敌炮 8 门，炮弹 10 余箱，时为农历十月初十（11 月 30 日）凌晨 4 时半之事也。黎明，检视各炮，仅有德式山炮一门完好，即以此炮向太平门内富贵山炮台轰击。发炮者为九镇炮兵有名之射手于魁君。此君曾与德国炮兵参赞比试实弹射击散兵木靶，锦标为于君所得。德参赞誉于君曰："中国有君，可与吾国之炮相媲美矣！"适江督端方在场参观炮兵打靶，闻德参赞言，即提升于君为司务长。未几于君因事撤职，入第三十三标一营左队充副目，适在我连中，乃发挥生平经验，对富贵山炮台连发 20 余炮，均告命中，炮台营房先后倒塌，掩护炮台之兵纷纷溃奔下山。

张勋见势瓦解，先期乘夜至大胜关渡江逃逸。城内尚有清军旗兵千余人与江防营数千人，作困兽之斗。我军下令攻城，选敢死队百余人，作人梯爬城，为守城敌军掷炸弹，死伤 20 余人，致未成功。此时城外各路战况，如青龙山、幕府山、雨花台等处，先后均被我军占领。林述庆亦于十一日到达天堡城，询问战况，乃令于君对城内清军驻地发炮轰击，制台衙门、花牌楼标房等处，均着炮弹。驻扎花牌楼新军标房清军胡统领部恐慌异常，由清将胡统领商请美领事、名医生马林等，于十一日下午2时持美国旗由朝阳门出城至紫金山下，谒我军领袖议降。我军以全部缴械为约，于是清军各部于十一日夜出太平门架枪，更衣作鸟兽散矣。

镇军第三标第三营除一连留守天堡城外，其余部队由统带李玉昆率领于十二日晨，首先入太平门搜索，沿途布置哨兵，并占领将军衙门，警戒东华门一带。其他部队陆续入城者有九镇全部，洪承点所统沪军先锋队，朱家骅所统之炸弹队，陈光祖所统苏军一支队，李征五所统光复军一部，朱瑞所统浙军一支队。党人冷御秋、章木良等随军入城，组军北伐。

林述庆入城，以南京都督名义出示安民，驻节两江总督衙门。述庆夜郎自大，将商会奖励入城各部队之款及公款10余万元秘而不发。当时改编之镇军第三标全标官兵知之，即推举我及程钟瑞君代表晋谒江浙联军总司令徐绍桢，陈述经过，允为转达候示。其时林述庆勉发每兵3元，而三标同人全数退还。全体武装径往总督衙门请训。述庆托故不出，嘱其参谋程凤璋往求绍桢转圜。末由江浙联军总司令徐绍桢亲出劝慰，允许镇军第三标官兵要求，始告平息。乃委林述庆为北伐第一军军长，率其卫队一营，渡江驻扎，其后三标改归卫戍总督徐绍桢节制。南京政府成立，由徐绍桢呈请大总统奖励三标官兵。当蒙孙大总统奖给士兵每人银质奖章一枚，将校每人金质奖章一枚，上镌攻克天堡城奖章，中有大总统半身肖像。此辛亥南京第九镇起义之始末也。

辛亥南京陆军第九镇起义主持人姓名表

姓　名	别　名	职　别	出　身	籍贯	备　注
徐绍桢	固卿	江浙联军总司令	前清举人 曾任赣抚幕僚　乙巳年在南京创办第九镇新军	广东	南京起义时任第九镇统制，后任江浙联军总司令
顾忠琛	荩忱	江浙联军总参谋长	安徽武备练军学堂教练处总办	江苏无锡	熊成基、洪承点在安徽发动革命，顾参加，几乎丧命，后经皖抚冯煦力保，发配至张家门充军
沈同午	职公	第九镇参谋长兼第十七协协统	日本陆军士官学校毕业	江苏常熟	九月十八日，起义时任作战指挥官
史久光		江浙联军参谋长	日本陆军士官学校毕业	江苏溧阳	十月，江浙联军反攻南京时之参谋长
伍崇仁	寿卿	第九镇第三十三标统带	浙江武备学堂正则科毕业	南京	镇江浙联军反攻南京时升充旅长
杨言昌	魏兰	第三十三标二营管带	日本士官学校毕业	广东	攻雨花台时任将校敢死队队长
李竟成		镇江副都督	江南陆师学堂毕业		镇江起义领导人
林述庆	松亭	镇江都督	第九镇第三十五标一营管带	福建长乐	镇江起义领导人
柏文蔚	烈武	镇军第一师师长	安徽武备练军学堂	安徽寿县	江浙联军反攻南京时之师长
李玉昆		镇军第三标统带	第九镇第三十五标队官	云南	江浙联军反攻南京时升充
谢　时		镇军第三标第一营管带			江浙联军反攻南京时升充
柳天质		镇军第三标第二营管带		湖南	江浙联军反攻南京时升充

（续 表）

姓　名	别　名	职　别	出　身	籍贯	备　注
杨韵珂		镇军第三标第三营管带	第九镇第三十三标一营右队队官	福建	十月初十夜半，在天堡城战死
华彦云		第九镇第二十二标第三营排长	安徽武备练军学堂	江苏无锡	江浙联军反攻南京时任扬州徐宝山部参谋长

说明：南京第九镇起义时，炮兵赵戒心，辎重营倪鹏九，骑兵孙元岳，第三十三标俞奋、沈华龙、程家模、华人文、程子卿、伏龙、韩恢、程庄、哈在田、方御三诸人，均负有重要使命。

（选自江苏省政协文史资料委员会编《江苏文史资料第40辑·辛亥江苏光复》，1991年8月）

第九镇秣陵起义和江浙联军“光复”南京亲历记

徐　森　谌秉直*

辛亥年（1911年）10月10日武昌起义，南京第九镇新军首先响应，由中华门外秣陵关向南京城进攻。其间虽因弹药缺乏，未克奏功；但退到镇江之后，即重整旗鼓，联合原驻在镇江的一部新军为基干，扩大组织江浙联军，再向南京进攻，终于击败了清军，“光复”了南京。当年，我们均为九镇军官之一员，亲与其役，爰把我们亲历之境、亲见之事、直率写出，不加点缀渲染，其中是非得失，亦不加以评论。

---

* 徐森：时任江苏新军第九镇军官，后任浦军第一混成旅参谋长，南京国民政府军事参议院参议。新中国成立后，任江苏省政协委员。
谌秉直：时任江苏新军第九镇三十五标队官（连长），后任皖军四十五师师长。新中国成立后，任江苏省文史研究馆馆员。

一　第九镇从成立到调驻秣陵关

江苏陆军第九镇系两江总督周馥奏请编练的新军，成立于清光绪三十一年（1905 年），按全国所编新军序列定为第九镇。当时每镇辖步兵两协，每协辖步兵两标。第九镇所属的协和标依照镇之序列编为第十七协、第十八协及第三十三标、第三十四标、第三十五标、第三十六标。此外，尚有马队 1 标、炮队 1 标、工程队 1 营、辎重队 1 营，依照镇的序列编为马队第九标、炮队第九标、工程队第九营、辎重队第九营。又有宪兵队三营直辖于镇。此为当时新军一个镇的编制。该镇部队所用的枪支多半购自外国，有日本三八式、德国毛瑟式，亦间有汉阳造的，但为数不多。所用的大炮，有日本的平射炮和德国的管退炮。那时，第九镇司令部、第十七协司令部和其所辖的第三十三标、第三十四标、马炮各标、工辎各营均驻在南京。第十八协司令部和其所辖的第三十五标驻镇江，第三十六标驻江阴。

第九镇统制徐绍桢（固卿），原为江苏候补道。第十七协统领孙铭、第十八协统领杜淮川、第三十三标统带王光照、第三十四标统带杨言昌、第三十五标统带敖正邦、第三十六标统带陶澄孝、马标统带刘步青、炮标统带刘维骙、工程营管带邓质仪、辎重营管带方咸五、宪兵司令陶骏保。上面所列举的这些军官，均系指在辛亥革命前夕的现职人员而言。他们均系留学国外的学生，除炮队统带刘维骙系留学奥国外，其余都是留学日本的。

第九镇成立前一年，即光绪三十年（1904 年），先有督练公所的设置，以为江南各路防营之枢纽，内分兵备、参谋、教练 3 处，由江苏候补道朱恩绶（湖南人）总办其事，后改称总参议，这就是总督的参谋长（端方督两江时，总参议为舒清阿；张人骏督两江时，总参议为杨晟）。凡有关第九镇的器械、服装、马匹、饷糈以及教育训练、卫生各事务，统归督练公所筹划，为成立新军做好准备。据说，一镇的开办经费约需纹银 140 万两。

当清末改练新军时，清廷通令各省督抚，按照陆军部拟定的新军章则，征募新兵编制训练。这时，闽浙总督李兴锐（勉林）就委徐绍桢主办其事。绍桢本系书生，不知军事。恰值李督新由南京调去两位江南陆师学堂毕业生彭汝亮、厉明度，便由他们代为规划一切。于是绍桢便成为一个知兵的干员，颇为李督倚重。嗣以两江总督周馥去任，李督调任两江，江苏亦正在编练新军，就把绍桢奏调前来南京，主办新军之事，成立江苏陆军第九镇。李督旋因病告老还乡，清廷调湖北巡抚端方任两江总督。宣统元年清廷又调端方任直隶总督，以张人骏继任两江，所以在辛亥革命时两江总督为张人骏。

当江苏成立第九镇时，南京本驻有江防军（即绿营部队），被称为旧军。第九镇系新编的部队，被称为新军（新军、旧军系社会上一时流行的称谓，并非特定的名称）。江防军军统张勋统辖步马兵 23 营，其下有统领二员，一为王有宏，一为赵会鹏，各领 10 营；其余 3 营直辖于统部，称为亲兵（即军统的卫队）。以上旧军分驻于南京城关内外各要隘，担任省防。而新军则驻城内，专事训练，不担任防务。此时新旧两军同驻一地，新军鄙视旧军，旧军妒忌新军，双方之间，不无隔阂。于是新旧两军，便成冰炭。

新军成立之时，革命思潮已波及全国各地，同盟会等革命团体的活动亦深入新军。特别在初级军官及士兵之间，反满爱国的革命思想影响日益扩大。如第九镇的步兵第三十三标统带赵声（号伯先，江苏镇江人，系江南陆师学堂第二期毕业生，同盟会会员），当他任统带时，对他的部属时常鼓吹革命，后被总督端方闻知，把他撤职查办，赵即避到香港去和黄兴等从事革命活动。他虽去职，而他传播的革命思想已由第三十三标影响到全镇初级军官和士兵。中上级军官与初级军官间的矛盾更促进了革命的倾向，加速了革命的行动。当时新军编制师法日本，清廷所设的军咨府（即参谋本部）各厅处长悉为留学日本的士官毕业生。军咨府正副大臣毓朗、载涛不谙军事，故各厅处长对于用人行政握有相当的实权。徐绍桢本系旧官僚，和这一班新贵素不相识，在第九镇初成立时，徐对中级官尚"土洋"并用，及后为巩固个人地位，对中级官便重用留学日本士官毕业生，借作桥梁，以便与军咨府这一班新贵联系，对留学欧美毕业的便不重视。至由内地军事学校毕业的，除一二旧有人员任中级官外，其余悉为初级官。而这一班士官毕业生一到了第九镇，起码不是教练官，就是管带，他们也就自高自大起来，对初级官大有羞与为伍的神气。一班初级官都是从第九镇成立时就服务的，又系直接训练士兵的，他们在军队中经验自然要比士官生为多。起初一班初级官总以为留学外国的学术当然要比在国内的好，乃日久看出士官生除逐日高车驷马、酒食征逐外，对于学术并无所长，对事务亦不知处理，由此都轻视之，上下便砌成一道墙，咸欲借革命驱逐留学生出部队。

当武昌革命军起义之时，江防军统制张勋便乘机向总督张人骏挑拨，谓新军全是革命党，无一可靠。张人骏因此不但对九镇官兵发生怀疑，就连统制徐绍桢也背了嫌疑，对江防军则益加信任，倚若长城，特奏保张勋为两江军务帮办。而徐绍桢此时亦恐所部为外力引诱发生叛变，不无惴惴。他即偕同第十七协统领孙铭往各标召集全标正副目训话，略谓：这次武昌第八镇叛变，无异以卵投石，自取灭亡，切勿步其后尘等语。接着孙铭又补充一番，大意还是要叫大家效忠清廷，不得乱动。同时，徐又召集各营督队官和各队队官，一一询问所部士兵是否不至发生叛变，军官们假意提出保证，佥谓所部无一个革命分子。其实这时革命气氛已笼罩全镇，正如箭在弦上，大有一触即发之势，只有那些留洋的中、上级军官还在梦中。

江督张人骏获悉两湖总督瑞澂逃上外国兵舰，汉口、汉阳都被革命军占领，对第九镇更加疑虑，既想收缴第九镇的枪械，但又怕因此激成事变，所以辗转踌躇，下不了决心。徐绍桢因被张人骏怀疑，亟思表白，便令各标营将平时准备实弹练习的弹药悉数缴还军械局，以为这样办既可表示自己此心无他，并可减少张人骏的疑虑。哪知张人骏的疑虑心终不能去。适遇江宁藩司樊增祥因曾护理两江总督，迄未升迁，对清廷心怀不满，亦想促动第九镇革命。樊向张人骏说，“武昌叛变的是新军，而由京汉铁路南下平乱的也是新军，新军不全是革命党，比如一树果实，其中有一果生虫，不能认为全树果实都生了虫。《庄子·寓言》曾说，有一老妇失去柴刀，疑系邻居一青年窃去，便伺察该青年的行动，几乎无处不似做贼的。后来老妇在自己柴堆里寻获了柴刀，再伺察该青年的行动，便看不出一点做贼的样子。现在大帅（称张人骏）对第九镇有似老妇失刀之疑，在本司的（樊自称）意见，不妨令第九镇在宁部队暂时移驻郊外，不令入城，俟武昌乱平，再行调回，届时又安知不似老妇获刀，释去前此之疑虑呢。”张人骏从之，便令第九镇驻南京的各部队克日移驻南郊外距城60华里的秣陵关附近。

张人骏既听从了樊增祥的建议，樊旋即到了马标，召集马、炮两标初级军官（炮标与马标相邻近），告知对张所说的话，嘱代转达其他标营的初级官，并云："你们（第九镇官兵）移驻郊外，一方面可免大帅猜疑，一方面自己的行动也可自由；至于粮饷，我已代为筹备好了，不必顾虑。"于是徐绍桢在樊增祥讲话的第二天，就率领各部队（计有步兵第十七协第三十三标、第三十四标、马队第九标、炮队第九标、工程第九营、辎重第九营及宪兵营）向秣陵关开拔而去。镇司令部和协司令部以及步马的标本部、工辎的营本部都驻在秣陵关镇内，各部队则在秣陵关镇外幕营。这就是 1911 年农历九月初九南京九镇部队走向起义征途的一个纪念日。

二　张勋江防军肆虐南京城

陆军第九镇部队开拔出城后，江防军无异拔去了眼中钉，从此就肆无忌惮，任意横行，除逐日到民家翻箱倒笼掠夺财物外，复到处搜捕革命党人。凡是剪去辫发的青年和穿着学生装的少年都被指为革命党，一律捉将官里去，不分皂白，加以杀害。当时，谌秉直也是一个无发辫的军人，在镇江第九镇步兵第三十五标充任队官，奉营长林述庆之命，到宁密取联系。不料一到之后，南京情势突变，四城紧闭，大捕党人，陷于危城之中，无法飞越。后来幸亏南京陆军小学堂德籍教官爱格尔先生接到谌的一封求救信，亲自乘马来家接应，并带来了一辆马车送之出城，始得脱险回防。至于居民方面，被张勋的大辫子兵借口检查革命党人，实行逼取财物之事，更是不胜枚举，弄得家家户户，日夜不安，走投无路。这时，逃难的民众争先恐后，途为之塞。下关车站行李堆积如山，轮船码头几无隙可寻，甚至有挨饿伫候三日尚不能成行者。

在此期间，有江防军秘书长万绳栻出面维持地方秩序的一段插曲。张勋在南京钓鱼巷新娶了一个妓女名叫小毛子，宠爱异常，万绳栻是她的寄父。万是南京本城学界中人，张勋因爱屋及乌，聘万为秘书长，颇加信任。同时，又有红卍字会会长陶保晋，亦系南京学界中人，与万素相友好，由万的关系，取得张勋的黄色令旗一面，有此令旗，即可通行无阻。陶又联系南京学界中人士顾琪、伍崇学、范宸、濮祁等，通过张勋成立一个地方治安会（地址在现在的白下路），协助维持治安，并制成铜质红卍字会的证章和木质红卍字会的门牌，凡行人衣襟上带有证章的可免盘查。大门上悬有门牌的，可免检查。又商店门头漆有红卍字会徽章的，可免抢劫。地方秩序才赖以稍安。

这时，城内谣诼繁兴，人心惶恐。适有第九镇的退役兵士苏良斌，本是一个无赖子，又有一个流氓名叫崔瑛，他们两人的家都住在江宁县署近旁，因此同县署中的差役都很熟识。苏良斌知道第九镇到了秣陵关之后必要举义，便同崔瑛勾结县署牢狱，一俟第九镇向城市进攻时，即释放狱中囚犯，以为内应，借此向革命军邀功。忽有谣传第九镇定于九月十六日（农历）发动攻城，苏良斌信以为真，便通知牢狱，是日把狱中囚犯释放。囚犯出狱，四出抢劫，如仓巷一带的民家、花牌楼的当铺、北门桥的商店，都被抢劫一空，城内秩序大乱。地方治安会不明真相，误以为革命军已攻进城来，遂匆匆忙忙地把预先准备好的一面大白旗高悬在大门外，表示欢迎革命军。未几，这几十个囚犯都被江防军捕获枭首。这时地方治安会才知道是误会，又赶忙地把白旗收起，换上黄旗，所幸未被江防军看见，否则，治安会就不免要发生问题了。后来江浙联军“光复”南京，苏、崔二人被捕，判处死刑。

三　第九镇秣陵关起义和进攻雨花台的失利

陆军第九镇开出南京后，如同虎兕出柙，脱去了羁绊。一到了秣陵关，初级军官们不等待上级命令，即下令所部把刺刀、马刀一律开口，准备肉搏冲杀，夺取雨花台炮台，以为进攻南京之据点。这时，已是万籁俱寂，月光照满了大地，只听到各队里发出了一片霍霍磨刀声和凉风里吹送来阵阵马嘶声，这种情景，大大激发了战士们的杀敌精神，恨不得立即奔赴战场，一显身手。

这时，驻镇江的步兵第三十五标，驻江阴的步兵第三十六标，得知南京的部队准备起义，正如铜山西崩，洛钟东应，只等候命令一到，便可同时发动。

至此，全镇的上中级军官（指日本士官毕业的）如梦方醒，才知道所属部队已不能听其指挥，而本身亦不能为部下所容。于是能逃者逃，不能逃者只好收起他们平日那种夜郎自大的骄傲态度，对部下俯首听命，假意赞同，遇机再图脱逃。徐绍桢在秣陵关见所部革命声势愈来愈大，不能遏止，便据情用书面报告张人骏（当时郊外不通电话），派正军械官郑为成（江南陆师学堂毕业生）入城投递。郑便借此离开了镇部前往镇江，从事革命工作，并未将徐的报告投送督署。徐绍桢不知报告未曾投递，只觉张人骏方面迄无回音，是对他怀疑已深，再回顾各标营革命呼声已响彻云霄，往日所重用的上中级官都无能为力，且多数逃走，大势所趋，只好倒在革命一边，附和起义。徐因先将两个旗籍军官看守在镇部内，将镇部余存枪弹数千发，发给步兵第三十四等标，以表明自己的态度；又派正参谋官沈同午（日本留学士官毕业生）为总指挥官，克日率队进攻南京城。

此时发给步兵第三十四标的枪弹每兵只有3发，初级军官们以子弹不足，认为不能轻举；由上海运来子弹已在中途，不如稍迟两日再行发动。徐绍桢则声言此不足虑，已和江防军方面接洽妥协，新军进城时他们决不抵抗，就是这几发子弹也并不需用，不必等待沪弹运来。官兵听了这话，以为徐绍桢先和江防军接洽也是可能的，遂信其言。翌日（农历九月十八日）拂晓，就大张旗鼓，向南京聚宝门（今称中华门）前进。此时除步兵第三十四标外，其他部队如步兵第三十三标及工辎等营、马炮等标（炮标计野炮一营、山炮两营）虽无弹药，亦随同前进，以壮声威。但炮标第一营因系野炮，道路不平，难以运动，暂留在宿营地。第二、第三两营均系山炮，仍随同前进。炮队第一营营长范滋泽便将所部士兵和马匹配合马枪（有空响，无实弹）编成先遣骑兵队，在最先头前进。沿途不断地由总部传来消息，或说聚宝门已经开放，专候新军入城；或传雨花台已竖立白旗，迎接新军。便催促各部队迅速前进。

午后4时，先遣骑兵队抵花神庙附近，骑兵长范滋泽在高地上用望远镜瞭望雨花台方面，一面白旗也看不到，即令士兵用空响发射了五六发，以试探雨花台动静，不料雨花台方面便有数十发实弹飞来。范知前此沿途的传言不确，即令士兵散开，占据阵地，以俟后方步兵到达。4时50分，步兵三十四标到达前方，先遣骑兵队即撤至后方。其他无弹药的各部队亦相继而至，均停止在花神庙后方一带地区。时已午后6时。

到了午后7时，总指挥官令步兵第三十四标部队向雨花台攻击前进，并以一部绕攻水西门。8时，前线步兵开始跃进，是时，雨花台方向枪炮弹如雨注一般。所幸地多起伏，又是夜间，加以雨花台的守兵皆系盲目射击，无多大伤亡。至午夜，前线士兵已进至雨花台的炮台前1000余米，各士兵所带3发子弹，都已射完，掩蔽在田埂后不能再进。这时，先锋队队长唐有泰中弹阵亡，其余两个先锋队队长张国俊、潘绶丞俱受重伤，士兵伤亡更重。虽然如此，但是官兵们不但毫无动摇之象，而且更加加强了杀敌决心，至死不退，誓以血肉之躯，夺取雨花台炮台，以偿革命夙愿。这时，前敌指挥官朱履先在此弹尽援绝之时，身先士卒，挥着指挥刀，向前跃进，大呼“弟兄们！冲锋！冲锋”！前线部队同时发出了冲锋的尖锐号音，与弟兄们所喊出的“杀！杀！”声相应，响彻云霄，大家都以奋勇的精神齐向炮台冲去。卒以炮垒坚固，防御重重，连冲数次，均未奏功。这时，战场已是尸横遍野，无法再攻，总指挥官乃下令向镇江退却，因镇江原驻有第三十五标，可借以收容。总指挥官沈同午只身向镇江逃走后，就未露面。至于徐绍桢，他在部队由秣陵关出发后，先把看守在镇部的两个旗籍军官予以枪决后，便微服沿宁镇大道东去。驻镇江的第三十五标和驻江阴的第三十六标两统带都逃往上海租界。第三十六标的管带林述庆（字颂亭，福建人，系福建武备学堂毕业生）便把第三十六标带至镇江与第三十五标会合，改称为镇军，在镇江宣布独立，攻占旗营后便组织军政分府，被推为镇军都督。

徐绍桢微服到了镇江，便往访林述庆。林先拒而不见，后经左右劝说，方才延见，然未假以辞色。徐此时处境狼狈，住在万全楼旅馆内度着苦闷生活，由其左右陶炳南、陈仲福、茅春台等人代为活动，借以缓和对他不满的空气。因这次进攻雨花台本属冒险之举，由于徐绍桢的谎言，以致造成部队的重大损失。第九镇部队在这一战斗中虽然失败了，然而他们革命的积极行动和勇敢的牺牲精神，在军事斗争史上留下了光辉的一页。

四　江浙联军的组成和攻克南京

第九镇进攻雨花台失败后，即向镇江退却。上海同盟总会获悉这种消息，认为南京是战略上的要地，势所必争，非攻取南京，不足以完成江苏革命之任务。乃在上海召开紧急会议，一致决议，策动江浙各军编组联军，以为再次进攻南京的基本武力，并通电已经“光复”的各省，速派援军，共赴事功。当场推定徐绍桢为江浙联军总司令，统一指挥。

这时徐绍桢正在镇江收容由南京退到镇江的部队，从事整编。即在镇江成立江浙联军总司令部，筹划进行。在此期间，上海方面首先派党人洪承点为沪军司令，率领上海义勇商团和临时编成的学生军共约千人，开抵镇江听候调遣。吴淞方面恰有刚从广东开来的粤军统领黎天才所部600余人，亦愿参加革命，共效驰驱。接着，有苏军统领刘之洁所部3000人，浙军司令朱瑞所部3000人，亦先后到达镇江，连同原来驻镇江的第九镇步兵第三十五标林述庆所部3000人，和柏文蔚所领的淮军2000人，徐宝山所领的扬军2000人，共14000余人，很快地就编成江浙联军。

江浙联军总司令徐绍桢在各军部队编制就绪后，召开各军参谋团会议，计议进攻南京。当时，在会议席上曾有过不少的争论：有的主张先夺天堡城，居高临下，瞰制全城，然后进攻南京，较为有利；有的主张先攻雨花台，然后再合力进攻南京，比较容易得手。镇军参谋长许崇灏主张第一说最力，浙军参谋长吕公望主见亦同。最后据多数意见决议：以联军主力攻夺天堡城，另以一部进攻雨花台，采用双管齐下的战术。当时，谌秉直以扬军参谋长的地位出席这一会议，除已知上述情况外，在部署方面，记得是这样的：以林述庆所领的镇军、朱瑞所领的浙军和黎天才所领的粤军为主力部队，担任进攻天堡城；而以洪承点所领的沪军为总预备队；另以刘之洁所领的苏军担任进攻雨花台。此外，柏文蔚所领的淮军，徐宝山所率领的扬军，则担任江防警戒和维护交通安全的任务。

这时，革命军方面商定由程德全出任江苏都督。程德全在联军部署完成后，乃于十月初三（农历）在参谋长顾忠琛的陪同下，亲赴高资视师，对官兵们慰勉有加，并召集各军将领训话，大意为勉励和督责之语，并对此举寄予殷切之望。

翌日，总司令徐绍桢发布总攻令，以浙军向幕府山炮台进攻，粤军向乌龙山炮台进攻，镇军向天堡城炮台进攻，另以苏军向雨花台炮台进攻，而以沪军为总预备队，位置于尧化门附近。各军奉令后，即向指定目标前进。浙军朱瑞首先出阵，向幕府山炮台进攻，激战数日，迄未得手。粤军把乌龙山炮台攻下后，乃与浙军并力合攻幕府山炮台，至九日拂晓始攻克之。但进攻天堡城的镇军，虽自四日起也开始攻击，但以城堡险峻，屡攻不下，伤亡甚重。于是总部乃急调浙军，粤军协力助攻，再接再厉，彻夜血战，直至十一月二十日始把该城攻破一角。镇军连长季遇春首先冲上该城。接着，浙军、粤军亦相继攻入，而沪军亦派队增援，天堡城遂被联军占领。在天堡城酣战之际，雨花台炮台已被苏军攻占。至此，南京城郭险要已完全落在联军之手。

联军在攻夺天堡城一役中，镇军营长杨韵珂、浙军敢死队队长叶向高均先后阵亡。至今天堡城上竖有“辛亥革命联军阵亡军士纪念碑”，即为崇敬革命先烈而建。清军巡防营统领王有宏、江防营统领成文，均在天堡城战役中为联军击毙。

联军攻占天堡城、雨花台等据点的胜利，与海军的协同和江防的合作有密切的关系。所知道的情况如下：

海军协同方面：武昌起义时，海军统领宋文翙所领的“保民”等舰10余艘，原停泊武汉。当冯国璋统率大军南下攻打武昌时，想利用宋部海军为其掩护。宋探悉此种消息，即连夜向下游开驶，到达镇江时，特向镇军都督林述庆表示态度，愿为革命事业努力。那时江防正感到空虚，林当然表示欢迎，旋派参谋长许崇灏与宋联系协商布防计划。随后林即派宋为海军司令，担任江防警戒任务。这一措施，不但壮大了镇军革命的声势，而且对于联军作战方面，维护江面治安，运输军用物资，都起了重要作用。

江防合作方面：江南江防之安全，赖有沿江各路炮台为其屏障。自吴淞口至南京之间江行六七百里，沿江大小炮位不下数十处之多。按其地理形势来说，如吴淞、江阴、镇江、南京等处皆为险要地区。那时就把这些地区划为四路要塞地区：以吴淞的南石塘、狮子林炮台为一路；江阴的南岸东山、北岸天生港炮台为一路；镇江的象山、焦山、都天庙、圌山关南北两岸的炮台为一路；南京下关狮子山、幕府山、雨花台为一路。以上4路炮台，在辛亥革命前的编制，每路设有总台官一员统辖之，直隶于江宁四路要塞司令部。所用的大炮皆系购自外国，一切操炮技术，则聘请外国教官同中国教官担任教练。这些官兵们不但在技术操作上获得了新知识，而且在政治思想上也有所转变。如在辛亥革命时，江阴要塞总台官刘廷柱为了援助武昌江防工作，特派工程营水雷队一队前往武汉布置江防。又如在江浙联军进攻南京时，下关狮子山炮台总台官承琨为了防止清军使用大炮攻打革命军，就预先秘密地把大炮炮闩卸下，暗中交与停泊下关的楚泰兵舰收藏，使清军无法使用，使革命军免受炮击的威胁。

联军攻占天堡城后，已创造了攻入南京的有利条件。但是张勋仍图负隅顽抗，不肯投降。联军迫不得已，乃用大炮向城内太平门（清军瞭望台）和北极阁（张勋指挥所）两处轰击。两江总督张人骏、江宁将军铁良等知南京不可守，遂托美籍教士鼓楼医院院长马林出面向联军总部接洽，表示清军愿意投降，并以不杀旗人，停止炮击，让他们安全退却为请。徐绍桢为了顾全城内人民生命安全计，就接受了这一要求。于是张人骏、铁良立即避匿下关日本兵舰，逃往上海。张勋则率其残部卫队数百人出汉西门，由大胜关渡江北退。张勋走后，徐州镇台胡令宣、巡防营统领张联升、赵荣华等各率残部投降，开太平门欢迎联军进城。联军就在农历十二月初二（1912年1月20日）这一天胜利地完成了“光复”南京的任务。

联军进城后，立即从事恢复秩序，安抚人民。一面收编防营残部，收缴旗兵枪械；一面整编部队，准备北伐。这时，苏督程德全已由苏州来宁主持大计，获悉武昌形势非常危急，黎元洪已退到洪山，来电求援，遂派粤军黎天才（云南丘北人）率部往援，将张联升、赵荣华两部合编一师，以黎天才为师长，令其星夜驰援。黎到鄂后，武昌形势赖以缓和。从此，宁汉长江流域连成一线，不但巩固了武汉的局势，而且加强了革命力量。因此，江浙联军“光复”南京一役，在辛亥革命史上来说，实具有重大的意义。

（选自全国政协文史资料研究委员会编《辛亥革命回忆录》第4集，中国文史出版社2012年6月第2版）

镇军起义会攻南京亲历记

许崇灏*

一 革命前的酝酿

清宣统元年（1909 年），我以第九镇第三十六标第一营左队代理排长之职，经咨送南京陆师学堂，入普通科学步兵。一年半期满，至北京作毕业考试，榜发名列第五，补授陆军副军校。其时新定之陆军官制分都统、参领、军校三等九级，副军校乃第三等二级，相当后来之陆军中尉。

毕业授职后，派至近畿陆军第一镇学习。第一镇驻扎北京近郊

* 许崇灏：时任江苏新军第九镇第三十六标第一营右队队官（连长）、镇军参谋长，后任南京国民政府考试院代秘书长，国民政府委员。
新中国成立后，任上海市政协委员，民革中央团结委员会委员，上海市人民政府参事室参事。

北苑，全镇官兵1万余人，皆八旗子弟，系清政府以往日八旗旧军所改编。偶有南方学生，满人官兵均甚嫉视，甚至目为革命党。我前年在武昌时，识交湖南欧阳振声，由其介绍，并与党人黄兴（克强）、宋教仁（渔父）、蒋作宾（雨岩）、覃师范、曾毅（松峤）、瞿寿禔（湘蘅）、李韫珩（抱冰）、刘建藩（昆涛）、胡瑛（经武）、李廷松、刘彦、宾谋成、江隽、张准诸人来往过从，受其熏陶影响，我亦自视为革命党人矣。斯时，我在此种族歧视中，心颇惴惴不安。我五叔稚云（秉琦）其时任陆军部左丞，每逢星期日，我必至其寓所省视。一日，禁卫军统军良弼适也在座，我由五叔介绍，与之相见，颇有问答。良弼既知我为陆师学生，对我极表好感，欲留在禁卫军任职。我既不愿与满人共事，婉辞谢之。学习期满，将回南京，因良弼对我颇重视，特为致函江宁将军铁良，称赏我的品学，谓可胜大任。我之得识铁良，实为良弼此函之介绍。

我学习期满，奉陆军部令，仍回江南陆军第九镇供职。报到后，奉统制徐绍桢令，代理第三十六标第一营排长。我心颇不满，因我原以排长资格而入陆师学堂，学习二年余，仍任排长。徐统制再三劝慰。我本意原亦别有企图，遂乃就之。就职之前，往见铁良，并微示稍屈之意。铁曰：“姑就之，容过几日见了制台，为汝关说，如何？”我乃谢之而出。到职约20日，即奉令任为第三十六标第一营右队队官。我知为铁良之力，先往谢之。他见我即说：“日前往见制台，极言世兄品学皆优，可以重用。陆军中有世家子弟，颇不易得。现在革命党人混入军中者颇不乏人，多一世家子弟入军营，即可多一重耳目。制军甚以为然。适第九镇呈报某标有队官缺出，即批以世兄补充。望好自为之，无负上官提拔之意。”我唯唯谢之而出，腹中颇窃笑之，他尚不知我即革命党人也。

第九镇步兵第三十五标、第三十六标皆驻镇江，所有士兵皆由乡间征集而来，其中且多农工劳动分子，亦有商人及中小学生与知识分子，其中很少不识字者。以前我任右队排长时，待士兵如家人子弟，士兵亦视我如父兄，言无不从，于其时已播有民族思想之种子。此次重回原营，就任之日全营士兵均甚欣喜，自动集合，列队欢迎，为向日长官就任时所未有。于是自标统以下各长官对我颇为重视。

其时，清帝溥仪年幼，由载沣（醇亲王）摄政，以庸碌无能之奕劻（庆亲王）为内阁总理，贝勒载涛、载汛、毓朗等亲贵分掌军政、财政大权，而强邻压迫日紧一日，国家前途极为可虑，我心忧愤达于极点，乃益下决心积极进行革命运动。我就队官职后，对于士兵恩威并用，宽严以方，士兵对我皆甚敬爱，于是革命运动更易着手。

任职将及一年，在秋季检阅，冬季考试考绩中，我得列优等。九镇司令部命作步兵一标之动员计划，又列为全镇之冠，统制传令嘉奖，记名管带（相当于营长）。

第二年，革命党于上海组织同盟会，黄克强、宋渔父、欧阳骏民诸人致函给我，略谓：现在沪组织同盟会，已将你名加入。并嘱我物色军队中优秀分子，以为革命运动之助。我接信后，即秘密进行。先由军士入手，择其中较优秀且与我最接近者介绍入会，再由彼等分头进行，得有相当数量以为己助，然后我自行游说各队官长，最后接触于管带阶层。之所以如此做，是以不知彼辈之心理及思想如何，苟有一人不表同情，则不但我一人危险，且恐影响于全局，故不敢轻易举发。

革命运动进行既力，而风声亦大。自徐锡麟、熊成基两烈士在安庆发难失败以后，官厅之防范益加严密，我则不敢稍懈。驻镇第十八协所辖之第三十五标、第三十六标管带如林述庆、刘成、端木横生、章祖衡、明羽林诸人，我皆有联系，未与谋之人仅标统以上者。一日，兵士狄子青来告我，有一李竟成自上海来，自称为革命党，运动两标士兵起事，谓：官长多是利禄是图，必无革命之精神及胆量，你们可以自己干将起来，杀排长者即任为排长，杀队官者为队官等语。我闻之甚为惊异，此人何来，如此冒失，如士兵为其所动，则事殆矣。我乃令狄子青引路，并另带士兵数人往见其人，至城外10余里一小村，李某在焉。李见我颇为惶恐，欲遁不得。我问他："你由何处来，何人所遣。从速直说，否则捕汝。"李初不承认，力辩无他。我令狄子青做证对质，并示以黄克强、宋教仁诸人致我的函件，他才吐实：盖上海总部派其来镇江做下层工作者也。我乃责之曰："汝既由总部派遣而来，何以不知此间有许某，何以不先见我而擅自妄为？如这样，你等只能坏事，安可有为，须速中止行动，允即离此，毋乱我的计划；如不听命，立即逮捕汝。"李始听命，立即离去。我返营后，立即致函宋教仁等，谓镇江军中有我负责，切勿扰乱我之计划，并嘱以后如有与我商量之处，须派人前来，不可写信，恐泄露机密，反致误大局。

是时，督抚对于新军颇不信任，疑忌日深，故令全体官长担保无革命党，由统制起，均须具结负责。因此，激起官兵公愤，大有一触即发之势。我以为时机未熟，不能妄动。一日，欧阳振声由沪来见，对我说："武汉、上海两方面不久将有动作，你要准备一切。"并探询镇江方面进行情况。我将近日情况告之，嘱其即日离去，免为官厅所觉。

武昌起义后的一日，我乃命令全体士兵于夜 11 时将刺刀开口。按军法规定，刺刀开口须得最高长官之命令；擅自开口者，其罪甚重。我此举，乃欲试探各士兵对我信任与否及服从之程度也。及至晚上 11 时，果微闻磨刀之声，其声之范围甚广而益烈。各队长官均由梦中惊醒，队官张思等来叩我寝室之门告曰："不得了，士兵自动开刺刀，恐有变，你还睡得着吗？"我答："管他作甚，随他们开好了。"我仍旧蒙头而睡。翌日，即召集各队长官会议，告以昨夜士兵开刺刀，乃我所命，他们已表示决定服从我之革命主张，你等之意如何？各队官面面相觑，良久，乃曰："惟君之命是从。"我心甚慰，知已成功矣。

二　镇军岘凉山起义

武昌第八镇官兵起义，两湖总督瑞澂逃，藩司以下文武官皆随之逃。武汉既"光复"，黎元洪被举为都督，成立军政府。我以时机已至，乃召集各同志会议，议决一俟上海有所动作，即同时而起。及闻上海已树义旗，即推林述庆为代表，赴沪接洽。我则联合刘成等暗中布置，并派湘籍官长叶开鑫、刘福彪、官成鲲等与镇江炮台及巡防营接洽。炮台及巡防营官兵多湘人，自统领以下皆表示愿与新军一致行动。复派程凤璋至南京与步兵第十七协及马炮工辎各标营接洽，约定在取得上海子弹后，同时起义。风声所播，官厅震惊，即调张勋所部之江防营 40 余营监视第九镇；驻镇江之旗兵亦宣布戒严，我军均处在包围监视中。城中旗兵且架炮于城楼，正对第三十五标、第三十六标之营房。士兵极为愤慨，欲有所举动。我以镇定处之，并安慰兵心，不得轻易妄动。

林述庆回镇江后，报告沪方接洽经过及准备情形，于是决定即日起义。遂派黄祖澄、许燕士带同士兵赴沪取子弹；同时召集各官长会议，告以各方革命进行情形及我方之准备。并询诸人之意向："赞成者留，不赞成者听便。"诸人均表示服从，并无反对意见。于是授以机宜，令各营分别迁驻于各乡，对城中取包围态势。子弹取来，即下令集合各营于岘凉山，宣布起义，援助武汉。

起义时，诸同志公推林述庆为总司令，余任参谋长。翌日，一面派兵警戒高资、句容及江岸；一面围城，威胁城内旗兵，并派人入城劝降；一面运送子弹赴南京接济第十七协。旗兵畏惧，是日下午应允投降，副都统载穆自缢，道府皆逃。我乃率队一部入城，收缴旗兵枪械；以道台衙门为总司令部，并分配各营驻所，请林述庆等入城就职；收编驻镇江之巡防营及长江水师，并以巡防营原统带张振发为统领，赵鸿禧为长江水师提督；劝说炮台谭学夔反正，不听，乃去之，以头目王以仁为台官。部署稍有眉目，即派赵鸿禧、李竟成至扬州运动盐务缉私统领徐宝山反正。徐原系盐枭匪首，经官厅招抚后委为缉私统领。徐反正后，即任职扬州军政分府，并派臧在新带兵一队"光复"淮安等处。

翌日，闻南京第十七协及马炮各标营在秣陵关起义，贸然进攻雨花台，因子弹缺乏而败，已分路向镇江退却。余闻之大惊，即派章祖衡部及明羽林部赶至高资、句容等处掩护，并收容之。其时，适柏文蔚率炸弹队由上海来，即派柏文蔚为收容所所长，黄祖澄为副所长，准备收容。

南洋海军舰队 10 余艘，原泊于武汉一带，武昌起义后，即向下游开驶。到镇江，炮台官即以电话报告海军行踪，请示办法。我即令炮台开炮，阻止其行驶，令其停泊于炮台江面上游。该舰队统领为宋文翙，广东香山人，我十七叔炳杬之舅。我即乘小火轮至其旗舰上请见，劝其反正，初不为动；旋责以大义，晓以利害，才答应召集各舰管带征询意向。我亦参加会议，演说革命之意义，劝他们一致赞助。兵舰官兵多福建人，且多林姓，闻总司令为林述庆，亦福建人，故欣然表示支持者为多数。宋乃无异议。我遂令各舰皆悬白旗，表示反正，咸遵令执行，余心极慰。归报林述庆，即委宋文翙为海军司令，吴振南为总司令部海军处长，所率舰队则泊镇江候命。于是镇军之声势益大。

南京退却之第十七协马炮工辎各标营，络绎到达镇江，收集改编后，柏文蔚欲充师长。柏系安徽练兵学堂出身，其同学在第九镇任下级军官者甚多，故运动皖籍军官联名呈请林总司令委派，林许之，我则不甚赞同，主张由林氏自兼师长，盖革命时期须自握实权较妥也。唯林之左右，皆不以我的主张为然。林遂决意委柏，名为镇军第一师。徐宝山因此亦要求委充师长，林亦许之，名为镇军第二师。林于是改称镇军都督，听从了陶骏保及林的同乡陈恕、郑权的意见。

陶骏保乃镇江人，江南陆师第一期学生，时充第九镇之宪兵营长。徐绍桢在福建任讲武堂总办时，陶为讲武堂教员，以此关系，而得统带宪兵。林为福建讲武堂学生，原有师生之谊。镇江起义后，宪兵营与第十八协同时退来镇江，林收容之，聘陶为顾问，旋兼参谋长。而陶颇有野心，欲住镇江军政分府，故怂恿林氏改称都督，自己则乘机攫取分府地位，再运动地方绅商通电公举。我劝林氏置诸不理，故未得遂。其时，徐绍桢已被各路人马推举为联军总司令，江、浙、沪各军及镇军均归其指挥。徐遂与苏军刘之洁、浙军朱瑞，沪军黎天才、洪承点等各率所部来镇江集中，准备进取南京。徐来镇江组织司令部，林述庆原由福建讲武堂速成班毕业，乃徐之学生，一切原应顺手，但陶则挑拨其师生关系，致互生意见，林拟抗不奉命。我为大局计，颇费周旋，始得出师西进。林因此颇为各军及各同志所不满。

三　南京“光复”中的镇军

其时，镇军分为3个支队，我统第一支队，刘成统第二支队，柏文蔚统第三支队。第一、二两支队为第一路，由林述庆指挥，沿铁路而上；柏文蔚联合水师渡江西进，取浦口以断张勋北退之路。吴忠信为兵站司令，秘书郑权，参谋殷祖绳、沈家炜等留守镇江。布置既妥，即出发西上，军次尧化门。

联军围攻南京城，变更攻击计划至3次之多，致一时未能攻克。一天，参谋团会议，我力主先攻下紫金山占领天堡城后再行攻城，必易得手。徐总司令乃采纳我的意见，分3路进攻。镇军由马群攻中路，浙军由孝陵卫攻左侧，沪军沿铁路攻右侧，苏军攻雨花台以牵制敌军之增援。十日薄暮开始行动。这一战略果然奏效。镇、浙等军迅速占领了紫金山最高峰，居高临下，俯瞰天堡城，天堡城之清军大叫投降，声言要求官长出面讲话。管带杨韵珂即时起立应之。清军开枪射击，杨韵珂当场阵亡；同时阵亡者尚有排长2人、司务长1人、士兵10余人。连长季遇春极其痛恨，高叫冲锋，各士兵莫不愤恨，奋勇冲杀，清兵不支，向龙脖子溃退。天堡城遂被镇军占领。

乌龙山炮台时尚在清军之手。我在镇江时，已派官成鲲携款前往运动反正（官成鲲系江南陆师第二期同学，曾任炮台台官）。我军至尧化门时，官成鲲来报，谓炮台官兵皆赞成革命，唯以没有步兵掩护，未敢宣布反正，要求派兵前往，兵如到炮台后，彼即反正等语。我乃商之林都督，派黎天才率部前往。黎初不肯担任，恐炮台有诡谋也。我告以曾经接洽情形，并派参谋李祝陶先行，其部队则集合于山下，见有白旗，乃上山接收炮台，黎乃允许担任。翌日，沪上各报均传黎天才占领乌龙山炮台矣。

天堡城既克，守龙脖子之张勋部队亦退入南京城，据城顽抗。我军急调由上海运来之攻城大炮两门，以尧化门以西藤子树西南方高地为炮兵阵地，由郑为成指挥，与富贵山炮台炮战。连发数炮，皆中炮台要害，太平门城楼以至北极阁均中炮击毁。于是两江总督张人骏、将军铁良、江防营统领张勋皆逃。事后始知北极阁乃总督与将军驻地，富贵山炮台乃张勋所在营地。

张人骏等逃走之后，其残部张连升、赵荣华率其部众由美国教士马林出面乞降，开太平门投降。我乃收编其部众率军入城，分兵占领各要隘，收编残余敌兵，安置旗民，召回逃亡民众；并派人请林都督入城，又分赴朝阳门、南门、神策门外，报告联军徐总司令及通报各军。时 1911 年 12 月 2 日。

南京“光复”后，林都督任我为南京临时警备司令兼独立第一混成旅旅长，设司令部于两江师范学堂。所有收编江防营残部，南京旧城守备营、巡防营、警察等均归我节制。

联军入城后，有苏良斌及崔瑛部队号称苏军，在旗营一带大肆抢劫焚杀，旗民被害及自杀者颇多，其状甚惨。我立即令卢祥麟率队驰往弹压，拘捕苏良斌等，缴其所部军械。派程凤文前往安抚旗民，设收容所予以救济。又从各军挑选军士若干，组织临时宪兵队，维持各军纪律。

其时北方军队进攻武汉，形势危急。黎元洪已退至洪山，闻南京“光复”，急电求援。联军会议公推黎天才援鄂。黎以兵力单薄（只有两营约 700 人）不愿担任。我恐有误援鄂时机，乃允拨降将张连升、赵荣华所部组织一师，号为镇军第三师，以黎任师长。黎乃欣然听命，星夜出发，武汉局势因之而安。

郑权欲主镇江军政分府，运动殷祖绳等及镇江绅商出名电请林都督任命。林以郑为同乡关系，许其所请。因此，林颇为部属所不满。

时闻孙中山先生已由海外返国抵上海，在联军召开的会议上，我亦提议由各军推派代表赴沪欢迎来京，众均赞成。

四　镇军的最后结局

孙中山先生于 1912 年 1 月 1 日由上海到达南京，由各省代表推举为临时大总统，组织中华民国临时政府。临时政府成立后，任命林述庆为北伐临时淮军总司令，我兼兵站总监，以柏文蔚、徐宝山等部为临淮军。其时柏文蔚、徐宝山皆已号称军长，柏驻浦口，徐仍驻扬州。林述庆奉令后，欲设总司令部于浦口，柏拒之；后至扬州，徐亦拒之，林不得已返回镇江。林氏遭此打击，极其悔恨，这才知道我当时所云革命时期须自握实权之言，乃对我泣曰：佘深悔当时不听兄言，致有今日。我勉慰之，然亦爱莫能助。于是，林乃以不赞成和议而通电下野。镇军名义，从此遂成历史名词。而柏文蔚则由安徽绅商通电，推为安徽都督。

林氏下野后，我部拨归南京卫戍总督徐绍桢节制。孙中山辞职后，临时政府北迁，以黄克强先生为南京留守。我部乃改隶于留守府，仍负南京警备之责。黄氏就职之夜，驻南京之赣军兵变，在城北焚掠。因事起仓促，余事先未能察觉，深为着急。乃一面令守营紧闭各城门，并派兵固守，一面通知各军严加防范，令留守府卫队团长林虎戒备；我自率一连卫队驰往北门桥一带堵击。各军齐集，围剿赣军，当场擒获变兵百余人，枪杀数十人，缴其枪械，事乃定。各军擒获之变兵，皆送警备司令部讯办。事后，我曾以失察之过，受记大过一次处分。

自南京“光复”之后，号称师长者计有26人之多，情形极为混杂。名虽曰师，而兵不过千人，或数百人。这些师长皆自称革命有功者，终日奔走于南京留守府之门，索要饷械，无所不至。甚至彼此使用卑鄙手段，勾引他人之营连长投奔为己所属。而有的营连长，亦朝秦暮楚，以求达其升官发财之目的。余睹此现象，愤慨殊甚，乃建议取缔。黄留守深为焦虑，因而召集会议，令各师皆照规定一师之编制，限期缩编，否则一律取消。经归并，按编制勉强编成者，仅有八师。

及至袁世凯撤销留守府，黄克强下野，我亦同时去职。后被苏督程德全聘为军事顾问，仅是挂名而已。

（选自江苏省政协文史资料委员会编《江苏文史资料第40辑·辛亥江苏光复》，1991年8月）

进攻南京之役

彭商贤*

清宣统三年（1911年）初，我在广东提督军门（广东最高的统兵官）龙济光的警卫营充当中队长，正是革命空气弥漫全国的时候。尤其是三月二十九日孙中山先生领导的同盟会人士在广州起义，更使我思想上受到极大感动，认为龙济光做清廷政府的官，在广东镇压革命，我是一个青年人，不应该继续在他的部队服务，决心离开广东，另找出路，遂于是年六月前往上海。这时，广军统领黎天才（字辅臣，云南丘北人）也在上海。他原先在广西做南宁参将（官名略等于团长），我在广西时，因同乡关系，与之相识，建有感情。是年清廷政府派广西人岑春煊任四川总督，岑调黎同赴四川，黎遂

* 彭商贤：时任上海鄂豫联军黎天才部司令部副官，后任南京国民政府云南省江川县、弥勒县县长。

率所部约700人赴上海。因岑春煊尚在北京，未赴四川接事，故黎暂驻吴淞待命。我到了上海，即赴吴淞访黎，说明来意。黎颇为高兴，派我在他的司令部暂任副官之职。其时，云南姚安县人由犹龙以开书店为名，一面与各新军中富于革命思想的青年暗地联络，一面将宣传革命的书刊、杂志秘密运入，辗转传播。黎到上海后，由犹龙即与往来，并介绍另一湖南人黄汉湘（后来知道黄是清军第九镇统制徐绍桢派驻上海的联络人员，武昌起义后，徐任各省联军总司令，黄在司令部任参谋）与黎认识。我在黎处参加工作后，黎派我与由、黄两人经常联系，知其对于革命运动甚为积极。

未几，武昌起义的消息传到上海，长江各省及上海的新军纷纷响应，宣布脱离清廷政府。但驻守南京的清军将领张勋、铁良及两江总督张人骏仍忠于清廷，无所表示，且传闻清廷已命令张等调集所部开往武昌镇压革命。由于黎统领看穿了清廷的昏庸腐败，而所部将士又多具反满意识，黎认为：张勋等驻守南京，对长江下游的革命活动是一种重大威胁，意欲赞助革命，乘时起义。遂于十月十二日召集周汝敦、由犹龙、丁荫昶、黄光武及督队官杨正昌、队官曾忠体、颜得胜、郑玉贵、杨正刚、鲍育宽和我秘密开会。黎统领宣布了起义和攻取南京的计划，经众人一致拥护，定期二十五日出发。次日，委任由犹龙为参谋长，丁荫昶为书记官，黄光武为军需官，彭商贤为副官。即日起，全军分头准备，如期开拔。

十月二十五日，当我军到达沪宁车站改乘火车时，到站欢送的人士不下2000余人，欢呼之声，上冲霄汉；至苏州车站时，督练公所派人到站慰问，招待尤为殷勤，对全体官兵鼓舞甚大。夜晚到达镇江下车，商会派代表到站欢迎，为我军布置住所于金山河之油坊。官兵皆和衣而卧。黎统领则被招待住于泰安栈，时已四鼓矣。

二十六日，黎统领因赴镇江都督府参加会议，部队留驻镇江。黎开会回队，召集全体官兵宣布进攻南京的作战任务，他说：“今天在镇江都督府开会，是联军总司令徐绍桢主持的，会议上分配了各军的战斗任务，以浙军攻紫金山；苏军攻雨花台；镇军柏文蔚、徐宝山攻浦口；镇江都督林述庆攻麒麟门；我军攻险要乌龙山及幕府山。徐总司令将浙军金富有一营五六百人拨归我军指挥，加强作战实力。”黎统领宣布后，鼓励全军将士奋勇杀敌，完成任务，以期推翻清廷，“光复”祖国。二十七日上午检点军事及全部人马，至黄昏步行出发。镇江商会仍派出代表欢送，并以牛肉和饼干分饷士兵。行抵高资，徐总司令亦驻扎于此，留我军进餐，并派孟某送到龙潭，时已夜半，全军席地就寝。深夜，我军队官王明富、郑玉贵捕获姓高及姓李者二人，类似奸细，盘诘之后，知为有志革命之青年，意欲从军，遂将其编入部队。黎旋与各将领商议明日进攻之计，众以兵力单薄为虑。黎谓：“平生作战，善于以寡击众，兵力虽少，可以勿虑。”

二十八日，黎亲率全军1000余人进攻乌龙山，派我参加作战，并负联络各部队之责。开始进攻后，我军勇猛向前，士气高涨，人人奋不顾身，屡向敌军猛扑，遂将敌军击溃，占领了乌龙山。

是日夜间两点钟，王某来报：“明日张勋将增兵扼守幕府山，请从速进攻。”黎统领得报，即不顾寝息，乘夜率部往攻，派金富有一营作后卫。全体官兵见黎亲上火线，莫不奋勇前进。至二十九日早8点钟，金富有来报：“张勋尚有残兵在我军背后扰乱。”黎即分兵往助。我仍随黎至幕府山。遥见敌军甚众，知非猛攻不能取胜。时我军不足千人，皆大呼蜂拥而上，无不以一当十，清军为之辟易，遂又占领幕府山，夺其大炮14门，清军全部投降。其防守下关东西炮台之清军见我军获胜，毫无斗志，亦全部来归。我军收容了各处降军，士气更盛，军械亦赖以充实。黎遂下令以大炮轰击仪凤门、北极阁及总督街，并以主力进攻北极阁及总督街。因北极阁乃张勋、铁良及张人骏固守之地，总督街为清廷军官聚集之所，若两处攻下，则清军瓦解，故黎命令以炮轰之，使敌军慌乱，继之以主力进攻，敌人非逃即降，南京可唾手而得。时有敌军乘公清小火轮循长江下驶，意在从下游袭击我军后路，我军即发大炮将其击沉。旋我各部照指定地点，奋勇进攻，敌顽固抗拒，相持数日。

十一月初八，敌炮中我火药局，爆炸之声，震动山岳。我督队官杨正昌负重伤，士兵死伤10余人。初九午后，侦探来报，知张勋派兵向我阵地反击。黎即分派排长罗群书率队至敌军必经之宝塔桥畔芦苇丛中预先埋伏。敌军进至桥边，为我军狙击，毙敌队官1人，伤、毙敌兵数十人，我军亦受伤7人，敌兵溃去。是晚，我苏军、镇军、浙军与敌互相炮战，炮声隆隆彻夜不绝。旋因我炮命中北极阁，张勋、铁良及张人骏始弃城逃走。十二日，盘踞仪凤门及狮子山之敌仍顽抗不退。黎下令，能奋勇攻占者，奖洋1000元，即有队官颜得胜、曾忠体、石得胜、郑玉贵、陈玉华、王明富、关炳兴及浙军金富有等皆应声愿往。遂先攻仪凤门。颜得胜等率队前进，一面发炮掩护猛攻。在攻克仪凤门之际，我军士兵来报：“狮子山方面，已有白旗招展。”黎大喜，即率部由下关进入仪凤门。城内居民见我军入城，欢声雷动。狮子山清军炮台的台官何某以大炮8门连同士兵百余人来归，枪支、子弹和炮弹亦全数缴来。唯清凉山尚有残敌百余人驻守，黎为彻底清扫敌军，命曾忠体率所部前往进攻。不多时，即告克复，夺其大炮8门。至此，枪炮声完全停息，我军与友军奋战10余昼夜，南京完全“光复”。

十六日，徐绍桢总司令约黎统领及由犹龙参谋长至谘议局会商，以湖北黎元洪都督求援之电相示。并谓武汉失利，望救甚急，深知我军骁勇善战，堪当此任，拟派我部援鄂。讵正筹划间，北伐军总司令林述庆又约由犹龙参谋长往商，拟将我军组成北伐军一镇（等于一师），饷械均由林代筹，与所统北伐军一同北上，由君回部报告后，黎即召集各将领计议。多数人皆以我军人数现已增多，饷械均有不足，援鄂颇有困难，不如从林之意，出发临淮、颍、寿，则饷械有着，而鄂围亦可解，乃围魏救赵之策也。但我以为：援鄂胜于北伐，因武昌乃首义之地，清军既集中全力进攻，万一武昌不支，对革命事业影响甚大，应以援鄂为重。黎当即同意，遂放弃北伐，决定援鄂。后经徐绍桢总司令将我军编为宁军援鄂第一镇，设两协（协等于旅）、四标（标等于团），附炮队一营，机关炮一队。金富有所部仍归还浙军建制。黎统领升为统制（等于师长），以由犹龙为第二协统领，我为参谋处参谋。所部军官均各予升级。其原属张勋、铁良所辖之水师统领张联升，因处我军包围之中，见大势已去，率两营长赵荣华（绰号赵二虎）、窦国治来归。黎待以至诚，即任张为第一协统领。另由徐绍桢总司令拨给官兵两营，充实我军实力。徐并向黎表示，如尚需士兵，当负责商于陈都督（其美）为我军补充。

次年（1912年）一月二日，我军离开南京，前往湖北。我所参加的南京战役，至此结束。

（选自全国政协文史资料研究委员会编《辛亥革命回忆录》第8集，中国文史出版社2012年6月第2版）

回忆父亲江来甫和我参加辛亥革命片断

江琴荪*

我生于清光绪二十年（1894 年），原籍江苏淮安。读完私塾，即考进安徽凤阳府公立中学堂。毕业后到南京又考入江苏陆军小学堂第四期。在升入陆军第四中学堂期间，辛亥革命爆发了。

我父亲江来甫是清末的童生，曾任南洋新军第九镇（相当于师）第三十三标（相当于团）第一营管带。早年加入孙中山先生领导的同盟会，成为当时的革命党人，后在安徽颍州府与清军激战，壮烈牺牲。

当时，学堂方面对学生的日常功课督促很严，学生本身亦不敢懈怠，除完成当天的功课外，都嗜好报纸。其时上海《申报》不合

* 江琴荪：时任江苏新军第九镇第三十三标第一营敢死队队员，后任西南护国军卫戍团营长，南京国民政府军贵阳警备司令部副司令。
新中国成立后，任民革贵州省委顾问，贵州省文史研究馆名誉馆长。

学生口味，只有《民呼日报》《民立报》两报学生极愿阅读。尤对影射清朝统治者腐朽政治方面的文章极为赞赏，对两报隐约提出的革命口号也极表赞同。学生们从社会方面也逐步听到“孙文”的名字，他的思想引起了学生的共鸣，因此倾向民主革命。

清末民智大开，社会上对各省驻扎的新军及陆军小学堂颇为重视。江苏还有个海军小学堂（地址在南京下关）。清朝文武大员的子弟考入江苏陆军小学堂的占 50%，如新军南洋第九镇统制徐绍桢的两个孩子（忘其名）都在其中。

各省陆军小学之所以被社会重视，确有它吸引人的条件。以江苏而言，教学抓得紧，师资要求严。外国文分英、法、德、日 4 种，除英文老师由中国人担任外，其余均以重金聘请外国人做教师。管理上也严，甚至连睡觉都不准仰卧，对学生的体质极为重视。负责管理之区分队长（队官阶级）、队长（管带官阶级）并助教（学习官阶级）等，全由新军选择优秀者充任。写字用毛笔或钢笔，毛笔又分大、小字两种，各种书籍以及楷书本、画图仪器等应有尽有，都由学堂按月或按季分发。被服方面，有毛毯 2 床、垫被 1 床、3 斤半被子 1 床、衬衣 2 件、皮鞋 2 双、布军服 1 套、呢军服 1 套，换季又给外出服装。膳食方面，一日三餐，早餐 4 小碟，午晚两餐 6 个菜（2 荤 4 素），6 个人一桌，每餐时间不准超过 10 分钟。排队进出，吃饭、睡觉不准说话，晚餐后有两小时娱乐时间，可以打球或翻杠子等，其余为两小时自习时间，晚 10 点就寝。自习时间，各人做各人的功课，不准高声朗读，每月考试一次，分优、上、中三等，优等得奖金 1 两 4 钱银子（折合银圆两元），上等可得奖金 1 两银子，中等可得 8 钱银子，似此足敷学生每月费用。总共算起来，一个学生每月花费实在可观，与私立的高等学校相比较，实有天壤之别。

辛亥革命爆发后，各省的陆军小学堂学生在革命中表现突出，成为各省同盟会的得力助手。有些地方整个队随同新军攻打巡抚衙门和军械局，但江苏因形势不同，没能参加。

当时清廷对革命党人不管是哪个省份，尤其学堂方面，只要发现抓到就要砍头，甚而连累父母，学生革命积极性虽高，但内心确有严重顾虑；可是对革命的倾向和对中山先生的景仰，虽父母亦难遏制。

1911 年 10 月，辛亥革命在武昌爆发，江苏、浙江、上海等独立，加速了清室崩溃。以民军战略而言，南京踞长江下游，倚山凭江，古称龙盘虎踞之雄都。民军席卷长江，必先攻克南京，作为根本，当时各省纷纷独立，唯江、浙、沪行动较迟。由于两江总督张人骏和将军铁良（满族人）掌握兵权，手下又是最效忠的奴才张勋（素称辫子兵），拥有绿营兵 20 余个营，号称巡防军，张人骏、铁良以为保障，企图死守南京。

原潜伏南京的同盟会会员，在实力悬殊下周密计划，希望一举成功。终于在新军南洋第九镇统制官徐绍桢的领导下，向清军张勋部发动了攻势。由于缺少弹药，初战不利，退守镇江。其时先父江来甫任第九镇第三十三标第一营管带，我因江苏陆军小学被两江总督迫令停课、提前放假，勒令各回原籍的机会，得以与志同道合的同学，如淞江的钱大钧、泗阳的韩德勤、淮安的章坚、广东的欧阳驹等 10 余人，自发地向新军靠拢，分配在新军部队炸弹队（又名敢死队）。

我们列入新军部队后，先学制造炸弹。其炸弹形式如普通的罐头，9 厘米高，直径为 7 厘米，当中插一铁皮管，装入自配的炸药，铁皮管外围放置碎玻璃渣。盖好、密封、轻放。当时学生有一定的科学知识，一学即会。

新军第九镇徐统制以宁军总司令身份，在镇江紧急招集镇军（镇江）林述庆部、沪军（上海）洪承点部、济军黎天才部再捣南京。联军声势浩大，勇敢善战，又民军占有利条件有五：

（一）沪宁铁路除靠近南京之一两个小站外，余均在民军掌握；

（二）张勋只有守南京孤城力量，清廷仅注重武汉，无兵援苏；

（三）联军士气旺盛，百姓喜欢民军，痛恨张勋辫子兵；

（四）民军战术完全日本式，武器完全为明治三十年七九步枪，优于张勋绿营战法；

（五）民军久驻南京，地形极熟，新军训练有素，运动灵活。

攻打南京的主力为第九镇第十七协的第三十三标、第三十四标和直属骑、炮两标及辎重兵营。南京附近险要，向为新军演习熟地，张勋虽拥军20余营，其阵地的地形地貌，新军早熟习无遗，了如指掌。

在攻打南京战役中，先父之第一营为该标前卫部队。攻占雨花台任务为第三十三标，攻占天堡城任务为第三十四标，各配有骑、炮兵。营的炸弹队集中使用，带头领先。敌人完全是绿营老战法，是方阵式，打起仗来，用排枪齐放，间有火线枪。我们的战术是匍匐前进，利用地形地物，选定目标，各自射击。

攻击开始时，炸弹队数十人领先出动，由新军优秀的队官率领。我们以跃进方式接近敌人，在敌人装弹的瞬间把炸弹投向敌阵地，战果颇丰。

徐绍桢总司令在战斗激烈之际亲临战场指挥，士气更旺，人人奋勇，将锐兵骁，补以各部之炸弹队，敌人闻风胆怯（敌人无此武器），受创甚重。在镇、沪两军协力总攻之下，炮兵以炽盛火力，掩护步兵进攻，卒将清廷奴才张勋的主力消灭。南京的险要地为我军一鼓荡平。张勋仅率残余2000余人乘夜间由汉西门携其爱妾“小毛子”逃走。同时两江总督张人骏、将军铁良也随之而逃。民军并未穷追，在人民群众欢呼声中，南京“光复”了。

南京“光复”成立政府后，继续整理部队，准备北伐。先父被编在第一师团第二旅团（沿用日本名称）第三团第一营，任中校营长，我被炸弹队推荐为旅团司令部一等差遣官，派在第一营服务兼制炸弹工作。原在一起的同学除同县之章坚为一等差遣官外，其余有的想回家，有的另投门路。原有不愿留在军旅继续参加北伐的学生，均各发50元路费，另银质纪念杯一个，以作纪念。

先父奉元帅府之命率军北伐，另拨骑、炮连组建加强营，先父率领加强营先行，扫荡苏北至皖北贻县、凤阳府、临淮关等地，扫除清室残余，并准备在临淮关与其他部队会师，向安徽颍州府挺进，直捣“黄龙”。加强营由镇江渡江，经扬州重镇沿高邮、宝应等县直捣淮安府。所到之处，兵不血刃，清军望风易帜，清政府官员交出印信，城墙上悬挂白旗。每到一县，营炸弹队领先宣传。民军不住民房，秋毫无犯。

部队稍事整理至清江（即淮阴），将清室江北提督摘去印信。老绿营兵资遣回原籍务农，大官员护送出境。妥善安排后，以战备姿态由清江乘船进入苏、皖交界的洪泽湖。该湖素为盗匪出没之区，湖南有60里宽，我加强营在水战中不得不加强警戒，各队分散搜索，用旗语联络，未发现匪踪。这一天又是顺风，过湖很快，当天即抵达贻县宿营。

经过4天后，我营进抵安徽凤阳府，仍由炸弹队领先入城，遣散清军中绿营部队和官吏。

我们在凤阳府临淮关稍事整理后，元帅府迭电令北进，我父仍率加强营担任前卫，继续向安徽颍州府挺进。在颍州四十里铺与清军倪嗣冲军遭遇。倪嗣冲所部系北洋新军之一，大部官佐为袁世凯训练的部下，武器完全新式。虽同是新军，他们是忠于清室者，内部无同盟会组织，思想上“革命”二字难以灌输，除硬打不能解决这个阻止北伐的障碍。战斗开始后，敌人坚守四十里铺阵地，我军屡攻不下，伤亡较大，我父身先士卒，与敌激战，为敌人发现目标，中弹壮烈牺牲。幸援军增援及时，奋勇冲击，尤以炮火命中准确，卒将四十里铺占领，敌人伤亡极重，无力反攻。我怀着巨大的悲痛将父亲的尸首运回原籍安葬。

我父牺牲后，奉元帅府之命，追赠团长，在原籍南门外准提寺拨3间房屋，建立“江来甫烈士专祠”，发恤金10年，在原籍田赋项下支付，每年450元。

1912年4月，南北议和告成。中山先生依据诺言，让位给袁世凯。我葬父后，由旅团部照顾，调回旅部服务。后来又被保送到黄克强先生所领导的将校团骑科，毕业后被保送日本读书。后来由于袁世凯派人暗杀宋教仁，中山先生提出反袁号召，停止保送。我即仍回部队，奉调第一师团部，在参谋处学习，旋调处学习，旋调任中尉参谋，随军驻江苏徐州。后又派往山东韩庄、枣庄一带，专探北军调动情报。忆及往事，不禁热泪盈眶。

1981年5月

（选自全国政协文史资料委员会编《文史资料存稿选编》晚清·北洋卷上，中国文史出版社2002年8月第1版）

忆我在辛亥江苏“光复”前的一些活动

林知渊*

1911年4月27日广州起义时，我在南京，10月10日武昌首义，我还在南京。在这五个多月中，我追随林述庆先生在南京、江阴、镇江等地奔走。林先生在他所著述的《江左用兵记》一书里面，提到了这方面的一些情况。但这本小书是当年林先生在戎马倥偬中写的，对于镇江举义前的经历所述不够详细，我想就此做些补充。加之，林先生当年满腔热血，苦心孤诣，想在镇江、南京同时举义，做武昌的后继，以扩大革命影响，对他的奋斗精神，我感受得最深切，不幸他的图谋一再为徐绍桢所阻挠与破坏，这其中也有一些可资忆

* 林知渊：时任南京陆军第四中学法文教习，后任南京国民政府福建省政府委员、南京国民政府粮食部专门委员。
新中国成立后，任民革上海市徐汇区筹委会主任委员兼宣传委员。

述的事。于是写下下面的一篇文字，以作为对辛亥革命52周年的纪念。

1909年，我从保定陆军速成学堂毕业，被派到南京陆军第四中学充当教员，见习还未满期，就到南京报到。翌年冬放寒假，我回福州家乡度农历新年。离南京没几天，我从前最要好的同学林觉民特地从远道到南京找我，由于事前没有书信联系，以致相失交臂。直到过了春节（1911年2月）我回到南京，才看到他留给我的一封短短的信，说他以此次未得与我促膝畅谈而十分遗憾，"今后天各一方，将成永别"，信中没有写明此后行止和通信地点。当时我异常惊骇，误认这位朋友将因痛心国事而想走绝路（那时蹈海之风颇为盛行，我有几个朋友都因国事刺激而蹈海自杀），因此急忙写了几封信探询他的下落。先接到他的老父回信，说他年前在家住了半月，现已到日本东京继续求学；而日本同学又说他假期已满，尚未返校。我为他很感不安，每当上海报纸送到，必细心查阅有无蹈海自杀的消息报道。两三个月之久，均未见有此类消息披露，我的疑团因而莫解。到了5月中旬，上海《申报》连日登载广州起义的消息，阅之恍如晴天霹雳，我朝夕系念的林觉民就在这一役中壮烈成仁了。到此时我才恍然大悟，他来到南京访我，是为着向我诀别并或有动员我同赴广州图谋发难之意。我与觉民幼即同学，稍长便秘密结社，以推翻清廷相期许。他长我3岁，学业、能力诸方面均较我高强。福州学校毕业后，他东渡日本进庆应大学学文科，我改习陆军，虽各自一方，他总时常来信，对我不断教导、鼓励，不意这回竟成永诀。我从报章上得悉许多旧友成仁就义的消息后，真是痛不欲生，发疯般地哭笑无常，眠食失节，学校的课也不去上了。那时，我住在离陆军中学不远的胞兄林之夏家中，教育长丁远侯以为我得了异疾，时来看我并遣校医为我施治。家兄把我带到明孝陵，陪我痛哭两次，心中才觉得畅快一些。从此以后，我就抱定献身革命事业的决心，以报死友。

回忆当年，在思想上和行动上对我有很大影响的还有两人：一个是林述庆，另一个便是我的胞兄林之夏。他们都是当年江苏省新军第九镇的军官，都是革命志士，且都长我10岁以上，一举一动都足做我的楷模。他俩是先后同学，当时都已隶籍同盟会。述庆在南京时，常到我家中吃饭、谈天，所谈都是关于革命的消息，还时常带我到军营游逛，我因此得以结识赵伯先、柏烈武、吴礼卿、伍寿卿诸志士。陆军第四中学每年寒暑假都放得较长，届时我总是回到福州家乡依傍老母，我和林觉民相失交臂，就是因寒假回家不在南京。辛亥这一年的暑期，我受了广州起义失败这一刺激，便不打算回乡歇伏，想留在南京做些革命工作。适林述庆刚从第三十三标调到江阴第三十六标第一营当管带，我就在假期中到了江阴，在他营中住了3个星期，和这一营的官兵都混得很熟。述庆的胞兄述康在营部当军需官，请假回福州，我就暂时替代军需职务。我和述庆经常谈论革命问题，好在我们说的是福建方言，没有人听得懂，不怕有人告发我们是革命党。这一年的暑假过得很快乐。假期将满的时候我回到南京，才晓得就在临放暑假之际，清政府的陆军部已拟选派一批下级军官到法国学习航空飞行。我本是保定陆军速成学堂工兵科毕业，授了工兵副军校的军职，又是陆军第四中学法文教习，总办万廷献平日和我很相得，看我的年龄、资历也适合，不及通知我，就将我的名字报送到部里。当我回校上课时，部里批准的电报来了，治装费和旅费也都汇到了。万总办十分高兴地把这一消息告诉我，我听了真是又喜又惊，因为这在平日是求之不可得的机遇。但在今天，许多同志、好友都为了平生志愿，贡献出自己的生命，我独何心只顾个人的前途，藉口求学，做一名逃兵。将来国家被人瓜分，民族沦为奴隶，还有什么个人前途可讲！经过一番思想斗争，便决心不去。但这话一时又不好直说出来，只得推托待与家兄商量再做决定。回家后说明了一切情形，家兄赞成我赴法留学，不同意放弃这个好机遇，他说革命事业长得很，待学成回国，再酬志愿也是一样。我说革命不成功马上就会亡国，还能等到学成归来？和他争执了一番。次日见到万总办，他催我把治装费先领了去，并说行期在即，要否回去福州一转。我趁机推说这回恐怕要辜负总办的好意，因母亲在家乡已替我定好完婚的日期，必须回去以不负老母愿望，这样就暂时不拟出国求学了。万听后甚觉惊异，要我从长考虑，并允我以几天时间。我回家写了一封快信寄江阴林述庆，问他革命和求学，应该把哪样放在第一位。两天后接到述庆复信，他坚主不要赴法，理由是：现在第九镇里，对于革命已酝酿成熟，机会一到即可举事。革命成功了，何患不能到国外求学；革命失败国也亡了，纵学成回国，不过供异族作马牛而已。述庆所想与我完全一致，我便这样决定了。

当时，我家住在南京城北竺桥巷，离总督衙门没有多远，每次离家外出，从这个吃人的衙署前走过时，看见那黑漆的大门和厚厚的围墙，或是听见鼓亭里敲敲打打的声音，我就怒火中烧，浑身血液都沸腾起来，恨不能一下子把它烧成平地。总之，自这年 4 月广州举义失败后，几个月里对什么事都无所用心，只是一味地想着革命，想着为死难者报仇。暑假过后不到个把月的工夫，武昌起义的消息传到了南京，听到后心里一半狂喜，另一半却是极端的忧虑。

虑它或也和广州举义一般，准备未周，轻于发难；假使不幸再次失败，势必丧失许多豪俊，以精华尽丧，此后将何以立国？这时述庆所属的第三十六标第一营已调驻镇江，我即赶到镇江找林商量，到后直入营本部，他早已知来意，便留我住下。晚间熄灯后我们开始谈话，共认这次武昌首难，机会极为难得，如果第九镇新军不能及时响应，此后即不必再谈革命了。现在全镇分驻南京、镇江两地，镇江只有步队 5 营，兵力稍弱，但军心比较团结，我意应该先从镇江下手。述庆则认为高级将领俱在南京，为尊重体制，应让南京先行发难，镇江继起响应，如此，于理于势方觉顺适（实际上他对徐绍桢、孙铭诸人抱有甚大幻想，故不拟占先，我因此亦不争执）。商量结果，决定应该先与南京同志取得一致意见，而后再作决策。次晨我即回南京，述庆则待将营中诸事略作部署后始来。我归后不及等待述庆来到，就先与家兄邀请伍崇仁来寓密谈。我的意见是此时鄂省已发动，湘省亦有继起消息，预料赣、皖两省必能响应，我江苏不能等待计出万全致失良机，必须争取主动，为江南诸地倡。倘若游移不决，旷日持久，使张人骏、张勋诸贼目有所准备，先向新军下手镇压，到时我们仓促应战，不特势处被动，且亦师出无名，事之失策，无过于此。当即决定待述庆到后再从长计议。当日下午忽有一位生客来访家兄，我出面招待，来客与家兄密谈约半小时始去。我问来者何人，兄谓此人即陈英士，疑为徐绍桢刺取消息而来，今后不可引见。我颇不以兄之所见为然：陈君英士虽非素识，但早从沪上诸友谈论中知之，革命运动固宜谨慎，但岂有人来就我而我反拒之理？两日后述庆尚未来，焦灼万分。此时忽有消息，徐绍桢命将全镇枪弹悉数收缴军械库，每枪仅留 5 发子弹，我闻之愤怒欲狂。而且，就在这几天中，张人骏已调至张勋的江防兵20营（张勋系江防会办提督兼江防统领）、王有宏的缉私营10营（王系“定于营”统领），另还召来巡防营5营，合计七八千人上下。张勋所部驻张人骏督署里外，缉私营驻前劝业会场及鼓楼附近。总之，城北一带举目尽是清军，我每日经过督署附近，亲见他们三五成群，横行霸道，愤慨至于极地。第三天述庆始至，住我家中和我同榻痛谈到天明。我责问他们何以如此踌躇顾虑，现在人为刀俎，我为鱼肉，即使有为，亦已成被动，“不知公等计将安出”。武昌发难已将半月，冯国璋、段祺瑞、袁世凯等和北洋第五、第六两镇已相继南下，湖北孤军辛苦支持，大战即将启幕，我东南诸省再不响应，湖北固独木能支，“即君等亦恐不免束手受缚”。述庆再三劝慰，并谓事在必举，特方式如何须待与诸同志熟商耳。明日邀集谅生（即家兄）、寿卿、烈武、宾甫诸君讨论后，定有具体措施相告，“你姑稍安勿躁，待此间确实无法进展再投奔武汉，尚不为晚”。言时声色俱厉，我为之凛然。最后告我镇江五营子弹尚未全被收去，此事他可负责，前昨未来，即为布置此事云云。次日一早，述庆即与家兄往访孙铭，嘱我中午到伍寿卿营中候讯。是日下午，述庆与寿卿同返，云全镇子弹有全部发还之望，已决议南京新军全部移驻南郊，以避免主客两军无谓冲突，待集结完成后，即可发难。镇军当于同日发动，以壮声势。我闻语疑信参半，预感前途不甚乐观，但亦不能说出所以然。旋述庆即赶返镇江防地准备一切，我回家探询家兄，亦谓述庆过于爽直，恐将受愚。述庆行时命我当晚乘车赴沪，为彼代表往晤陈英士，商洽来日举事时，须仗上海接济弹款一切。适此时南京一地有如阴霾密布、大难将临，陆军中学无形停课，故无须请假。前日晤万总办时还提起赴法事，我一笑置之，不意二三日后，万本人亦微服私离职守，逃往武昌。就此一事，足见南京当时动荡的情景。

我到上海后，即央潘训初介绍往晤英士。陈对述庆甚为推崇，对于接济弹款毫无异词，谓现正计划攻取制造局，制造局一得手，上海立时“光复”，一切接济自当源源尽先送往。征之此后事实，英士此言无异画饼，但在当时只有感激之忱，绝不疑其出于推诿（少不更事，未谙世故，宜有此失）。上海另一同乡友好陈子范告我，从德商某洋行可购到步枪子弹 100 万发，不妨试往一探，但恐须有现款。我谓宁、镇两地俱乏子弹，现款虽难措，幸今日英士口气甚好，或不至失望。下午，子范来言，已晤德商，据言存货甚多，每 1 万发索价 500 两银，欲购多少听便，且可包运至指定地点交货，但须先付足现款方允起货。次日同子范前往看货，接谈后，德商应允改“两”为“元”，即 1 万发 500 元，唯须趸购 10 万发以上。我意如购 50 万发补充镇军，只需 25000 元，似不难办。遂与该商初步议定，带回 5 排即 25 发试射，并托训初、子范往商陈英士，请他垫款，以便成交。此行费了两日夜，所得仅如此。次日早车返南京，行前本拟电告述庆至车站一谈，训初力阻不可，谓如此招摇于事有碍，遂不发。到家，兄告我伍崇仁来过两次，有事面谈。据伍说，第九镇新军在宁部队明日将全部向秣陵关移动，各营子弹允于出发时归还。我闻言甚觉喜慰：只要发还子弹，他事俱可不论；但同时又虑会否受了徐绍桢的愚弄，不敢过于乐观。翌晨驰往第三十五标，见各营队伍已站队待发。伍崇仁告我子弹须待队伍到达秣陵关后发还。我疑有诈，伍云原议如是，“徐统制不至食言”。我取出上海带回子弹，请他检验可用与否。伍言我带来子弹系七九口径，第九镇新军除辎重营使用汉阳造七九马枪外，所有步骑工各营连系用六五口径的明治三十年式步枪与马枪，因此不能适用，宜速阻毋购。我闻说沮丧异常：终日昏昏，连枪弹口径都识别不出，如遇大事如何应付得了！与伍分手时约定次日下午于秣陵关相晤。我回家后立即密函陈子范，告知子弹口径不合，暂不订购，将来上海制造局攻下后，应拨六五步枪子弹接济南京、镇江（吃一堑，长一智，亦殊值得）。

当年南京陆军第四中学所收系江苏、浙江、四川、广东、福建5省区的陆军小学毕业学生。武昌发难的消息传到南京后，陆军中学由广东省同学暗中发起筹组学生军，准备集体赴鄂参加革命，同时并发展到陆军小学和陆军测绘学校。虽是暗中联系，但立即得到多数同学的赞同，数日之中参加者已逾百人，中以粤省同学为最多，江浙次之，四川最少。他们派了代表和我接洽，要求指导一切，我自欣然接受，并将他们分别组织为若干小队，以便行动。截至9月初旬，已出发3批，约共50人。当时林子超先生（即林森）在九江海关任职，他长我10多岁，是家兄的好友，平日热心革命运动，所以每批同学西上武昌时，我都嘱咐他们先到九江访候林先生，请他指导一切。林先生果热心招待，尽力帮助，对缺少川资的，还尽量接济。我从上海回到南京时，首批出发的同学已寄信回来说：即日参加汉口战事，望尚未出发的同学迅即前往，以免失了联系。当时，我每日必到学校一两次，与留校未行的同学联络，他们要求我带同学最后一批离宁。他们不知我在帮助述庆筹划“光复”镇江，见我终日忙碌，不思离此，甚觉费解，每次见面必再三催促，问我有何困难。我无家无累，事实上诚无困难，但为镇军独立计划奔走月余，迄此时尚无眉目，我如何能弃述庆他去？此时若镇军发难，当极大影响东南局势，比较单独赴鄂，利害自不待言。但如南京、镇江互相观望，日久不能发动，终日惶惶，既误湖北战事（得陈子范密函云，黄克强先生已离沪去了武昌），又辜负陆军中学诸同学的期待，我以此踌躇，行止莫决。述庆为人坚毅果决，不怕牺牲，我所深悉，绝不至首鼠两端，中途变节；所虑镇军力薄，以之对抗旗营尚恐不足，故必须稍予时日，待联络各巡防营有了结果，然后可操胜算。我之迟迟未决行止，半亦为此，此为中学诸同学所不知而又难以实情相告。某晚同乡旧友梁儒雄（名英武，系张人骏至戚，时居张人骏幕中任军事文案）来告，督署得京电云，袁世凯令第二军冯国璋部北洋第五镇由秦皇岛乘船南下入长江，增援汉口，突击汉阳。我闻言又增一重忧虑，深感此时镇江起义更见必要。从时间计算，由秦皇岛海运大军至武汉，海程、江程合计，至多费时一周，如能在此旬日之内占领镇江炮台，南来敌军受我炮火截击，势且成为鱼鳖；但如长江下游各炮台未归民军掌握，使北敌航运自由，则武汉必危，争取镇军及时发难，其重要性在此。在上海时闻训初诸人言，汉口海军“海琛”“海容”“海筹”3 主舰尚在萨镇冰统率中，已由林子超设法使归附民军。此着如有成就，亦足破敌胆。但不知九江方面已在进行否？南京至上海间尚停泊“江”“楚”各小舰，前闻述庆言亦已设法招致，未知曾有头绪否？此皆眼前要着，乃决赴镇江一行，探询究竟。

某晚抵镇江，因入夜戒严宿车站一宵，次晨往晤述庆，告以梁儒雄所得北敌从秦皇岛海运入江援鄂消息。述庆亦觉情势十分严重，闻上海方面将派敢死队百人来镇帮同举事，立即告我，果使镇军发难有裨全局，纵冒万险亦所不辞；如可稍缓，仍以从长计议为上，因炮台及防营两处均在进行接洽之中。又云，海军方面亦由上海委托毛仲方负责商洽，待时机成熟，俱在眼前，较之冒昧举事，似以稍待须臾更为得计。我亦无语可驳，只得敦嘱加紧准备，不可稍存观望，即在述庆处发一密函告陈子范请其缓来（因日前在上海时，陈英士曾告我如镇军顾虑力薄，可由子范率领敢死队百人前往襄助，故先发一函暂阻其来）。返南京后往访梁儒雄，知秦皇岛尚无出发消息，心中为之稍慰。以上所记都是补叙第九镇新军各部移动秣陵关以前的事。

我送伍崇仁等出发秣陵关的第二天，即 10 月 30 日，借重九登高为名，向陆军中学借快马一匹，午刻在市肆饱餐一顿，策马出聚宝门向秣陵关大道驰去。此时，聚宝门已有张勋江防营队伍守卫，我一见便觉怒火中烧，不顾拦阻纵马出城，幸身着上尉军服，敌兵亦无如我何。聚宝门至秣陵镇约 60 华里，骑行 5 小时，至下午 5 时后方到。时第三十五标队伍尚在镇东南六七里，及寻到标本部所在，天已垂暮。崇仁知我尚未晚餐，立嘱为我具饭，旋赴镇司令部会议，不及相陪。少顷饭至，佐以咸菜一碟，颇难下咽，幸中午饱食，此时尚未觉饥，匆匆食毕，坐待伍回。勤务中士来告，卧具已安置在军需官室（军需官进城未归），不妨先去安息，乃随其同往，登榻假寝，疲乏之余，不期入睡。中夜梦醒，闻院中人声嘈杂，并有铁器相击声响，急起探视，见官兵挤满中庭，有擦枪的，有磨刺刀的，官长则将指挥刀开口，微月之下，人影憧憧，中亦不辨有否伍标统在内。我摄衣伫视，颇觉夜寒，不欲相扰，仍返榻就寝，翌晨晤崇仁，急询消息如何（意谓子弹已否领回）。伍答称昨日两次会议，统制未提起子弹事，私询沈同午参谋官，亦不作明白答复，殊足使人气愤，等等。我告崇仁；诸公俱入统制官圈套，为所愚弄了。徐老奸巨猾，兼以张安圃（人骏）老谋深算，将全镇部队骗出城外，不使变生肘腋，彼辈成了主动，不拟围缴新军枪械，已算厚幸，还想发还子弹，岂非做梦，伍亦无语，唯谓上午还要前往镇司令部汇报，望我再住一晚，候他最后消息。伍行后，我往访第三十六标第三营管带官钟俊德。述庆第一标第三营，第一、第二两营驻镇江，第三营即钟营留在南京，不归建制，此着亦是徐固卿所以掣肘述庆，不使得行其志。果使此营回防镇江，诚足增加述庆不少实力。因俊德（湖南人）与述庆同时毕业福建武备学堂，为人厚重，能受述庆指挥；虽稍欠勇往果决精神，然为述庆之佐，诚可谓相得益彰，惜竟为徐氏所扼，可恨孰甚！俊德邀我遍历各营队，见官兵俱在三五成群地聚谈，深觉士气大可一用，只要子弹发下，3 日之内即可攻入石头城，使楚尾吴头都入吾党掌握，革命成功，如操左券。如果不幸竟若我所猜料，成了骗局，则前途艰难，何堪设想？我念至此，不觉忧形于色。别俊德后径返伍处，候其归来。伍归，果不出所料，还弹事已无希望，相对咨嗟，深觉无谓，不思再留。伍亦不相强，黯然别去。真所谓乘兴而来，败兴而返！行未及半，忽见述庆乘一小驴迎面而来，急下骑相候道旁。述庆见我似颇快慰，我则满眶热泪，语不成声，乃就路侧树下席地倾谈。我告以近二三日所悉诸事，极言徐绍桢奸险阴诈，我等已遭愚弄。并言伍崇仁长厚有余，受徐欺骗，情有可原；何以孙少江、陶宾甫（名逊）、沈同午诸人都上了徐的圈套，使人难解。假使新军不移防秣陵镇，仍与张勋江防营杂处，张人骏不能不“投鼠忌器”；若坚持以发还子弹为移防条件，未始不能达到目的。而今孤军无弹，濒于绝地，为之奈何？述庆闻言不答，状甚颓丧。我谓：张人骏、张勋俱不足责，我所切齿者徐绍桢也，先须扑杀此贼，以警其余。君明日返镇，我拟单独来此谒徐，告以利害，倘仍无动于衷，则与同归于尽。旬日前同学龚振鹏到宁密告，彼在清江充段祺瑞卫队营排长，能与段接近，我尚拟因龚之便利杀段提督。后龚来信言，段已赴汉口指挥军事，江北之行，遂以不果，今保留此命与徐绍桢，亦殊值得。述庆闻言大笑，讥为疯子，并说扑杀一二人于事何补，事尚可为，不宜灰心。此时凉风已起，暮色将临，述庆决计不赴秣陵镇，与我并骑回城。述庆身躯高大，乘一小驴颇不相称，我与易骑而乘，至聚宝门江防兵阻不令入，幸述庆前行，在骑上作数语，始带我同入。中途共访柏烈武，相左不遇。至竺桥家中，已夜7时，家兄一人在家，状殊无聊，述庆一来，举室欢然。其实室中亦只3人，述庆声高震瓦，使人顿感充满革命气氛。述庆饥甚，急举火为餐，3人匆匆一饱，聚商一下，计仍无出。我谓：秣陵镇士气甚盛，唯乏子弹，镇江五营士气稍逊，而子弹差胜，据统计每枪尚有百发，即此亦足一拼。且观测形势，上海方面近日可以得手，今后弹款必可源源接济，还是先从镇江发难，以夺张人骏、张勋之气。举大事必须有勇往之气与坚决之心，不知镇军果能具此当仁不让的决心与否？述庆应声起立，谓必尽其心力为之，成败均不计较。当晚决定述庆明晨返镇江，加紧进行。家兄同车赴上海，担任镇江、上海间的联络，主要在与潘训初、陈子范诸人联系。述庆坚欲挽我同返镇江，家兄言须留我坐镇南京寓所，实际上家兄眷属已于日前赴上海，南京家中唯图书、衣物而已，何需留人坐镇。但我此时心中却另有打算，南京陆军中学诸同学，经我编组西去武昌的已有数批，共达50余人。最后一批人数稍多，连日已在下关分居小客栈候轮出发，前日我去秣陵镇之前，尚派代表王卓同学（浙江人）来寓探问我的行期。此数十人与我相依为命，已历时一月，我至少须照料此最后一批登轮之后方能离宁。其次据上海陈子范言，黄克强先生近日可到武昌，北军南下，亦已陆续齐集，阳夏之间，大规模战斗即可展开，权衡轻重自以武汉为急；何况镇江方面足以辅佐述庆的当不乏人（最重要的是柏烈武），举事之前，如联络防营炮台海军诸事已有人分头负责，且亦我力所不及；举义之后，编组队伍、联系南京诸事，柏烈武远胜于我，无我厕身其间的必要，经我熟虑之后，仍以武汉方面为重，家兄命我坐镇竺桥寓中探取南京消息，我认为无此必要。唯此际不欲明言，致拂长兄之意。所难堪者，述庆与我情同手足，当此死生患难之际，绝裾而去，舍之不顾，似非人情所应如是。故当述庆挽我赴镇江时，我即乱以他语，实则方寸之中，公谊私情两相交战，当时痛苦，固非他人所及知也。我等 3 人商定之后，我与述庆即离竺桥家中，外出访友，主要在与烈武商谈一切，不意处处相左，无法一晤。夜 12 时偕述庆宿大观楼客栈，我疲倦已极，和衣而卧。述庆中夜尚赴某处密谈，我已不能陪往，彼竟日奔走，眠食俱废，其精力实非我所能企及。次日清晨仍返竺桥，家兄行装已便，将先偕述庆往访孙少江，命我送行李至下关车站等候。我在车站候至开车后约半小时，方见二人来到，只好等待下次慢车再行。我因有事不及亲送两兄登车，勉与述庆握手告别。此时，手足之情，朋友之谊，深觉依依难舍。述庆于我离站后约 10 分钟，尚赶来坚定 3 天之内赴镇江一晤，此情尤为可感。事虽已隔半个世纪，但当年沪宁车站话别情景，仿佛如在目前（我少不更事，往往一意孤行，不虑后果，造成极大错误。当年述庆所期待于我者何等深切，我竟不别而去武汉，今日追思，深觉辜负述庆，然已无法补偿了）。

我离车站后，径至江边小客栈，首遇王卓同学，欣然相告当日下午有日清公司“襄阳丸”上驶，最后一批同学均拟乘此轮行，正待与我商量后分头前往购买船票。王卓陪我至客栈休息，少顷，诸同学皆来，共 17 人，中有少数同学旅费不足，幸我随身带有大清银行钞票近百元，先以半数分赠诸人，自留 50 元备船上开支。诸同学尚虑我游移未决，我告以破釜沉舟，绝不后顾。其实此际亦颇难决，第一，镇江方面应否留一信与述庆为别；第二，竺桥寓中亦须托人照料。顷刻之间，思潮起伏，颇思再留数日，如有余裕时间，能往镇江一晤述庆更见圆满。最后忽觉顷间既已对众宣告“破釜沉舟”，岂可作为戏语，示人以无信！于是急将前念收起，托王卓多购统舱票一张，诸同学拟为我购房舱，我力阻不可。以我观察，镇军首义日期，不能期于在 10 日之内，即使亲往催促亦徒蹉跎时日；其次南京日后必有战事，竺桥居小营与督署之间，必且首先波及，我家图书、衣物何能保全到底，即使托人照管亦等俱焚，不如听之。我之立下决心盖亦有故。适第四中学几何画教员苏复坡兄（名璋，陆军速成同学）亦挈行李至江干，拟乘“襄阳丸”返汉阳家中，告我学校总办万廷献已于前日私离，愈使我感觉留此无益，甚且有害。下午 4 时“襄阳丸”到埠，船上牌示定于晚间 7 时启行，我一身之外无长物，临时由诸同学各取枕席分借使用，得以无缺。5 时登轮，夜 8 时启碇，从此离了使人憎恨的南京，而走上自由之路。此时胸中积闷逐渐消失，防舱内有敌人耳目，暗示诸同学不得纵情谈笑，虑过安庆时为逻者所获。这一天是 1911 年 11 月 2 日，前面所述俱为 2 日以前的事。

10 月 10 日，武昌一隅首举革命旗帜，震动全国，但要把统治中国已260多年的清王朝送进历史博物馆里去，并非轻而易举之事。尽管那时清政腐败，人心思变，然而百足之虫，死而不僵，清廷还有最后一张王牌，即起用袁世凯，倾北洋六镇的兵力，利用京汉铁路这一交通动脉，迅速把湖北一地的革命运动镇压下去。就当时形势而言，如果全国各地不能继起响应，特别是长江下游苏、赣、皖等省未能闻风发难，武昌革命政府就有被倾覆的危险。我在上文所述，即在苏言苏，觉得南京、镇江两地都驻有第九镇新军，且这支部队又是经过赵百先、陶骏保、林述庆诸先辈多年来用革命大义所培育起来的，在此千钧一发的时候，不能计较成败利钝，必须接着高举义旗，使吴头楚尾遥相呼应，然后袁世凯与北洋六镇始失其用。不幸我在南京、镇江之间，仆仆道途20多日，事败垂成：徐绍桢出卖了第九镇，收缴全部子弹，遂使全盘计划处于被动；林述庆虽已早具决心，但为南京形势所影响，不免顾虑势孤力单，因而举棋莫定。我年少躁进，不作周密打算，失望之余，愤而西去武汉，谋事不臧，而又背弃良友。因我一走，遂使述庆陷于孤立，种下镇军举义后一系列不利于述庆的因素：首先，就是述庆与徐绍桢不能和睦合作；其次，镇江与浙军之间，也不能和衷共济；最后，南京入城之后，竟有三方面争夺督署之事，为北方所轻视。此三事都对当时革命事业产生甚大的不良影响。述庆本是徐绍桢所培植的学生，又是徐的多年部属，二人情感本来不恶，徒以我对徐听从张人骏命令收缴全镇子弹一事深恶痛绝，并在述庆面前将徐多方丑化，林、徐以此隔离，及至高资会师愈形突出。此种情形不独于林声誉有损，且于日后攻宁计划亦有影响。倘我当日能在述庆左右，必能弥缝其间，并为述庆补过。当苏、浙、宁各军会师镇江时候，浙军因徐绍桢所说深对述庆不满，尤以浙军支队司令部的参谋长吕公望为甚。吕为人浮躁，指责述庆，不一而足，使其难堪，因而日后天堡城之役，镇、浙两军不相联系，几使战事陷于不利。倘我当日得与此役，必使两部队互相提携而不致互相排斥，因我与吕公望固有一段同学因缘，足以折其气焰，从而公平合理分担作战任务；何至因各不相谋，争先入城而放走张勋部敌兵，让其3000余众从水西门从容撤至江北，又为后日种下清室复辟祸根！至于一城三都督，更属不应有之事态，究其原因，亦在当日各军之间缺少联系。总之，以人事不臧，终铸成大错，平心而论，这种责任不能让述庆一人独负，我亦难辞其咎。毋庸讳言，吾人当年参与革命系基于传统的民族主义思想，即在民族危机推动之下走上革命道路的，感情容易冲动，亦容易消释。倘我当时留在镇军，获参末议，裨补全局所不敢信，而樽俎之际，化戾气为吉祥，我固优为之，何至使陶骏保惨遭非命，又何至使述庆抑郁离宁，为袁世凯所贼害？半世纪以来，此种衷曲，久存心中，不获一吐。今幸借写作资料机会，把就往事所作之思索与种种自责公之于世，用以总结历史的经验教训，亦所以自我忏悔于亡友林述庆先生之灵，魂而有知，当不河汉吾言！

（选自福建省政协文史资料委员会编《福建文史资料》第27辑，1991年12月）

南京“光复”见闻琐忆

马涯民*

1909年，我从江西广丰回到家乡定海，遇到了我的表兄李哲浚。他是广东候补道，因熟悉洋务，原在两广总督张人骏幕中办理新政。这一年，张人骏调任两江总督，因要兴办南洋劝业会，便把他调到南京来筹办此事。他顺道回到定海，叫我同去南京在他公馆里帮忙。我就随他到了南京。

到南京后，李先叫我担任江宁官电报局兼电话局稽查，后来又帮助他办理南洋劝业会的事。等到劝业会闭幕，张人骏保举他做南京劝业道，他又叫我到劝业道署办事。南洋劝业会是在1910年农历四月间开幕的。据说同盟会原来定在这一年起义，后来因为劝业会

---

* 马涯民：时任江宁官电报局兼电话局稽查，后任浙江省鄞县通志馆编纂主任。新中国成立后，任浙江省文史研究馆馆员，宁波市政协委员、人大代表。

开幕，各国外宾及各地华侨都要来参观，所以把起义推迟到 1911 年。此说不知是否确实，姑且志之，以供史家参考。

我在南京前后共住了 3 年，看到当时清朝一班官僚真是腐败到了极点。他们白天在公馆里赌博，晚上跑到秦淮河妓馆里或花船上去嫖妓。所以当时流传着这样两句话：“日日麻将窝，夜夜秦淮河。”那些候补官员把李宝嘉著的一部《官场现形记》当作做官的秘诀，夤缘贿赂，无所不至。大部分官员都吸鸦片烟，不过只是偷偷地在公馆里吸或者在妓馆里吸，还不敢明目张胆地公开罢了。南京三牌楼一带本来是一片荒地，江北难民都在那里搭了草房子住。有时涨了水，他们都浸在水里。官僚们对于这种情况，不闻不问。后来因为办南洋劝业会，要盖许多展览馆，那些草房子都被拆掉，难民只好另迁到荒僻的地方去了。

1911 年农历八月十九日武昌起义的时候，南京带领新军的是徐绍桢（固卿），住在南京城里；带领防军的是铁良，住在旗城内（明故宫）。铁良的八旗子弟兵除了每月领几两饷银以外，平常只知道吸鸦片烟，坐茶坊，说大话，没有什么用处，实力全在新军和防军手里。张人骏晓得新军是靠不住的，就把徐绍桢的军队调到离南京城 120 里的秣陵关去，只给每个士兵 3 发子弹；同时把张勋的防军调到城内来。张勋住在城北的一枝园，司令部就设在那里。上海革命党方面曾派了许多人到南京来策动起义，已和新军联系，要他们在起义这一夜把新军调进南京城；铁良的旗营没有实力，想胁迫他离开南京；同时对于张勋的部队，则打算运动其开出南京城，回到长江北岸去，估计给他几十万军饷就可以了。同时争取南京大官僚中思想比较新的人反正，预备推举张人骏做都督，藩司樊增祥（樊山）

做民政长，李哲浚等也都担任职务。听说那些司道都答应了，就是张人骏不肯。他是进士出身，已经70多岁了。他说："我世代受清朝的厚恩，怎么可以反叛？"经过司道再三劝告，张人骏哭着说："你们自己去选择吧，让我回到故乡去！"本来司道们定第二日在制台衙门会议解决这个问题。张勋因有几十万军饷可以进账，也有允许之意，但后来听说袁世凯打电报给张勋，叫他固守南京，他就变卦了。

那天会议时，张人骏和一班司道都在座，已经议决推樊增祥做都督，突然张勋跑进来对张人骏说："别的人可以背叛朝廷，你老帅也可以背叛朝廷吗？"把桌子一拍就跑出去了。司道们知道张勋一翻脸，是绝不可能和平解决的了，所以都纷纷散去。那时我在中正街王府园电话局里接到李公馆打给我的电话，叫我赶快到他的公馆去。我到了那里，他们说："革命的事情糟了，我们预备到下关去住，如果情形不对，就乘火车到上海，你可以同我们一道去。"我那时想看看情形究竟怎样变化，便对他们说："我又没有家眷在南京，孑然一身，不愁走不脱的，打算看看情形再走。"李哲浚的一位幕友景学铃（本白）对我说："你不走也好，我的任务请你替我代办。"他原来是替革命党担任通讯的，这时他把一本电报密码交给我说："你得到秘密消息，就打电报给上海《时事新报》汪彭年。你在电话局，我在电报局，可能得到秘密消息的。"我想也好，就把密码本接过来了。

那时南京旗城里的一班满族人都很恐慌。传说革命军一到，就要把满族人杀尽，以报清兵入关时屠杀汉人之仇。满族人天天全家哭泣，尤其是妇女，因为既没有缠足，服装又和汉人不同，更加发愁，纷纷向估衣铺购买汉人妇女衣服，打扮成汉人，还硬给10岁左右的女孩子缠足。男子也都改名换姓，充作汉人。

我从李公馆回到电话局以后，心想，报告秘密消息，一经泄露是有生命危险的，便叫当差去找到了一处可以藏身的地方。这地方很好，是大房子里面的一间密室，进去要经过十几道门户，原来这是男女幽会之厅，叫作台基场。那时风声很紧，已没有人去幽会了，所以房租很便宜，每月不过3元钱，房子陈设和眠床都很华丽。我把一部分重要行李摆在里面，有时候夜里也住在那里。那天司道会议开不成，我没有把这个情形告诉革命党。

农历九月十八日夜里，革命党突然起义了。有人带领着一批预先召集来的人，各发给一支手枪，叫他们冲到模范监狱去。在三更时分，我在电话总机间听到警察向警察局里报告各处起火，警察局总监随即报告给张勋。张勋回答说："随他去，不要去理他！"不久，模范监狱被革命党攻开了，把里面几百个犯人都放了出来，发给武器，叫他们一道参加起义。革命党冲到一枝园张勋司令部附近时，马路两旁突然射出密集的枪弹，把起义的人和犯人都打死了。张勋派出防军把守南京十三道城门，又将储藏在制造局里的枪炮、子弹都拨给守城的防军。这些都是我在电话局里听到的。

到了第二天，张勋派了大刀队去搜捕革命党，杀了许多臂缠白布的革命党人，自然也杀了一些老百姓。直到那天晚上，徐绍桢才带领部队开到南京城南雨花台下。张勋防军从城楼上向他们开炮。新军每人只有3发子弹，子弹放完即溃散了。张勋部队继续任意施放大炮，打毁了许多建筑物。等到半夜后，枪炮声才停止。王府园电话局靠近城南，所以听得很清楚。后来听说原来约定在农历九月十九日夜里起义，后来临时决定提前一天，在十八日夜里起义，可是徐绍桢并不知道这个变更，到十九日夜里才把部队开到，所以失败了。徐绍桢遭到这次失败，就跑到上海去联合苏、沪、浙的革命军部队来攻打南京。

那时南京城里所有衙门、机关、学校、商店都已关了门，除了留下几个人看守房屋以外，其余都跑了。大官僚从张人骏、樊增祥以下也都逃跑了。有钱的居民纷纷到上海去避难。电报早已不通，只有我们电话局还照常工作。职员除我以外，只有一个电话领班生，其余都是接线生和工人。这时接线生和工人也不肯放我走了，因为我们电话局本来是藩司管的，要由职员去接洽，方才领得到经费、材料；如果我一走，他们连饭都没有得吃了。

过了几天，张勋派了一个军官到电话局来，问还有几个办事的人。我说：“就是我一个人，其余都是接线生和工人。”这个军官说：“你们电话局办得很好，人家都停顿了，你们照常办事，会办（指张勋）叫我带了几十元钱来赏给你们的接线生和工人，会办还叫你们派一个职员去，有一件很紧要的事情同你们商量。”我说：“这个时候，我怎样到那里去呢？”他说：“你不要怕，你同我一道坐马车去。”他给我一面三角形的黄旗，上面写着“江防营会办令”字样，叫我插在马车上。我心中很恐慌，但是没有法子，只好跟他一道去。到了一枝园，马车一直进入司令部里面。那位军官带我到会客室里，没多久，张勋派人同我接洽。他说：“军事要保守秘密，会办计划在北极阁装电话总机和13个城门直接通话，以免泄露消息。”我说：“这时到什么地方去领经费呢？”他说：“将军（指铁良）已答应给3000元钱，这就差不多了。”我强调材料不够，他叫我到关着的各个衙门、商店里去借用。我又强调工人不够。他说，南京城里有的是闲着的工人，叫我赶快进行。我只好答应了。

回来的路上，我想：在南京已经不能得到秘密消息了，况且长住在这里，恐怕会有生命危险。那时藩司樊增祥已经逃跑。张勋请来了住在南京城里的提学使李瑞清（字梅庵，号清道人）代理藩司。李梅庵是有名的“菩萨”，是一个好好先生，我认为可以去和他商量，把这项工程另交别人去办，这样我就可以跑走了。于是我去见李梅庵说明我痢疾初愈，老母亲又很记挂我，所以想回到家乡去，请他另委别人担任这次工程。他说：“现在南京城里，穷候补官员是很多的，你一定要去，我可以派人代理。”当时他就派一姓朱的人去接这件事。后来听说此人不但在这项工程上赚了很多钱，并且还做了张勋开办的造币厂厂长和南京城里的小铁路总办，发了大财。

第二天中午，我就带了些钱出城去了。因为到了下关去乘火车，要通过仪凤门。这时张勋限定 10 点到 12 点开放城门，运进柴草、菜蔬，趁此机会才可以出入。沿路我看见许多防军站岗，逃难的人很多，个个要被搜查，有时还要遭到枪柄敲打。有几个外国人却在旁边观看，看到张勋部队所背的步枪，都摇摇头。那时下关有一处我们的电话分局，我出城后就在分局宿了一夜。次日跑到龙潭去乘沪宁火车，因为那时火车只开到龙潭，不到下关。到了上海，我即去《时事新报》馆把南京的详细情况告诉汪彭年，第二天《时事新报》上就登载了这方面的部分消息。

过了一个星期，我同《天铎报》经理沈椿年（任夫）回到南京。我是去取行李和办交卸的。那时，江浙联军已经攻克南京城，我们在下关下火车后，住在大观楼旅馆。当时下关很热闹，进进出出都是军人。他们手臂上缠了白布，写着“××司令”“××参谋”“××

师 × × 连”等字样。大观楼旅馆里有很多官员在赌博。我在大观楼旅馆住了一夜，第二天搭小火车到电话局去。车上有许多军人，很是拥挤。车行驶不多久，有一军人在路旁举手招呼停车，便让他上了车。铁路两旁有许多士兵在开枪射击路灯。车开到制台衙门口时，有部队在那里开枪互射，听说一边是江苏都督程德全的部队，一边是黄兴的部队。沿路还看到许多尸首摊在地上，也有已经用白木棺材装起来的。由于不断有部队中途搭车，所以从早上 8 点钟动身，一直到下午 4 点钟才到王府园。

我进了电话局，看到接线生和工人大多数是旧人，职员倒都是新人。每一种职务都有 3 套人马，这是因为江苏、上海、浙江各个方面都派了自己的人。情况这样混乱，我也无从办交代。接线生还告诉我：“你走后，张勋的侦探队长米占元带了武装人员到电话局来搜查，你住的房间连地板都撬起来了！”我想这大概是因为上海《时事新报》登了些南京的消息，他们就怀疑到我身上来了。幸亏我在几天前跑了，总算逃出了一条性命。

（毛翼虎　记录）

（选自全国政协文史资料研究委员会编《辛亥革命回忆录》第 4 集，中国文史出版社 2012 年 6 月第 2 版）

辛亥南京战役前后的张勋江防营

苏锡麟 *

清宣统三年辛亥年，张勋任江南提督。所统率的江防军共计 18 营，为骑兵、探访各 1 营，炮兵 2 营，步兵 14 营，其中除分驻安徽、苏州两地者各 2 营外，余皆驻南京，计有张文生统领 5 营，驻城内鼓楼；周干臣、殷恭先、李绍臣、陈德修、李辅亭等分带 5 营驻浦口。另外还有王有宏、赵会鹏两统领所带的巡防队，也归张勋统辖。苏锡麟任骑兵营管带，驻南京，负守护粮台之责。

江宁将军铁良所统率的旗营腐败到了极点，毫无战斗能力，兵丁老弱衰残居其大半，虚耗粮饷，军纪废弛，无法整顿训练。除此以外，

---

* 苏锡麟：时任江防军骑兵营管带（营长），后任东三省陆军骑兵第三旅旅长，蓟榆镇守使，骑兵第十军军长。
新中国成立后，任世界红十字会济南总会会长及天津分会会长，天津市政协委员。

驻在南京城内的尚有第九镇统制徐绍桢所率领的新军两协，直属于总督张人骏指挥，与提督张勋、将军铁良事权上彼此不相隶属。因为新旧营规制度和饷银待遇的差别以及满汉种族不同等的关系，徐绍桢与张勋、铁良之间，以及新军将士与江防军、旗营的将士彼此之间，互相嫉视，矛盾重重。尤其是新军部队对于旗营兵丁仇恨更深，渐成为势不两立的局势。武昌起义后，两江总督张人骏惧怕第九镇与革命党通谋造反，突然下令将第九镇全部调出南京城40余里之外秣陵关地方驻扎，而把守卫南京城防的责任完全交付给提督张勋。

革命党人苏良斌在南京和督署卫队营、巡防营暗中早有联系，约定在九月十九日夜间起事，并通知第九镇司令部同时举兵进攻南京。徐绍桢事先已有准备，当即派遣一个混成协（旅）的兵力，分作3路，两边是步兵，中间一路是骑兵，由秣陵关急驱前进，进攻南京。当晚10时，徐军抵达雨花台，从三面包围了江防军的阵地，江防军率队据守雨花台的统领张文生，是个久经战阵的宿将。他先是以静待动，不作理会，等到徐军往前冲锋，前哨就要接触的时候，突然下令集中炮火作正面射击，两侧又以机关枪左右扫射，密如雨点。不到两三个小时，徐军三路3000多人死伤过半，拂晓时败退至曹家桥。江防军另一部队由陈德修率领，绕道出朝阳门，追击徐军残部。徐军抵敌不住，又被杀伤了数百人，一直败退到秣陵关。徐绍桢只好率领残部一直奔逃到高资、龙潭一带。

徐军攻击雨花台失败的同时，革命党人苏良斌所联系的卫队营、巡防营也在城内起兵响应，共有四五百人，由苏良斌指挥。张勋已得着密报，事先已把浦口五营兵力调进城内，派殷恭先营增援雨花台，加强张文生所部的力量；派李绍臣、陈德修二营作机动部队，随时待命援应各处；派周干臣、李辅亭连同王有宏的部队，防守总督衙门及弹药库、军械局、造币厂等重要处所。苏良斌率领的起义军被江防军迎头痛击，如狂风扫落叶一般，当时就杀伤了二三百人，死尸纵横，到处都是，余众溃散，潜藏民间。江防军挨户搜查，见了形迹可疑的人便杀，良民百姓遭受池鱼之殃的不可胜数。不到天明，苏部起义军便被镇压了下去。

当时南京城内的司道府县各级官吏纷纷弃职逃亡，事后都被张人骏参奏革职，另行保荐委派了大批人选接替。

第九镇统制徐绍桢率部败退在镇江之后，得到上海都督陈其美、江苏都督程德全、吴淞光复军总司令李燮和、镇江都督林述庆各处的支援，组成联军，进攻南京，徐被推为总司令。十月初四，绍桢命黎天才部队为先锋，进攻乌龙山。此地江防军仅驻有一营人，猝不及防，当时溃败，死伤极众。张勋派遣周干臣率领 3 营兵力驰往救援，甫经出城，便得着乌龙山已经失守的情报。周干臣无法，只好率队奔往幕府山扼守，拦堵黎天才部队的来路。黎天才乘胜进攻，利用天色昏暗，衔枚直上幕府山，进攻周军营地。周军疲乏未得喘息，黑夜之间又不知敌军多寡，勉强应战，渐感不支。又因敌军逼近，炮火已失其效用，无法施放，只得拼命突围，放弃了幕府山，所有的重炮全都抛弃，3 营之众力战脱出的不过半数，余众非死即降。在此以前，归张勋指挥的队伍中，有参将张玉山带领的水师二营起义归附了黎天才，与之合军，王任化带领的台军也随后开到，增厚了黎部的兵力。张勋得到幕府山失守的情报，派遣赵会鹏、李辅亭率队反攻幕府山，与黎部在宝塔桥地方相遇，大战一昼夜，彼此势均力敌，成了拉锯战，各无进展。

徐绍桢率领精锐部队攻袭孝陵卫,那里是统领王有宏率部据守,激战两日夜，徐军渐形不利，前锋稍却。王有宏大喜，怒马当先，率队追击。有宏是记名的提督，赏穿黄马褂，平时红顶花翎黄马褂永不离身，战时也是这样打扮，不料成了敌军射击的目标，当时连人带马中了百余弹，打成稀烂，死在阵前。部下卫兵拼命冒着弹雨，把尸身抢回。徐军见杀死了对方领兵大将，士气振奋，挽回了颓势，获得大胜，夺占了孝陵卫。王有宏部队败退入城，张勋痛惜王有宏阵亡，捶胸大哭，张文生、殷恭先等骁将无不气沮。

孝陵卫失守之后，徐绍桢集中兵力，并由各部队中选拔出精锐勇士，编为敢死队，攻夺紫金山天堡。张勋派遣赵会鹏、李辅亭、周金成率领江防军 3 营、旗兵 1 营、大炮 20 尊、机枪 60 架扼守天堡城。九月初十日拂晓，徐绍桢的敢死队一鼓作气，登上了紫金山。江防军以大炮、机枪轰击扫射，敢死队伤亡殆尽。旋又编成一队续攻，双方血战达两昼夜，江防军的枪炮子弹渐尽，无法再守下去，只好突围下山。

徐绍桢进占了天堡城，派炮兵以重炮轰击南京太平门、富贵山等江防军的重要据点。江防军伤亡甚众，军心动摇。张勋仍图侥幸一逞，作困兽之斗，亲自指挥督战，激励士气，但也没有什么效果。这时只剩下雨花台阵地，张文生部还在死战，没有失守。

张人骏、铁良登上北极阁，以望远镜四处瞭望，看出江防军渐趋溃败瓦解，已是心惊胆战。突然不知由何处又射来了一颗开花炮弹（有说是由幕府山炮台上来的），打死了张、铁的随从卫队数人，血肉横飞，并把北极阁震塌了一角。张、铁二人虽幸而没有受伤，但袍服上都溅满了鲜血，惊怖不知所措。卫队便背负他二人跑下北极阁，躲避到事先已经接洽好的日本领事馆里去，次日由日人保护上船，逃往上海。

张勋看见张、铁二人逃走，地面商会也要求他撤退，他也就在半夜里率领着卫队营出了北门，由浦口渡江奔往徐州。张勋一走，张文生、殷恭先等将领也就放弃了雨花台，连同其他的将领们各率残部陆续奔赴徐州。

张勋在革命军围攻南京之前，曾再三电告北京内阁总理大臣袁世凯，说明兵力单弱，革命军势力已成燎原，南京孤城四面受敌，弹丸之地难久据守，请求迅速予以增调援军，以厚兵力而策万全。袁世凯回电说，北方可以调用的队伍，现在全都调往武汉前线作战，没有余力再向南京方面增援；南京死守无益，可以相机放弃，保全实力，扼守徐淮一带，以为北方屏蔽，使革命军不得北上。因此，张勋之奔往徐州，实遵袁命。

张勋在退出南京的前 3 日，派遣苏锡麟率领所部骑兵营保护张勋一家和江防军将领们的眷属由仪凤门出城，过江乘车北上，送往北京、天津等地安顿居住。苏并被派为代表到北京去谒见袁世凯，报告本军和革命军作战的一切情况，说明预定在逼不得已时即遵命撤退，驻扎徐州，整理军队并保护铁路安全，严密防范革命军北上，并请袁补充兵额及战马 1000 匹、“曼利夏”步枪 1 万支、子弹 4 万发、大炮 20 尊、炮弹 2 万发，以充军实。袁世凯一一批准，将江防军扩编为 40 营，令张勋迅速具领弹械，招募兵士，扩编军队。是年十二月间，又革去张人骏两江总督职，遗缺命张勋护理，并由直隶抽调出 10 个营，由山东抽调出 4 个营，派赴徐州，归张勋统辖指挥。张勋得到了扩编，饷械充足，声势大振。这时候丰、沛、萧、砀之间，绿林蜂起，农民起义的也很不少，纷纷响应革命军，著名的首领有孙抡泉、黄心田、褚玉凤、惠百奇等人，都是千数万人的大股。他们攻城夺县，抗击江防军，但团结不坚，势力分散，结果都被张勋派遣部队各个击破，尽数杀戮。江防军又在固镇与革命军北上的部队作战，夺获了大批的武器弹药，获得胜利。从此，张勋在淮徐一带成为革命军向北发展的阻力。次年（1912年），张勋奉袁世凯命反攻南京，革命军退却，袁世凯任命张勋为长江巡阅使，军队扩充为60个营。

南京战役，虽然为锡麟所目击亲历，但事隔50余年，今日已大半遗忘，仅能回忆其大概，不免有许多错误的地方，尚乞知者订正补充。

（李石孙　笔记）

（选自全国政协文史资料研究委员会编《辛亥革命回忆录》第6集，中国文史出版社2012年6月第2版）

扬州“光复”前后的回忆片断

曹刍*

扬州在前清末年是个府城，即扬州府衙门所在地，府辖8个县，江都甘泉的县衙门在扬州城内，其余是高邮、宝应、兴化、泰州、泰兴、东台六州县。又因是两淮盐业集散市场，清政府设有两淮盐运使司。扬州在历史上是南北交通要道，漕运由运河北上，盐运上溯长江各省，因而盐商大贾、致仕达官集居扬州者众多，城市相当繁荣。

辛亥革命那年我才16岁。由于早年丧父，家境贫寒，读过六七年蒙馆私塾（私塾分蒙馆和经馆，前者只读四书，识字写字，后者才开讲作文，准备考秀才……），因姐丈张心田做江都县税契房主

---

* 曹刍：时为江苏江都县税契房学徒，后任南京国民政府教育部中等教育司司长，民革中央团结委员会委员。

新中国成立后，任民革江苏省委员会常委，江苏省政协委员。

管人，在我 13 岁时带我进税契房当学徒，做誊写田房契工作。每年可以分得三四千文（铜钱 800 文，相当 1 元墨洋——墨西哥银圆），贴补家用。税契房有一姓林的职员和我比较好。扬州“光复”后，才知他是同盟会员，可惜我不记得他的名字了。以下的一些回忆，除了我亲身感受外，有许多是林先生与别人谈话时我听到的，也有些是他直接对我谈的。

一　革命党迟迟不来扬州，方解元惶急

扬州地方士绅中有个名叫方尔咸的是位解元（考中举人的第一名叫解元），常出入官府。武昌起义后，大江西南、东南各省纷纷起义，一时繁华的扬州人心惶惶，以为刀兵之祸要降临到扬州了。我听我姐丈和林先生他们闲谈说：“方尔咸常常到盐运使衙门和府县衙门做客，他常常谈到革命党要来了的消息，那些清朝官吏更重待方解元，就不时请方前去。现在久不见革命党的影子，听人说，方解元心里倒比我们老百姓更惶急，怕那些官老爷疑心他造谣说谎哩！又听他们说：‘在这动乱的时候，老百姓也怕地方宵小出动打家劫舍，老百姓就要吃苦了’。”我记得我姐丈就在这些日子夜晚组织起街巷的巡逻队，大家提着刀棍，扛着红缨枪在我们家住的街巷（县西街大梅家巷——现在的淮海路一段）一带，来往巡逻，每每到深夜。我当时感到好玩，又倚仗我姐夫有武功，也参加了巡逻队。我附带提一下，我姐丈是个乐善好施的人，地方穷人颇喜欢他，有时有困难，每每得到他的帮助。有一次在路上遇到要他帮助的人，他身边无钱，就把马褂（当时衣服是长袍马褂）脱下给人。他又长期施送跌打损

伤药给人，他死后他的长子仍施送了好多年。他又与一些士绅相识，在民国初年因扬州士绅的信托，曾做扬州慈善事业，如育婴堂、贞洁堂、施粥厂之类的董事到逝世。又因他与士绅有些关系，当时官府的消息，他能知道一些，从他和别人闲谈中，或直接告诉我。

二　孙天生单骑入城，吓跑了清朝老爷

一年冬天，我去税契房，路上遇到的人，都显得又惊又喜的神态，到了税契房，见到我姐丈和林先生等人正在高谈阔论。我听他们说："昨天晚上有一个骑马的人（这个骑马的人名孙天生）被一些人拥护着，由钞关进城，经过辕门桥一家绸缎铺，取了一匹白绸子披到身上，向北往运使衙门方向驶去。今天那些清朝老爷们一个都不见，都溜出扬州城了，扬州'光复'了。"我见他们谈话跟平时不同，显得非常高兴，尤其是那位林先生，特别高兴，我当时不了解所高兴的真正意义。就在当天晚上，听到城东面有枪声，家里人惊慌起来，不许出门去询问情形，第二天才知道是盐警（扬州当时无驻防军，只有缉私营的盐警）抢运使衙门的银库（当时通用货币为墨洋和银块及铜钱），居民又惶惶不安了。可是过了几天，扬州又轰传了新事。

三　徐宝山入镇扬州做了都督，方尔咸做了民政长

徐宝山是清军驻防镇江的营管带（相当后来的营长，可能我所回忆的不准确）。我听我姐丈和林先生们谈论，说孙天生入城因为没有武力，不能制止缉私盐警抢劫盐运使司的银库，士绅方尔咸等

极为恐慌，就派人过江和徐宝山协商，要徐带兵来扬坐镇。他们又说，这一提议正中徐的下怀，因为当时两江总督是张人骏，领军的是张勋，徐是不受他们信任的人。因为徐本是苏北贩私盐的头子，诨名叫徐老虎，后来投顺了清朝，做了营管带。扬州士绅来请他，如何不高兴哩。徐带兵到了扬州，立刻成了扬州都督，方尔咸就成了扬州民政长。镇压了盐警的抢劫，老百姓得到保护，生活又感到安稳了，孙天生的下落如何呢？有人说，孙又“光复”泰州去了，又说他牺牲了，详情我不了解。

四　1912 年孙中山先生做了中华民国的临时大总统，扬州出现新事种种

前面说到扬州社会是士绅和富盐商的天下，封建意识很浓厚的。1912 年开始后，扬州社会出现了许多新事。

其一，陈逯洲（做过巡抚）的孙子过去出门有跟班，前呼后拥。像我们这些平民子弟，见着就赶紧远避着他，否则会碰到祸害的，现在就没有这情况了。

其二，女子到官府里去过去是没有的，现在不同了。扬州当时有一所女子高等小学校（仿日本学制国民小学四年，高等小学三年），校长叫郭坚忍，她常去都督府做客。

其三，扬州有戏院，过去只演京戏或香火戏（扬州戏），今年来了文明戏（话剧）的班子，领头人叫陈大悲。有时我们在街上见到他，西装革履，手拿“司的克”（手杖）。儿童们往往尾随着他，老百姓则感到新奇。文明戏传播了许多革命党的思想，主要是以消

灭帝制、建立五族共和的中华民国为内容的戏。

其四，青少年的觉醒，具体表现在剪去辫子留起头发，女子也有放足和不缠足的。更重要的是渴求新知识一事。以我为例来说，我虽读了六七年私塾，识了许多字，读了许多旧小说，如《三国演义》《水浒传》之类，却不能写作。我熟识的林先生常勉励我要好好学习。邻居中有个姓胡的是南京宁属师范学生，因“光复”南京战事回家，也常常闲谈，要我多多学习。上海有《申报》，我不常见到。这时有《民立报》传到扬州，上面有戴天仇（即戴季陶）、徐血儿等人的文章，谈起来令我精神振奋，知道许多新道理，是四书五经里所没有的。我和我认识的一些青少年，无不如饥如渴地传阅着、谈论着、追求新的理想。我为了学作文，晚上去跟一个塾师补习；经过三四个月，能写四五百字文章（先生命题，所作为文言文）。在中山先生做临时大总统后，陈宧是江苏省民政长，黄炎培做省民政府的教育司长。把扬州原有两淮师范学堂改为江苏省立第五师范学校（校址在后卫街原梅花书院旧址），原有的扬州府中学改为江苏省立第八中学。第五师范第一任校长为姚明晖（学地理的）。1912 年暑假后，第五师范开办了夜班塾师讲习科，专收扬州私塾先生。我和邻居陈耀卿（他比我还小一岁）求新知心切，也去报了名。不料竟不经入学考试，凡去报名的都可入学，我和陈耀卿也读上讲习科。我更感欣喜的是和为我补习的塾师成为同学。这位塾师年纪大了，学数学不如我们年轻人，他对我说：“我教你国文，你教我数学。”我欣然答应。我是如饥如渴地学习新知识。不顾每晚走六七里（由城西北角到城东南角）的劳累，不管刮风下雨雪的艰难，就是患病也坚持不缺课。1913 年暑假结业了，成绩在中等以上。这时第五师范换了校长，新校长任诚（字孟闲）系日本东京高等师范肄业，学数学的。他掌校后招收师范本科（按日本学制五年，比中学多一年）生 100 名。我报考也被录取了，同学中有扬、淮、徐、海各县及仪征、镇江的青年，相谈了解，都受辛亥革命的影响。排除歧视新式学校为洋学堂的封建意识的谬论，树立求新知的愿望而来投考的。任校长治校严谨，以日本明治维新的精神言教身教，启迪我们。每天早操集合后，他都作一次训话。他谈到"日之胜俄，德之胜法都归功于小学教师"这类的话，灌输爱国主义和终身从事小学教育的精神和信念。

五　受辛亥革命思潮影响，觉醒了的扬州学生反抗袁世凯做皇帝和卖国求荣的爱国运动

进入 1914—1915 年，国内乌烟瘴气的事，如破坏临时约法啦，六君子筹安会啦等的出现，我们初觉醒的青年心里实在不好受；又听到日本帝国主义向中国提出"二十一条"的辱国条约，不禁怒发冲冠，忍耐不住了。每当星期日，我和一些五师的同学走向街头宣讲，反对"二十一条"，抵制日货。我记得尤延坚同学更激烈些。他曾约我到他的家乡（仙女庙镇，今天的江都县治）去宣讲过。我们除在城里闹市街头宣传，也常去瘦西湖风景区如金山、五亭桥一带向游人宣讲过。经常散发油印的传单。也拟了一份反对"二十一条"、反对袁世凯帝制的宣言，送印刷所去排版铅印，后给舍监（后来叫训育主任，此人姓王）去拆版收回稿子；我们和他争吵，他斥责我们不守校规。那一学期我们的操行降了等级（原用甲、乙、丙、丁评定学生操行，丁等不及格）。当时听到外地有焚烧日货的，扬

州没有这壮举。袁世凯登基了，又接受了辱国的“二十一条”。我们心里难过万分。后来听到蔡锷将军在云南竖起讨袁义旗，各省有响应的信息，心里又高兴起来。我们同学无不讨厌那个王舍监，后来终于给我们赶跑了。有一个顺口溜“煤油入饭桶，短棒打王奔”，但对任校长还是崇敬的。在任校长训话中知道他在日本曾是同盟会员，因为从事教育事业，就不再搞政治活动了。我们反对王舍监，他也不再续聘。但由于我们参与爱国运动而操行降等，对他也不免有了怀疑。1915 年元旦，校里照例要升国旗的。我们合伙计议，如果仍然升五色旗最好，假如校中升起袁世凯为做皇帝改的国旗，我们决计罢课闹风潮。等到元旦那天到来，校中旗杆上“空空如也”。我们放了心，相信任校长和教师们也是和我们一样，反对帝制拥护共和的。以上虽是点滴小事，可以推知当时扬州青年受辛亥革命思潮启迪，在思想上、行动上都有了不少的成效。

1981 年 4 月

（选自江苏省政协文史资料研究委员会编《江苏文史资料》第 7 辑，江苏人民出版社 1981 年 9 月第 1 版）

“光复”徐州的点滴回忆

徐　森*

苏、浙、沪、粤、镇联军进攻南京，张勋的江防营分统王有宏阵亡，天堡城随之被攻克。张勋偕江督张人骏、将军铁良由大胜关北走，南京“光复”。张勋所率的江防营残部亦退至蚌埠附近。同时柏烈武收集第九镇残余士兵，并添募新兵，成立两个混成旅。第一混成旅旅长为郑为成，第二混成旅旅长为伍崇仁，驻屯浦镇，称为浦军，柏烈武任浦军总司令。旋命第一混成旅的葛应龙团向蚌埠进攻。此时江防营大部已退至南宿州及徐州等处，仅余一部在蚌，略事抵抗，亦即北退。适有淮军一旅（步兵）亦由凤阳抵蚌，司令为陈干（字明侯），与葛会合，暂在蚌埠驻守。

* 徐森：时为江苏新军第九镇军官，后任浦军第一混成旅参谋长，南京国民政府军事参议院参议。新中国成立后，任江苏省政协委员。

民国元年（1912 年）2 月，浦军第一混成旅旅长郑为成联合粤军混成旅旅长林震，各率所部由浦镇北伐，并由郑令在蚌葛团约同陈旅为前驱。葛、陈两部即先日前进，攻克南宿州。浦军第一混成旅主力及粤军旋亦进抵南宿州。同时浙军亦继续北上，已抵固镇。各军司令即在南宿州会商今后之行止。

浙军司令朱瑞（参谋长潘国纲代表）以清帝已退位，南北停止战争，无再前进之必要。浦军司令郑为成则谓张勋现在徐州，大局未定，不能保其不死灰复燃；且徐州为南北咽喉，卧榻之旁，岂容他人鼾睡，我军须进至徐州，方可停止前进。粤淮两军或进或止，均无成见。

于是决定浦、粤、淮三军继续前进，浙军暂停固镇以为后援。并决定浦军为前锋，以其主力沿津浦线前进，以葛团由津浦线东侧前进，向徐州东面迂回。淮军由津浦路西侧前进，向徐州西面迂回，以围攻徐州。粤军在浦军主力后方续进。

浦军主力沿津浦路前进，在夹沟扫荡少数敌军，次日先头部队已达头铺（距徐州城 10 华里）。是夜前哨司令方振武于黑夜自动率其警戒部队，潜向徐州城摸索前进，因黑暗中对前方不辨人物，每逢乡民锯断的矮树或坟前墓碑，疑为敌人，向前发射，以致众犬狂吠，枪声四起。张勋所部认为革命军进行夜袭，未敢抵抗，即乘黑夜撤退，先退柳泉，继退兖州。天明方部已达徐州城根，徐州城内的江防营即向浦军投诚，徐州遂告“光复”。葛团及淮、粤等军亦在浦军主力入城后，先后抵达徐州。辛亥革命的北伐，于焉终止。

本人在这次北伐中任浦军第一混成旅参谋长，一切皆亲身经历，亲手规划，其战斗经过概如篇中所述。但坊间刊物记载此役，每多夸大其词，实非当时之真相也。

（选自全国政协文史资料研究委员会编《辛亥革命回忆录》第4集，中国文史出版社2012年6月第2版）

“光复”镇江始末记

李竟成 *

竟成与赵伯先（声）同学时，即以大义相切劘。前清光绪末，应征入伍，充第三十三标牌（排）长。三十三年毕业于南洋陆军讲武堂战术科，宣统元年，卒业于计术科。学力稍充，益思自试。三年正月，伯先密约赴粤，潜居香港。广州之役，与马贡芳（锦春）任运动新军反正。嗣因新军无枪机不能举事，遂未入城。事觉之后，复归香港。伯先既殁，誓申其志。五月，回沪纠集同志，重行组织。八月中，武汉起义，竟成与诸志士筹商“光复”镇江、南京两方面事宜。其后进行各事，虽不敢自居为功，而内奠桑梓，外应全国，报死友于地下，化满汉为一家，雪泥鸿爪，亦不容不略志其颠末也。

---

* 李竟成：时任江苏新军第九镇第三十三标排长，后任中华民国南京临时政府陆军第九师参谋长兼镇江卫戍司令官。

八月二十六日，在沪陈英士处，与章木良、洪承典、赵翊（翌）三会议“光复”江苏办法。成任招集退伍目兵；翊三任军械；章洪二君任经济。

二十八日，至无锡与赵云艺、许寿培筹商招集退伍目兵。至九月初三，共集40余名。人众事泄，为商会周敏初侦悉，欲捕竟成。竟成恐同志遭罗织之罪，孑身返沪，星夜派人至锡，将招集目兵秘密分部挈至上海。

九月初四，无锡各兵齐至上海，寓长发栈，交赵翊三统辖。竟成赴常州，访章尚武。初七回沪，与念伯、翊三、承典诸子密议，遣同志及得力兵目分赴南京、镇江各要地，结第九镇新军同时起事。会“满奴”张人骏疑忌新军，不发子弹。竟成与念伯至镇，翊三与承典至宁，均不获达目的，不得已仍遣先锋队回沪。

初九，竟成至火车栈探我军确信，值旗营密探意欲加害，幸竟成以枪械自卫，得脱险回寓。翊三自宁抵书（沪）筹款，成为之各处设法，得银圆若干，畀念伯亲赍至宁，遣各同志回沪。

初十，竟成思镇江为宁垣门户、淮徐要冲，有新军两标、巡防五营、象山、焦山、都天庙、圌山关各要塞炮台，又有水师等营，诚天设险要之区。故决计在镇江一方面起义，而念伯、翊三已至沪运动制造局反正，竟成遂独任镇江之事。

十一日，遣高骞、唐桂生至象山访王以忠，运动各要塞炮台；张佩芝、虞蔚如至十二圩，运动虎威兵轮。竟成密说新军管带章祖衡、林述庆反正，二君均竭力赞成。

十二日，镇江之事渐成熟。唯各地兵士之允反正者，皆须优给其费。时金融紧迫，无款可筹，竟成商之商界袁耀楣，袁允担任一切用款。后联合曹秉仁、徐静仁运动巡防统领陆如仙，往复4次，不得要领。竟成拟劫陆之眷属以为要。曹、徐复力说陆，陆始允中立，是日遣唐桂生运动江北程守备炮船，亦就绪。

十三日，遣同志至京岘山说巡防第五营管带刘联福，又遣王子南、温瑞（温瑞芬）运动水师统领徐宝山、瓜洲水师统带赵春霆等。是晚，徐宝山至三益栈机关部，晤竟成。竟成约之起义，徐云："大局稍定，我决不愿为官，但求于鹾务稍沾利益。"竟成允以定局后，予以鹾务特别利权。又与新军管带林述庆、章祖衡筹商"光复"后一切布置。时林尚未必其自居功首也。

十四日，密约吴淇、杨邦彦、魏小圃、于立三说京口都统穆、常镇道林归顺，晚与吴淇、虞蔚如、袁耀楣、袁佐良、庄子明、李竟源、王子南等在机关部拟定安民及简明军律告示。

十五日，徐淮巡防兵二营奉调至镇，防守綦严。竟成遣袁佐良密说该营管带刘得贵、哨官林泽英[①]等。泽英曾隶佐良之兄部下，见佐良至，大悦，力任说降两营事宜。竟成邀之至机关部，约起事时旗人如抵抗，巡防兵守中立一小时，然后助民军击旗兵。盖泽英恐旗兵疑之，反生阻力，故须先守中立也。

十六日，都统允缴枪械，唯张勋运至镇江之过山炮两尊，亦在旗营，而都统不缴，复欲送还张勋。徐炳南、吴淇侦知其事，竟成立遣刘润泉、魏小圃、曹秉仁等设法截留运炮兵士。是晚，竟成晤林述庆、章祖衡等，约十八日举事，属林将镇地各新军一律调至京岘山。诸同志以杜淮川之拒命，遂与竟成议：公举林为军政分府。

---

① 一说为刘择英。

十七日，得孙彪信云：南京徐统制之兵败于张勋，张已派兵5营、机关炮5尊由水路赴镇，又派兵5营由陆路赴镇。孙彪者，南京陆军之管带密降于徐宝山者也。竟成得信，即与徐宝山、赵春霆等密议：以赵之炮船驻瓜洲口，程守备之炮船驻鲇鱼套，以备迎击。后遣高骞至焦山占领炮台，而是时象山炮台官顾君义，以其弟死于广州，憾民军甚，矢死不降。竟成使高骞设计生擒之。嗣旅镇粤人全体乞全其命，竟成亦悯其愚，释之。是日，竟成以三益栈之机关部移至京岘山巡防第五营管带刘联福营内。属林述庆以截留张勋之炮移至京岘山。林与章祖衡、端木横生等配置竣。竟成复属曹秉仁、杨邦彦等持照会询穆都统缴械之意诚否，都统如仍观望，即行攻击，决不宽纵。

十八日，旗人一律缴械。竟成统兵一队，至满营点收枪械；林述庆亦带兵一营，入城助竟成检收火药。是晚，扬州来急电云：有巨匪孙天生骚扰地方，民心惶恐万分，竟成遂偕徐宝山率兵两队赴扬剿匪，生擒60余名，孙及其同党之最恶者12人均枪毙，余释之，扬郡以安。

十九日，回镇。闻秣陵关新军失败。镇地乏饷械，势难持久，与林述庆发急电至苏浙请兵为救援之计。竟成复赴十二圩，践虎威兵轮“光复”十二圩之约。事竣，乘兵轮回镇。移船中格林炮至高资防守。

二十日，镇江军政分府成立。百事草创，镇地各军及江南北之响应者不暇兼顾。众议别立军务部，以竟成任军务部长之职。

二十一日，穆都统自尽。旗兵为死灰复燃计，突于军政府署前施放炸弹。林述庆闻警，欲开炮尽毁旗房，竟成以其大悖人道主义，力止之。亟率兵1营，包围满营，防御一切。复嘱杨邦彦、曹秉仁至旗营与旗人立约：限二十二日午前10时一律出城。

二十二日，旗人出城，适南京败兵至镇，竟成与林述庆遣人招待。自是竟成日在军务部办公。

十月初五，苏、浙、镇联军会议，攻取南京。竟成谋之林述庆，以浦口为张勋巢穴，必先下之，始可绝其后路。遂调张振发所辖之巡防营及扬州徐宝山、瓜洲赵春霆、十二圩詹丙炎之兵规复浦口。

初六，统兵至六合，由六合赴浦口。

（选自江苏省政协文史资料委员会编《江苏文史资料第40辑·辛亥江苏光复》，1991年8月第1版）

吴江“光复”前后回忆

费璞安*

辛亥革命前夕，我在南通教书。武昌起义不久，我从南通到上海，遇见史量才（当时名良才，在办报），他约我参加筹备行将在沪举行的全国农务联合大会。他说：“这是张四先生（即张季直）主持的，通知已经发出，不久要在上海开会，你可以留在上海，帮助工作。”我当即答应，南通教务请费迈枢暂代。

全国农务联合会是南通张季直发起，推清室皇族某某为会长，张任副会长。张季直在当时被称为实业家，南通的垦殖业和纱厂是他首创的。他进而发起全国农务联合会，自然是想宣传和实现他的所谓实业计划。他的得力助手是史量才，筹备工作大半出自量才之

* 费璞安：时任江苏吴江县议会议长，后任上海美术专门学校教授。新中国成立后，任江苏省美术家协会副主席。

手，留我在沪大概也由史与张季直商量决定。但适当其时武昌起义，会务因而停顿。我与同事田北湖、郑允恭和徐某 4 人闲居在会，无所事事，遂发起组织红十字会。

为什么我们想到发起组织红十字会呢？这是由于辛亥革命炮声一响，我们闻风而起，想集体赴汉，参加革命，无如上海尚未“光复”，革命运动还在秘密中进行，于是便想到组织红十字会开赴前线。当即由田写简章，我任宣传，徐某略有医学经验，担任招致医师工作，郑则驻会料理总务。我以简章广告持往各报馆登载，先至大陆报，主事朱少屏和我素有交往，他说：“太迟了”，即以张竹君女士所登的同样广告见示。我促其必登，他亦允办。翌日张竹君开会时，我们亦去列席。她开口即宣布红十字会是女子应任之责，男子一概拒绝。我们不得不退席，正怅怅中，有不相识之某君亦在廊下低首徘徊，我即与之商谈，知道他是汪裕泰茶庄老板，名汪惕予。我们商量之后，即写一红笺揭示廊下，说凡男子有志组织红十字会者请即晚到泥城桥汪裕泰茶庄楼上开会。届时到者甚众，座为之满。当场发言者以四川人某某最激烈，建议组成之后首先入川，并慨捐开办费 2000 元。继由汪惕予发言，除将楼面拨供会用外，捐洋 1000 元。我是穷汉，亦竭力写捐 50 元。散会后即书就“中国红十字会筹备处”白纸红字的招牌张于汪裕泰茶庄门外。次早报名者云集，至午已有 500 余名之众。于是筹议集款，招集医士和制备担架、药品等事宜。集款非仗募捐不可。但当时在公共租界募捐，事属创举，须取得捕房批准。经向捕房申请，得准举办后，遂编募捐队，以 5 人为一队，肩背竹筒，贴上“红十字会”签条，500 余人一齐出发。一日之间捐得数万元（确数已记不清了），足够置备一切用具。适有留日医师一批闻风归国，皆愿参加。至此一切筹备齐全，候船出发。

红十字会队员众多，要去武汉，非自办轮船不可。斯时适有湖南陆纯伯者有轮可供使用，我们随即决定定期开拔赴汉。但届时上海已宣布“光复”，成立都督府，我们的红十字会即受都督陈其美之命暂留沪服务，听候派遣（张竹君队已先到汉）。

上海“光复”后二日，忽闻杭州方面清军要来反攻，都督府命令我们准备出发前线。我们即整队进驻西门外制造局，沿途民众拍手欢呼，并备有馒头、面食逐段供应。

两天后，奉令出发苏州和镇江，作“光复”该两城之准备。命令于农历九月十五日（11 月 5 日）午后 1 时下达。我们即组织两队，每队 50 人，分赴苏、镇。我领导苏州队，奉命后即去火车站商开专车。站上英人濮爱德告我说：“苏州已经‘光复’，可以不必再去。”我们以既奉有命令，自仍应前往，遂于午夜 1 时率队携带担架、药品等登车，黎明时开抵苏站。斯时城垣上白旗招展，旭日照耀。我队下车，驻扎阊门外留园，高悬红十字旗，民众环观，拍手欢迎。一日后我们接受盛杏荪之请（盛想借红十字会旗帜以保其安全），分驻一部分队员于阊门马路边的盛氏华步别墅（事后这别墅即拨作设立苦儿院之用）。

苏州是和平“光复”的，我们的队伍无事可做。我在留园涵碧山房前的小楼上宿了三夜，思潮起伏，安定不下。我随即遄返吴江，作“光复”吴江的准备。

下面略谈吴江“光复”的经过。

我原来是吴江县议会议长，我在苏州既无事可做，遂决然离苏回到吴江，以县议会名义召开民众大会，商议预备“光复”之事。当时吴江县、震泽县两知县和武职都司、吴江的知名人士和不少民众均到会，一致表示赞成“光复”。散会后，我即赶赴苏州都督府商定“光复”吴江日期。九月二十五日，由苏都督府派光复军（亦称革命军）50人成一小队，荷枪实弹，沿塘步行到江。我在城隍庙召开民众大会，宣布“光复”吴江，迎接光复军。开会仪式十分隆重，光复军列队庭中，号鼓齐鸣，排枪并发，高升白旗，民众欢呼。吴江、震泽两知县各持官印箱，恭恭敬敬放置在主座桌上，站立两旁。我以县议会议长名义就座主席位，正式宣布“光复”，并说明今后政权改为民主，议会是人民的代表，一切政事取决于人民，我们要一致拥护共和等，并举行了宣誓仪式。我随即将两官印箱启开，交众看明，交光复军司令吴嘉禄执行销毁。吴司令即拔佩刀，当众截去两印印角，呈缴苏督府备案。最后公推新政府的组织人员，推定原吴江县知县丁若怀为民政长，震泽知县某某（已忘其名）为司法长，其他各科主任人员亦经推定。财政科主任拟推沈临庄担任，而沈却未到会，经派人一再催促始到，到后亦不表示意见，以致引起众怒。我亲自下台，晓以大义，他才觉悟，向众表示就职。沈是吴江大地主，经济殷实，民众要他任财政，原是希望在财政上他能有所帮助，后来实际上他并无丝毫捐助。

事后，光复军要回苏督府，城防空虚，非补充武装力量不可，于是决定购置枪械。仍由我赴沪向制造局购置，共购置新式步枪12支，子弹配件均全，装4大箱。当时沪宁火车未通，必须由沪杭路运至嘉兴站下车，换装民船，附轮拖带，途次甚为危险。因船小风大，深夜至平望时缆绳忽中断，几遭覆没。运到后点交警察局负责保管，所有购价及旅运费，共用去公款1000元。

这时，继任吴江县民政长（即县长）的是常熟县的丁芝荪。他与县议会联系密切，对于地方上应兴应革之事都能切实进行，与邻近各县亦都互通消息。

在上海、苏州、吴江等地“光复”以后不久，原来的红十字会内部发生分裂，一部分人成立了赤十字会。我与双方均是友好，未便偏袒，不愿参加任何一方，遂和杨千里、徐怡堂、冯端生几个人商议筹办“民国法律学校”。当由徐捐开办费2000元，设筹备处，登报招生。学校校址是借上海北四川路离外白渡桥不远的一座巨厦，推伍廷芳为校长，聘请当时名法学家如钱崇固、章士钊等为教员，我和杨、冯、徐4人管理校务。学员300余名，各省籍贯都有，以广东籍为最多。后以校舍不敷，加设函授班。学校只办了两年，毕业了一班学生，后因政局动荡而停办。

最后，谈谈组织县议会联合会一事。这件事要从吴江县议会说起。吴江县议会是在辛亥革命前半年根据清廷颁布的地方自治章程和县会选举法由县民选举成立的。我当时是在南通任教，并未回江投票，但选举结果我被选为议员，从而又被选为议长。当时议会确非虚设机构，有书记、庶务等办事人员。我当时因南通职务未得辞去，每于开会前向学校请假回江处理会务。记得是每半年正式开会一次，临时会议无定期。凡是县政的预算决算以及地方兴革各事均须由会议决通过。

当时省有谘议局，我家的远房叔父费敏农即省谘议员，但他是挂名议员，并无实力。而县议会在当时确能根据定章切实办事，我那时也认为是大有可为的。并且我与邻近各县人士时常联系，遇有重大问题往往联名发表意见。因之，民国成立后，各省省议会及国会相继成立，我就想发起组织全江苏省的县议会联合会，以厚实力，并作省议会的助手。吴县议会议长孔昭晋首先赞同，上海县议长莫锡论、副议长李味青亦表示同意，后常熟、如皋两县亦加入。即由五县发起，号召全省各县组织起来，获得全省各县赞同。随即在上海召开大会，宣告成立，会址是上海“也是园”，设立机构，以上述五县为常务会员。每届省议会开会，县联合会都有相当的建议，多得采纳，深能反映当时的民众呼声。至洪宪后，这一组织即陷于停顿。

洪宪失败以后，国会、省议会先后恢复，而县议会独未见恢复，我们先前发起组织联合会的五县又乘时而起，在沪召开会议，倡议联合全国县议会组织全国县联会，随即登报号召。不十日而函电交驰，各有代表莅临，仍在沪“也是园”开大会，推代表二人晋京请愿，恢复县议会。时我和海州代表杨静山二人被推为江苏省请愿总代表。杨君先行，我随后去，各省代表亦陆续赴京。我到京后，即假贾家胡同吴江同乡会为会所，定期开会。那时王恪老（绍鳌）是国会议员，也在北京。各省代表又推我晋谒段祺瑞，代表全国人民呼吁请愿恢复县议会。段说：“此案已由内政部提交国会讨论，可向国会声请。”于是各省县代表即将拟定的请愿书各向本省的国会议员痛陈利害，争取通过内政部所提的恢复县议会案。某日国会议程中列入此案时，我们全体代表入旁听席。当时因议案多，未及讨论到本案，只见议场上发言者争执甚烈，甚至以墨砚互掷。我们3次列席旁听，不料正要议及本案时，政变突起，段祺瑞召开督军会议，黎元洪出走天津，国会被解散，民主政治顿受摧残，地方自治之议深沉海底。当时我们情绪之沮丧，不言而喻。我目睹军阀割据，大局混乱，自此以后即一心从事教育，迄今已83虚龄矣。

解放告成十有二年，欣逢盛世，回忆往事，和儿孙辈纵谈所及，约略成篇，尚望当年共同参与的诸老友有以指正之。

（选自全国政协文史资料研究委员会编《辛亥革命回忆录》第4集，中国文史出版社2012年6月第2版）

溧阳“光复”记

姜丹书*

1911年，我27岁，在杭州的浙江两级师范学堂当教习（教师）。农历九月间，校中以拥护革命关系暂行停课，组织学生军在校训练，我所教的是艺术课，不涉军事，因而回到家乡溧阳休息。

近九月二十日，沪、苏、杭相继“光复”。溧阳是江苏省的苏属，苏州省城既“光复”，溧阳在其旗帜之下自然亦“光复”了。此时的溧阳县知县是个姓恩的旗人，本来是革命的对象，但他颇识相，先机而遁了，遂不成什么问题。

我以从溧至杭一路既皆“光复”，交通无阻，乃抽身返校省视，遂剪辫子，换戴新式的铜盆帽（用板绫制）而归。

---

* 姜丹书：时任江苏溧阳县佐治员，后任上海美术专门学校教授。
新中国成立后，任无锡华东艺专（今南京艺术学院前身）教授，浙江省美术家协会副主席。

但是，此时溧阳的西北邻如高淳、溧水、句容等县是江苏省的宁属，因南京方面尚由两江总督张人骏及江南提督张勋很顽固地据守着，所以宁属各县尚未“光复”，在形势上是与已“光复”的溧阳处于相反的地位。

我家在溧阳西乡南渡镇，与西面的邻境较近。我虽不是革命党，也没有革命的勇气和才干，但因受了新的教育，头脑较新，且有一股少年锐气，当然站在革命一边，于是在南渡地方发起组织民团，邀集了少年朋友如朱廷鳌、蒋汉清、黄镜渊、蒋兆福、马道心以及绅商宋绍先（区董）、戴丽堂（商会）等共同商议。自己和同人捐了一些钱，并由同人向当地的厘捐局（俗称卡子上，此时原来的司事已逃去）截收了一些货船通过税，备办了一批干粮（烧饼、馒头等）。于是号召了各村庄的农民、壮丁数百人，在周围十里二十里内放哨，等于现在的武装游行示威。大家所执的武器都是农具，如锄头、铁耙、犴叉、鱼叉、挖锹、闸刀、扁担、杠子等，勇气百倍。我自己掮了一把大铡刀，抄前赶后，参插在队伍内。队伍有二三里路长，声势浩大，虽尚不知像现在的高呼口号而喧嚷声浪，已足震动一方。其目的原在表示革命的民气，使发扬传播，远达边界邻境，小则可以震慑盗贼，大则可以树立风声。并订公约，各村各自守夜，如或遇警，则敲锣为号，群起声援。如此防卫了多日，卒得平安无事。

同时，城市方面亦有许多积极分子如史蛰夫、彭胜之、狄怀人、张书绅、方伯超、沈叔邃等组织了临时报社，油印刊物，广泛散发，以灵通消息，唤起群策群力，鼓动一般人民的革命精神，影响亦颇大。

原来的旧政权，溧阳本有七堂官，除知县是正官正印外，还有佐治官员县丞（粮厅，俗称二衙）、典史（捕厅，俗称四衙）、教谕（儒学，教官，俗称老师）、训导（儒学，教官，俗称副老师）、都司（都阃府，武官，俗称大营）、千总（武官，俗称小营）等，此时皆属于被革命地位，他们的职位自然消灭。这样，在此过渡时期，等于无政府状态，虽以地方热心人士维持有方，然究不可以旷日持久。于是十月某日，由全县 16 区区董召集地方会议于城内明伦堂，筹商如何组织新政权——县政府问题。出席者除 16 区区董外，有若干父老、若干青年，大家发表言论，提出主张，我在席上亦讲了话。

此会议上有两派主张：一派是主张向苏州都督府（都督是程德全，他是原任江苏巡抚反正的）请派一个好的人员来为县长，而佐治人员则由地方公举出来。另一派是主张公举本地人士为县长，同时公举本地若干人士为佐治人员。当时只是广泛讨论，并未作出什么具体的决议。

我记得有一个曾任溧阳县知县而官声较好的张文黼（四川人）坐在旁听座的来宾席上，他不发一言，亦无发言的资格。这大概是有人先从苏州请他来观察情况，作为预备的。至于拟推本地人谁某为县长，我却未曾听到过。后闻在此会议上亦有激烈分子暗怀手枪，不知将作何用，幸而并未发生什么争论，故得平安过去。等到会散，我就走了，而且归南渡家里去了。

翌日乃知就在此日晚上，由 16 区区董公同议决：向苏州都督府请派张文黼为溧阳县民政长（即县长的新名称），同时投票公举出本地人士 5 人为佐治员，其名单如下：王嘉曾（字晴轩，秀才，两江优级师范速成科毕业，曾为两江总督府幕僚）为第一课课长，管总务；陈公度（字少璌，廪贡生，曾在直隶省为知县）为第二课课长，管主计（财政）；姜丹书（字敬庐，两江优级师范选科毕业，学部考授师范科举人，当时任浙江两级师范教习）为第三课课长，管学务；史悠飏（字小山，廪贡生）为第四课课长，管实业；葛怀文（字琴轩，廪贡生）为第五课课长，管警务；均由民政长加发委任状。各课各设课员数人，各自开展业务。这样，就算组成了新的县政府，执行新政权。

此次的选举，是最初的民主做法和作风，较为公正，大家都保持谦逊廉洁，尚未开后来运动钻营甚至贿赂的弊风，所以这个名单发表，一致悦服。

但我记得张文龢自己并未实行到职（即来亦不过几天，已记不清），只派来一个秘书某，亦只住几天就去了，说是他们不来了。

接着，由省委派原来的县丞刘舜先（浙江绍兴人）接任了民政长。因他在溧阳任职有年，地方对他感情尚好。

这个新的县政府与过去的县衙门不同，过去的县衙门是十足的封建堡垒，除特殊阶级以外，不能轻易出入。此时的县政府则与本地人民声气相通，确有一股民主新气息，这就表现了革命以后的社会精神面貌有所改变。

民国元年（1912 年）年初，省里派来两个法官，一个是罗蓬瀛（靖江人），为初级审判厅厅长；另一个是商某（忘其名，亦靖江人），为初级检验厅厅长。在县政府西面创设了厅署，各自办理民、刑案件，这就算是司法独立的新设施。

到了 3 月底，浙江两级师范学校重行开学，我被召回杭州复课，乃辞去了学务课课长职，由宋葆麒（字羲樵，本是廪生）接任。

后来政制改变，民政长改称县知事。初级司法机关裁撤，在县知事名义和职权下，设置了承审员，承办民、刑两案。承审员对外不独立，而对县知事负责，此称承审制。

民国 2 年（1913 年）夏，刘舜先染疫暴卒，由省派应祖锡（字翰卿，浙江永康人，进士）接任县知事。

民国 3 年（1914 年）上半年，王嘉曾考取了县知事资格，分发到浙省候补。

民国元年暑期，溧阳初办选举，我休假由杭回里，在南渡地方帮同调查选民资格，大家颇认真。秋季开学，我返杭任教。后闻下半年实行初选时，办理不善，在投票时弊窦丛生，不成样子，大家失望（他处情况亦多不善）。是年冬，我举家迁杭，长期离开了本乡，一切情况从此隔膜了。

现在我已 77 岁，一直在外为教师 50 余年，最后于 1958 年秋，以南京艺术学院教授名义退休归杭。今追写此文，已隔了半个世纪，虽记忆犹新，却觉惆怅！

（选自全国政协文史资料研究委员会编《辛亥革命回忆录》第 4 集，中国文史出版社 2012 年 6 月第 2 版）

淮安“光复”和周实、阮式两烈士被害经过

蒋象怡*

淮阴是苏北重镇，清时漕运总督及江北提督均驻此，“光复”前除旧绿营兵漕标以外，还驻有新军第十三协。江北提督为段祺瑞，手握重兵，坐镇此间。武昌义师既起，人心惶惶，谣言四起，段祺瑞眼见军心不固，仓皇出走。同时上海独立，陈其美出任沪军都督，镇江亦由林述庆任镇军都督，于是第十三协亦发动起义，推举参议蒋雁行为江北都督。淮安近在咫尺，人心极为浮动。邑人周实丹原在南京两江师范肄业，衔南社之命，回淮组织两淮“光复”事宜。既到淮安，见淮阴已于先一日独立，遂召集同志，商议淮安大计，学界同人，踊跃参加。时淮安知府刘名誉尚在城未去，府署前仍悬挂

* 蒋象怡：时任江苏淮安巡逻部宣传主任，后任浙江省立图书馆干事。新中国成立后，任浙江省文史研究馆馆员。

龙旗。周乃偕邑人阮梦桃及学界优秀分子百余人，先至城守营驻地夺得枪械百余支，直至府署，发一排枪，将龙旗击毁。刘闻变，从后门逃走。于是周一面安定人心，令商民照常营业；一面派人向江北都督府接洽，组织淮安军政分府，并定名为淮安巡逻部，注重城防，免被溃兵土匪骚扰。周实丹任巡逻部部长，阮梦桃为副部长。我亦系两江优级师范毕业生，当时被推为宣传主任。事既大定，遂进行军事部署，加紧训练。当时对淮安绅权因过于姑息，并未加以触动，但旧绅劣董感到受了威胁，暗中协商，推举前府经历姚荣泽担任县知事，前捕厅周世昌协同防守事宜，巡逻部亦未加以反对。不料后来祸机，即伏于此。

1911年11月7日，巡逻部因姚荣泽私自招募小队40名为卫队，未得巡逻部同意，要求姚交代款项账目。阮梦桃手持双管手枪，指其胸口。姚惶惧变色，允在3日内造册交清，乃纵其逸去。我当姚走后进言，谓旧官吏对革命前途有碍，尽可加以击毙，或逐之出境，今既对彼无意加害，且复假以事权，又令其不自安，此是取祸之道。周颇是予言，阮则漠然视之。果也，姚于当夜在海会庵召集劣绅旧董丁鹤丞、阮钵香（以上二人原系城厢市董）、何柏山（原内阁中书，家居多年）、何子久（柏山之弟）、秦少文（淮安首富大地主）、于一鹏等6人及周世昌、杨回子（原城守营守备）连夜会商，布置一切。8日上午，令人持片请周、阮两部长至府学明伦堂开会。周闻讯即往，到达后当遭杨回子连续迎面枪击，立时中脑倒地。阮在家午餐未竟，稍迟片刻亦往，至则被破肠而死。事既发动，巡逻部人员大半被家长拖回家中，不容外出，因之敌人得以从容部署，未遭抵抗。

11月10日，镇军北伐队支队到淮，支队长臧再兴（原系南京理化学校学生，与周系旧友）得悉此变，当即四处搜索凶手，但已逃匿无踪。姚所请来之江北都督府两营兵士，亦开回淮阴（姚事先秘密诬报蒋雁行说，淮安巡逻部将哗变掳掠全城，请得两营兵来淮震慑）。我们乃多方探访，事后得悉姚已逃匿南通张謇家中（张系前清状元，南通巨绅，后任袁世凯政府农商总长）。于是我们向江苏都督程德全控告，以不得要领，又向临时大总统府控诉，奉批着令张謇交出人犯，张仍不遵命。我们又到上海控诉于沪军都督陈其美（陈亦系南社社员），陈乃特电张索姚，电文有“如不交出，则义旗所指，首在南通，粉骨碎身，所不敢辞”之语。张不敢违抗，始将姚送沪，当即由军事法庭判决姚与同谋8人一律处死刑（同谋8犯皆未到庭，系缺席判决）。时南北已告统一，袁世凯继任总统，曾派陪审员12人参加审判，事后并由张謇转请袁下令将姚特赦。至同谋8犯始终避匿无踪。迁延至次年7月，由前山西巡抚邑人丁宝铨出任调停，令八犯捐出田产600亩、现款2万元充作两烈士遗族赡养费及建筑二烈士祠堂之用，不再追究往事。我们因见到两遗族悬釜待炊情况及当时政局变动情形，又因元凶已纵，而两烈士家属一再要求，几经磋商后，始勉予同意。乃决定以1万元为建筑祠堂费用，200亩为祭田，其余由两家均分，并规定此8人以后不再过问地方事为条件。双方均同意照办，于是此案始告一段落。现在淮安天妃宫旁有周、阮二烈士祠堂一所，每年春秋两季，均照例设祭，以慰亡灵，唯先烈殉难，凶手未惩（此8人现在早已先后死亡），耿耿此心，殊觉无以对二烈士于地下耳。

周烈士名实，原名桂生，字实丹，号无尽，江苏淮安人，两江优级师范数理化专修科毕业，工诗古文辞，为南社健将，与柳亚子、高天梅等唱和甚多。殉难时年仅27岁，有《无尽庵遗集》行世。

阮烈士名式，字梦桃，江苏淮安人，宁属师范毕业，诗文亦雄浑有力，殉难时年30岁。

当时奔走宁沪控诉者共7人，周烈士之尊人鸿翥先生及周烈士族弟人菊，阮烈士之胞兄毓麒，邑人张冰、曹堂、杨楚材、蒋象怡。在此期间，杨楚材复被暗杀惨死于邵伯湖中，故至今二烈士祠中有杨烈士配享云。

（选自全国政协文史资料研究委员会编《辛亥革命回忆录》第4集，中国文史出版社2012年6月第2版）

贵州“光复”史实

平　刚[*]

今天是贵州“光复”36周年纪念日，当时本人年仅30余岁，而亲身参与其事，现在年已70余岁，各位要我来报告“光复”经过，恐因精力不济，言语迟缓，容有遗漏之处，尚望各位体谅。

过去贵州在18行省中算是最偏远的，今天与他省相较，尚且落后，36年前的情形，更无论矣。以情理推测，贵州似不致发生革命，但是只要有心人，一样会做出轰轰烈烈的事来。

甲午中日之战，我以10倍于日本的力量而竟败于日本。甲午战后至戊戌四五年间，国人力图改进现状，长江一带形成两条路线，一曰维新，一曰革命。前者是广东人康有为等所提倡，出于稳健，

* 平刚：时任贵州军政府枢密院枢密员，后任贵州省临时参议会议长。新中国成立后，任贵州省人民政府委员。

旨在保存清室，慢慢改革；后者即为孙中山先生提倡，力主推翻清朝，建造民国。当时贵州一般人皆以保皇维新，不犯危险，颇受康有为路线的影响。本人当时年仅22岁，波浪所逐，为贵州首先接受孙中山先生路线的第一人，盖认为非革命不足以收真正功效，于是乃剪去发辫以示决心，因为官府所不容，乃被迫出走。

回忆本人出走后想法，只有到日本才有办法，于是决心东渡。因毫无凭藉，曾有友人劝阻，但我以为只要是有人的地方，我都可以去得。当时凡往日本的人或留学生，都需请由政府发给出洋照会证明，即是护照，否则不能进入彼土。我因事出仓促，又是政府认为大逆不道者，如何能得护照？及船抵长崎，日警索取护照，因言语不通，由日本警察写字示意：如无护照，即不允登陆。我也在纸上写字答复：你们日本伊滕博文从前革命反对德川幕府，被迫逃到荷兰，在荷兰船上伪装伙夫，难道也有政府的护照吗？我是反对清政府的革命分子，他们如何肯给我护照呢？因为日警略懂汉文，他见我这样写出，立刻誉我是“好角色”，允我登陆。

我出走日本，是因为慈禧太后70大寿我作一对联以讽之，政府下令缉拿，不得不走避。当时在贵州信奉孙中山先生革命主张者，仅我一人，离贵州后，复得张恺普、蒲劭光、彭明之等3人赞成。至戊申年（1908年）贵州始由张石麒（百麟）发起组织自治学社，首要者有黄茀卿、陈兰生诸人。自治学社成立后，三君积极向外县发展，首先从学堂培植革命干部入手。除我先时创办的乐群学堂外，尚有公立法政学堂、法官养成所、光懿女学堂等。此外有谘议局，即是今日之省党部地址，为乐彩澄先生所创修。时乐任议长，表面与自治学社无关，实则赞助其一切主张。戊申年，余在东京时张石麒写信给我，托转达中山先生，愿将自治学社加入东京同盟会，作为贵州分会，唯为避免清廷注意，仍保留自治学社之名，以便活动。经孙中山先生认可后，并派我为贵州盟长，即贵州同盟分会主持人。斯时，孙先生所领导之广州等起义均告失败，同盟会的中央乃下令各省同志，各回本省运动革命，以壮声势，本人遂于庚戌年（1910 年）返回贵州。

我自返省后，即与张石麒商量整顿贵州革命力量，预备起事。次年三月二十九日广州举义，黄花岗七十二烈士殉难，贵州愈加速扩展组织。农历八月，湖北武昌起义，湖南响应，并电贵州嘱即响应。当时贵州行政方面，分为 13 府 44 州县；军事方面，分 4 镇 8 协，设提台（时提台为徐月亭）统率，驻节安顺。全省共有绿营 3000 人，在太平时期，此 3000 人即可镇慑全省。清政府自与日本战败后，鉴于绿营不可用，开始训练新军。贵州成立新军一标，约六七百人，由江苏人袁义保任标统，驻扎于今之南厂，队官多湖北人，并同情革命者。旋复成立第二标，标统董福开，乃同盟会会员，尚未组成，因四川铁路风潮，端方被杀，第二标即奉调入川。本人返省后，先派黄苐卿加入新军营任书记官，以资联络。此外抚台卫队有 120 人，多湖南人，训练有素，且系炮队，乃派湘人谭景周劝说其队长彭尔堃，彭亦颇赞助革命。另有陆军小学 500 余人，提调为川人廖子明，与我友善。故上述 3 部分，均属意于革命党，这是武的方面。在文的一面，谘议局 8/10 的议员及贵阳教育总会、法政学堂、法官养成所与乐群、光懿等校，亦属意于革命党。报纸方面，我们办有《西南日报》一种。与自治学社反对者为宪政预备会，参加他们的人既少，力量甚微，他们也办有《黔报》，常与《西南日报》互相抨击。

反正前一年，云南总督李经羲行经贵阳，宪政预备会密告贵州有革命党人，列为首8名请李缉拿，欲置之死地。张石麒有胆有识，径往见李经羲，陈述革新意见，李甚赏其才识，反嘱巡抚庞鸿书，必资重用，以资笼络，庞遂请张主文案。当时贵州所有力量，即9/10属于革命党人，武昌起义，贵州即准备响应。清官府与宪政预备会为应付当时环境，有主张杀革命党人者，有主张设法缓和者，结果由蔡衡武及地方绅士出面主张组织自保会，表面上不表示反清政府，并藉此与武昌方面虚与联络。革命党人多反对此议，唯张石麒佯允之，并准备于九月一日，抚台循例在南厂阅兵时起事。旋以时局不稳，抚台停止阅兵计划，以致未果。乃于九月十三日夜，在白沙井张石麒公馆聚议下令从新军营发难。

先是武昌起义后，官府为防患未然，藉打靶为名，将新军营及陆军小学子弹耗尽，并已组织自保会，以为可以相安无事矣。当时枪支子弹，均存于火药局，殊有该局徐耀卿，因事被押，由张石麒说情得释，徐献子弹一箱为酬，乃以一部分交杨树清配发新军营，一部分由胡刚、胡仁配发陆军小学。新军得弹，群情兴奋，即于是日夜哗变。标统袁义保闻变出问，众欲拥其为首起义，袁不允，杨树清即鸣枪一响，弹由袁头上飞过，袁大骇逃窜。教练官杨荩诚即问新军，是否真要革命？众答真要革命！杨即表示他原为东京同盟会会员，遂被拥为首领。是时原任抚台庞鸿书，因被宪政预备会人买通御史陈田，奏参庞老耄昏聩、纵容革命去职，刚由沈瑜庆继任。新军举事后，即以电话告沈，沈急调卫队架炮防御，殊队长彭尔堃已将炮机送缴张石麒公馆听命矣。沈知大事已去，无法挽救。陆军小学方面，是夜有某人往劝，说汝等既无子弹，不可妄动。及出示枪弹后，某复劝且待新军消息，并以校外已有巡防队包围恫吓。旋闻新军传来消息，袁义保已3枪毙命，陆军小学立时响应，而巡防队亦解围宣布参加革命。

农历十一月四日（12月5日）晨，新军与陆军小学学生分由大南门、次南门进城，齐集谘议局听候张石麒宣布举义意义及经过。当时我正卧病在家，闻讯霍然而愈，家人劝阻不住，立赴谘议局，被推组织军政府，成立立法院及军政府民政部等。

在未“光复”之前，由张石麒、黄茀卿、陈兰生3人分函各县调集哥老会分子来省。反正之日，有七八百人抵达省垣，故纵使新军不发难于先，而革命亦在所必行。事后，即将所有武力分编东南西北中5路分统，由黄茀卿任巡防总统事。是时有兴义刘如周（显世），因其父官礼曾以子弟兵击退广西游勇，保卫盘八安宁，故拥有一部分武力。当沈瑜庆感觉新军及陆军小学不可靠时，宪政预备会诸人，即建议沈急调刘如周率子弟兵来保省垣，刘率徒手兵500人抵安顺时，省垣已告“光复”。时在军民两政之间复设一枢密院以联络指挥，我即被推主其事，刘在安顺闻省垣“光复”，即不便进军，先来一函与枢密院，试探省方态度，大意谓：“本人此次造省，虽系奉沈抚台之命，然对于诸公主张革命，早已心向往之，不谓来迟一步，诸公已先我着鞭，兹欲观光上国，就便晤教，不卜诸公以为如何？”我拆阅之后，认定刘乃虎而冠者，主张拒而不纳，能除去更好。殊张石麒不以余言为然，以为在“光复”之日，曾宣布兵不血刃而达目的，此时不应嗜杀以贻人口实，并谓刘既输诚革命来归，应予容纳，以示宽宏，遂复信允应。比刘部进省，并发给枪弹，委刘为西路统带。

我知祸之将及，遂藉湖北来电请各省推派代表赴武昌筹商组织中央政府之机会，以贵州代表名义，以原来抚台卫队 120 名护送出省。抵武昌后，又改集议于南京，由 17 省代表——甘肃及东三省在外，决定去电美洲，请孙中山先生返国。旋经一致投票选孙中山先生为临时大总统、黄兴为大元帅。武昌起义原非黎元洪本意，及被推任都督，始从众请。孙中山先生被选临时大总统后，武昌方面来电反对，后由南京代表推选黎元洪为副总统后，始无异议。

本人离省不久，而贵州乱作，刘氏盗黔，而张氏走桂，不幸言中，可胜浩叹！

（选自贵阳市政协文史资料研究委员会编《贵阳文史资料选辑》第 2 辑，1981 年 10 月）

贵州辛亥革命的亲历和见闻

胡　刚*

前　言

贵州地处偏僻，过去因交通不便，接触新事物的机会少，与沿江沿海各省条件不同，因而历史上较为落后闭塞。谈论革命，更是使人认为逆君叛道，瞠目结舌不敢言；加上清朝封建专制暴政，稍一不慎，便会诛灭九族。革命进行的困难，若不亲历其过程，几不敢相信其中的艰苦曲折。

1907 年，贵州成立了一个革命团体，名自治学社。自治学社一

* 胡刚：时任贵州军政府军事组成员、贵州革命军第三标第二营管带（营长），后任国民革命军第四十三军副军长，贵州省参议会参议员。
新中国成立后，任贵州省文史研究馆馆员，贵州省人大代表，贵州省政协委员，民革贵州省委员会委员。

方面与孙中山先生领导的同盟会有联系，接受同盟会的革命主张；另一方面在工作方式上又和同盟会有所不同，它在清朝政府官方立案，利用合法手段公开活动。武昌起义后，自治学社积极响应，在贵州推翻清朝政权中发挥了主导作用。但是，贵州军政府成立后不久，政权终于为宪政预备会夺去，导致革命的失败。自治学社在贵州的历史，由于贵州经过多年的军阀统治，自治学社的革命人士惨遭残杀，自治学社的文件均被销毁，所以很少有人知道这一革命组织的详情。兹篇之作，是根据本人在贵州参加辛亥革命的亲身经历和见闻综合写成，仅作为研究近代史的参考资料。

一　同盟会对贵州革命的影响

孙中山先生领导的同盟会于 1905 年在日本东京成立后，在日本加入同盟会的贵州人有平刚、傅良弼、钟振声等。在平刚未回贵州以前，经平刚的介绍，张百麟、谭景周、杨伯钊、钟山玉和我于清光绪三十三年（1907 年）二月在贵州加入同盟会；孙中山先生并指定张百麟为贵州同盟会支部长①。张百麟有一次在接到孙中山先生指示后，即约集同志 10 余人到光懿女校（从前晋禄寺）秘密传观，意思是使大家服从同盟会的组织领导。

① 关于同盟会与当时贵州革命组织的关系，根据有关文献资料记载，比较普遍的说法是：同盟会在日本成立后，各省在日本的同志即分别组织本省的同盟会分会（一说是支部）。贵州同盟会分会，由在日本的贵州留学生平刚等人组成，平刚并被推选（一说是经孙中山指定）为贵州同盟会分会会长（一说是支部长）。贵州自治学社成立后，经平刚介绍，并由自治学社干部决议，全社加入同盟会。因此，贵州自治学社实际上是同盟会在贵州的发展。胡刚先生在本文中的回忆，与以上说法略有出入，仅存以备考。

正当贵州同盟会支部成立的时候，从湖北来了一个同盟会会员刘翼卿，他到贵州后送给我一本《支那秘密运动》和一本《三十三年落花梦》，内容说的是唐才常召集两湖哥老会弟兄起义反清革命失败的事实；里面有唐才常生前的肖像，有号召起义的说明，有临刑死难时的照片，有揭发清朝制度的腐败情形。得此书后，朋友们争相传观，如获拱璧，读后对清政府无不切齿痛恨，于是互相传抄，作为宣传材料。与此同时，傅良弼由日本回到贵阳，因为他同我都是贞丰县人，于是就到贞丰约集家资充裕的人，集资在贵阳正新街对面开办了一家“黔南合资会社”书店，名虽经营书业，实则为宣传孙中山先生的革命主张，并借此搜集、传播海外消息，传输革命思潮于内地。

二　贵州自治学社的成立和发展

张百麟虽被孙中山先生指定为贵州同盟会支部长，但始终不能公开进行革命活动，因此他在向革命同志宣布孙中山先生指示后，又经与同志进一步研究，成立贵州自治学社，报请清政府立案，取得合法地位，表面上与政府全面合作，暗地则布置开展革命工作，发展革命力量，一俟条件成熟，即一举推翻清朝政权。这就是它的目的和宗旨。现将张百麟其人和贵州自治学社的成立和发展经过概述如后。

（一）张百麟，字石麒，贵州贵阳人。生于清光绪五年（1879年），原籍湖南长沙，父亲名翰，以知县分发贵州任用，晚年生百麟。张百麟从小到十几岁时，都喜欢与贫苦人接近，没有官家子弟习气。清末贵州哥老会暗中盛行，张百麟与哥老会中人常相往来。他父母因为晚年得子，又是独儿，也不甚苛责。张百麟十八九岁时，始觉悟学业未成，乃发愤自修。20岁后，拜吴嘉瑞（字雁舟，曾任贵州百层河厘金局总办）为师，专心致力于学习新知识。光绪壬寅年（1902年）、癸卯年（1903年）间，张百麟23岁，其父任坡脚（距安龙县60里）厘金局总办，百麟前往省亲，便道往贞丰访问曾参加过吴嘉瑞在任时所组织的“仁学会”各青年，结识了20多人，后来这些人都成了自治学社的骨干。不久，张百麟的父亲调任开州（今开阳县）知州，百麟随到开州，又结识了不少的开州青年。当时张百麟的父亲看到他一事无成，很担心他的前途，便为他捐了一个通判。后来，他父亲死在开州任内，他即返回贵阳居住。这时维新思想正在贵阳公开传播，革命刊物亦在暗中流行。激进青年发起成立读书会，作为交换、研究新知识的手段。张百麟与蒲劭光、陈南生、钟子俊等发起组织自新学社。这个时期张百麟的思想已逐渐趋向于革命。为着要在知识分子中多方结识同志，从事革命事业，遂与钟子俊入官立贵州法政学堂为学员，先后结识教员张鸿藻、学员张秉衡、周培桥、韦可经、黄人瑞等一二十人，共同学习，讨论新知识、新思想，并酝酿建立自治学社的组织。

（二）贵州自治学社，发起于光绪三十三年（1907年）农历十一月间。先后入社的有张百麟、张鸿藻、黄泽霖、钟昌祚、周素园、黄济舟、谭西庚、谭邦屏、陈南生、李小谷、王小谷、陈青石、陈纯斋、廖子明、朱云六、龚雪樵、方竹君、柳惠西、陈遂初、刘九安、刘警黔、张显谟、胡刚、钟子俊、钟子光、钟子绶、郭润生、杨伯坚、杨昌铭、肖子有、张本初、王叔度、凌汉舟、罗竹之、姜辑五、张秉衡、张润之、彭明之、谢石琴、冯亚夫、詹麟初、陈百朋、蒋子衡、蒋子泽、蓝少亭、李香池、吴湘陵、艾树池、马繁素、黎绪元、孔成九、饶焕彩、黄奇元、任济云、周之精等。其中，李小谷和我都是贵州简易第二期师范学堂的学员（堂长是乐彩澄）。当自治学社在贵阳田家巷镜秋轩开成立大会时，我和李小谷曾邀约简易师范学生数十人到镜秋轩听讲。会上张百麟说："我们自治学社的成立，本来势孤力弱，必先培植人材，联系大众，健全基础，始克有济，因此不仅创立自治学社，还要开办报馆大事宣传，以启发一班有志青年踊跃参加我社，更要创办各种学校，以灌输新知识。"自治学社成立后，全社工作共分为两大部门：一为干部会议，名政交部（负责立法议事），由周素园任主席；一为社务执行部（主管行政），由张百麟兼管。这时，张百麟便脱离了法政学校，专心从事革命了。

（三）自治学社总社方面：初期是张鸿藻、张百麟、周素园 3 人共同领导。宣统元年（1909 年），推举钟昌祚为社长，又推举朱焯、龚文柱为副社长。张百麟名义上虽未为社长，实际上已被全社公认为领袖，主持全社事务的推行。

（四）贵州自治学社虽成立于 1907 年冬，但其工作于 1908 年才逐渐展开。当时赖以进行宣传的工具，一为《自治学社杂志》，但出版数目不多，宣传效力不广；一为定期公开演讲，然听讲人数亦有限制。因此在 1908 年年会时才通过一个提案，决定筹款购买印刷机器，开办一张自治学社的机关报。根据当时的物价，要往上海购买一部可以印刷报纸的机器，约需银圆 3000 多元。这在当时的贵州，尤其是自治学社，确是一个最困难的问题。而当时承印《黔报》的贵州通志书局，又是控制在大绅士唐尔镛等人的手中，他们决不允许替自治学社印刷报纸。最后，自治学社采用一种股份公司方式，发行股票3000股，每股定银一两，先由社员认购，余则向社会劝销，结果只推销了500多股。张百麟的岳父黄鲁岩曾在贵州做过知县，死后其夫人尚积存一笔资金，作为生活之用，这时张百麟便要妻子向岳母劝购，岳母后来拿出纹银1500两承购股票。这样，才勉强解决了购买印刷机器所需的资金。接着，社中即推举黄泽霖到上海购买机器。泽霖到沪，经过若干周折，始将机器装运来黔。全部费用，计花去3300多元。

（五）自治学社报纸的名称，最初命名为“惧报”，取“孔子惧，作春秋”之意。后经向巡警道立案，巡警道批：报纸的作用在以和平风格，代表舆论，监督政府，“惧报”之名，不甚雅驯，有失政府期望意旨，应另拟报名，呈送备核。社中又开会讨论，张百麟提出：自治学社的目的在团结本省，联络西南，进而促进全国的自治，因此可用“西南日报”命名。经复呈巡警道批准，遂于1909年7月发刊。报端登记的负责人为编辑张景福（这是张百麟的另一个名字），发行人陈南生，印刷人许可权（兴义人）。自从《西南日报》出版，自治学社的工作遂有了飞跃的进展。

（六）光绪、宣统年间，贵州民众团体中以教育总会最有势力。它的言论行动，可以转移政府和人民视听，而且它掌握着全省学款学产，足以培养自己派系的力量。其他商务总会、农务总会、工业行会，也在社会上逐渐有了地位。这些组织，当时都是掌握在以唐尔镛为首的宪政（维新）派手里。己酉年（1909年）中，唐尔镛的从弟唐飞被其父唐我圻枪杀，秘密埋葬于城外。这个消息被自治学社侦查确实，遂在《西南日报》上揭露。结果唐尔镛被迫辞去一切职务，避走北京。唐所领导的教育总会，就由自治学社推选乐彩澄继任会长。商务总会由马汝骏领导，周素园辅佐办理。农务总会由于德楷领导，周素园赞划一切。自治学社的力量，于是又伸入了民众团体里面。同时官立两级师范学堂，系乐彩澄任堂长，贵阳各公立私立学堂，由乐彩澄依据办学成绩分别补助。教育界的人士，大多倾向于自治学社。

（七）光绪三十四年（1908 年），自治学社大力发展省、县社员，派张秉衡往省内各县筹办分社，吸收人员，以便参加选举，夺取议席，作为控制谘议局的力量。是年 8 月，贵州谘议局召开第一次大会，选举同情自治学社的乐彩澄为议长，副议长牟贡三属唐尔镛派，但在常驻议员中，自治学社社员亦占多数。常驻议员办事处，周素园为书记长，黄家琨、宁士谦、孙镜、钟昌祚为书记员，他们均为自治学社社员。又组织谘议局全局委员会，钟子俊为委员长。于是整个谘议局完全控制在自治学社的掌握中。又改谘议局筹办处为地方自治筹办处，仍由周素园任科长。巡警道贺国昌亦约周素园任警务公所科长。同时，张百麟又为朱兴汾约往审判厅筹办处任科长。其余各社员，被介绍渗入其他行政机关服务的亦不少。于是自治学社的力量，又伸入行政机关各部门。

（八）宣统二年（1910 年），自治学社的教育工作也有长足的发展。公立法政学堂中增办律师、监狱、法官、统计、法政、佐治 6 个专修科和一个检察传习所。张鸿藻、李小谷等筹办公立自治研究所，黄泽霖、张百麟等筹办司法讲习所，龚廷栋、宁士谦等筹办监狱专修科。他们都想以最短的时间，训练出最多的合格的干部供革命工作的需要。

（九）同年10月，乐彩澄辞去议员和议长职，议员由杨寿篯递补，议长由谭西庚递补。又选朱焯、龚文柱为副议长，以递补谭西庚及牟贡三被选为资政院议员去后的遗缺。这样，谘议局的正副议长都属于自治学社。谘议局办事处的书记周素园，由于被宪政预备会攻击而辞职，遗缺由钟昌祚继任，钟仍属自治学社。张百麟任提法公所科长及禁烟局文案。

（十）自治学社认为，政治、外交、教育、宣传等方面的工作，宣统二年（1910年）都有了相当基础，必须在军事方面谋求积极的进展，以为革命做准备。随后就把军事工作计划为两大类：一类是吸收旧的力量；一类是创造新的力量。旧的力量方面，当时贵州的兵力有：

1. 陆军步兵一标[①]，计三营，每营500多人，人械俱精足，由标统袁义保统带，外附炮兵一队，100多人；

2. 征兵营一营，共500余人，人械俱精足，由董福开当管带；

3. 抚院卫队一营，共500余人，人械俱精足，由彭尔堃当管带。

以上是贵州军队的主力。此外，陆军小学四、五两期共200余人，发有操演枪械，学生多富于革命热情。还有各司道卫队，东、南、西、北、中5路巡防营和绿营，人枪不整齐，腐朽零落，有名无实，说不上战斗能力。因为陆军中枪械精足，很多士兵富于革命性，所以派黄泽霖、张泽锦、胡刚负运动联络的责任（黄泽霖又是袁义保标统的书记官），配合队官赵德全、书记蓝少廷、司书生艾树池和马繁素、见习生饶焕彩、正目杨树清等在内鼓吹运动。省巡

① 按清制，一标相当于一团，标统相当于团长。

抚卫队派谭景周、张百麟用同乡会党关系运动联络。陆军小学，以自治学社成员，校中教官廖谦、邝龙俊，助教江德润，学生萧规、史之培、程毅、赵龙骧、胡仁、毛以宽、莫季莹、莫叔莹、罗寅弼、朱品珊、陆又新、饶毅等在内鼓吹运动。巡防队由关绍瑜、杨昌铭接洽。绿营和外县由各县当地自治学社分社联络接洽。省会警察由周素园联络接洽。各校教师、学生由谭景周联络接洽。这个布置的目的，是把这些力量都吸收在革命方面来共同起义。至于新的力量，则需进一步积极组织。当时贵州全省，府、厅、州、县及直隶州共 64 个单位，而自治学社及其分社即有 47 个，社员发展到 14000 余人。为了扩充力量，又函知各分社，努力创建乡兵队伍作为起义的基本力量。

（十一）宣统三年（1911 年），是中国旧民主主义革命达到高潮的一年。清廷震于革命的威势，于 4 月间下诏提前组织内阁，企图以此再来欺骗人民。但组织内阁的是皇族奕劻，更激起全国人民的公愤。此时贵州自治学社亦加紧筹划革命，一面通知上年派出省外活动的同志（蔡衡武在上海，杨寿篯在北京，钟昌祚在河南项城窥察袁世凯的行动，此外还有久在日本与同盟会联络的安健），各搜集情况来报，一面加派彭明之到北京，黄人瑞到上海，张秉衡到湖南，加强联络调查工作。六月间，杨寿篯函告：因奕劻组阁事，人心大愤，时局将有大变。钟昌祚函告：袁世凯对革命态度模棱两可，但亦可能不为清朝出力。蔡衡武函告：上海人心浮动，将要发生暴动。安健函告：同盟会在广州失败后，将有事于长江。各方面来函均催促张百麟速做革命的准备。

三　贵州自治学社同宪政预备会初期的几次斗争

（一）在光绪戊戌、庚子以后，贵州社会上最有力量的是所谓“勋名门第”的大官僚、大地主和他们的子弟。甲辰年、乙巳年之间，贵阳最有势力的绅士是唐尔镛、于德楷、华之鸿等。1905 年，贵州官立师范传习所开办，唐尔镛为堂长，这是贵州第一个训练全省中小学师资的单位。1906 年，唐尔镛、任可澄等筹办的贵州通省公立中学开学，唐为监督，任为教员。1907 年，优选科师范开学，唐为监督，任为堂长。这时加入他们集团的有陈廷棻、何麟书等。又成立贵州教育总会，唐为会长；成立黔学总会，任为会长。全省的学界势力，也即是当时的社会中心势力，完全操在他们手中。华之鸿垄断全省食盐专卖，成为贵州第一个巨富，又掌握了贵州商务总会的领导权。于德楷则掌握了贵州农务总会的领导权。贵州开办新政，唐尔镛兼任调查局坐办。唐尔镛、任可澄又兼任谘议局筹办处议绅。他们都是倾向康、梁维新派的。1907 年，贵州自治学社成立时，在贵州简直找不着一块政治地盘。自治学社既是革命组织，与唐尔镛等人的势力当然处于敌对地位，发生了尖锐的斗争。经过将近两年的战斗，自治学社的基础树立起来了。但唐尔镛等人的势力，仍旧保持着发展的趋势。因此，自治学社方面就决定集中力量，搜查唐尔镛的污点劣迹，先从攻垮唐尔镛着手。

（二）1909 年，唐尔镛因唐飞案件被《西南日报》攻击，离黔赴京。唐走时本以其继承地位让渡于任可澄，但在贵州谘议局议员竞选上，唐、任派又告失败。因此遂集其党徒，组织贵州宪政预备会与自治学社相斗争。当时贵州清吏中，巡抚庞鸿书对两党均无偏袒；提学使陈騋、劝业道王玉麟偏袒宪政预备会；巡警道贺国昌、审判厅朱兴汾偏袒自治学社。因自治学社领袖为张百麟与周素园，故任可澄等决定先从倒张、周下手。早在1907年，周素园任《黔报》主笔时，值贵州人陈夔龙由江苏巡抚调任四川总督，顺道来黔扫墓，与唐、任等酬酢甚洽，周曾在报上加以讽刺，陈甚不悦。后陈调任两湖总督，查封中西、江汉两日报，周又著文指责。于是唐、任等便剪文寄陈，陈对周更愤恨，曾致函庞鸿书请设法诛除周氏，庞未照办。戊申年（1908年），李经羲调任云贵总督，时陈为直隶总督，唐、任等以张、周为革命党，请陈告李严办。李到湖南后又接贵州人控告张、周为革命党的词状多件（此事亦唐、任所为）。李到贵州镇远，以此案询吴嘉瑞，辞色甚为严厉，吴乃密函告张、周速避。李到贵阳，唐尔镛、任可澄又往见面控。李询庞鸿书，庞以两党党争相解释，李遂不问。张百麟闻此消息，亲见李经羲陈说一切，李以张为人才，嘱庞重用。此案就此了结。这是两党斗争的第一幕。

（三）宣统二年（1910年），宪政预备会认为上次控诉张百麟案为庞鸿书从中作梗，未能成功，而贺国昌为庞总文案，贺又袒张，必须除去庞、贺两人，才能扫除障碍，遂设法买通清廷御史陈普同，奏劾庞、贺“庸劣不职，纵属贪暴”，案交李经羲查办。李派云南迤东道郭灿来黔查勘，因事无佐证，复辩其冤，郭也不敢开罪言路，因言庞鸿书驭下不严，贺国昌少年好事，均请酌予训斥。宪政预备会侦得此一情况，又由何麟书函请陈夔龙附片参奏。庞鸿书见环境恶劣，自请开缺；贺国昌受留职察看处分。辛亥年（1911年）四月，庞鸿书解职离省，以贵州布政使沈瑜庆升任巡抚。这是两党斗争的第二幕。

（四）沈瑜庆既升巡抚，鉴于庞鸿书前例，遂与宪政预备会人相结交，这时任可澄向沈建议：任命张百麟为黎平知府，使他离开贵阳，从而便于对付自治学社。沈不置可否。9月初，贵阳革命形势日显，任可澄又连向沈警告：张百麟等确实组织革命，扰乱贵州。沈瑜庆惊惧，即电兴义刘显世赶募悍卒500余人，徒手兼程来省，发给枪械，镇慑地方；又派退职回籍的道员郭重光办理城防局，令巡防营管带和继圣率兵入卫。沈嘱任可澄一日三电刘显世，星夜来省，捕杀自治党人。这是两党斗争的第三幕。

四　革命的准备工作和起义前后

（一）自治学社准备革命的工作，于辛亥年（1911年）上半年已有头绪，新军、陆小两方均完全赞成。对会党和巡防等亦有联系。农历八月初，四川保路同志会发难消息至贵阳，八月十九日（10月10日）武昌起义消息至贵阳，张百麟遂召集核心同志会议，做紧急布置。先成立10人团委员会，总揽起义的计划。以张百麟、黄泽霖、谭景周、张润之、陈南生、陈纯斋、廖子明、王炳奎、周凤文、胡刚为委员，分头活动，每晚在张百麟宅（白沙井）汇报。又商得周素园同意，以干部会为最高发令机关，张百麟负统帅的责任，下设3个委员会：一为军事委员会，负责指挥军事行动，张百麟为委员长，黄泽霖、谭景周、陈南生、廖子明、王炳奎、周凤文、胡刚、黄祺元、陈纯斋、杨昌铭、江德润等为委员；二为民政委员会，准备建制规划等方案，周素园为委员长，时霖、韦可经等为委员；三为交涉委员会，办理对外交涉事宜，以谭云鹏为委员长，朱焯及谘议局一部分议员为委员。

（二）张百麟一次约我谈话，说对南厂陆军兵营的工作尚无把握，务要以大量精力加强，需用经费，每星期日可直接向他领取。我那时最喜饮酒，因想到南厂陆军兵营官兵中均系青年，喜交朋友，饮酒时更容易为义愤所激动，因此决定利用饮酒联欢的时候，将旧式划拳吃酒的酒令改成新式的有革命意义的一套，以启发革命思想。但是必须谋得一个开阔的地方，才便于进行。当时城内花牌坊有一个大官栈（现贵阳中山西路人民银行地址），老板李辅臣，其妻吴氏系贞丰人，与我同乡，彼此很熟悉。于是我便与李商量，说陆军中朋友甚多，每星期日放假都来找我玩，因无适当地点接待，想借李之栈房大厅，准备简单酒菜等物，作为招待朋友之用。李欣然允诺。接着，我便与杨树清、艾树池等商量，要他们每个星期日约集军队中血性青年若干人，到大官栈来相会、喝酒。第一次由杨、艾等约集到来的不过十数人，席间，我先致辞，略谓：今日之会，当尽量快乐，惟过去猜拳行令，如“宝拳”“魁首”等，内容陈腐，俗不可耐，我们今天当另采新口号来代替。大家同意，请让我提出新酒令内容。我说：第一，过去大家出大指叫“一锭”，今拟以“独立”代替，因畅谈中国受外国压迫欺凌，急需独立的意义。第二，过去出手相同叫“对手”，今拟以“平等”代替，因畅谈中国与外国相往还，地位不平等，人民与官府相比较，地位亦不平等，今后须打倒这种不平等，代以平等地位。第三，过去的“二红”“二喜”等，今拟以“两半球”代替，因畅谈世界两半球，中国是大国，但又是弱国，急需发愤图强的意义。第四，过去的“三元”“三喜”等，今拟以“区区三岛”代替，因为英、日都是岛国，又都欺负中国，我们应该立志报仇。第五，过去的“四红”“四喜”等，今改叫“岔桃园”，其寓意就是：刘关张桃园结义，收赵云为四弟，扩大团结，共同御侮。第六，过去叫“五经魁首”，今改为“五大洲”，因结合说明中国在五大洲的地位，鼓励大家发愤图强。第七，过去叫“六合同春”，今改叫“六君子”，因说明戊戌政变时六君子殉难，清室只知丧权辱国，割地赔款，残杀忠良。第八，过去叫“七巧”，今改叫“七尺躯”，因畅谈男儿七尺之躯，当奋发有为，誓雪国耻，杀身成仁，舍身取义。第九，旧的叫“八仙图”，今改叫“八大奴隶”，因列举曾国藩、曾国荃、左宗棠、官文、胡林翼、李鸿章、彭玉麟、刘坤一等 8 人，助纣为虐，帮助清室，镇压太平天国，甘愿做清廷帮凶奴才，残杀自己的同胞的种种事实。第十，过去叫“九老图”，今改叫“九万里”，说明寰球九万里，只有中国贫弱可怜，中国青年应急起直追，改变这种落后状况。第十一，过去把“十”叫“全家福”，今改叫“大同世界”，因说明孔子之道，最后就是要达到大同世界，我们应负起责任，实现这种理想。致辞毕，大家均热烈赞成。这 11 个新酒令，使大家热情奋发，划拳时竟致公开拍击桌凳，捶胸顿足，大骂清政府丧权辱国，清吏的残暴无耻，一致表示定要加入革命，推翻清王朝。由此，军队士兵互相影响，革命空气随即高涨。这就为贵州辛亥革命创造了有利条件。

（三）九月初一（10 月 22 日），巡抚沈瑜庆因时局紧张，拟往南厂检阅陆军。张百麟闻知，即通知南厂陆军，准备于是日起义，同时又布置各方接应工作。南厂陆军只有五队及一炮兵队，共约 800 余人。沈瑜庆接到陆军部队不稳消息，便于前一夜电话袁标统集合全队没收子弹，次日始带卫队前往检阅。张百麟因陆军无子弹，起义计划临时取消，并通知各方暂缓行动。

（四）九月初一以后，接湖南独立消息，人心浮动。陆军因无子弹，乃通知张百麟设法接济。张百麟即知会我和张泽锦，积极设法谋求子弹支援。我同张泽锦商酌，认为这一问题难以解决，正感到无计可施时，忽闻驻大兴寺（在今中华南路）的巡防营哨官徐耀卿同志（贵州武备学生，自治学社社员，贵阳人）因谈及革命，被该营管带（即营长）押解到贵筑县礼房看管。我与张泽锦乃贿通守役，前往探视，并向徐说：革命组织的部署已经成熟，就是没有子弹。徐说：既是运动成熟，大兴寺弹药库有枪弹甚多，锁钥在我荷包里，你们拿去找我鲁副哨官（号达斋，安徽人）开库取用。我们得了钥匙，立即到大兴寺找到鲁副哨官，坦率地向他谈了要革命的事。鲁副哨官说：你们搞革命运动，我不敢同情，也不敢破坏，你们既是得了徐哨官的同意，请你们帮我预备逃亡费1000两，我即让你们取用枪弹。于是，我与张泽锦七凑八凑，只凑了200多两，后来张泽锦以谘议局会计主任名义假借议员支薪，报请议长谭西庚批准，最后凑足500两银子交鲁副哨官，他才勉强同意。当时我们认为当天可以取枪弹，但鲁副哨官说暂缓，我还要把四十几个兵士安排好，遂将一部分银子散发给兵士，使兵士到大兴寺道士住所赌钱，接着将大门紧闭。我与张泽锦从农历九月初三开始拿取枪弹，到初九，仅取得子弹18箱（约2万多发）、枪支50余支。初九夜间，接云南独立电报，同志们更加鼓舞，勇气百倍。

（五）子弹既初步有了着落，张百麟因商得大家同意，决定在九月十四日宣布独立。十一日、十二日即在白沙井谭景周宅准备宣布独立时所用的汉字大旗和有关人员所佩的符号。当时有一个现实问题需要解决，就是如何把子弹送到各军营里去。我和张泽锦就连日通宵达旦地担负了这一工作。十三日下午 8 时，陆军小学学生因子弹被搜去,集议商量劫取,被毛凤岗学长听到,即集合学生训斥:“你们要造反吗？这还了得！”四、五期学生知道消息泄露，当即同声喊：“将毛凤岗打死！”毛即逃跑。学生随即将枪支取到手，唯子弹每人只有一二发。这时又闻沈抚已派胡锦棠、和绍孔率巡防营包围陆小，张百麟深虑陆小每人子弹太少，认为必须予以补充。我毅然承担了给陆小输送子弹的任务。为完成此任务，事先在张百麟宅，由陈南生、张泽锦两人分工，用白布带将子弹装插包捆（计 500 发，重 23 斤）。因城门已关闭，我遂带着子弹从指月堂城墙垛口处顺着垃圾堆下去（那时城内的垃圾并无人管，居民都由城上往城外倾倒垃圾，时间长了，垃圾早已堆得同城墙垛口平齐，所以由垛口下去，并无问题）。路上，曾受到胡锦棠的双刀巡逻兵盘查，在经过菜园时又被狗咬，被认为是偷菜的，这时我都以学生回校为辞支吾过去。走到新桥，幸遇曾在南厂兵营当过什长的陈竹溪，才一同到了陆军小学。当时陆小布置有警戒，遂说明系胡仁的哥哥胡刚送子弹来补充。于是，教官邝质夫一面集合学生，一面令号兵吹三番号表示热烈欢迎。我又进一步将来意说明，并将子弹交代后离校。我离陆小后，立即赶到南厂兵营，向赵德全等传达张百麟指示：陆军今夜须紧急集合到南岳山脚布防。当时，考虑到陆小子弹太少，须防沈抚卫队攻击，董司号长即吹紧急集合号令，集合全营。标统袁义保仓皇叫醒教练官杨荩诚，问是谁发的集合号令。杨荩诚乃前去了解，这时正目杨树清说：“杨荩诚顽固已极，几次要他赞成我们独立，他始终不表示意见，今天我们开枪打他！”开枪后未击中。杨荩诚走到队前说：“你们为何开枪打我？”大家齐声回答：“我们要独立，你如何不赞成？”杨说：“时机既已成熟，我当然赞成。”大家当即推他为指挥官。我和杨树清随即跟随杨荩诚更换服装。之后我又到袁标统室，袁已不见，被盖尚温，想已逃走，我亦未过问。这时忽然沈抚来电话问：“南厂情况如何？”我答：“南厂兵变，三枪已将袁标统打死了，他们准备拂晓进城，宣布独立。”

（六）是夜2时，城门已开。臬台王玉麟即到谘议局请谭议长约张百麟前来谈话。会面后，王问：你们革命宗旨如何？张答：不过顺应潮流，宣布独立，并告王：清吏有赞同革命者均欢迎，不同意革命者则酌量路程远近，给路费派兵护送出境。王即回复沈抚同意，将巡抚关防印信命中衡宋绍武送到谘议局。天明，汉字大旗即飘扬空中，贵州辛亥革命就在农历九月十四日胜利成功，宣布独立。

（七）贵州于九月十四日（11月4日）“光复”后，张百麟命新军分守仓库，陆小分守各城防。是日午前7时，张百麟召集一班同志说话，大意是说：今天因为各位同志努力，忠勇冒险，奋不顾身的精神，已经推翻清王朝在贵州的统治，宣布独立。我们要宽大为怀，对各方面一视同仁，不能歧视。过去宪政预备会虽然对我社采取敌对行为，但今天我们革命算是成功了，同志们务要不念旧恶，应采取宽大包容的政策，争取宪政预备会的人员出来与我们合作共事，把贵州的军事、政治、文化、教育、财政等筹备完善，才不枉各位同志这一番热忱义举。张百麟还提出先约任可澄来共商筹划。当下黄泽霖说：任可澄等与我们宗旨不同，所走的路线也不同，而且，他们的意志完全与我们革命相反，因此让任可澄和我们共事这个主张关系重大，务请领导多方考虑；就依领导所说，“光复”后我们也只是做到一视同仁，保护他们，不伤害他们，不歧视他们。

黄泽霖的意见，当下得到一班同志拍掌赞同。蔡衡武说，他很同意张百麟先生这个主张。张百麟最后还是再三劝慰自治社各同志说：我们同是贵州人，谁无人心，谁不爱护本地方，谁不想把本地方振兴起来呢？我希望各同志尽量胸襟开阔，他们（指宪政预备会）也都是爱护贵州的。这时黄泽霖又说：因为我们革命同志多数都到外省去了，同宪政党合作的主张还是务请从缓。结果，张百麟固执己见，并主张由我前去约任可澄到来。任来后，张又召集一个小会，宣布约任来协助办理贵州事宜。参加会的革命同志都是剪了发辫的，唯任可澄还拖着发辫，我当即帮他剪掉，丢在谘议局房上。任甚不满，经张、蔡向他解释后，才肯罢休。

（八）九月十四日下午1时，蔡衡武和谭西庚召集谘议局人员会议。蔡衡武在会上说：今天推翻清王朝在贵州二百六十几年专制政体，完全是自治学社首脑张百麟先生领导有方，以至大功告成，我提议请张先生来就贵州全省都督正位。全体议员鼓掌赞成。当即推举4位议员前往欢迎。张一再不来，蔡衡武、谭西庚亲去面请，张说：我不懂军事，我只能做政治工作，现在我正与平少璜同志草拟枢密院政策，至于都督一职，我提议从杨荩诚、赵德全、廖谦三人中选举二人负责。当日晚上会商，决定选杨荩诚、赵德全二人为正副都督。十五日晨，即选举杨为正都督、赵为副都督；同时宣布张百麟为枢密院院长，任可澄为副院长。

（九）刘显世（如周）在兴义招募的徒手兵一营500余人，已于十四日到清镇、安平（今平坝）间的芦荻哨。刘闻贵州“光复”，遂致函军政府，略云：“革命大义，鄙怀早具，不意诸公，先获我心，显世兹来，甚欲观光上国，何如？候复！”刘同时又致函有关各方，请代为疏通请命。这时军政府都督府尚未宣布成立，此信是张百麟接到的。蔡衡武说：刘如周可以合作，准其来省最好。但黄泽霖极力反对，说："万万不准刘进省，从善处置，可饬令他将士兵带回原籍遣散。"这时，谘议局议员张顺清说："准他进省，我有把握，因为我是兴义人，刘所带来的那些官长，如督队官刘奇、前队官王文华、左队官王慎一、右队官袁祖铭、后队官鄢鼎三，还有军需官熊秉珪、编修官龙雨苍等，我没有一个不熟悉，只要准其来省，给刘如周一个名位，其官兵全部可以为我们编用。"张百麟问："是否确有办法？"张顺清做了肯定回答。于是张百麟复信，允许刘显世来省。十八日，又指定饶焕彩和我到头桥迎接。刘来后，即命其驻城外九华宫。当时，刘显世命王文华等领军，个人亲自入城。后任命刘显世为枢密院军政股股长，所部照常驻九华宫。

（十）贵州"光复"后的第四日即九月十八日，张秉衡赶到贵阳对张百麟做了直言诤谏。张秉衡是自治学社的重要领导人之一。贵州各县自治学社分社的建立，多半出于他的直接组织领导。辛亥年六月间，推举他到湖南做联系调查工作，九月一日湖南独立，张星夜赶回贵阳，准备与张百麟和其他同志共同领导贵州起义，行至黄平县，贵州起义已告成功。张于九月十八日晚到省，得知刘显世于是日率兵到达贵阳。这时我正在张秉衡家中（在金井街，今群新电影院入口处）吃饭，张饭也不吃，就愤愤不平地拉着我去见张百麟，在张家密室会谈。张秉衡对湖南工作做了概括报告后，即向张百麟询问允许刘显世入省的用意。张百麟告以我们革命成功，政治上当采取兼容并包的政策，并认为刘显世亦有相当能力，以恩义结之，亦可以为我们所用。秉衡听罢，怒形于色，当即向张百麟厉声争辩，激动时并以掌击案，他说：容纳刘显世进省，是一大错误，显世累世皆土豪恶霸，在兴义五属有“笑面虎”之称，其人阴险多谋，又有堂兄显潜为之羽翼，他对革命从来不赞成，并与革命党人为仇，因此缘故，宪政党人才将他荐与沈瑜庆巡抚，命他带兵进省，镇压革命，捕杀自治党人，天幸贵州起义时显世尚在途中，杀人阴谋无法实现，今妥善处理办法，即命其带兵回原籍遣散，本人听候调用，但从斩草除根方面考虑，既诱其到省，应当立马改编，不能姑息，以绝后患，这两种策略，都不采取，反而任其悠然自在，并任命参加政府组织，此人定然与宪政党人结合，那时就如虎添翼。他有了兵械，首先即要捕杀我们，试问我们有何力量可以抵抗？如听任刘显世篡夺权力，我们并为其刀下之鬼，全体同志，心何以甘？这是最大的失策。接着，张秉衡对张百麟容纳任可澄等进枢密院也提出批评，他说：宪政党人数年来对我们打击陷害，难道你不知道吗？宪政党人与我们所抱的宗旨各不相同，势如水火，革命成功，其他的人都可合作，只有宪政党人不能合作，我们对待宪政党人虽不必斩尽杀绝，但亦不可重用。最好的办法，一面对他们虚与委蛇，一面尽量巩固我们的政府，一俟我们各方面布置就绪，然后以虚名高位，择其优者而安顿之。不料你对此问题又犯了大错误，枢密院是何等重要机关，公然举任可澄为副院长，还准备让宪政党人再加入一些，使他们布满政府，参加一切机密，了解一切内幕，以后即可针对我之弱点，全力图我，这是一种什么想法呢？最后，张秉衡表示：我此次返筑抱着无限的希望，殊知所见所闻，完全出乎预料，你说是兼容并包，我看是敌人遍地，危机四伏，从今天以后，我不参加政府任何部门，不担负任何职务，不久我即出省，我犯不着把生命陪着你们葬送掉。这一番话，把张百麟弄得瞠目不知所答。最后，张秉衡拉着我就走，接着回过头来又说："还有黄茀卿，我甚为他顾虑，如果他在立法、行政方面负责，自然是熟手，但他既非军人，何以负军事重责？所以甚为他担心。"

五　军政府的组织和活动

（一）九月十四日贵州"光复"后，十五日召集各政团、法团开扩大会议，讨论军政府的组织及人选。军政府采取联立内阁原则，由各党派、团体推选代表参加。在组织大纲未草定通过以前，先选都督做处理要事的负责人。在正副都督和枢密院正副院长选出时，由枢密院提出军政府组织大纲，交都督审议。十六日，杨荩诚都督提出对组织大纲的修正方案，经讨论通过，组织军政府如下。

1. 军政府合都督、行政厅、枢密院三部分组成。

2. 都督专管军事。

3. 行政厅设总理，主办行政。下设秘书厅以及民政、财政、学务、实业、交通五部。周素园为行政总理，主办行政。陈永锡为民政部部长，涂月楼副之；蔡衡武为财政部部长，华之鸿副之；谭景周为学务部部长，傅中藩副之；黄德铣为实业部部长，孙定刚副之；孙镜为交通部部长，刘镇副之；陈廷棻为秘书长（未就，周素园兼）。

4. 枢密院擘划军事，指导民政。除设院长、副院长外，暂设枢密员七人，即张百麟（由自治学社选出）、任可澄（由宪政预备会选出）、平刚（由同盟会选出）、杨昌铭（由宪友会选出）、陈元栋（由宪政实进会选出）、雷述（由政学崇实会选出）、周素园（由新闻界选出）。后来陆续加入乐彩澄、彭明之、朱焯、李小谷、周恭寿、刘显世、戴戡等。枢密院下设秘书厅和军政、民政、财政、学务、实业、交通六股。

5. 都督府设参议厅，以及参谋、副官两处，军政、执法两部。陈钟岳为参议长（未就）、周凤文为参谋处长、黄棋元为副官处长，廖谦为军政部部长、王炳奎副之，蓝少廷为执法部部长。

6. 部长以上为政务官，纯尽义务，不支薪俸。

7. 军政府有效期间为三个月，以后当依照中央法令改组。

九月十七日，改谘议局为立法院，仍以谭西庚、朱焯为正副院长。

（二）杨荩诚以都督职权，扩编陆军：委叶占标为陆军第一标标统，辖杨树清、萧规两营；萧鸿宾为陆军第二标标统，辖艾树池、马繁素两营；鄢元发为第三标标统，辖曾广义、胡刚、郭润生3营。

“光复”后各地组织的哥老会武装，陆续集中贵阳，既不编入陆军，又不能遣散，遂收编为新巡防军，以黄茀卿为总统，负责指挥统辖，下分东、南、西、北、中5路分统。初委黎克荣为东路分统，后改委谭德骥；陈南生为南路分统；孔程九为西路分统；李香池为北路分统；岑少刚为中路分统；黎克荣、吴相宁为左右掌旗。旧巡防军5路，亦归黄茀卿统辖。此外还有绿营，当时决定成立屯垦区，逐渐转业入屯垦工作。各司道卫队不多，约计不到百人，由实业部黄德铣收编。郭重光的保安营仍许存在，此为宪政预备会的武装力量。

（三）自治学社安顺分社方策、陈燮春等闻贵阳“光复”，即成立军政分府。后由贵州军政府任命陈署提督，方署知府。自治学社大定分社简书、谭冠英等也宣告独立，成立大定军政分府，简为行政长官，谭为参谋长。黔东道吴嘉瑞驻榕江，闻贵阳独立，亦召集谢集林、傅良弼、赵晋阳、倪松农等成立军政分府，吴为都督，谢副之，傅为靖边营长，赵、倪为参赞（此3个军政分府成立几天后，即由贵阳去电撤销）。

（四）十九日，贵州军政府召集贵州13府在贵阳的同乡联合开会。每府、厅、州、县各选代表一人，由军政府加委，携带文件、露布回返原属，接收当地政权。露布全文如次。

贵州军政府檄文

贵州军政府为檄知光复贵州，公订约法事：照得吾族为神明之世胄，中华为吾族之国土，中华主人，当然吾族。有史以来，盖四千余年矣，间或异族占领，大都不久恢复。何物鞑子，竟盘踞至今二百六十有八载。其敢行暴虐也，如扬州十日之屠全城，南山一狱之戮千人者，何可胜数？其歧视汉，满也，如满人生给口粮，而汉人永纳丁税；汉娶满则罪夫，满娶汉则罪妇等，亦何可胜数？即此贱民，应行革命，况其祸国，尤有罪大恶极之事实：甲、不重屏藩，割去澳门、香港、台湾、澎湖列岛领土，一也。丧失越南、缅甸、暹逻、不丹、琉球、朝鲜、西土耳其斯坦七属国，又一也。乙、不固边圉，西南划脱云南地万余方里，一也。西北划脱新疆地十余万方里，乌梁海地百余万方里，又一也。东北划脱黑龙江及吉林两省地三百余万方里，又一也，丙、不患心腹，租久假不归之租借地旅顺、大连等若干处！一也。开外资侵略之大商场上海、天津等若干埠，又一也。立不让予他国之卖身契山东、福建等若干省，又一也。放弃至重且巨之所有权：路、矿、航、电、海关等若干事，又一也。丁、不节财流，乞和而甘认赔款十数万万两，一也。挥霍而滥举外债数千万两，又一也。总之，肘于各国，专订最优惠极不平等之条约；对于吾族，抱定宁送朋友，不给家奴之恶心。祸国至此，敢不速锄？再延时日，亡国灭种矣。前有郑成功，革命不成而亡；继有洪秀全，革命垂成而败。今我民党，赓续起义，不辞万死，终图一生。已于八月十九日光复湖北，九月一日光复湖南。我黔中同志，分头联络军界、学界一致进行。如火如荼，如熊如罴，满吏震詟，自巡抚沈瑜庆以下，解印归降。于本日（九月十四日）在贵阳成立军政府，光复贵州。公订约法：（一）男子一律剪发；（二）家悬"汉"字旗（用白布制，大不过见方五尺，小不过见方二尺五寸，不管大小，中书"汉"字）；（三）公务一律公决；（四）公务人员，一律听候本军政府命令，不得擅离职守；（五）杀人者死，伤人及盗抵罪。（六）伪官属及旗人一律保护；（七）敢抗本军政府命令者斩。谨此七章，与我各色人等约。行见全国响应，直捣黄龙。组织政体，惟一共和。统治中华，惟一吾族。于万斯年，永永无极。露布中外，咸使闻知。此檄。贵州军政府都督杨荩诚、副都督赵德全，枢密院院长张百麟，行政总理周培艺。大汉黄帝纪元四千六百零九年九月十四日。

（五）军政府选派到各县的接收人员，曾出了一些事故。黎平府在接收人员未到以前，当地自治学社分社周培桥、张德馨召集乡兵，意欲入城接收政权。清吏闭城坚守，又纳奸人某绅士计，诳周、张二人入城订约投降。张入城被杀害，清兵开城出击，周败至永从，卒被捕就义。大定军政分府成立后，简书等对府中吏胥役卒欲予铲除。吏役辈乃串通原大定知府陈鸿爵、巡防军管带何宾侯，借开会发动事变，杀谭冠英参谋长和简忠义（简书弟），简书被俘。平越州清吏林雨，教唆防军叛变，杀接收代表甘浩义。省派东路分统谭德骥率兵往办，林雨逃往湖南。独山接收代表杨文翰，因接收时发生误会，被旧巡防军南路分统李有能所杀。此外，全省一律“光复”。

（六）贵州宣布独立，首先发难之功以陆军学生、新军官兵为最。学生深明大义，曾宣言志在“光复”汉业，本军人应尽天职，不欲忝邀奖叙。后将陆军学堂升为军官学堂，学生等一律以正军校记名，升入军官学堂肄业，提高军事修养，储成将才。任可澄等以何麟书曾为陆小教官，命其组织尚武社，专吸收学生，作为宪党的外围政治团体，后被学生发觉，不愿为其利用，尚武社无形停止。关于酬勋问题，决定将参加革命人员分为首功、协助、附和 3 种。首功给一、二等功状，协助给三、四等功状，附和给五等功状。凡得各种功状的都可呈请政府审查，有才者，量能授职，无才者，按等给金。一、二等给金 5 年，三、四等给金 3 年，五等一次发给，由政府组织考核局办理。

（七）贵州“光复”后，最困难的是财政问题。贵州“光复”前，全省收入每年约 200 万两。贵州为川盐销场，仁、綦、涪、永四大岸年收 30 万两。贵州“光复”后，协助款断绝，接收藩库存款 3 万两，接收劝业道存款 17 万两，实无济于事。赖财政部部长蔡岳整理得法，4 月之内，收入银 83 万两，支出银 81 万两，从而渡过难关。

（八）贵州“光复”前，各县哥老会均由自治学社派人组织。“光复”后，凡已成军的编为巡防营，其余各自归家。不过在这个时候，各县公口中领导人以为会党组织目的是推翻清廷，过去暗中活动埋没了多年，今革命既成功应当表彰一下，于是将公口名称公布（如“复汉公”“大汉公”等），敲锣打鼓，沿街游行（每个县分不过一两个公口）。但一般地方上人，深恐公口扰乱社会，于是来电请求维持社会秩序。贵阳巡防总统黄泽霖采纳北、西两路分统李香池、孔程九建议，开“光汉公”，自任龙头。宪政预备会见此情况，亦开“斌汉公”，以陈钟岳为龙头，以陈廷棻为副龙头。双方通过这种组织争取社会力量。不料，云南蔡锷、唐继尧先后来电，说贵州公口林立，扰乱治安，并以此为借口派兵侵黔。此事后面再叙。

（九）贵州军政府从成立时起就有各种矛盾。自治学社与宪政预备会不仅在思想上是对立的，组织上也是对立的。以杨荩诚为首的陆军系，与自治学社、宪政预备会都不能合作。杨荩诚与赵德全之间也有很大的距离。因此，军政府中的暗潮此起彼伏，无时停止。枢密院中平常办公负责只有周素园一人，其余都不到院。任可澄、刘显世、郭重光等用心深远，遇事合作。刘显世掌握枢密院军政股，一切都不放松。所以他们的势力，表面虽不显著，暗中则膨胀甚速。

（十）是年八月初，四川保路同志会因清廷将川汉铁路收归国有，发生群众性大暴动，清廷派端方率领一部分湖北新军入川，行至资州，新军得知武昌起义，将端方杀死。渝、沪两地相继独立。四川总督赵尔丰在成都，正与民军相持不下。贵州独立电发出后，渝、沪两地民军，一日五电请援。贵州军政府遂决议派黄泽霖统兵援川，以陆军第一标标统叶占标率军先发，叶到重庆后，赵尔丰已败，贵州后防需人，黄即停止前往。

（十一）杨荩诚都督因扩充陆军为三标，增加财政困难，因此，与枢密院、立法院时生摩擦。时武汉方面，民军与清军作战，形势危急，黎元洪通电独立各省求救。杨荩诚即以第三标曾广义和郭润生两营，外加新募遵、桐征兵 300 多人，共编一混成协①，杨即率领援鄂，由副都督赵德全代理都督。杨于十二月间率师东下。

（十二）张百麟在杨荩诚援鄂之后，以为省局暂时安定，决意西巡，准备部署自治学社力量。于农历十一月初带领南路分统陈南生部及卫队彭尔堃营，由贵阳出发，向安顺、贞丰一带巡视。

（十三）武昌起义后，九月十九日黎元洪通电各省，请派代表到武昌开会，筹组临时政府。不久江苏都督程德全、浙江都督汤寿潜又通电各省，请旧谘议局派代表一人、都督府派代表一人常驻上海，筹开全国性的国民代表会议。贵州此时早已独立，遂于农历十月十五日（12 月 5 日）在立法院开会选举代表。都督府应派代表亦请立法院代选。结果选举平刚、乐彩澄二人前往。乐辞不就，乃由都督府派文崇高担任。任可澄、刘显世希望代表属于宪政预备会，遂私用军政府名义电云南都督蔡锷，说贵州无适当人选，请蔡就在滇黔籍人士中推举二人。蔡复电称已选贵州籍的熊范舆、刘显治，并代垫付每人旅费 3000 元。时平刚在枢密院办公，得蔡复电大惊，次日召集各界会议，与任、刘等互相辩驳，最后由郭重光调停散会，平、文二人到南京，熊、刘二人亦到南京。审查代表资格时，以贵州既派代表，云南代选的代表即作无效。这是贵州“光复”后，自党与宪党的正面冲突。

① 一协，相当于一个旅。

六　宪政党阴谋暗杀自治党人经过

（一）宪政预备会在未成立以前，其领导人唐尔镛、任可澄等均为拥护康、梁维新的人物，其实他们原与康、梁并无直接关系。后因贵州人蹇念益、熊范舆、姚华、陈国祥、陈廷策、刘显治等留学日本，加入梁启超的政闻社，始介绍直接发生联络。蹇念益、陈廷策等更成为梁的助手。所以后来宪政预备会实际上便成为梁启超的组织在贵州的支部。辛亥革命前夕，梁系在云南的力量如蔡锷（梁的学生）为云南陆军第十九镇第三十七协协统，熊范舆为云贵总督李经羲文案，戴戡在个旧锡厂工作，刘显治亦在云南。九月初九云南起义，十二日宣布独立，蔡锷为都督，云南之全部实力均掌握在梁启超系手中。当时刘显治等为着扩张梁系的地区政权，曾建议蔡锷派巡防营数营，由唐尔锟（唐尔镛兄，云南军械局局长）率领到贵州兴义会合刘显世共同“光复”贵州。随闻贵州独立，此议作罢。但夺取云南、贵州、四川始终是梁系的基本政策，如贵州久落在自治学社手中，既增加了孙中山的民党力量，也即增加了梁系的敌对力量。因此，如何消灭自治党人，扶助宪政预备会取得贵州政权，始终是蔡锷等人的重大政治目的和行动。

（二）宪党的基本态度，表面上是和自党合作，暗地里扩大组织，培植力量，准备有机会即夺取政权。刘显世有一营力量，郭重光有保安营力量，算是有了军事的基础。贵州军队援川、援鄂，以及开往外防部队，对宪党均为有利条件。四川悍匪罗魁，窜踞曾周马场（平坝县属），刘显世、郭重光招抚编制，暗地收为自己的力量。罗魁到省，被黄泽霖设计诱杀。有谭德骥者，在“光复”初本是卸职的一个巡防哨官，并非自治党人，因多次要求任职，黄泽霖才给他一个巡防军东路分统名义。谭对黄早就不满。后黄令谭带兵到平越县平清吏林雨之乱，谭之部下唐灿章因抢夺民女为妻，舆论愤慨，黄泽霖拟从严惩办，谭更加怀恨。时兴义人王华裔与谭有旧交，又为谭的文案，刘显世等遂派覃梦松（静清，思南人）通过王华裔拉拢谭德骥，并派干弁雷鸣九潜入谭德骥军中隐伏煽动，又招罗魁余党参加，谭德骥遂暗中为刘、郭羽翼。后刘等更以 6000 两银子交谭德骥，叫他秘密组织死党，觅机谋除张百麟、黄泽霖、张秉衡。这个密谋，事后才泄露出来。

（三）根据军政府组织大纲，军政府有效期限为 3 个月，以后当进行改组。在新政府未成立以前，有改组政府以提高行政效率的拟议。军事方面，仍推杨荩诚为都督，赵德全副之。行政方面，以张百麟充任行政总理，总揽行政事务。枢密院撤销，新增一司法院，以任可澄任司法院院长。一时舆论哗然，多数干部认为任等阴谋日渐暴露，不能给予重权，使动摇根本。但张百麟还是坚持并容原则，决不让步，谓：为政在适应大众需要，非在于排除对抗之政敌，如采排敌之消极政策，则去一敌，来一敌，靡有底止。许多同志闻此言大愤，黄泽霖尤怒。会散，泽霖告同志们说：吾辈死无所矣，百麟真书生耳。

（四）张百麟出巡西路，在安顺、镇宁、关岭三县 40 多天，又到六马、扁担山联系许多彝族。忽接到立法院通知说：军政府 3 月改组期限已过，新政府如何组织，希望早日回省，亟待开会讨论。又说：本来全省新立法院议员极应竞选，只因原立法院议员一半已请假回籍，事不可能，故唯有决定延期。张百麟即率队返省。

（五）民国元年（1912 年）2 月2 日（农历腊月十五），宪政预备会发动政变，派兵刺杀张百麟、黄泽霖、张秉衡。刺杀黄泽霖者，乃唐灿章与雷鸣九领头的刺杀队，共10人，刺杀队以2人假作逃兵，8人作押解兵，持刀负枪押往总统署，请黄泽霖审讯。当时廖谦、王炳奎、陈康、黄祺元正往会黄泽霖，黄泽霖嘱彼等稍待，审案后再谈。不料黄泽霖刚出堂站在石坎上，叛军即开枪射击，黄泽霖跑入室中，叛军追入，乱刀齐下，分解黄泽霖尸体而去。后悉唐灿章办此叛乱行凶事，共得刘显世等酬银2300两，其中以1000两买刺杀队10人，以500两买黄之卫兵，自己得800两。此外，刘显世又委任唐为紫云县参将，以示奖赏。

（六）2月2日晨，张百麟正起入厕，值彭尔堃来会。忽然谭德骥派兵数十人，包围田家巷张百麟住宅，军队随之冲入。彭尔堃闻声出外问什么事，兵等误以为彭即张百麟，乃开枪将彭击毙。检验不是，又搜查屋内，不见人，遂抢掠物品而去。张百麟妾杨氏以为百麟已死，即自杀。南路巡防分统陈南生闻警率兵来援，张百麟即由厕所出来，同陈南生部队到城外瓦啄坡。此时张百麟始承认自己宽大包容宪政预备会乃大错而特错，不唯黄泽霖遇害，自己也险遭毒手，他说：现在宪政派如此凶狠，我们亦不愿与他们对峙，扰乱地方，我们仍旧往西路出走。之后，率部到达贞丰滥木厂、龙场等地，刘显世电告其兄刘显潜，率兴义团队数百人来贞丰截击。经交战，显潜败走。张百麟与陈南生乃率部经贞丰下白层河到广西百色，与当地政府交涉，以全部枪弹换款一批，遣散官兵，随即与陈南生赴南京见孙中山先生。刘显潜于百麟走后，复回龙场，将曾留宿张百麟的彭考臣父子杀死，还抄了家。刘显潜到贞丰城后，又将谭郁之、胡小昆等逮捕关押。此外，张百麟西巡到关岭县时，曾在杨肃安家住宿，刘显潜乃将杨肃安及其子杨鑫初杀死。在阴谋刺杀张百麟时，宪政党还另使一队兵往杀自治党人张秉衡，误中田有光。因当时张秉衡到厨下取茶，闻枪声即翻墙逃走，幸免于难。随即有傅雨农、龙在深、龙在清、张煦兹等同志与张秉衡共谋，决计出避安平（今平坝县），秉衡暂避安平张煦兹家。农历正月初五，秉衡闻滇军唐继尧带兵入黔，知必大杀革命党人，秉衡乃乔装与张煦兹偕行，绕小道至清溪，该县知事李葆真与秉衡至交，遂将秉衡藏于衙内数日，后因接滇唐搜捕自治党人令，乃资助秉衡逃往铜仁经湘赴宁。是时袁世凯已就任大总统，首都迁往北京。秉衡流浪大江南北，备极困苦，不得已应袁世凯县长考试及格，分发四川，任合川知县。刘显世闻之，电四川巡按使陈廷杰将秉衡逮捕入狱。幸当时自治党的龚廷栋为四川财政厅厅长，自治学社社员杨寿篯、廖谦等亦在成都，极力营救，方获开释。

（七）“二·二”事变起，贵阳秩序一度混乱，副都督赵德全提出辞职。当时立法院即召集联席会议，刘、赵一致挽留。赵以事变前后，自治党人自行离职者如枢密院议员乐彩澄、杨昌铭、李泽民、彭述文，学务部部长谭景周、民政部部长陈永锡，交通部部长孙镜、副部长刘镇，都督府王炳奎、陈康、黄祺元等，缺额甚多，无法递补，特向立法院提出改组政府案。经立法院议决，取消行政厅，以都督统辖军民两政，都督以下，设参议长一员，佐理都督擘划机要，以周素园充任，都督府下原有参谋、副官两处，军政、执法两部仍旧，另增政务、财务两部，以严隽熙为政务部部长，仝懋绩为副部长，周素园为秘书长，蔡岳为财务部部长。此为张百麟出走后贵州政府的过渡组织。

七　滇军侵黔与唐继尧军都督府的成立

（一）贵州“光复”后，宪政预备会与蔡锷联系非常密切，因此贵州发生的大小事故云南都知道得很清楚。戴戡系贵定狗场人，因父丧回里，蔡锷命其便中侦察贵州情况密报。戴到贵阳后，任可澄、刘显世等推举他为枢密院议员兼军政股副主任，参与政府机密。时杨荩诚、张百麟、平刚均外出，省内空虚。宪政预备会遂假借贵州公口林立、秩序混乱为由，以耆老筹公会名义密电蔡锷请兵来黔平乱，并推戴戡前往云南，与在滇黔人周沆同为代表，请兵随军回黔。时正值四川亦闹公口，也有人向云南请兵。蔡锷乃通电各省，略谓：四川哥老遍地，已成匪国，人民亟待拯救，又据贵阳迭电请兵，兼派代表赴诉，川黔唇齿，滇军不忍坐视，当分途扫荡廓清。随即派李鸿翔率军前往四川。贵州方面，赵德全副都督接电后，即去电力辟前说，蔡锷亦回电谢过，因此当时师未成行。

（二）民国元年（1912年）2月1日，蔡锷又通电各省，略谓：“闻贵州公口林立，有碍治安，兹派劲旅一梯团，任参谋次长唐继尧为北伐司令，统率北伐，道经贵阳，便助镇慑。”当蔡锷派兵入黔行至杨林时，正值自治学社社长钟昌祚与刘荣勋由北京绕道云南返黔。至昆明闻讯，乃往见蔡锷，力言贵州秩序安定，仅自治学社与宪政预备会闹意见，请滇军不必过问黔事。蔡锷当时允许命唐改道入川。随又接到贵州密报“二·二”事变消息，戴戡、周沆又复坚请，蔡仍命唐继续进兵。钟闻唐军至平彝，又函蔡力阻。蔡回文：决停兵，黔事由钟等自行调处，但戴、周催唐进兵更急，蔡又电询黔意，任、刘复电欢迎。钟等努力，遂归无效。

（三）1912 年农历正月十二（2 月 29 日），唐继尧率滇军入贵阳，贵州军政府招待甚优。唐云：我们援鄂部队在黔休息二三日，将继续前行。次日，滇军忽占据贵阳附近各山头，大炮、机枪均瞄准贵州都督府。

（四）农历正月十四（3 月 2 日），滇军开始行动，占领了各机关。赵德全事先未做抵抗计划，万不料会有战事发生，只身逃走。滇军假传赵德全命令，令各军一律受编。北路、西路巡防军带全队退到黔灵山抵抗，因势孤力弱，是夜散走。3 月 3 日，任可澄、刘显世、郭重光、戴戡、周沆、华之鸿、何麟书等推举唐继尧为贵州临时军都督，组织军都督府。以戴戡、任可澄为参赞，下设军政、政务、警务、卫戍 4 部。以刘显世为军政部司长、庾恩旸为副部长、周沆为政务部部长、梅若愚为警务部部长、韩凤楼为卫戍部部长。政务部之下，又分为内务司，郭重光为司长、华之鸿为财政司司长、段雨琴为副司长；朱一清为民政司司长，蹇先陶为副司长；何麟书为教育司司长，符经甫副之；黄禄贞为实业司司长。这一名单，除庾恩旸、梅若愚、韩凤楼 3 人为唐带来的军官外，其余都是宪政预备会成员（或是与宪政预备会有密切关系的人）。所以这个政府也可以说是宪政预备会的政府。自从这个政府成立直到民国 9 年（1920 年），贵州的政权都是宪政预备会的政权。

（五）唐继尧的军都督府成立后，为了巩固政权，决定首先消灭贵州的武力。贵州陆军第一标由叶占标率领援川后，驻防重庆一带，替四川革命立下了不少功劳。2 月 1 日晚，贵州接到蔡锷命唐继尧带兵入黔通电，赵德全即电知叶部迅速回省。叶接电率部即行，到达贵阳时政局已变，唐继尧命其驻扎南厂，听候改编。当夜滇军即四面围攻，叶率一部突围，向图云关退走，不料陷入伏中，叶战死，所部被歼。其余大部约七八百人由梦中惊醒，未能抵抗，次日由滇军押往省城附近螺蛳山下，解除武装后，用机枪集中扫射坑杀。又第一营杨树清后到，其部不唯人枪整齐，沿途还收得百十支枪，杨自认为替贵州保存实力。到省后，驻南门外昭忠祠，唐继尧假意命杨为军警局谍查科科长，俟杨到差时，即命梅若愚就地枪杀，尸首藏局中，所部缴械后遣散。杨树清乃参加辛亥革命首义之一员，终为宪政预备会所不容。

（六）贵州陆军以第三标第一、第三两营（曾广义、郭润生两营）改为混成协，由杨荩诚都督率领援鄂，除二营胡刚开往思南、石阡、印江、沿河各县布防外，艾树池营开往黎平，平清吏叛乱。杨荩诚都督率队行至湖南时，武汉和议已成，黎元洪来电，令杨就近驻扎常德、辰州一带，听候命令。时孙中山先生已在南京就任中华民国临时大总统。杨至南京谒孙，得发饷械款25万元，并将黔军编为陆军第八十三团、第八十四团。杨在沪订购步枪1500支、机枪8挺，又保席正铭（贵州沿河人）为第八十三团团长。至于军队行止，奉孙中山命仍带回贵州。杨返常德时，贵州已发生政变，唐继尧命各界去电拒杨返省，杨乃致电孙中山，孙命黎元洪、谭延闿就近调处。黎、谭协议派湘军两旅护杨回黔，杨拟等待所买之枪械到后再行。不久，袁世凯继任大总统，任唐继尧为贵州都督，调杨到京另用。此时黔军进退失据，黎元洪、谭延闿建议袁世凯由湘鄂派员会同黔军与唐继尧各派代表，开会研究处理办法。黔军派王鼎彝、刘世杰、肖健之，唐继尧派牟琳、吴作棻、张绍銮，黎元洪派赵均腾，谭延闿派危道丰，共会议于洪江，决定：

1. 唐继尧既经中央任命为都督，黔军一致拥护；

2. 滇军回滇，黔军回黔；

3. 由中央派宣慰使一员，带领黔军回黔，以免误会。

之后，袁世凯随即派赵均腾为宣慰使，并改编黔军为四十二旅，任命黔人周燊儒为旅长，随赵回黔。戴戡等闻悉，一面怂恿清代藩台、老官僚刘春霖电袁世凯表示反对，一面函蹇念益、刘显治、陈国祥等游说袁世凯，说黔军入黔，必有战争。袁不愿以小事丧失威信，于赵均腾请示方略时，暗示以“不必勉强入黔生事”。蹇、陈等亦恐吓赵均腾，如强去贵州发生危险，贵州概不负责任。赵均腾乃留汉口，终止入黔。

（七）黔军久待无结果，军心愤怒，众云：我黔军部队由杨都督率领援鄂，正大堂皇，为什么滇唐侵黔，反客为主，倒不准我黔军入黔？经过孙大总统命令，又经湘、鄂首脑调处，为何仍阻止我黔军回黔？于是，决心自动返黔，公举第八十三团团长席正铭为黔军司令官，由陈开钊率队为前锋，于民国元年（1912 年）10 月，由常德出发向贵州的松桃、铜仁推进。时唐继尧派刘法坤为东路巡按史，何麟书为巡按副使，陈钟岳为东路清乡督办，均驻铜仁。11 月，黔军抵松桃，大败滇军，歼其大队长黄子和，进围铜仁。铜仁滇军退，陈钟岳受伤，因陈是铜仁人，仍聚兵助战，城将陷，忽陈开钊中弹身亡，滇援军亦到，黔军败退秀山，饷弹均尽。唐继尧又电四川派兵夹击，黔军遂败。

（八）周燊儒以旅长兼八十四团团长收容残部到湘边境时约七八百人，与唐继尧交涉，愿带回交其改编。唐见黔军已无作用，乃准许入黔。黔军到贵阳，除愿遣散者外，官长调入干部学校受训，士兵补充他军。

（九）陆军第二标的艾树池营，因“光复”后，黎平清吏戕杀周培桥、张德馨案，军政府命艾率队往办，事平后，即驻黎平。唐继尧命吴传声大队长前往诱歼。艾闻信，率队入湘，至三眼桥平茶地，遭吴兵伏击，败走。入湘后，随席正铭攻铜仁，又败退秀山，军溃散，艾亦他去。

（十）陆军第三标胡刚营，于辛亥年十月开到思（南）、石（阡）一带防边，唐继尧曾5次电调进省改编，府、县议会电唐挽留胡刚营。唐怒，扣发给养，由地方筹款供给。民国元年（1912年）8月，唐又令胡缩编为东路巡防军第七营,认为只要扣发胡营之饷银三四月，全军必生哗变。胡营改编完后，仍驻原地。民国2年（1913年）冬，唐继尧调滇，刘显世任贵州护军使，戴戡为民政长，刘、戴均以胡为自治学社死党，密函地方官注意。胡闻讯后即辞去防营职务，逃至铜仁湘黔交界的大洞那朱砂水银厂避难。

（十一）贵州全省新旧巡防营、绿营一律改编为国民军，刘显世任司令。服从者接受改编，抵抗者均被消灭。全省的乡兵队一律解散，如确认为是自治学社控制掌握的，枪械全部提取。贵州乡兵队以遵义为最好，由鲁平舟率领，驻防城内维持秩序，成绩甚佳。解散令到，鲁得遵义民众的支持，未照办理。唐闻悉，命警务部部长梅若愚带兵到遵，从严查办。鲁平舟见梅意气骄横，知其有加害之意，遂就座中将梅杀死，并解除其部队武装，又派兵守乌江，中断遵义与省城往来。唐欲剿办，贵州绅耆议抚，乃派遵义人唐尔锟与鲁交涉。最后，鲁遂带领全队赴川，投熊克武部下，充当团长。贵州的革命武力，不到两年时间，终被唐继尧及宪政预备会消灭。

八　唐继尧军都督府在宪政党支持下，进一步摧毁革命组织，搜捕、杀害自治党人

（一）唐继尧入黔，宪政预备会政权成立后，除消灭贵州的革命武力外，又有计划地摧毁贵州的革命组织，捕杀自治学社成员。贵阳方面，命梅若愚改组省警察局为军警局，按册捕捉自治学社社员，收集自治学社的文件档案焚毁。外县方面，派员会同地方政府按照贵阳情况办理。被抓获的自治学社社员，重要的均被杀害，一般的则予拘禁。未被抓获的社员均向外逃走。自治学社这一革命组织，至此遂被消灭。

（二）贵州的立法院在滇唐未入黔以前，已全部选举完竣，全院议员共146名。滇唐入黔时，新议员方集会，唐继尧不许，派兵鸣枪驱散会众。不久，全体议员仍自动集会，推周恭寿、余若泉（均非自治学社社员）为临时正副主席，并致函唐继尧质问。唐与戴戡、任可澄等议，改立法院为省参议会，作为都督府下的议事咨询机关，一面暗使人呈控周、余二人为自治学社成员，均予除名，以宪政预备会及接近该会的人递补，并以谷寅宾、欧阳朝相为正副议长。

（三）唐继尧率滇军入黔时，自治学社社长钟昌祚在昆明与蔡锷力争无效。钟昌祚与刘荣勋返黔至安顺，唐继尧命驻安顺的巡防营管带张绰清（刘显世妹夫）将钟杀害。

（四）贵州副都督赵德全于滇军侵黔后，逃至扎佐其妻家避难，唐派人将赵逮捕至毛栗铺枪杀。曾任《西南日报》主笔的许阁书，被捕杀于开州。自治学社镇宁分社社员李永蓁，在张百麟西走时，曾命同志陶淑送张到百色，为此，李、陶均被杀害于镇宁。铜仁议

长张文基、议员钟灵，被杀于铜仁。思南罗方林，因被席正铭委为贵州东路民团统领，被杀于思南。巡防总统府队长平子清、队官田世雄、西路巡防管带何宾侯、黔军第四十二旅代表肖健之、黔军第一标管带萧规，均被杀于贵阳。其余被捕杀的自治社社员为数尚多，不一一列举。

（五）同盟会合并统一共和党、国民共进会、共和实进会、国民公党为国民党，派黔籍党员于德坤、胡德明来黔组织支部。北京稽勋局为调查辛亥革命中有功人员勋绩，亦派黔籍人员刘潜、徐龙骧采黔调查。唐继尧、刘显世等因当时正奉梁启超命筹组共和党分部，不容他党染指，而稽勋局的调查，必将把自治学社革命的真相披露于世，对唐、刘等不利，于是暗令驻铜仁巡按使刘法坤，副使何麟书，在于德坤等到黔时加以杀害。10 月初，于德坤、胡德明等到铜仁，刘法坤、何麟书虚与款接，并允派兵相送。10 月 16 日，于等行至田线坪，护送兵以前面为湘界而返。17 日，于等行至潘家湾，突然出现化装匪徒 10 余人，拦截于德坤、胡德明、刘潜、徐龙骧。于、胡二人被杀，刘、徐闻警未进，得免。事后，刘、徐继续前行至玉屏，遇刘的弟弟刘坚来迎，行至清溪、羊坪间的漫坡塘，又遇化装匪徒，刘潜被杀，其弟急逃，匪徒追至东瓜坪亦杀之。徐龙骧闻警，急与舆夫易衣而遁，得免。徐回北京后控诉于当局，唐继尧推说出事在湘境，系湖南匪所为。谭延闿派人调查，真相始暴露。时袁世凯袒共和党，置之不理。民国 6 年（1917 年），平刚随章太炎到云南，询及此事，唐云系刘显世所为。

（六）民国 2 年（1913 年），国民党发动全国性的竞选运动，宋教仁派黔籍党员李鼎成以筹组全国垦植协会名义到贵州活动，秘密接触自治学社社员刘警黔、肖健初、董威伯等，意图复兴国民党。是年 11 月 4 日，刘显世、戴戡令人跟踪追杀李鼎成于铜仁，捕杀刘警黔于安顺，逮捕董威伯入狱，肖健初逃往江西。1915 年，肖由江西潜往安顺省母，7 月 11 日仍被刘显世捕杀。自此以后，直到 1920 年刘显世下台止，贵州国民党的组织活动始终受到很大限制。

（七）唐、刘等对于贵州会党，也是大量捕杀。其中，除宪政预备会派人组织的不予干涉，并对其负责人加以任用外（如陈钟岳、陈廷棻等），其余为自治学社派人组织或发起的，则一概严办。派出各县清乡司令会同地方官吏，开列当地公口人员名单，按名捉拿，甚至不加审讯，即行枪决。清乡司令中著名杀人者如和继圣（云南人），手段残酷更超过他人，因而被呼为“屠户”。

（选自贵州省政协文史资料研究委员会编《贵阳文史资料选辑》第 10 辑，1981 年 10 月）

辛亥贵州革命纪略

黄济舟*

一　纪略之提要

辛亥年各省革命，或则清吏被戕，或则党人见戮，均经几许伤夷，事乃就绪。贵州辛亥年农历九月十三日（1911 年 11 月 3 日）夜，兵不血刃，竟将省城轻取到手，各县随传檄而定。不特旁观者讶为新奇，即当事者亦认为侥幸。当日革命，主动者为自治党（即自治学社，或称自治党，省曰："自党"）。作梗者为宪政党（即宪政预备会，或称宪政党，省曰："宪党"）。事定后，自党接受调处，不唯不仇视宪党，且引而共治。宪党登台，并不和衷共济，

* 黄济舟：时任贵州军政府实业部部长。
新中国成立后，任贵州省政协委员，贵州省文史研究馆馆员。

日唯离间挑拨，掀起内讧，勾结外兵，独攘政权，穷治自党不遗余力。按自党历史不过5年，遽推倒凭借绅权之宪党，完成革命之一阶段，其兴也勃焉！洎与宪党合作，转为所乘，一败涂地，其亡也忽焉！议者咸归咎于蔡岳之调处，不啻引狼入室，其言虽是，而犹未尽也。自治社员遍于全省，事前艰苦卓绝奋斗，运敏捷手腕联系各方，故进行节节顺利；事后志得意满劲松，无严密组织维系群众，故宪党之恶势力，得一蹴而摧毁之。论中国之革命：孙中山之收获，被劫于袁世凯。论贵州之革命：张石麒之果实，见夺于宪政党。倘非全国次第解放，完成共产党之革命大业，不唯中国国际地位不能提高，中国人民生活不能好转；即辛亥革命真相，亦将为挂羊头卖狗肉之蒋介石隳坏无遗，而贵州革命更无从说起。兹得从容暇豫，将以往情事分述如次，幸莫大焉。

二　革命基础之产生

中国自同盟会在日本东京揭橥，以革命相号召，各省多有分会之组织。留学日本之平绍璜（名刚，贵阳人）、漆铸城（名运钧，贵筑人）、张绎琴（名友栋，盘州人）、张翰仙（名锦林，贵筑人）等先后致书来黔，商榷此事。光绪三十三年（1907年），张石麒（名百麟，字景福，湖南人）纠合同志，成立自治学社，暗为同盟会贵州分会，办一公立法政学堂培养政治人才，开一《西南日报》以为言论机关，推钟山玉（名昌祚，字元黄，开州人）为社长，以黄茀卿（名泽霖，浙江人）、张秉衡（名泽钧，贵筑人）、杨伯坚（名寿篯，贵阳人）、杨伯昭（名昌铭，贵阳人）、陈南生（名守廉，字让泉，贵阳人）、陈百朋（名永锡，大定人）、刘树藩（名镇，安顺人）、谭景周（名璟，湖南人）、韦见凡（名可经，四川人）等，分任学社、学堂、报馆各事宜。省外则方竹君、陈勋石、刘久安、孙鉴清、安舜钦、凌汉舟、伍未章、刘汉赤、陈纯斋、朱芸间、陈桂臣、王小谷、胡寿山、李小谷、谭子骧、饶焕彩、饶镜泉、詹灵枢、彭瑞甫、曾宪谟、简孟平、简仲芬、张镜波、张云程、谭云鹏、钟子静、钟子光、钟子受诸人，分头负责，标榜平民主义与贵族主义相抗，屹立贵州革命之基础。

三　革命障碍之继起

贵州举行新政，自办学入手。清制：学堂由公家筹款设立者曰官立；由少数人或个人筹款设立者曰私立；由地方公款设立或多数人筹款设立者曰公立。光绪三十二年（1906年），唐尔镛（号慰慈，遵义人）、任可澄（号志清，普定人）、徐天叙（号叔彝，贵筑人）、华之鸿（号廷厘，遵义人）、陈廷棻（号稚苏，平坝人）、何麟书（号季纲，贵筑人）等，搜提省会书院膏火，府县黉门宾兴，暨各种学款，开办一公立南明中学。当时人士以为，公共巨款不应少数人掌握，不应仅办一中学。然以势不相敌，亦无过而问者。洎自党产生，极力摘发。唐等感于理绌人孤，拟扩充实力以相抵制。宣统元年，官立法政学生马克明（名灿奎，贵筑人）、杨文山（名焜，思南人）集合同学，组织宪政预备会，邀请唐等加入，借壮声威。唐等乘机攫得会中首领，以其亲信分任要职，马、杨沦为一普通会员。唐等即据此团体，凭借中学经济以资活动，占领原有《黔报》以作喉舌，而又托庇于保皇党旗帜之下，人数虽不逮自党甚远，声势亦骎骎与自党相埒。宣统年间，赫然为贵州地方之两大政党焉。

四　自、宪两党之政略

中国之同盟会、保皇党均欲改革朝政，当时所谓新党，为清廷握有实权之旧党所嫉视，在势两党应相合作。因同盟会欲推翻清廷，另行改造，保皇党欲依赖清廷，就便改造；政略根本不同。自、宪两党既与同盟、保皇两方各成统绪，又加以利害之冲突，意见之参商，两党之斗争极尖锐化。光绪末叶，贵州举办新政，其新设机关，参用士绅（或聘为议绅，或任为职员）；此类士绅，宪党人多，自党人少。在势宪党应占优胜，然每一交绥，宪党终告失败者，一则骄纵自恣，早为社会所厌弃；一则情愫素敦，极受群众之欢迎；所谓得道者多助，失道者寡助也。

五　自、宪两党之阵容

宪党凭借绅权，接近官方，自恃力厚，征求会员，务取可做鹰犬，足供驱遣之流。其资历稍优，才具稍裕者，忌其相逼，则远避而屏抑之。自党行为，适为相反。如黄济舟（名德铣，贵筑人）、周素园（名培艺，毕节人）、乐彩澄（名嘉藻，黄平人）、周铭久（名恭寿，嘛哈人）、蔡衡武（名岳，贵阳人）、彭明之（名述文，修文人）等，宗旨虽与自党相近，关系则与宪党较深。自党一再派人接洽，欢迎入社。黄济舟职务琐繁，势难他顾。钟山玉、张秉衡频以大义相绳，卒予加入。周素园身任多差，忌带色彩，允以道义之交，从旁尽力。乐彩澄、周铭久各有立场，不愿冶为一炉，允遇事互相提携。蔡衡武、彭明之允予合作，不必入社，以便两党有所抵牾时，可做调人。自经此度经营，官厅方面得素园一手斡旋；士绅方面得乐、周、蔡、彭随时联系；济舟已入社，其所服务地方，其所领导之单位：如省方劝业公所、农事试验场、牧畜厂、工艺局、清理财政总局、公立崇德女子师范、贵筑劝业所、官立两等小学堂、第二小学堂、自治公所、自治研究所、城厢九区联合会等，皆间接可为自党之羽翼。自党愈觉生气勃勃矣。

六　两党在谘议局筹办处职权下之角逐

谘议局筹办处（谘议局成立后改为自治筹备总局），其总会办为司道，议绅为于德楷（号仲芳，贵阳人）、唐尔镛、华之鸿、任可澄、黄禄贞（号干夫，普定人）、黄家琨（号蕴珍，安顺人）、乐嘉藻、乐嘉荃（号良丞，黄平人）、周恭寿、周培艺、石承霖（号雨农，贵阳人）、文明钰（号式如，贵筑人）12 人（于德楷、唐尔镛、华之鸿、任可澄、黄干夫、文明钰则宪党也；乐嘉藻、乐嘉荃、周恭寿、周培艺、石雨农、黄家琨则超然也）。光绪三十四年（1908年）冬，处方筹办选举，派士绅多人赴各选区调查指导（内黄德铣称事繁不能出省，特推数人请总局加入分派。后黄办选举对各区得所印证亦由于此）。宣统元年春，办理选举，以府为单位，贵阳选区由黄德铣担任；遵义选区为宪党垄断；安顺选区则自党操纵。贵阳为首善之区，人口殷繁，甲于各区，议员额仅 3 名。遵义、安顺人口相差无几，安顺议员额亦 3 名，遵义议员额达 6 名。畸轻畸重，筹备总局议绅亦应负其责。贵阳区初选当选人 30 名，黄德铣亦在内。宪党议绅谓黄办选举，例应避嫌，请总局将黄撤销。黄根据选举章程，提出抗议。选举监督庞鸿书（即贵州巡抚），就两方争点电达北京，经宪政编查馆解释，谓：照选举章程，监察人员不能当选，黄以选民身份办理选举，初选复选，均有当选权利。复电到黔，黄之立场愈固，复选又当选矣（各区宪党初选，当选人有曾充监察而人不及举发或不敢举发者，今反受到打击，作茧自缚，何苦乃尔）。

七　两党机关报之纠纷

光绪三十二年（1906 年），于仲芳等为开通风气，创办《黔报》。逾年自治学社成立，屡欲拉拢《黔报》，借为喉舌，所谋未遂，乃自办一《西南日报》，以资鼓吹。两报共处一隅，各行其是，未相凌也。及宪政预备会成立，据《黔报》以供宣传，于是两报渐走极端，即一新闻之登载，一余兴之小说，亦必吹毛求疵，互相攻击。如某姓枪杀亲子事，一报尽量露布，一报极力掩护，闹到某姓当事人出亡，闹到官厅卷入旋涡，闹到北京派员查办。某姓见报后，派人向《西南日报》质问，要报方更正道歉，报方不予接受，则请巡警道查封，警方称应归法律解决；又请审判厅惩处，厅方谓有闻必录，报馆天职，不能违法裁判；又请绅士理剖，报方派人游说绅士，请勿为恶人张目，自损尊严。报方以某姓威胁不已，乃更进一步，大声疾呼，谓地方出此惨案地方官何以竟不过问？贵筑县署，一面示意某姓暂时远避，一面出票出差着手拿办，某姓受此打击，迁怒官方，摭拾其他各事及此事，鼓动同乡言官入告。京中派员来查，入黔境后，博采舆论，详阅两报，得悉真相，据情上复，其事始寝。其他之事，更指不胜屈矣。

八 两党在谘议局之驰骋

谘议局于宣统元年（1909 年）成立，议员 39 人，自治党多数，宪政党次之，超然派极少。选举议员时，谘议局尚未开幕，两党之争，尚不显著。开幕后选举议长，自党不欲首当其冲，又不愿宪党得手，竟以票权助超然派之乐嘉藻当选。宪党愤无可泄，遇事与乐为难，乐雅负时望，且有自党拥护，不能将其推倒。开会期满，乐毅然辞职。贵阳区无复选当选候补人，又召集初选当选人重来投票，头次开票无人及格，取票次多 3 人（宪党 2 人，自党 1 人）；二次竞选，仍无人及格，取票次多 2 人（宪党、自党各 1 人）；三次竞选，投票之 30 人，宪党占多数。前二次自党以计诱其投花，3 次投票前，有选民多人，持书面投办理选举之黄德铣，警告投票人云："本区议员三人，已欠公允，而此三人，乐嘉藻为黄平人，华之鸿为遵义人，实际仅黄德铣一人；今乐辞职，本区选人补充，诸公投票身份，乃本群众所付予，选出之人，如非本区，群众誓不承认。"黄公布其书，有谓投票自由，此书迹近干涉，可以不理；有谓其书持论正大，群众意旨，似宜尊重。黄曰："我辈今日立场，系来投票，只要所投之人确为本区土著，即算不辱使命，选出之人，属于何党，无须计较。"至此群众一哄而散。及投票时，宪党人有负气不至者，自党票数遽反少为多。此名议员，卒为自党之杨寿篯当选。

此两次之争，尚斗智而不斗力。至开会时，选举副议长，闭会时选举资政院议员，自党纳黄济舟议，不全掩取（投票前自党研究人选，黄曰：我党票权虽占优胜，若一网打尽，必有后灾，毋宁稍予退让，较为稳健。众无异议）。故副议长各占一名（自党为谭西庚，宪党为牟琳），资政院议员亦各占一名（自党为钟振玉，宪党为牟琳）。是时，乐嘉藻已辞职，谭西庚推升为议长，牟琳另当选资政院议员，所遗两缺，又为集争之焦点。自党巧用其锋，仍仅占一名，举出朱焯（号芸訚，安平人）当选，另一名举出龚文枉（号雪樵，都匀人，素与宪党极接近，又与自党有相当周旋，所谓中立派者是也）当选。宪党向隅，心固不甘，然亦无辞可措。此 3 次之争，均算平安度过。及选常驻议员，黄仍申前议，自党不再采纳，投票结果，宪党无一当选。宪党大哗，一面命宪党议员全体辞职，一面由机关报痛诋自党一手垄断，一面鼓动人民提出弹劾，请将谘议局立时解散。自党更不甘示弱，起而相抗，形势紧张，几乎演成械斗。谭云鹏嘱黄济舟以友谊关系，邀两党中性和平识大体者各数人，力陈利害，略谓：谘议局为国会之先声，举国上下，经几许呼吁，始告成立，今为意气之争，令其解散，无论曲在何方，贵州议员何颜以见全国人民？两党竞选，必有一败，败者不妨再接再厉，卷土重来，何忍自贬丰裁，宁抱偕亡之痛？至此次选举，倾于一方，亦失政党风度，大可宣告无效，另行投票。反复申说，两方均觉动容。复经官厅之调停，士绅之劝谕，言归于好，而常驻议员，又费一番分配。

九　两党在教育总会之搏击

教育总会为法定机关，主持地方教育，不受学务公所节制，宣统元年（1909年）成立（章程早经颁发到黔，提学司恶其相逼，停压经年，今始公布）。会员人数，自党为多。选正副会长时，宪党知自党适当人物无暇及此，他党人物票权又居少数，满拟正、副会长，唾手可得。殊投票结果，正会长系乐彩澄当选，副会长系周铭久当选（因自党票权悉投乐、周）。宪党依然失败。其后，乐、周选定大道观内一部分地方以为会址。宪党怂恿该观会首鼓动商号，大肆反对，罢市之声，甚嚣尘上（省城庙宇，多办学堂，教育总会仅用一部分地方，自亦无碍，但该观为省垣中心地点，商民打醮聚宴之区，每年会首8人，均殷实商号，财势向不小弱，教育总会侵入，本已不愿，再经人播弄，岂能无事）。教育总会本身，宪党会员已成敌人，他党会员莫敢左右。自党会员作殊死战。事闻抚院，恐酿成暴动，严饬提学司、劝业道妥为处置。司、道等立派学务公所总务科科长（姓名已忘）、劝业公所商务科科长黄济舟会同商务总会会长李湛仙设法解决。因在商会旁听有人，说话各有顾忌，多时提不到正文。黄不能忍，遂起而言曰："据一般传说，会首商号声称：'教育总会如不退出，我们愿意花钱雇出流氓，前来开撵，问他坐得稳否？'教育总会自党会员宣告：'果然到此地步，我们也会找帮上弟兄出头相助，看他又敢怎样？'听其演变，一定闹糟！拟请学务公所迅觅一地方为教育总会会址，教育总会既托身有所，自党会员决不至坚执己见，定要与人拼命。会众方面，地方既可收回，其气已平，更不肯耗财贾祸。但觅地方非仓促间事，望李会长向会众分别劝谕。约束员工，对教育总会勿再叫号。本人亦往教育总会告诫，对于所用房屋，停止改动，免再生枝节。”李湛仙云：“事属公益，我曷敢辞？但会址务早觅获，免夜长梦多。”两科长汇报，司、道会详到院，抚署限提学司3个月内觅定会址，令教育总会如期迁出。在此期间，大道观会众及教育总会会员，如敢不遵，勇于寻衅者，仰巡警道厉行取缔，以维治安，其事始勉强敉平。

十　两党对省城议事会、董事会之冷静

议事会、董事会为自治之机构，各县多未成立。贵筑为首邑，县城即省会，尤应早日成立，以为各邑模范。因无款可资组织，无人着手。黄济舟籍隶贵筑，历充劝学所学务总董、官立两等小学第二初等小学堂长。自治公所所长、自治研究所所长、陆军小学堂教员、崇德女子师范总理、城厢九区联合会会长、谘议局议员、清理财政总局议绅、劝业公所科长、农事试验场场长等职，对于本县自治事宜，责无旁贷，乃于宣统二年（1910年）召集本县人士，积极进行。但议长、议董两席，深虑自、宪两党又复相持，事前之疏通，临时之劝说，煞费唇舌。意谓：竞选本政党所有事，以往谘议局教育总会过于激烈，几将局会根本动摇，贵筑范围较小，何能胜此巨创？古人投壶较射，何尝不争，能揖让升降，何等雍容，诸君既以筑人身份到场，切望共维秩序，俾两会不致流产，全筑实利赖之。投票时会场气氛极为肃穆，两会首领顺利产出，议长为李耀枢（天锡），议董为石雨农（承霖）。两人在直隶、广东服官多年，回籍后深入民间，无绅豪之积习。两党遇事必争，今态度如此冷静，一因两党

迭经肉搏，亦须稍休喘息，一因两会经费支绌，两首领仅有义务而无权利，故黄得将两会唾手组成。

十一　革命前之准备

自治学社以革命为职志，成立后，即积极进行者：

（一）发展社务

（二）联系群众。联系方式：

1. 拉拢党会分子；

2. 拉拢新防各军；

3. 拉拢陆军学生；

4. 拉拢待用军官。

（三）训练乡兵。训练计划：制定方案，交谘议局通过，送请抚院通饬各属按照方案训练乡兵，替代旧有团防。满望此策施行，即由各县社员出面承办。并筹全省为 5 路，每路各设一指挥，担任训练、联系、运动、宣传各事。

预定龙昭灵指挥东路，傅佐卿指挥南路，宋仁瞻指挥西路，廖谦指挥北路，本社直接指挥中路。第一、二两项进行多有成效，第三项因人事方面、经费方面牵涉太大，官方延不举行。后来革命，因乏实力，不免为人掣肘。

十二　革命时之计划

武昌起义消息传至贵州，自党急谋响应，苦无兵力。其时官方兵力，新军步兵一标（计 3 营，每营 500 人，共 1500 人），附炮兵一队（计 200 余人），标统为袁义保。又征兵一营（计 500 人），管带为董福开。此几种兵，械精人足。巡防队分东、西、南、北、中 5 路（每路 4 营，每营 240 人，共 4800 人）。抚院卫队 100 余人，管带为彭尔坤。各司道卫队 100 余人，管带未详。此几种兵，人枪不齐。绿营号称 12 营，有名无实。陆军小学生四、五两期共 200 余人。这些机构，均将运动成熟。又有帮上弟兄数百人，兵备处候差军官 10 余人（保定陆军速成学校毕业派回本省服务），亦各联络就绪。

自党连日在党魁张宅开会讨论，李芗池、陈南生、孔成九等主张率领业经招来之会党克期发难，黄茀卿、谭景周、孙鉴清等主张召集已被运动之军队学生即日举事。黄济舟主张暂缓半月，先筹定基本武力，然后发动，免仰人鼻息。筹备步骤：

1. 由贵筑议、董两会组织团防（省垣为贵筑辖地，有此兵力声光不小，本人可负责促成）；

2. 由谘议局敦促当道，将保定军官学校遣回各生悉派充新防各军军官，如此则全省兵力已间接入于自党之手，此事本党议员在局提案即日发出，立可生效。

张石麒深韪其言。自党中人以为纾缓，多不赞同。一经犹豫，事为宪党所闻，任可澄等一面向当道告密，建议召刘如周（名显世，兴义县人，时为靖边团营管带）带兵入卫；一面保郭重光筹办团防，抢占先着。自党值此危机，欲先发制人，遂策动会党，激励军队，鼓吹学生，仓促举事，始谋不臧，卒贻后祸。

十三　应付告密之经过

宣统三年（1911年），贵州巡抚为沈爱苍（名瑜庆，福建人）、署藩司为文子成（名征，满洲人）、署臬司为王仲瑜（名玉麟，云南人）、学司为陈石麟（名骧，天津人）、巡警道为贺莑生（名国昌，江西人）、护劝业道为文仙洲（名沄，满洲人）、高等审判厅丞为朱存侯（名兴汾，浙江人）。二文对于自、宪两党无所可否，王、陈两人素昵宪党，贺、朱两人向袒自党。当宪党之告密也，王、陈力主捕治以遏乱萌。贺、朱咸称操之过急，并授意自党速请谘议局出面调护。议长谭云鹏（自治党员，石阡人）召集在省议员谈话云："近日风云紧急，当局据一面之词，拟取断然手段，严酷处置，此种导火线一经爆炸，省城立遭糜烂，本局何说以谢人民？拟向当局陈述利害，令其持重而发。但危疑之际，辞不得体，有被卷入旋涡之虞。我素短辞令，诸君有愿负此责者，请推一人前往。"众惶急未知所应。谭续云："今日到会诸人中，黄君济舟于当道向有周旋，遣代我一行，众意云何？"众皆曰："善。"黄云："势机紧急，急需孔殷，既经指定，愿即成行，个人吉凶，殊非所计。惟兹事体大，能否完成使命，则不敢必。"随离席出发，同人肃然送之。

十四　折服沈抚之辞说

黄济舟代表议长往谒沈抚，沈拒不接见，再三强之，始勉延入。沈厉声曰："你们一定要见我，有何话说？"黄曰："时局紧张，谣诼纷起，敬询我公如何措置？"沈曰："谁敢造反，捕杀而已！"

黄曰："激出变端，谁辞其咎？"沈曰："官方自有主权，何劳局中过问！"黄曰："本局为人民代表，演出惨剧，人民将受池鱼之殃，不敢不问！黔中两党互相倾轧，设所告此过，波及无辜，风潮扩大，如何收拾？且人敢于作乱，必有种种捍卫，岂易受捕？不幸变生肘腋，当道恐亦不利。"沈气稍夺，曰："贵局尚关心我之安全乎？"黄曰："公为一省之主，人民所托命，自应关心。"沈曰："然贵局何以见教？"黄曰："以公地位，但严阵以待，不必打草惊蛇，各省事平，贵州讵敢妄举？大局果变，公亦有以自处。区区愚忱，各方面均行顾到，幸垂察之。"沈不觉微颔，黄遂返局报告。沈随召司、道会商。王仲瑜曰："谘议局心怀叵测，其言万不可听。"贺菶生曰："川局弄僵，正费经营。黔事谘议局既进忠告，亟宜特加考虑。"至是而党人幸免于难。

十五　革命成功时之状况

自党既得谘议局之掩护，积极活动，于是新防各军均蠢蠢思启，各校学生亦跃跃欲试。宪党转而深藏避祸，官厅果采严阵以待之策，对于新军借练打靶消耗其原领子弹，以防暴动。对于卫队，深加抚慰，不惜纡尊同饮，冀收其动摇之心。至九月十三日，革命真相完全显露，高级官吏，咸在抚院集议。下午 7 点钟，沈抚亲自打电话唤标统袁义保说话，但闻枪声，久之始有人答曰："你是抚院吗？袁反对革命已七枪毙命。唤之何为！"沈愤投听筒，立使人往唤卫队，则已臂缠白布，整队待发，向使者大言曰："沈帅本身，我等誓死保全。若杀党人，决难以应命。"沈计无所出。贺曰："谘议局前日既来说话，今日正可问其作何计较。”遂派王、贺两人驰赴谘议局，其时党魁张石麒已在局中，与谭西庚议长、黄济舟诸人早有商酌。王、贺至局，从人带有武装，革命党人必欲卸去武装，始许入内。黄知形势已易，彼之武装已无能为，若太令其难堪，转恐激变，有失和平解决意义，力为阻止。王、贺入晤，谭曰：“此时惟有曲循民意，允其自治，本局可为缓冲。否则诸公非屈辱，即牺牲耳！”王、贺允取沈意旨，一小时内答复。回述于沈，乃设“万岁牌”跪拜陈诉，倥偬之间，牌忽倾倒，众官讶为不祥，大哭而起，决从局议。王、贺又衔命莅局磋商办法，议定由沈交出军政大权，通电避位，全省治安，各官生命财产，由谘议局负责担保。王、贺复命，沈派中军宗绍武持其关防令箭等投交谘议局，贵州革命遂告段落。

十六　在事人员之追述

自治党进行革命，几于全体动员。就当日所知，今日犹记者，逐一叙之。运动会党则有李芗池（名立鉴，开州人）、陈南生（名守廉，贵阳人）、谭泉清（名德骥，贵州人）、黎绪元（名克荣，开州人）、吴湘芩（名冠，贵筑人）、孔成九（名鹏，贵阳人）诸人。运动防营，则有涂宝煌（号未详，贵州人）、肖家煌（号未详，贵州人）、刘谨权（名未详，贵州人）、关绍益（名未详，贵州人）、杨伯昭（名昌铭，贵阳人）、方竹军（名策，安顺人）诸人。运动新军征兵营院卫队，则有黄苇卿（黄泽霖，字苇卿，浙江会稽人）、谭景周（名璟，湖南人）、张秉衡（名泽钧，贵筑人）、杨树清（名未详，贵州人）、孙鉴清（名镜，安顺人）、陈纯斋（名康，安平人）诸人。运动陆军小学，则有廖子鸣（名谦，四川人）、刘莘园（名端裳，仁怀人）、胡寿良（名仁，贞丰人）、江务滋（名德润，贵州人）、黄幼甫（名德鑫，贵筑人）、史渊如（名之培，贵阳人）诸人。运动兵备处候差军官，则有王文烜（名炳奎，清镇人）、周绍飒（名步瑶，龙里人）、黄剑青（名祺元，独山人）、游佩荪（名凤池，贵阳人）诸人。购运子弹、寄藏子弹、输送子弹，则有胡寿山（名刚，贞丰人）、张润之（名泽锦，贵筑人）、陈俊坞（名未详，贵州人）、贾绥之（名国猷，广顺人）、谢文琴（名未详，遵义人）、徐曜卿、鲁达仁诸人（徐、鲁均为守护枪械子弹军官，徐贵定人，鲁安徽人）。临时传递命令、探报消息的则有张本初（名立礼，贵阳人）、卢以庄（名未详，贵州人）、冷用民（名未详，贵阳人）、桂绍莲（名未详，贵筑人）诸人。或一人专任一事，或数人共任一事，或一人兼任数事。但就其主要者记之，不能强为分析。至其统筹全局者，党魁张石麒也。坐镇幕中，隐为一大本营者，谭云鹏也。暗中援助，削弱反对之阻力者，乐彩澄也。从旁赞襄，引起社会之同情者，彭明之、蔡衡武也。作壁上观，借壮声威者，周铭久也。置身机密地位，透露官方动静，俾得顺利进行者，周素园也。利用谘议局职权，保障党人安全，不至半途偾事者，黄济舟也。

十七　谘议局临时之部署

革命事业全仗谘议局之撑持，于是每事以谘议局为重心。抚院关防送局后，大体已告段落。张石麒赶归，摒挡他事。此间未尽事宜，由谭议长、黄济舟相机处置。谭倦入眠，仅黄一人。俄而北路来报：

有众多人硬欲入城，是敌是友，情况不明；俄而南路来报：新军入城，防军阻止，势将开火；俄而西路来报；学生入城，警察盘诘，正起摩擦。黄立用电话请贺道台亲谕西城警局；又用电话嘱兵备处驰谕南城防军；复令张润之赴北门善谕来众，幸皆敉平。亡何，军事代表杨荩诚来见，请示机宜。黄曰：“旧机关已倒，新机关未立，请君暂负军事责任。城厢要隘及军械仓库邮电各地，何处应防守，何处应巡逻，宜速选人出动，由局腾屋三间，为临时办公。”杨退，学生、民众陆续来见。分别延入，各加抚慰，请即归休，明日来局开会。一切略有头绪，黄乃归寓，鸡声已三唱矣。

十八　组织政府之情形

翌日，张石麒商同谭议长，用谘议局名义召集各界在局开会，组织政府。推黄济舟、蔡衡武、孙鉴清、华延厘、谭景周、廖子鸣、王文烜、乐彩澄、周铭久等接收各机关。推平绍璜、周素园、朱云间、龚雪樵等草拟组织大纲。设军政府总揽军务，推杨荩诚（号柏舟，秀山人）为都督，赵德全（号纯臣，湖北人）为副都督，周步瑶为参谋长。内设参谋、副官两处，外设军政、执法两部。陈宗岳为参谋处处长，陈康等为参谋；文崇高为副官处长，某某等为副官；蓝鑫为执法部部长；廖谦为军政部部长，王炳奎副之。新军扩编为三标：第一标统叶占标（辖杨树清、肖规等 3 营）；第二标统肖鸿宾（辖艾树池、马繁素、赵 × × 等3 营）；第三标统鄢元发（辖胡刚、郭润生、曾广 × 等3 营）。设枢密院总揽政务，推张石麒为院长，任可澄为副院长，周培艺为秘书长。内设枢密员10 余人，外设民、财、实、教、交5部。民政：陈永锡为部长，涂月楼副之。财政：蔡岳为部长，华之鸿副之。实业：黄德铣为部长，孙定刚副之。教育：谭璟为部长，傅宗藩副之。交通：孙镜为部长，刘镇副之。又设巡防统部，收编招来之会党及旧防军，以黄泽霖为总统，黄祺元为参谋长，蔡升之为卫队管带，谭德骥为东路分统，陈守廉为南路分统，宋仁瞻为西路分统，李立鉴为北路分统，岑鉴清为中路分统。尊谘议局为立法院，为本省最高机关。议长、副议长、议员各仍其旧。军政府枢密院重大事体，须得立法院同意乃可施行。

十九　立法院之成立

立法院仅就谘议局改易名称，扩张权势，组织上既无变迁，人事上亦无更动。其成立轻而易举。自成立后，军政府、枢密院两方，凡机密事件、重大事件，咸来开会，并请议长、议员参加讨论，有须征取绅民意见，或须宣示绅民政令，亦常召集群众来院与会。

二十　军政府之成立

都督、副都督既经举定，军政府亟应首先成立。杨柏舟系日本士官学校毕业生，回黔曾任新军教练官，军事固其所长，政治经验实感不足。赵纯臣以一下级军官遽登高位，其手腕眼光，均不能为杨臂助。用人方面，在事出力诸人多未分配职务。反对革命分子，因巧于攀缘，转得录用，引起一场骚动。立法院责令张石麒、杨柏舟协商调处，立法院、枢密院、军政府乃开联席会议，令在事诸人当众自报事实。于是又有多数人急需安插。军政府业经组织就绪，杨虽深自引咎，未便突然更张，乃将此批人员交巡防部、实业部、枢密院分别位置，鼓噪乃寝。

二十一　枢密院之成立

枢密院性质等于今之省政府，枢密员如今之省政府委员，院长、副院长等于今之省政府主席、副主席，秘书长适如今之秘书长。院长、副院长、秘书长各一人，枢密员无定额。凡与革命有特别劳勋或与革命有重要关系者，由众推定提出，经立法院承认，均得随时加入。除院长、副院长、秘书长、六部部长外，如平刚、乐嘉藻、周恭寿、杨昌铭、陈柱臣、刘显世等皆专任枢密员者也。院务分军事、民政、财政、实业、教育、交通六股，每股股员三五人不等，各自推一人为主任，全体股员，有系枢密员者，有非枢密员者，院中例会，一律出席。自党人物各有岗位，院务多无暇兼顾，各股事权渐转入于宪党人物之手。

二十二　巡防统部之组织

黄茀卿本刑幕出身，此次革命其功亦多，组织政府时，群推为司法院院长。李芗池、孔成九、黎绪元、吴湘舲等坚拥黄茀卿为巡防统领。谭云鹏、平绍璜、乐彩澄、周素园等均不谓然。张石麒正欲得一劲旅以作后盾，卒允其请。组织统部时，黄济舟语张曰：“茀身为统领，我辈安危，惟茀是赖。茀本身之安危系于卫队。管带一职，须声威素著、切实可靠之人担任，庶缓急恃。今观所部，殊不惬意，吾窃忧之。”张立召苐来商，并由济介绍一相当人物与苐晤言，苐亦满意，允立予调整。迟逾三日，苐未报命。复召来诘，苐云：“所部不愿外人加入，业经一番整顿，决可勿虑。”错已铸成，济不便越俎再渎。张只有嘱其好自为之耳。

二十三　府院各部之概况

府院所辖各部除执法用臬司旧址新设外，其余各部均就接收各机构改组成立。军政由兵备处组成（军械局、火药局并入范围）；民政由巡警道组成（保甲局等并入范围）；财政由度支司组成（厘金总局、善后局、官钱局并入范围）；实业由劝业道组成（农事试验场、牧畜厂陈列所、省内外各矿厂通归其管辖）；教育由提学司组成（省内外各学堂劝学所等仍归其管辖）；交通由电报总局组成（省内外邮电局及劝业道之邮传种亦拨入其范围）。改革伊始，各项措施，尚谈不到。独财政、实业两部各有一事，轰动全城。一为财部焚烧档案（大量册籍运集辕门隙地，连日焚烧，火光烟幕弥漫遐迩）。一般舆论，咸谓该部由布政司蜕化而来，原为本省最高行政长官（清改巡抚为实职，布政乃降为隶属）。政府掌故，地方文献，菁华所萃，投诸一炬，未免可惜。昔萧何入关，先收册籍，今蔡反其所为，意果何居？或曰，案牍占屋数楹，此后愈积愈多，徒供鼠虫之穴窟，不如早付祝融，较为痛快。一为实部扣解巨款。实部之款，内有折存官钱局之 8000 两，系皖省捐款（清宣统初，安徽水灾，奏准捐虚衔封典，筹款赈济。贵州捐务，皖当局托署臬司王玉麟代办。王回道任，将此款暂附劝业公所。黄接收时，部中旧人咸称此款并非本省之物，外间多未知之，劝黄收为已有，酌提少数津贴员司。黄未之允）。库中存款约 18 万两，悉为银锭。每锭重 10 两，50 锭装一箱，约 360 箱，每人挑两箱，须力夫 180 名。解出之日，运款力夫，护送卫队，照料员司，不下 200 人。招摇过市，观者塞途。佥云，实部此款，改革前藩司迭来提取，黄时为科长，力主留办实业，坚不移交，今身自为政，转将此款轻易交出，前后行为，何矛盾如是？

二十四　司法机关之虚悬

枢密院组织大纲于军政、民政、财政、实业、教育、交通六部外，本有司法之设置。因推定之院长黄苐卿改就巡防统领后，院长人选未定，法院暂未成立。而原有之提法公所、高等审检、地方审检、看守所、监狱各种机关，竟至无人过问。黄济舟谓：任何国家司法必不可缺，况改革以来，向隅诸人亟待安插，应将司法大小机关一体成立，大可容纳多人，岂非两善。屡次提议，均无应声，一事如此，其他可知。

二十五　新编防军之闹饷

贵州军饷，有由库款发给者，有由厘款发给者。改革后，各款集中于财政部，新军隶属军府，月饷均由军府向财部支取。防军隶属枢院，月饷应由枢院令财部照发。统部成立之初，领饷程序未及明白规定，领饷无着，兵队大哗。中下级军官及士兵闹到枢密院，向空开枪示威；闹到立法院，以枪托触地泄愤。此种意外风潮，不旋踵而解决。外面闻之，争向府院询问。府院中人有不知其详而信口作答者，有明知其故而危辞耸听者，弄得谣言纷起，人民饱受虚惊。

二十六　漏编防军之蠢动

政府组织就绪，人心渐定，忽有散军欲劫监库之风说，全城震惊。查此项军队本正式防军，向驻司道各署守护监库，因官长逃匿，漏未被编，愤而生变。枢密院初拟剿办，恐军府统部处置失机，激起战祸，乃改剿为抚。以黄济舟与此项军队较为接近，推往收编。黄知若辈多系湘人，久历戎行，性极剽悍，非若辈信仰之人招之必不肯来，亦不敢来。特嘱曾任参游协镇之军官刘高桂（号已忘，湖南人）设法寻出该队之哨长、什长等，开诚晓谕，幸而就范。即派刘为督带，以资管束。一场剧变遂归消灭。

二十七　刘如周之入省

刘本沈抚电调，招募徒手兵一营（共计 500 人），兼程来省，希冀领取新式枪支，驰达安顺，省垣已反正，不敢遽入。具函来省，略谓前衔沈命带兵入卫，因诸公正有义举，故迟其行，兹幸大功告成，本人行止唯公等命。张持其函在立法院两次讨论，平绍璜、黄茀卿谓刘在兴义向极跋扈，不如因而除之。蔡衡武谓刘才可用，令其入省，敢保其无他。黄济舟谓刘自命不凡，驭之不易，不如令其归去。张谓彼既来书表示善意，杀之不可，令回兴义，后恐难制，毋宁许其入省。刘既入省，不能无所位置，遂推为枢密员。刘入枢密院任军事股主任，带来之兵，驻东城外九华宫，计分4队，前队官王文华，后队官鄢鼎三，左队官王慎一，右队官袁祖铭，旋亦领得枪械，其势浸张，院中会议逐渐骄横，平绍璜时加裁抑，刘蓄愤寻衅，某次之会竟拍案示威。

二十八　攘夺代表之突兀

贵州反正后，迭接湖北黎元洪、江苏程德全、浙江汤寿潜各都督通电，请选派代表前往开会，筹组中央临时政府。已推出枢密院之平刚、军政府之文崇高为代表。刘、任等欲争此代表，私用军府名义电云南都督蔡锷，代选在滇黔人熊范舆、刘显治，并垫给每人旅费3000元（平、文旅费合计不过千元，熊、刘旅费竟达6000元）。其后，平、文到达南京，熊、刘亦由滇赶至。审查代表资格，熊、刘以邻省代选无效。

二十九　两党携手之一瞥

自党革命后，黄茀卿、杨伯昭、陈百鹏、谭景周等拟取断然手段，诛夷反侧。谭云鹏、黄济舟、周素园、乐彩澄等拟取宽大主义，免增怨毒。蔡衡武则主张化敌为友，携手共进。张石麒采用蔡议，故各机关人员，两党参用。于斯时也，两党中人，一感卧榻之侧，容人鼾睡，啧有烦言；一觉食人唾余，终不能甘，愈生异志。冰炭之性，本不相容，勉强结合，欲不恶化，其可得乎？

三十　耆老会之出现

宪党组织此会，以郭子华（名重光，贵阳人）为会长。表面为一酒食征逐之团体，实际则含政治作用。平绍璜、谭云鹏、乐彩澄、周素园、黄济舟均谓不加取缔，必生他虞。张石麒谓民主国家，有集会结社之自由，区区一会，即怀异志，亦何足患？置之不问，其势愈张，公然刊关防、出布告，自称人民代表，与立法院对峙；更组织团防，厚储实力，以胡锦棠为保安统领，并嗾其党徒冒各界名义，今日立一会，明日设一社，此地聚一党，彼地集一团，举所谓自强社、尚武社、务本团、政党联合会、共和实进会、政治期成会、平权无私会等，五光十色，融惑社会耳目。

三十一　公口之林立

公口即“哥老会”之别称，皆扶明仇清之残余组织，清廷斥之曰“匪”。贵州反正，张、黄曾资其力。洎事既定，或收编入军，或资遣回里。正安插解散之未遑，宪党包藏祸心，大施煽动。更由郭重光以耆老会名义，于立法院开会时登台演说，提倡大开公口。谭云鹏以议长地位禁其发言。然已驷不及舌，不两日间，省内外公口如春笋发生。郭复举黔汉公龙头温瑞廷招兵500人以驻南路，举懋华公龙头李某（名已忘）招兵数百以扎盐路。耆老会所任之保安统领胡锦棠，则充大汉公龙头，军心被其动摇。黄弗卿拟厉行裁制，不听者杀之。时政府人数，两党相当，宪党中人谓不宜操之过急，激生他变。自党中人未深考虑，姑漫应之。黄裁制之说遂不得行，为维系军心计，徇部下请，亦开光汉公自充龙头。光汉公出，气象堂皇，一切公口，黯然无光。宪党又令陈宗岳、陈廷棻开斌汉公，宗岳充正龙头，廷棻充副龙头。宗岳为军界所知名，廷棻为学界所知名。“斌”字右武左文，隐寓二陈之历史。成立之日，特别张扬，务超光汉公之上。至是各党会竟明目张胆占据民房衙署，以立公口。仪式陈设，比于官厅。而头戴英雄结、鬓插杨梅花、腰围战裙、足穿麻儿草鞋之辈，招摇过市，有如戏场。

三十二　张石麒之出巡及杨柏舟之北伐

自党虽纳蔡议，引宪党出而共治，宪党内不自安，转谋起而代之，用间离政策使之分化。初谓军政府与枢密院军民分治，枢密院之权力渐高，引起张、杨之裂痕。继谓巡防部不隶属于军政府，军政府之权威渐缩，引起杨、黄之争端。更唆使杨、赵不和，黄、赵交恶。立法院睹此觥舭，恐危及大局，邀集各方会商解决办法。佥谓凡事既生摩擦，不求退让，必有伤夷。宪党提议张出巡上游，杨率军北伐，黄出驻四川，赵留守省城，如此调整，既可向外伸张势力，又免在内酝酿猜嫌。自党知此议不啻调虎离山，亦未揭破，仅谓省城空虚，不予赞同。商酌多次，始决定张、杨同出，黄、赵同守。

三十三　积匪罗魁之伏诛

张、杨既出，黄、赵交欢。宪党一时不便再施间离，致露形迹，变计招致罗魁入省，使之图黄。罗本积匪，在遵义一带犯案累累，久缉未获。今忽奉召，率其丑类骚扰而来，沿途奸杀，劫人马匹，号称马队，北路人民衔之刺骨。宪党机关报反大肆鼓吹，称为民族英雄，且请加录用。黄知此獠不除，祸在眉睫，探赵意旨唯唯否否。遂于新川会馆盛设彩觞，为之洗尘，诱入之后，当筵枪毙。防御森严，罗之丑类无敢动者，一时人心大快。

三十四　黄苐卿之被刺与张石麒之出走

黄既诛罗，宪党知黄非易与，时张已将上游各县抚绥就绪，年终言旋，拟将省内各项重加整理。宪党见张、黄势力转趋稳固，图之愈急。适黄之分统谭德骥部有奸淫情事，黄正查办。宪党以 4000 金遣谭幕王小山买该部督带李先春、唐灿章，令队长夏培初，于民国元年（1912 年）农历腊月十五（2 月 2 日）假充解送匪徒，荷枪实弹，赚入统部，将黄刺杀。先是，宪党刺黄之谋既定，广散烟幕，一则曰黄警卫森严，有失民军风度；再则曰黄卫队不稳，必将祸起萧墙。黄因是对于兵弁，不许武装，一为堵人口舌；一为预防变端。被刺之晨，其左右亲信又被诱外出，黄之遇害自难幸免。刺黄之辈，同时又分兵袭张，张之卫队管带彭尔堃适在家宅，立遭击毙。张避入内室，正被搜查，南路分统陈南生驰来救护，手刃数人，余始窜去。陈遂拥张至军政府，约赴合力拿办变兵，并会衔出示安定人心。赵嗫嚅者再，其部对张且含敌意。陈又拥张出城，暂驻彼部，次日陈约各路分统共讨叛军，并与赵谈判，至者寥寥。张觉势不可为，乃挟陈南走。比达广西，以枪械抵借小款，遣散所部，二人轻装赴沪。

三十五　赵纯臣之首鼠

黄运动新军，赵先响应。军府成立，黄力扶持，赵以一队长一跃而为副都督。黄遇难时，统部密迩军府，赵若罔闻。及张求援，赵亦不应。其军法部部长蓝绍庭且布告曰："黄统被戕，个人交涉，凡尔人民，不必惶骇。"此种情形，揆之于理，似太不合；征之于事，实有所因。尔来宪党令郭时时说赵曰："自、宪两党之不相能，君所知也。君与自党相需为用，宪党亦知也。君之地位，固由自党之力，而自党之得手实由君之力。今自党在位，君事事仰其鼻息，岂得谓平？宪党不甘受其卵翼，若去张、黄，宪党愿戴君统治全黔。"赵惑其言，故其态度竟至如此。

三十六　立法院暨各机关之改组

贵州反正后，各机关匆匆成立，原定3个月后另行改组。黄死张出，适届改组之期。时巡防部已瓦解冰消，枢密院形存髓亡。宪政党乘机易人过渡。赵至是亦有狐兔之悲，意不谓然。新换诸人，又不愿就职为人傀儡，只好换汤不换药，改部为司，即以原有正副部长为正副司长，暂维残局。至于立法院，经全体承认为本省最高机关，耆老会虽自称人民代表，终有正闰之分，宪党欲去之久矣。适南京来电，规定各省有议会之组织，乃改立法院为省议会，推广议员名额。谘议局议员以政府为单位，议员39人，省议会议员以县为单位，议员共100余人。至是而军政大权，人民代表机关无权过问矣。

三十七　唐继尧之入黔

宪党力谋自党，分化政策虽达目的，究苦实力不充，乃假贵州军府名义，向云南府借兵。滇督蔡松坡（名锷，湖南人），向闻贵州平靖，突来借兵，正加考虑。宪党戴循若（名戡，贵定人）、刘希陶（名显治，如周弟）、熊铁崖（名范舆，贵阳人）等时在滇垣，复加请求。蔡遂派唐继尧（号蓂赓，云南人）用假道北伐名义，率兵入黔。复电到达，群情惶愤，请究发电主名。宪党人云，通电假道，不谓无因，何必误会，致相惊扰。时自党正值多事，宪党气焰方张，此事遂含混过去。滇军入境，自党中人建议于赵，令其由边境通过。赵为郭愚，许其入省，且设供张。唐至贵阳，不驻招待处，径令军队分扎山头，并设大炮直向省城。赵始知受绐，请郭来问，郭避不见面。越日，军府被围，而赵逃矣。于是宪党之耆老会遂正式出面，举唐为贵州临时都督，戴循若、任志清为都督府左右参赞，刘如周为军政部部长、朱勋为民政司司长、华之鸿为财政司司长、黄禄贞为实业司司长、何麟书为教育司司长、高培坤为防务局局长、文明钰为官钱局局长。至各机关地方，除实业司保持原状正式移交外，其他机关，或逃避一空，或摧残殆尽。故唐入城，以实业司尚属完整，即在其中暂行驻扎。时为民国元年（1912年）农历正月十四（3月3日）。

三十八　钟山玉之遇害

钟山玉本自治学社社长。上年以孝廉方正入京朝考，反正后回黔。在途闻滇军入黔，乃绕道入滇，上书蔡督，谓贵州本无变乱，自、宪两党时相倾轧，不可听一面之词，助之以兵，惹起两省纠葛。蔡因唐早出发，不及撤回，嘱钟驰回调处。钟抵安顺，唐已据黔，若辈即电令前刺黄之军队唐灿章等，杀之于安顺城外，颈中10余刀，其首始坠。钟与刘希陶本为同学，后充靖边营督带，又与刘如周共事，因旨趣不合，毅然辞归，交谊遂淡。当议杀钟时，蔡衡武曾向刘、任、郭、戴诸人呼号营救，诸人互相推诿。及杀钟电发，始语蔡曰："成命不及收回，只有为谋善后矣。"钟丧至省，停于红边门外三教寺，重为装殓。亲友、党人均惧祸及，至者甚稀。黄济舟趋唁，凭棺俯诀，颜色如生。其夫人抱其幼子，在旁哀泣。

三十九　赵纯臣之被杀

赵之逃也，刘、唐等轻其平凡，不虞为患，未加追袭。赵本鄂人，杨柏舟又驻军湘西，若由东路直下，远飏正易。因有妻族住在贵阳沙子哨地方，又恃郭子华可资保障，故潜伏于此。唐、刘等闻其尚未出境，虑其别有企图，由郭诱出，杀之于毛栗堡。

四十　杨树清及各军队之遭戮

杨树清出身学兵，张、黄等运动新军时，深资其力。发难之夕，新军出动，标统袁义保出阻，杨举枪击射，袁惧逃伏，其事遂定。军府成立，以功擢为管带，派其率兵驻渝。军有纪律，与川人极相安。唐既据黔，以杨为张、黄死党，调回杀之。其他军队，无论官长士兵，恐其不为己用，缴械之后，驱至东郊，悉数坑杀。

四十一　周素园、黄济舟等在渝之通电

宪党得势，对于自党及有关人士不惜屠杀，且颠倒是非，甚至谓自党为匪政府。谭云鹏、乐彩澄、周素园、黄济舟等以为两党相争，胜利者进，失败者退，夫复何言。自党卧榻容人，为敌所乘，是自谋之不臧。宪党斩草除根，免其再发，亦自卫之恒情。信口污蔑，究何为者？但地盘邮电，已入宪党之手，无可告诉。

五月中，黄济舟、王文煊、黄剑青、周小恒、陈俊坞、周素园先后至渝，立将贵州情形撮要陈述。由周素园领衔分电北京（大总统所在地）、武昌（副总统所在地）、南京（黄兴留守之处）各处，俾明真相（事后，诸人亦先后东下）。

四十二　洪江会议宣慰辞职之始末

清廷退位，战事已停，北伐各军自应撤回。但杨柏舟返旆之时，已在唐继尧据黔之后，唐及宪党当然阻止。湘、鄂两省出面调停，于民国元年（1912 年）6 月在洪江开会，鄂特派员赵均腾，湘特派员危道丰、陈书田，杨军代表肖健之、王铮、刘世杰，唐军代表牟琳、胡为一、张绍銮、吴作棻、何熇等，协定 8 条，呈经中央批准，于 8 月由国务院电黎副总统、谭都督会同办理。无如率兵回黔者为原任都督，现在主黔者为临时都督。杨、唐地位，根本冲突，协定 8 条，何能实行？但黔军逗留湘境，终非久计，中央特命赵均腾（号南山，湖北人，清末曾任贵州陆军小学监督）为宣慰使，率领黔军回黔，以资解决。唐及宪党恐赵入黔，于彼等多有不利，仍一再反对。赵乃

辞职，遂令湘、鄂调停暨中央处置之苦心，均付诸东流。

四十三　谭云鹏、黄济舟、杨伯坚之入京

洪江会议既归无效，赵使宣慰又不果行，黔军、黔人苦不得归。民国元年8月，出亡黔人之在武昌者，拟请政府做有效之处置。适谭、黄、杨先后戾止，众以3人在黔历充谘议局、立法院、省议会议员，推为代表。3人在鄂先谒黎副总统，请其具电先容，随搭京汉铁路火车北上，袁世凯立予接见，由谭详述一切。

袁云："贵州早有代表凌云（号秋鹗，贵阳人，宪党党员，适以教育代表到京开会）等来见，所言与君等不合。"

谭曰："若辈自说自话，曲直自然颠倒。"

袁云："其他黔人如蹇念益、陈国祥等亦尝言之（蹇号季常，遵义人；陈号敬民，修文人，清末之保皇党，洪宪时之劝进党）。"

黄曰："若辈始而反对革命，竟至告密，继而借兵袭黔，取而窃据。此种反侧投机之尤，留之终必为患。曷若乘机易人，将贵州收入中央，非徒黔人之幸，实亦政府之幸。"

袁云："国基新造，中央志在维持原状，今言及此，俟徐图之。"

杨曰："自党非不能收合余烬与之周旋，特恐一隅之争，影响大局，是以投诉中央。今中央转维持原状，公是公非之谓何？"

袁曰："兹事复杂，非急切可了，余事甚冗，改日再谈。"遂起身送客。

四十四　于业乾之罹祸

唐、刘地位本由自党攘劫而来。自党又与国民党为一脉渊源，故唐、刘之仇视国民党无殊。贵州组织国民党支部，已触唐、刘之忌。于业乾充特派员贸然入黔，险孰甚焉。于由北京动身时，漆铸城、张绎琴、黄济舟等曾举唐、刘态度相告，力阻其行。于不听。及入黔境，何季纲（名麟书，贵筑人）秉承唐、刘意旨，派人枪杀之于思州道上。与之同行者胡德明，亦追之玉屏境杀之。国民党及黔人大哗，中央责问到黔，唐、刘佯为不知。及湖南都督奉令彻查证实，唐等又称为遇匪。扰攘数月，终以不得主名而罢。

四十五　北伐黔军之交替及铜仁之血战

北伐军回黔问题，久未解决。延至民国元年（1912 年）8 月，杨柏舟知难而退。中央得唐、刘等同意，派周子光（名燊儒，贵州人）接管北伐军，率之回黔。杨遂辞职入京。唐、刘与周早有协商，令于接管后将此军设法解散，而另酬周以他职。但周表面上既不便解散，实际上又不能回黔，迁延两月，其军分为两派：软化一派，行止一唯周命；倔强一派，奉席丹书（名正铭，贵州人）为首，誓与滇军相拼。11 月，席率此一派自动回黔，滇军遏之于铜仁，相斗极烈。黔军之陈开钊（号永洋，龙里人）素称善战，攻城阵亡。滇军之陈宗岳（号嵩圃，铜仁人）向号能军，重伤毙命。滇军尚可增援，黔军已无后继。席竟告失败。而北伐军回黔一事，至此遂不成问题矣。

四十六　北京贵州冤愤团之纠葛

宪党既借外兵攘获政权，若能逆取顺守，抚绥疮痍，收拾人心，自党即有未安，黔人亦可无言。无如若辈铲除异己，不留余地，致令呼吁之声，弥漫全国。其彰彰在人耳目者，如周培艺、黄德铣等483人在渝致北京大总统、武昌副总统、南京黄留守暨各省之通电；魏邦彦、刘树仁等157人对唐继尧艳电之驳议；平刚、谭西庚等29人上国会请愿书；张友栋、漆运钧等数十人上参议院请愿书；贵州军学商各界血泪通告书；遵义鲁瀛布告同胞启；沿河王元齐泣告同胞书；徐龙骧黔人乞救书；京津全黔维持会方敦素、梅镇涵等86人之贵州血腥录；简书、彭景祥等55人之冤愤团等印刷品，对若辈罪状抉发无遗。若辈衔之刺骨，欲施打击，又因多系临时性质，苦难着手。唯冤愤团有通信地址，有调查表册，类似永久机构。若辈用贵州政府名义，由刘显治出面，控团中漆、方、简。彭诸人于北京法院，谓诸人笔下口中称若辈为贼为妖，公然侮辱，破坏若辈名誉。冀以政治努力，威胁法院入诸人于罪。法院亦知团中宣言，全属受屈呼援，并非造谣生事，罪无可科。乃取调停方式，劝漆等息事宁人，此后不再呼彼等为贼为妖，具结完案。一场滑稽诉讼，登时解决，冤愤团亦随之而消。

四十七　黔人呻吟之尾声

宪党之刘显治、熊范舆、戴戡辈在滇服官，见个旧厂发达，亟思染指。刘、熊合力运动戴入个旧任职，3人亏空厂款18万之多。

滇人追赔过急，3人串通唐继尧，借口兴办贵州实业，以都督名义，借法人勾堆男爵法金1250万法郎，或英金50万镑，周息6厘，以贵州契税、印花税作担保。若辈此举，一方面挪还滇债；一方面互相分润，人民担负不之顾也。黔人闻之，惶骇奔走。于是年2月13日聚集同乡在北京南横街贵州新馆开会，以大定陈永锡、清镇阮绍釜等反对尤力。但木已成舟，中央且不能禁，区区人民反对，自无效之可言。自时厥后，国事日非，黔事愈不可为，自党已不愿再作无谓之挣扎，黔人亦不愿尽作无益之哀鸣。宪党强敌既摧，内讧迭起。亡何，唐继尧、刘显世宾主交恶。亡何，刘显世、王文华甥舅相夷。亡何，唐继尧、刘显潜、袁祖铭、彭汉章、周西成、李晓炎、毛光翔、犹国材、王家烈，此兴彼仆，各为蜗角之争。至民国24年（1935年），蒋介石势力伸张入黔，贵州政府始经改组。而残余遗孽，又攀缘蒋氏，窃据要津。迨民国38年（1949年）11月贵阳解放，贵州始重见天日。

四十八　自治党成功失败之总结

自治党之起事，其初得新军之赞助，卫队之响应，陆军学生之附和，哥老会党之撑持，声灵赫濯，唾手成功。及政府成立之后，新军归入军府，与自党另树一帜。陆军学生为宪党何季纲煽惑，转与自党为梗。卫队会党虽与自党站在一线，但不能妥善编制，俾成可靠之基本武力。而宪党复百出其阴毒险狠之计，媒孽而重伤之。故而不久，苐卿殉难，张石麒出亡。于斯时也，论其表面，自党领袖虽已离去，而立法院无恙也，军政府无恙也，枢密院无恙也，其他各部无恙也。究其实际，军政府之赵纯臣显与宪党默契，立法院之谭云鹏等于赘疣，枢密院仅有躯壳，各部形同标本。其中人物，如谭景周、孙鉴清、廖子鸣、陈百朋等号称自党之骨干，亦不免销声匿迹。蔡衡武、乐彩澄、周铭久、周素园、黄济舟等向为社会所瞩目，宪党所嫉视者。蔡因合作之策竟结恶果，已无置喙余地。铭与自党向不亲切，自难尽力援手。乐虽极意维持，亦苦计无所施。素在枢院，黄在实部，各自硬起头皮，不屈不挠，作正式之交替，始洁身而去，未及于难，亦云幸矣。

（选自全国政协文史资料研究委员会编《辛亥革命回忆录》第7集，中国文史出版社2012年6月第2版）

贵州辛亥革命前后的几点回忆

阮俊斋*

一　我与自治派和宪政派的关系

我在保定陆军速成学堂第一期毕业后，1910年任贵州陆军小学堂军事教官，继充第二队队官，后来又兼第一队队官和提调。提调上面就是总办，我初到时，是陈时济（候补道）当总办。辛亥年春，新军营教练官（如副团长）杨荩诚（柏舟，秀山人）来兼总办。后来接任的是姜文丞（若望，湖北人，候补道），官派十足，大家都不喜欢他。

当时贵州社会有两派势力：一派是自治学社，一派是宪政预备

* 阮俊斋：时任贵州陆军小学堂军事教官，后任援滇前敌总指挥。新中国成立后，任民革贵州省委员会委员。

会，两派势成水火，明争暗斗，十分激烈。我不同意革命，因而对自治派的领袖人物如张百麟、周培艺等虽然认识，不多接近。我曾到日本留学，往来经过神户都住在梁启超家（他的妻子是我妻的姑母），对我招待殷勤，并曾赠送我一本他所写的《欧洲十一国游记》，所以我对他很崇拜，我赞成君主立宪的思想根源就是由此而生，因而对宪政派的重要人物如任可澄、唐尔镛、陈廷棻、华之鸿等十分相熟，特别是何麟书（季纲，宪政派所办的公立中学国文教员，又在陆军小学任教）和我是姻亲，又能唱川戏，我们更为亲密。

我到陆军小学堂任事以来，地位和薪水日渐增高，只喜欢玩耍享乐，打牌、吃酒、唱坐戏，对学堂的事只是敷衍混过，但希望学生不闹事就行。对国内外大势，漠不关心。所以我对两派的内幕活动及其斗争都不很知道。

二　陆军小学起义的情况和我对革命的态度

陆军小学中的革命组织及其活动，我还未到学校任职以前，就有二、三、四、五期的学生席正铭（丹书）、莫思谟（季莹）、刘端裳（莘园）等组织了“历史研究会”，表面是研究历史，实际在暗地里进行革命活动。他们为了与新军营中的哥老会组织取得联系，有些人入了哥老会，同时和自治派也有接触。我任职的初期，对于这种组织，认为是帮助进行学术研究，关于革命活动，一点也不知道。后来时间久了，才渐渐听到了一些风声。但我认为学生们没有什么大力量，一些小泥鳅，翻不了大船，亦未放在意下。

辛亥革命起事的前几天，他们活动得更加积极，有和我接近的学生（姓名记不起）私下报告我说：“同学们和新军营有联络，将要暴动。”我以为这些娃娃头只在学擦枪，又没有子弹，干得起什么？总之，轻视他们，不甚注意。

直到农历九月十三日，我白天到学堂里去，一切平静如常。大约午后5点钟，我要回家吃饭，把日常事务照例交与值星排长（记得好像是毛凤岗，他现在已死，当时排长还有蔡汝光、邝农进、蒋华西等）。

我到家中，就有何麟书、李和生、冉文伯等来同唱川戏，我正唱《仙人岛》的女声，已经是夜间9时，突然姜总办派人来找我，说学生已经全体武装起来闹事。我大吃一惊，就停了锣鼓，立即慌慌张张地跑到学堂，就见学生们持枪上弹，守着门和围墙，做防御准备。我到后，他们放我进到内操场，一齐围着我。我当时心里很紧张，就问他们：“你们干什么？”他们说：“现在武昌、长沙、昆明都独立了，我们准备今晚起义，响应各省的革命。”我不等他们说完（听到有些人说，就要去攻城），我就向他们表示关切地说：“不发动已经发动了，还应该取慎重态度，因为沈抚台还有卫队（管带我认识，名彭尔堃），等到新军发动了，我们跟着活动。我们力量不够，只有偷机会。”其实我的思想，根本不愿意革命。就当时起义的实力说，学生只100多人，枪也不会打，又没有发给子弹（后来听到子弹是外面送来，每人只三五发），怎么能去攻城？我心中虽然这样打算，恐怕惹起他们反感，不曾完全说出。但是大家一股奋不顾身的勇气，认为我对革命不积极，十分不满。因此，素来对我不和睦的一些人，职员中如邝农进等，就暗地向大家煽动说我是汉奸。学生中如史之培、赵龙骧、程毅、谷正潮等，多是革命的激进分子，平时和我意见极端不合，因为我素来最爱骂他们，他们很恨我，这时也就一同反对我（新中国成立后，莫季莹曾说及，当时他们一部分人主张杀我，另一部分人不同意，才没有下手）。我和他们意见不对头，觉得很危险，幸而他们忙去干他们的事，散去了，我就待在学堂中。据后来探听，他们当初是望我参加革命，因为我是本省人，熟人多，又是队长兼提调，容易号召，为革命发展计，一部分人还想利用我做领导。我若是积极参加革命，可能被推为都督。但我一贯是想做封建官僚，认为造反是很危险的事，我不愿落进这个陷坑。若是革命失败了，我就申明我不赞成。我素来瞧不起那一些激进的人，认为决不会搞出好事，冷眼看他们怎样办？只因在那种激烈情况下，我也就不敢过问了。这一夜，一直闹哄哄地到天麻麻亮，看见他们排队进城，是邝农进带队，我才回家。这已是农历九月十四日，天大亮了。我到街市上看看情况，满街许多来往的人，手执上面写了个“汉”字的白色旗子，身上挂着白布条的标志，高声大呼“贵州反正了”“贵州独立了”等口号。后来我遇着冉文伯，听到一些军政府的组织情况，我注意的是杨柏舟被推做了都督。

第二天，我就去会杨柏舟，表示祝贺。他说：“你来得正好，我想约你做我的参谋。”我推辞说：“谢谢你的好意，我才力不及，做不下来。”其实我的内心认为杨柏舟也是搞不好的，不愿意参加，怕惹起很多的麻烦。此后不久，杨柏舟就被副都督赵德全（纯臣）等逼他以北伐名义向武汉去了（他带去的是军官队及其他军队）。赵德全原当新军营的队官，系湖北人，用同乡关系联络其他队官。所以杨柏舟北伐去后，他代理正都督。滇军入黔，他逃往扎佐，藏在乡间其岳父家，刘显世遣人到扎佐杀他在家里。

此后，公口林立，秩序很混乱。

最初，刘显世带了兴义的乡兵来到贵阳，驻螺蛳山，我曾去会过他。他因试枪左眼受了伤（杨伯剑著的《贵州光复纪实》说他是在农历腊月十五日夜间攻都督府受伤的。没有进攻的事，不确实）。

耆老会成立，其中最活跃的是郭重光（子华）、高培琨（元裕）、钱登熙（青甫）、牟思敬（惠庵）、陈夔麒（幼石）、文明钰（式如）等，由郭重光从中操纵一切。郭在清末任安徽省芜湖道，刮了很多民脂民膏，告老回家，起了很宽的祠堂、坐宅、花园，广结交游，还想乘机做政治活动。郭为人老奸巨猾，阴险恶毒。例如他提议成立的“保安营”，管带胡锦棠、和继圣（绍孔）等是绿营的老头目，思想当然是极端保守的。因而郭重光就抓住了这一些武力，来实现他的政治阴谋。他和刘显世都是同宪政派一个鼻孔出气的，他们共同勾结起来反对自治派，要所有的军队都调出城，只留“保安营”专负城防责任，这就是郭等的诡计，准备好让滇军进攻贵阳时，容易进占城内。

反正不久，我就被文明钰约到西郊的庄子（地名滥塘）训练乡团。文家是那里的大地主，在当地办团防，把佃户们当团兵，来保护他的利益。团兵 50 多人，武器大部分是火药土枪，独响毛瑟枪只有三几支。文还在城内开设光裕典，加重剥削（典即当铺，不过赎回期限更短，容易当死，利息更大，对穷人的剥削更重）。文是郭重光亲信的人（郭在猫猫巷即今虎门巷的一切建筑，都是文明钰长期去监工修造的），也是当时封建势力中一个中坚分子。这些团兵，有一次曾经由我带进城防守官钱局（在中华中路，原址后来为华之鸿所开的文通书局买去做门市部，今为印刷公司门市部），熬了几夜，守着第二进房前腰墙上的大门，枪上了子弹，如临大敌。文向我说：“城里哥老会太多，天天有‘斗龙’（械斗），要防备他们来抢官钱局。”当时华之鸿任官钱局总办，文明钰任坐办，掌握了贵州的金融命脉。后来军队都开出城，城内比较安静，我才把乡兵带回滥塘。记得唐尔镛家在水田坝一带的寨子所办的“忠孝团”，也曾调进城来，比乡团人数多。因为他家前几代就是以拥护封建王朝、反对太平天国、镇压农民起义发达起来，做了大官僚的，因而田土不断增加，控制的农村更加广泛，为贵州当时突出的大绅士门阀。

三　刘显世等勾结滇军进攻贵州的阴谋

关于刘显世等阴谋勾结滇军进攻贵州的事实，我所知道的不多。他们开过不止一次的会议，只有一次在郭家花园开会，我曾参加，至于此外的会议，我都不知道。这一次会大约是在农历十一二月间（日子我记不清），戴戡从昆明来到贵阳后，郭重光就约他在家中吃饭，那天在座的我大约记得有何麟书、钱登熙、牟思敬、文明钰等，只是一桌客。在吃晚饭前，大家秘密商议，由戴戡假借贵州父老的名义，回昆明向云南都督蔡锷（松坡）作“秦庭哭”，请发兵进攻贵州。要详说贵州省的秩序极端混乱，已经是岌岌不可终日，公口林立，竟成了匪国。会后两日，戴戡就用三班夫赶回昆明去了。这天一切只是口谈，并没有记录，也不见提出任何文件交给戴戡，我想可能是怕途中被查出来泄露机密（函电不会没有，如何办法，我不甚注意）。夜间我就回滥塘。后来他们还进行些什么，我就没有参加，但他们知道我总是同意的。戴戡后来在四川被杀，当时流传一联：“生前惯作秦庭哭；死后方知蜀道难。”

农历壬子年（1912 年）正月十四日，唐继尧的军队占据了贵阳城，3 天后，我才从滥塘回城。唐另组成了都督府，自封为贵州都督。刘显世组织国民军司令部，自封为司令。我任司令部的参谋兼科长，此后，就成了刘显世的帮凶。

1913 年，我奉刘显世的命令（那时他任贵州护军使）到湖南晃县去接洽北伐黔军回黔，由旅长周燊如（子光）将军队带回，实际不到 1000 人（有的不愿回来）。这是因为刘显世当时各界责言太多，感到压力，不能置之不理。又恐这一批人在外面活动，自己的座位有点危险，才叫我去，并不是真正爱惜在外省落难的黔军人员。

附　记

我现在已经 78 岁，卧病已久，记忆力衰退，这篇资料由我口述，得柴晓莲同志替我笔录和整理，并得莫季莹同志的帮助又做几处补充，就此申致感谢。

（选自全国政协文史资料研究委员会编《辛亥革命回忆录》第 3 集，中国文史出版社 2012 年 6 月第 2 版）

贵州辛亥革命见闻

殷亮轩[*]

前　言

辛亥革命前，川路风潮发生后，湖北武昌于八月十九日首先宣布独立，接着湖南于九月初一响应，云南昆明于九月初九响应，贵州于九月十四日响应，先后宣布独立，自是革命风潮弥漫全国，各省也先后宣布独立。清政府被推倒，结束了中国数千年的王朝统治。贵州辛亥革命史，实有值得记述的必要。我在辛亥革命的前五年——丁未年（1907 年）即在贵州省城官立小学任教。在辛亥革命前，贵州地方有两个党，一个是自治学社，一个是宪政预备会（以后简称

---

* 殷亮轩：时在贵州省城官立小学任教。

自治党、宪政党）。贵州辛亥革命的成功，与两党的活动有很大关系。两党开始组织的基础，都是以当日办学堂及在学堂当教员的人作为组织对象。因此，两党先后成立，在开大会或公开演说时，学界中人（当日称办学堂或当教员的人，为学界中人，不称为教育界）每互相约去自由参加，我也是被约去自由参加的一个。至于两党内幕的组织活动，我没有身历其境，不深知，但在直接、间接传闻中知道一些。至于外围活动，我是亲历目睹的。写贵州辛亥革命史，离不开贵州地方两党的活动经过情况。兹就贵州辛亥革命前前后后见闻及有关事实概述如下。

一　革命的远因和近因

贵州设省较晚，苗瑶杂居，土司、土官袭地世受其职，有远在汉、唐以前者。自元及明，有土府、土州、县之设。明穆宗隆庆二年（1568年）迁程番府于黑羊菁（今中华路大十字地方，旧地名黑羊井），定名为贵阳府，为贵州省治。清雍正年间，鄂尔泰倡议“改土归流”，改设官治。苗族不习惯于官治压迫，时起反抗。清政府辄以苗变为名，调大兵征剿，此起彼伏。如黎平、天柱、都匀、毕节等地，变乱无已时。太平天国起义时期，苗族农民有了声援，响应反抗尤烈。局限于历史时代条件，始终得不到成功。贵州人民对清政府统治的仇恨，实非一日。此为辛亥革命的远因。中国自鸦片战争后，帝国主义魔掌伸入，清政府丧权辱国，外交失败，内政腐化。中日甲午战后，康有为、梁启超主张变法，倡议君主立宪；孙中山则主张革命，推翻清廷。这两种思想对当时人们都有影响，因而贵州地方先后有自治学社及宪政预备会两个党派的成立。两党宗旨、性质不同，一个是孙中山的革命派，一个是康、梁的君宪派，明争暗斗的活动，无论在正面或反面，均直接、间接对各方面发生了影响，这是革命的近因。贵州地方两党组织的基础，却是建筑在资产阶级知识分子阶层上。贵州人民一向又仇恨清朝的官治压迫，这两种心情融成一片，即上述的远因、近因，因而促进了贵州的辛亥革命。

二　贵州辛亥革命前两党对峙的形势

清代末年停科举办学堂，贵阳人士组织学会或科学研究会的风气颇盛。清光绪三十三年（1907 年），张百麟（湖南人，父翰官黔，张本人亦捐纳为官吏）与黄泽霖（浙江人，号茀卿，刑幕）、谭景周（湖南人，宦门子弟）组织自治学社。这个社有纲领、有宗旨，目的在联合西南各省，发展地方自治。第二年，任可澄（安顺人，由举人考取内阁中书）、何季纲（贵阳人，举人）组织宪政预备会。自治学社，属于孙中山先生的革命派；宪政预备会，属于康、梁的君宪派。自治社社址，在今朝阳路六洞桥旧福建会馆内；宪政会会址在今护国路鹿公祠内。自治社目的在发展西南各省地方自治，因设一机关报，定名《西南日报》，宪政会亦办一机关报，定名《贵州公报》，自治社先后办有公立自治讲习所、公立法政学堂、法官养成所等。宪政会亦办有公立宪群学堂、法官养成所。两党的阵容，一开始就针锋相对，旗鼓相当。

三　两党的明争暗斗

张石麒组织的自治学社内的核心人物，多系外省人和外县人，社员亦多系外县人，贵阳人士比较少。宪政会内核心组织人物，多系贵阳封建官僚家庭出身的所谓绅士，会员亦多系贵阳人，其中又多是知识分子。另外自治社组织的基础，系建筑在社会基层上。宪政党组织的背景，系豪门贵族。自治社与孙中山先生的同盟会通声气。宪政会与汤化龙等的进步党和宪友会取联系。

两党宗旨性质不同，明争暗斗，形成必然之势。当时清廷正在进行预备立宪，各省设立谘议局。贵州谘议局（现今富水路评剧团地址）中议员席位，自治党党员多于宪政党党员。在讨论问题或提案时，互相争执，形成对立。双方机关报各偏其党，互相批评，互相抨击，甚至互相揭发。两党成员中有关个人私德及家庭方面丑闻，在报纸上大打其“笔墨官司”，弄得满城风雨。在这段时期内，贵阳人平刚由日本归来。平在东京，常接近孙中山先生，是同盟会中老会员，曾向孙先生陈明贵州自治学社宗旨目的，孙先生承认自治社为同盟会分支。平返贵阳后即加入自治社，与社中关系人周素园极友善，两人对社务多有擘划。与此同时，贵阳人熊铁崖也由京津返贵阳。熊系汤化龙进步党及宪友会中的人物，熊到贵阳后，宪政党延为入幕之宾，开会欢迎。熊在欢迎会上讲过话，即加入宪政党。

辛亥八月十九日武昌起义消息传来后，自治党内部密谋活动响应，以《西南日报》为宣传工具，为当时政府所注意。巡抚庞鸿书、布政使沈瑜庆（革命前庞已去职，沈任巡抚）、提学使陈骧平，同与宪政党中的绅耆接近。新设机关中的高等审判厅厅丞朱央汾（浙江人）、巡警道贺国昌（江西人）平日接近自治党。武昌起义消息传到贵州后，自治党要闹革命的风声传出，官府已有所闻，密议“擒贼先擒主”，要加害张百麟。张时为提法公所科长，力持镇静，仍照常上衙门办公。接着长沙于九月初一响应武昌起义，宣布独立。云南昆明于九月初九也宣布独立，贵阳风声日紧，谣言亦多，贵阳绅耆郭子华（安徽候补道）、钱登熙（云南候补道）等约同地方绅耆，假江西会馆万寿宫（今太平路），同自保会举行会议，但没有讨论出具体办法。这个自保会，即是革命后操纵贵州政局的所谓“耆老会”的前身。

四　革命的爆发

贵阳官府密议加害张百麟，自治党人多为张危，张泰然处之，暗中却部署一切。贵州在贵阳南郊外南厂地方练有新军一标（现今贵州军区），标统袁义保（湖北人）。另外，次南门外，办有陆军小学堂一所（现设师资训练班），设总办一人（姓名记不起）。革命前夕，自治党人对这两个有关军事机关多方联络，又分头联络附近各县地方哥老会，作为群众武力的后备力量。此时清廷感到风声日趋险恶，巡抚沈瑜庆密与绅耆商议，调兴义刘显世率团防营到贵阳做警戒。革命前夕（九月十三日）风声更紧，大有山雨欲来之势。是日巡警道贺国昌（兼巡抚秘书）、劝业道王玉麟（南京人）到贵州谘议局，商讨目前有关时事，议长谭西庚（自治党员）介绍张百麟与之会见。双方对目前武昌、长沙、昆明先后起义事做了商讨，结果由贺、王两人到抚院向沈抚接洽一切，到午后七八点钟，贺、王两人没有回局复话，大家极为焦灼。

经商讨，即派与自治党有关系的张本初带随从一人携银300两到抚院相机行事。张到抚院与统兵营（即卫队）管带彭尔堃（福建人，沈抚同乡）接洽，知道这时尚未到关饷时期，即出银两向彭说明，预发饷银，请彭向沈抚说明怎样交出印信（贺、王两人早先到抚院，即为接洽此事），沈是时知事不可为，即交出印信，附一纸条，写有“贵州独立，准予据情代奏”（指对清廷代奏）字样。张携巡抚印到局复命，自治党人即在谘议局中紧急部署，将各处搜集所获子弹，命党人于深夜由次南门缒城运去，分向陆军学堂及新军出动。当夜新军营也在商讨起义问题，标统袁义保首鼠两端，说再待时机而动，队官赵德全所部向空开枪，袁单身逃走，大家一致推教练官杨柏舟（四川人）为都督，赵德全为副都督。赵即领队率新军由大南门入，经过盐行街（今中华南路），清政府原在这里设有邮政局，挂有“大清邮政局”横匾一块，士兵举枪向横匾瞄准说：“打毁这块大清横匾！”经人劝阻，由其他人将横匾扯下了事。另外陆军学堂队伍也由南门入城，各向目的地谘议局进发。在革命前夕，抚院衙门大堂上陈列大炮数架，炮口指向南厂新军营及陆军学堂，但子弹早被收回。革命前夕，自治党人已向抚院卫队管带彭尔堃运动，彭于十三日深夜已将大炮机柄取出，送交谘议局。沈抚闻后，向彭诘问，彭支吾其词，卫队官兵立将肩章帽章摘下，以示抗议。沈见事已至此，顿足嗟叹而已。时为辛亥九月十四日。事先自治党人已对起义后的一切部署做了充分准备，对宪政党如何携手合作，也早有安排规划。十四日早，各方面人士及学界中人士都云集谘议局内，宪政党任可澄没有到，自治党派人去约任前来商议，任才仓皇到局，面色青白。

张百麟闻任已到，即出趋前向任携手并肩走入厅内说：“此后我们两党共同携手，完成革命事业”，任唯唯，这是我当日身历目睹的。张更诚恳地向任说：“这条发辫我们应先剪掉。”当时张已剪去发辫了，事后听说任的发辫是在谘议局被剪掉的。

五　革命后贵阳的混乱情况

贵州辛亥革命事先组织布置周到，起义时，真是做到“兵不血刃”。宣布独立后，在谘议局组织军政府，正式推举杨柏舟为都督，赵德全为副都督；组织枢密院，张百麟为院长，任可澄为副院长。组织军政、财政、民政、学务、实业各部，蓝绍亭任军政府军政执法部部长、华之鸿（宪政党，贵阳人）任财政部部长、陈百朋（大定人，自治党）任民政部部长、谭景周（自治党，湖南人）任学务部部长（当时我在学务部内任过事）、黄济舟（贵阳人，谘议局议员，无党派人士）任实业部部长。平刚、周素园两人也进入枢密院组织。这时在革命前沈抚所调兴义刘显世，已率团防营到了安顺。刘闻知贵阳已宣布独立，踌躇不进，经过联络，刘始率所部进贵阳，被安排进枢密院为枢密员。另外，革命前自治党联络过贵阳附近各县地方哥老会中人，多系工农出身，这时也先后到了贵阳。

军政府为了安插这班人，就原有巡防营改编为巡防军，分别将他们编为巡防军，划全省为东、南、西、北 4 路，每路各设一统领，以陈南生、李香池、谭泉清、吴香龄任各路统领，由自治党人黄茀卿统率，当时称为黄总统。贵阳旧有巡防统带胡锦棠，与宪政党核心人物及由自保会改为耆老会会长的郭子华相接近。北路遵义一带旧有著名会匪首罗魁，经军政府招安，罗率所部到贵阳后，纪律极坏，谣言四起，军政府方面虚与委蛇，在化龙桥（今豫剧团地址）老川会馆设宴迎欢，并演川剧（当日贵阳尚无戏园演剧）任人自由出入观看。记得当时演的戏目是《假投降》，在戏未终场时，在戏场内当场将罗枪毙。一时市内引起虚惊，秩序一度混乱。

在这段期间，自治党事前联络的哥老会经过改编，到处公开成立公口（公口系哥老会组织中一种名称），由公口举出正副龙头（即首领），最著名的公口记得有“大汉公”“光汉公”“斌汉公”等。“斌汉公”的斌字，从文从武。“斌汉公”的正副龙头是陈钟岳、陈稚苏，也是一文一武，钟岳系武人，稚苏是文人，这是记得清楚的。每个公口成立，即开会游行，招摇过市，大家虽然作热闹看，但看去有点看不惯。公口中的青壮年，着戏装，扎包印，插杨梅花，手持马刀，或背马刀，形形色色，他们叫迎公口。这种迎公口的把戏，几乎天天都有，平时也作此种装束，在街道上来来往往，不以为怪，市面秩序日形混乱，夜间抢劫，白天讹诈，时有所闻。巡防总统府逮捕一批抢犯，在大坝子（今二中校外）枪毙后，稍微敛迹。立宪党指使少数武装士兵，绑一逃兵（伪装的）送到总统府（总统府在贵山书院，矿业中学堂，今民生路后面）请黄茀卿法办。黄不知是计，甫升堂即被枪杀，脑浆溅在后面墙壁上。同时立宪党人中，另派武装士兵到田家巷（今市府路）张百麟私宅，搜杀张氏。张机警地避匿，当时有张本初、周杏坞及前沈抚的卫队管带彭尔堃等在张宅议事，彭误中弹毙命，张百麟脱险后，逃亡到上海，后来病死在上海。

六　宪政党和耆老会勾引滇军入黔的经过

刘显世为人阴险，他在贵州宣布独立后，率领团防营进贵阳，被延入枢密院后，对张百麟极为恭顺。当日我的同事罗行之（自治党人）曾见刘显世在张百麟私宅中厂为张裱糊窗壁，爬高下低，一切不辞。

自治党人有一天在张百麟私宅楼上开秘密会，平刚说："刘显世心计很深，不杀此人，必为后患"。张默然不置可否，认为此时正在同宪政党携手合作，蔡衡武（自治党关系人）岔以他事，婉言劝阻。南京政府成立后，孙中山先生当临时总统，组织参议院，平刚被选为参议员，离开了贵阳。都督杨柏舟亦以北伐援鄂名义离省，黄荐卿被杀，张百麟逃亡，城内秩序又一度混乱，人心惶惶不安。

当日军政府先后贴出两张安民布告，我记得几句，是用韵语写的，一张开头写的是："黄荐卿已授首，张百麟亦远飏，但系个人交涉，实于大局无妨。"下面记不起了。另一张是"张、黄贪功侥幸，专横毒遍吾黔，拥兵糜饷数月，省中鸡犬不安"等，下面记不起了。

安民布告出了，人心还是不安，此时宪政党耆老会刘显世等密谋振遣戴戡（贵定人，过去曾在云南个旧锡厂任过事）当代表，赴云南乞兵，借口代黔平定骚乱。这时赵德全副都督行都督职权，宪政党人与耆会长郭子华商议，在谘议局开会，正式推赵为正都督，耆老会即在宋德源银号铸造"贵州都督"银质大印，交赵执掌，使赵安于其位。戴戡到昆明后，云南都督蔡锷派唐继尧以北伐援鄂为名，率兵入黔，于壬子年（1912 年）正月上旬到贵阳，分驻城外东山及螺蛳山，取得居高临下之势。正月十四日，滇军突于深夜向贵阳城开始进攻，刘显世团防营及胡锦棠巡防营开城做内应，都督赵德全事先未做戒备，黔军且战且退，演成巷战。军警局（今公安局地址）、大十字及军警局后面（今人民剧场）驻扎军警地方，遗尸遍地，大街上东一个西一个，也有遗尸。赵德全混迹乱军中只身逃走，滇军俘获的黔军官兵数百人，事后全部带到螺蛳山附近坑杀。自治党人先后逃亡，妻离子散。滇军占领贵阳后，为消除后患计，随时逮捕黔军及自治党有关的人，在城内大街上杀戮。十字街头，成了刑人场所，宣布的尽是一些“莫须有”的罪状。赵德全逃走后，藏匿在贵阳北乡沙子哨班竹园村寨内，被当局侦知，派谍查长杨金绒将其戕害。

这段期间，城内时有谣言。记得巡防统带胡锦棠出了一张韵语安民布告（我记不完全）：“滇军此次来黔，原为除暴安民，与我营宗旨相合，正能勠力同心，近日谣言四起，谓有冲突之情，俱系奸人造谣，故意淆乱听闻”等。

七　滇军入黔自治党失败后的贵州政局

滇军入黔，自治党失败后，贵州政局为宪政党人把持操纵，政局中的核心人物为任可澄、熊铁崖、何季纲、张协陆、张彭年弟兄等（张氏弟兄系辛亥革命后始回贵阳），耆老会中的郭子华实左右之。宪政党把持操纵贵州政局，举个事实为例，可以概见：革命前，除党团中有自治、宪政两个党派外，法定团体中有一个教育总会，在贵阳占有重要地位。滇军入黔后，教育总会也要改组，教育总会会长原为乐嘉藻，副会长周铭久（周、乐都是无党派的），乐在革命前兼谘议局议长，因事到北京，周代理教育会会长。教育总会会员入会，缴入会金纹银一两，实际上会员不过一二百人。此次改组教育总会，同时改选会长，宪政党人恐周连任为会长，在开会选举的那天，命心腹人带贵州官钱局一两一张的官银票一二百张，拉拢多人临时入会，结果周落选。新选出的会长，是与宪政党有关的人。周在革命前，是省立官立中学监督兼官立初等小学堂长。此后政府委他去当遵义府长，离开了贵阳。自治党失败后，宪政党当权，核心人物各据要津，有关系的人均弹冠相庆。

八　讨袁护国运动中贵州活动的人物

王文华（贵州兴义人，刘显世之甥）在辛亥革命前夕，随伊舅刘显世率兴义团防营，应巡抚之命调入贵阳做警戒。是时刘当管带，王当督队官（等于副营长）。王系以书生从戎，有智略，为人矜才使气，个性倔强。革命后，经刘多次提拔，巡防改编陆军，升为黔军第一团团长。当时贵州陆军只有两团，王所部号为老一团，第二团团长吴传声（麻江人），驻扎外县。筹安会帝制议起，各省进表拥袁世凯称帝，登极前夕，云南起义反对帝制，宣布讨袁。消息传到贵州，刘显世召开军事会议，讨论如何响应起义讨袁。参加会议的人莫衷一是，刘显世亦无主见。王文华此时出手枪掷在席上，有色有声地说："今日主事，如有持异议者，请看此手枪！便是我的老子，我都认不得！"说毕，匆匆离席走出。刘显世默然。郭子华向刘说："六哥（刘行六），这小子你能驾驭得了就驾驭，否则交给我们耆老会。"何绍孔（云南人，少数民族，当过巡防统领）说：

“妈的！他要造反吗？”这个会议的个中消息传出后，王的声誉突起。贵州即宣布起义响应云南，反对帝制。滇、黔出兵讨袁时，王文华编为讨袁军第八混成支队队长，在川南、湘西等地与北军作战，王所部极为活跃。护国之役完成后，王升为黔军总司令，认为刘显世是旧派，目中无刘，企图取而代之。当时耆老会中的郭子华是刘之心腹，机要秘书熊铁崖、政务厅厅长何季刚均系刘左右的人。据传说，熊、郭、何等阴谋排挤王氏出外，仍拥刘做傀儡，以黔军巡防营中游击司令王小山主管军政，以郭子华主管民政。当时贵州政局中新旧两派摩擦，已成尖锐化。此时，王文华以贵州军事代表名义赴北京，贵阳方面即密电贵州驻京代表刘显治（显世的胞弟）嘱其监视王的行动，并向各方面施加阻力，使其少有活动。王在京活动不久转赴上海，谒见过孙中山先生，畅谈时事，孙先生备加赞扬，王虽久住上海，但对黔事仍念念不忘。

九　贵州政潮的起伏和政变

王文华久住上海，为培养个人在贵州的势力，与乃兄王伯群商议，修筑经过贵州毕节的柳渝铁路，向华侨赵某接洽，由赵投资（幕后有法国人，听说华侨赵某系孙中山先生向王介绍的）。签订草约后，寄至贵阳，事前贵州当局不知道底细，王文华弟兄也未将此事交涉经过情形正式通知贵阳当局，此项草约寄到后，刘显世召集各厅厅长及绅耆在省议会开会，王文华此时也赶回贵阳参加开会。财政厅厅长张协陆以贵州财政收入与军政各费支出，年年不敷，而草约上付息自签草约时日起付，这笔利息，从何处出？并且这柳渝铁路经过四川、广西两省，是否经过这两省协商？故力持异议反对。王文华用威吓的语气回答，结果会议不欢而散，借款修铁路问题从此搁置。王由此仇视张，借索欠饷为名，指使伤兵到财政厅及张氏私宅示威滋扰。张不堪其扰，穷于应付，嘱乃弟张彭年（彭年时为省议会议长）逃走，即在财政厅内服毒自杀。贵州政局益加动荡不安，政潮起伏不定，卒至演成发生在1920年11月的政变，当时称为“民九之变”。

事情经过是这样的：柳渝铁路问题省议会未通过，王文华不久即赴上海，暗中布置贵阳部属警卫营营长孙剑锋，于是年9月深夜，发动政变，分头派遣武装士兵到熊铁崖（省府机要秘书长）、何季刚（政务厅厅长）、郭子华（耆老会会长）、丁宜中（机要秘书）等私宅行事。熊铁崖被杀死在私宅中；郭子华是夜闻警披衣起床出走，武装士兵将他拦阻，郭说：“我要去见刘督军（即刘显世）当面问明情况。”即被绑出，行至北门桥（今中华北路），天已拂晓，押解士兵即向附近居民借得菜刀，将郭杀死，并将首级砍下；何季纲闻警逃匿，家中子侄有3人被杀死；丁宜中避匿；丁住今大十字，家人在住宅前经营的商店亦被抢劫。事后大家知道这是王文华部下所为的事，认为搞得过火。当日福德街（今富水路）旅馆驻扎有王小山所部巡防军队（王小山当时驻扎在外县），也被袭击解决。当夜枪声四起，城内居民饱受虚惊。

十　袁祖铭组织定黔军入黔经过

“民九政变”后，刘显世出走昆明，政局一度混乱。接着卢焘（广西人，久在黔军中，当过黔军总司令）、任可澄先后出任代理省长，贵阳秩序逐渐平复。任在省长任内还举行过一次文官考试，政局亦渐稳定。

这时黔军中的袁祖铭在外听闻贵阳政变，组织所谓“定黔军”从事活动。袁祖铭系安龙人，辛亥革命前夕，与王文华同编入刘显世所属的团防营，改编为陆军后，王升任步兵一团长，袁升营长。护国之后，王当讨袁军第八混成支队队长，袁即升为团长，袁一向是王的部属，王系文人出身，袁系陆军小学出身，勇敢善战。护国之役完成后，袁恃功矜骄，与王极不相能，为王所忌，遂成对立之势，两人从此各树一帜。贵州“民九政变”后，王为舆论所不满，袁抓住这一机会，派亲信在上海将王文华刺杀，旋与逃亡在外的张彭年（张协陆之弟）商议，组织“定黔军”，以张彭年为总参议，于1922年3月顺利地进入贵阳，改组政府，袁为省长。

贵阳市面这时流行一首仿“剃头诗”体的歪诗：“吾黔今已定，何劳再定黔。有黔皆可定，无定不成黔。定自由他定，黔还是我黔。堪叹定黔者，人亦定其黔。”[①] 这可反映当日贵阳社会对定黔军总司令的一种看法。

结果，是年冬季，云南唐继尧以滇黔军总司令名义委刘显世为副司令，派其弟唐继虞率滇军送刘显世回黔复职。袁祖铭事前没有戒备，滇军深入黔境，进逼安顺，袁闻警，始派安顺驻军彭汉章截阻。抵抗失利，袁率所部向贵州东路撤退出走，黔省又为刘显世所平定，

---

① 剃头歪诗：闻道头皆剃，何人不剃头。有头皆可剃，无剃不成头。剃自由他剃，头还是我头。堪叹剃头者，人亦剃其头。

实际刘当傀儡而已。滇军第二次进驻贵阳，1924年年底，始被黔军压迫，撤出黔境。

后　记

贵州辛亥革命前，自治、宪政两党互相对立。贵州辛亥革命的成功，属于自治党，宪政党人也不否认。革命后，自治党人表示与宪政党人携手合作，结果宪政党勾引滇军入黔，自治党失败，从此宪政党有关系的各派系取得贵州政权。中间经过护国之后，贵州政潮“民九”之变，定黔军入黔，刘显世复职，凡此种种的来龙去脉，无一不与宪政党派系息息相关之处。

贵州辛亥革命史中，自治党的重要人物张百麟逃亡，黄茀卿被杀害，平刚以当参议员赴南京，离开贵阳得以幸免。滇军入黔后，自治党人横遭杀戮，平刚著的《贵州革命先烈传》及周素园写的《贵州民党痛史》可以参阅。

谈到周素园写的革命痛史，特补写关于周的一点轶闻。当年红军二万五千里长征时道出贵州毕节，周素园是时乡居在家，即随同红军远征，到了延安，因老病回黔。旅居昆明时，龙云慕其名，设宴欢迎。任可澄当日任云、贵监察使，被延作陪，席间任向周寒暄说：“周先生一向可好？”周慢应说：“幸而不死，已属万幸。”任色变默然不语。这两句话，真是抚今追昔，犹有余痛，这是我老友林子贤当日在昆明时，周素园向他亲口所述的。

我在贵州辛亥革命前5年（丁未年），即开始在官立小学堂当教员。在革命后，滇军未入贵阳前，我虽曾在军政府的学务部干过三四个月的事，滇军入黔后，我即在省各中学任教。兹就当年身历目睹，见闻所及的事实，分列项目，略述梗概，写时不涉偏私，不存恩怨，不加论断，仅留作历史资料参考。

1961 年 4 月写于贵阳

（选自贵阳市政协文史资料研究委员会编《贵阳文史资料选辑》第 2 辑，1981 年 10 月）

贵州自治学社革命斗争回忆录

陈纯斋*

一　张百麟出走南京，晋谒孙中山面陈意见

民国元年（1912年）2月2日，贵州军政府成立才3个月，贵州的刘显世、任可澄、戴戡、郭重光等阴谋杀害革命党人，贵州自治学社领导人张百麟险遭毒手，南路巡防统领陈守廉、院卫队管带陈汉义率所部，翼卫张百麟出走至安顺。方通令各路申讨，而刘显世之从兄刘显潜从兴义来袭，张百麟等遂走贞丰。探知唐继尧进入贵州，张百麟乃令陈守廉率部屯王母（今望漠），其本人由贞丰的同志孟泽民护送，赴南京晋见孙中山先生。得到指示，命泽民潜归

* 陈纯斋：时任贵州军政府参谋。

向我通讯处[1]传达，但泽民限于水平，所传达者旨虽符而义多出入。直至民国4年（1915年），始知安健、孔陶安、龙侠夫等在粤谋倒龙济光案事发，抄获我处信函，龙济光乃电请袁世凯政府的政事堂通缉我等。刘显世奉袁政府电后又对革命人士进行残酷镇压，贞丰陈明炯等10人殉义。我逃奔上海，面会百麟，百麟追述了当年晋谒孙先生时报告的内容和孙先生的指示。这对于贵州辛亥革命，有一定的史料价值，特记录如下：

贵州革命，我们是遵照先生的思想，发动各方面的革命组织进行的。作为同盟会分会的贵州自治学社，认清贵州的天时、地势、物力、人事及敌人的情况，也看到贵州的民性勇敢、地位重要（绾毂滇川湘桂）、时机良好等种种优点，更估计到交通梗阻、易攻难守等情势，决定以“个人自治，地方自治，国家自治”号召社会，力行“建设现代贵州，团结西南革命者，参加国民革命”，以实现驱虏复华、建立民国、平均地权的号召。在公开的方面，通过自治学社广泛号召社会，以合法地位，分途与政府、社团交往；在秘密的方面，则积极策动革命运动。我们已发行《自治学社杂志》，创办《西南日报》，并派干部参与编辑社团、政府各公报，辅以演说、讲课，扩大宣传。又设立公立法政学校，夺取和创办各公私学校，以培养人才；在法政学校附设了八个短期训练班，培养革命骨干。看清贵州易攻难守的地形，不能先发；根据贵州兵额少、民智塞的特点，应取编配政治人才为主、军队为辅的措施。估计不到五年，可成发动起义的力量。

---

① 当时作者在贵州自治学社担任通讯联络工作。

到了安健下达先生命令，即待命响应起义。当时阻挠革命进行者，为以下各种恶势力：（1）以沈瑜庆为代表的清朝官吏；（2）以郭重光为代表的封建老官僚；（3）以华之鸿为代表的地主资产阶级；（4）以任可澄为首的宪政派。但革命力量仍冒死奋斗，积极发动起义以响应武昌，由安健报告于同盟总部，请向先生转陈。

当武装起义发动后，清巡抚沈瑜庆慑于革命威力，派王玉麟为代表求和，定约交权。起义成功后，成立了贵州军政府，一面安定全省，一面组织军队，并举行北伐、援川，公布省宪大纲，筹备省内选举。建议中央定都广州，凭借西南以统一全国，实观我们原提出的纲领。但敌人爆发内乱，引清军袭黔，遭致失败。这固然是外敌破坏，但我同志见解分歧，步伐不一，而百麟领导无状，致使同志牺牲，贻祸全黔，影响大局，特来京待罪。

至于未来，拙见以为国内大势，就地区说，分为北洋、东北、西北、东南、西南几个区域。就形势说，有南北两大力量，先生代表的是革命力量，袁世凯代表的是反动势力。今袁据北洋，横断东三省，占据了占天下财富之半的东南，左提闽浙，右挈陕甘，远瞰西南，近窥西北，天下优势似已属于北洋。先生盱衡全局，现在不惟不忙与他争东南，亦不忙与他争全局，据百麟愚见：目前只有本着“人弃我取，人取我与”之义，着手他无暇顾及的西北、西南。西北古称奥区，物丰地险，开发未尽，是将来战略进展之根据地。西南发展有年，民殷物阜，足资开国。先生今日革命凭藉的策源地，厥惟西南。

为巩固政治中心，当定都广州，以吸取世界精神、物质文明。世界文明国家的都城，大多滨海，现袁死争临东海之北京，先生只有都临南海之广州与他对峙。广东沃野千里，广州烟户万家，大海南环，五岭北固，三江内贯，外侨归心。经略建设，足资统一。首都奠定，同时分设行署于川、滇、黔、桂各地，饷糈足，兵源富，更延揽湘、鄂人才，共图进取。西南用兵之形胜，端在云南；天府之宝库则惟川省；自古多才盛称岭南湘鄂；民气雄悍，当推贵州。先生抚有七省，袁氏自不敢忽视。西南底定，先生则驻跸昆明，仿管子轨里连乡旧法，参欧、美、日本练兵新制，三年教训，必成劲旅。于是左出山陕，中出黔湘，右出赣闽，分兵进取中原，进迫幽燕，天下之统一大业于斯实现。百麟不自度量，妄定西南计划，意义在此。

孙先生说："世界与东南亚关系，我早了解，惟凭西南以实现统一，我还未想到。你这一意见很好，可供我参考。关于贵州问题，你拟一个方案给我。你好好干，我支持你。"

二　张百麟发表《贵州党争始末记》，并召开恢复革命运动会议于上海

百麟闻黔省逃亡同志多在上海，急赴沪。当时京、沪、汉、津及各省惑于反革命宣传，多视百麟为哥老会匪首。为了阐明真相，以正视听，百麟遂发表《贵州党争始末记》，除分载各报外，并印成小册分送各界团体，此后舆论转变，群情愤极。不久又闻北伐黔军被阻[①]，内外黔人纷纷来电来函询问。百麟认为黔乱非笔舌所能

① 贵州军政府成立后，新军第二、第三两标改为混成协，由都督杨荩诚率领援鄂，行至湖南时，武汉和议已成，黎元洪来电命其就近驻常德辰州一带待命。后杨荩诚率军返黔时，唐继尧命各界去电，阻止其返省。

解决，遂电函各埠黔人集会上海。大会决定支持凯旋军（即留湘黔军），通电中央政府、议院，请予公开解决，并电函各地组织黔军维持会，照顾难胞，呼吁各方，以促从速解决。同时讨论恢复革命运动计划，决定现滇军保护君宪党、清吏余孽窃据贵州，我们应本"驱走滇军，恢复革命；拯救黔民，救济同志，拥护中央，建设贵州"之旨，联合内外同志和黔人共图实现。黔民遭水深火热的浩劫，我们应本国而忘家、公而忘私、先国家后地方、先大众后自己的信条，共同一致奋斗。推张百麟、周培艺指挥活动，并由百麟拟成方案呈孙中山先生核准，争取同盟会的指示和支持。当时孙先生批交同盟会总部并电各有关方面支持救济，并面示百麟遵照办理。

百麟承命，除分告各方外，还进行以下工作：

（一）遴选临时核心干部，设自治学社临时机构于上海；

（二）组织请愿团、冤愤团向中央和各界人士控诉；

（三）发起成立各埠黔事维持会、贵州旅外同乡会，分头进行工作，尤其是策动驱滇救黔的运动，呈孙先生及同盟会总部核准执行。

三　争取各方支持，并积极协助北伐黔军回黔

上海会议决定，秉承孙先生批示，分电袁世凯、宋教仁、黄兴、张继、陈英士、黎元洪、谭延闿并川、桂诸省，同时百麟又设贵州自治学社干部通讯处于适当地点，推朱焯副社长为主任，派陈康为书记，配合蔡岳、陈瑞初、龙昭灵、王槐熙、潘德明、吴干侯、伍子才、张文林等相机策动于省内。推杨寿篯、张友栋帮助黄泽霖之妻黄烈诚，赵德全之友但 ××，分向京、汉袁世凯、黎元洪两总统

府请愿。推周培艺、黄济舟、平刚、漆运钧分别争取黎元洪、宋教仁、张继、黄兴的支持。百麟则直接与孙先生、黄兴、陈英士联系，并与滇省的吕志伊，川省的龚廷栋、刘民畏、戴天仇等组织西南协会，以争取邻省的支持和协助，寻找各种渠道转变唐继尧的态度，分化敌方。

民国元年（1912 年）3－5 月，袁世凯调杨荩诚到京另用，正式任命唐继尧为贵州都督，杨荩诚应命离军北去，遂致留湘黔军主持无人。席正铭原为贵州陆军小学堂革命组织历史研究会领导人，升学武昌陆军第三中学后，为共进会骨干，曾参加武昌首义，颇有干才，为黔陆军学生所推重，且其家乡为贵州沿河县，与杨荩诚家乡毗邻，彼此情甚融洽，乃请席担任北伐黔军第八十三团团长，引陆军学生刘莘园、朱岷、朱崧、蔡昆等参加凯旋军（即北伐黔军）。这时，为推进贵州问题解决，张百麟促周培艺到汉，住湖北革命团体科学会会员赵均腾家。赵为黎元洪都督的湖北黄陂同乡，颇受信用。且赵以往曾任贵州陆军小学堂监督，颇得席正铭、王宪章所领导的武昌陆军第三中学黔籍学生信任。赵又曾任湖南洪江水师统领，与湘西、黔东军民颇欢洽，同时素与张百麟善，亦倚重陈康，纳交于朱焯，故张百麟等认为由赵来黔协助解决贵州问题为很好的人选。张百麟、周培艺征询各方一致同意，遂由王宪章推荐与黎元洪（王宪章原为贵州陆小公社社员，亦为武昌首义参加者，当时掌握军权，为黎督所重视），以赵均腾处理黔事。

时值共和初建，举国欢腾，黔军蜚声省外，举军凯旋上各方赞誉。黔宪政派依靠滇军，受舆论谴责。袁世凯心忌民军，但未敢公然阻抑，于是纳湘、鄂建议，命滇、黔军，黔省议会、省都督府，以及湘、鄂两省，各派代表一人，在湘洪江举行会议。中央派大员监议，以期解决贵州问题。鄂赵均腾为袁政府加委监议。会议最后决定：滇军回滇，黔北伐军回黔；为防止发生冲突，北伐黔军由中央派宣慰使一员率领回黔。决议报袁政府批准执行，袁遂派赵均腾为宣慰使。赵虑发生冲突，无力制止，乃由袁命湘实力协助。不料袁政府又突然来电，命赵均腾赴京，面示机宜。培艺力阻，赵不听，培艺大哭昏厥。赵到京后果被留，黔军顿失凭依，遂遭松、铜喋血之惨剧[①]。北伐黔军回黔失败，关键在于躁进。一缓于杨督，再阻于均腾。后来均腾问及此事，我说："袁阻挠你来黔，是黔宪政派授意黔驻京亲袁的黎渊、蹇念益、唐士珣献计的结果，培艺早知而你不察。"均腾说："果然，黎、蹇曾先来劝我不去黔，后袁召见，亦口头阻止。"言毕默然。这足证贵州宪政派与袁世凯已勾结起来破坏革命。

四　于德坤、胡德明返黔组党被害

百麟推培艺助赵均腾汇集各方面的力量，积极策动北伐黔军返黔，并派孟泽民告知陈康充实骨干，做迎接均腾和呼应北伐黔军凯旋的策动，另一面拟进入敌方阵线做"感化""分化""同化"工作，并从中组党，做政治的奋斗，还建议宋教仁将此旨转国民党总部。1912 年 8 月，同盟会合并统一共和党、国民共进会、共和实进会、国民公党为国民党，并进行议会竞选，贵州急需组织国民党支部。国内各党方注全力于国会和省议会的选举，梁启超的宪政派更急图组党，电蔡锷全力进行，蔡锷命戴戡组织共和党支部以竞选。当时

---

① 当时由于赵均腾未入黔，黔军在湘久待无结果，乃举席正铭为黔军总司令自动返黔，在贵州松桃、铜仁与滇军发生激战，后黔军溃散，残部由旅长周樂儒率领交由唐继尧收编。

因袒护唐继尧的李烈钧等同志不明真相，说“唐继尧亦辛亥起义参加者，何至惨杀同志”？故百麟选派人员去做工作，以揭露真相。原同盟会贵州籍评议员于德坤慨然请行，国民党遂派于德坤为发起组织贵州国民党支部特派员，胡德明为副。胡德明为胡德元胞弟，而德元为贵州定番（今惠水）自治学社分社社长，早为政敌所仇忌。同时，北京稽勋局派黔籍人员刘潜、徐龙骧为贵州稽勋案调查员，兼负密查黔事使命。此时，唐继尧与刘显世、戴戡、任可澄计议，决定暗杀于、胡等于途。

由湘入黔有两条路：一由洪江西经镇远，为旧驿路；一由辰溪经铜仁，为商路。时唐继尧密令驻铜仁巡按使刘法坤、副使何麟书在于德坤等来黔时予以杀害。10月，于德坤、胡德明等抵铜，刘法坤、何麟书设宴接待。越日起程，刘法坤且派队护送。抵潘家湾，护者脱军衣持手枪，喝令下轿，德坤等请尽献行囊，不许，请质身待赎，又不许，皆曰：“我等奉长官命，执行任务，你和人有仇，不怨我等。”于、胡遂殉难。刘潜稍后，闻枪声寻间道趋玉屏，次日至漫塘坡，仍遇害，其兄来迎亦同罹难。徐龙骧更后，与舆夫易衣，奔藏荆丛得免。徐龙骧归京后分报国民党总部和稽勋局。报端公布，朝野愤激。唐继尧以肇事地为湖南，搪塞各方。谭延闿派员查实前情，登报澄清事实真相。至是前袒唐继尧者皆无词。百麟得悉，通知我等放弃竞选，保全同志。

五　省内外黔人的呼吁、请愿活动

自滇军与宪政党同恶互济，省内外黔人群情愤慨。海内惑于刘春霖、陈光焘（即陈筑山）捏造的通电，不了解情况。至百麟发表《贵州党争始末记》文章后，真相始明。呼吁、请愿活动在省内外奋起，如：

（一）勇烈、正谊学校为保存九月十四日贵州辛亥首义的纪念日，敢于首先反对以滇军袭黔的正月十四为纪念日的决定，得到全省响应，终于恢复以原起义日为纪念日。

（二）京、津、沪则有张友栋、方敦素、漆运钧、简书等，汉、宁则有王宪章、赵铨章、梅镇涵等，函电为民请命；而重庆刊印《贵州各界泣告海内同胞书》，武昌出版《黔人血泪》，北京发行《贵州血腥录》，上海刊印《黔乱真相》，贵州通讯处发刊《黔民呼声》《牛洞杂记》以及《安健告同胞书》《鲁瀛告同胞书》，各种印刷品纷纷揭露滇军与宪政党祸黔罪恶。一时省内外群情激昂，舆论哗然。各埠贵州青年亦组织惩处附滇分子的团体，致使在北京的陈国祥、熊范舆不敢外出。

黔人认为有赴京请愿之必要。最初是彭景祥、简书、陈永锡、汪洋、许嘉谟、蔡奎祥、方策、彭堃、谭西庚、杨寿篯、黄德铣、张泽钧、周培艺、平刚、傅文坤、彭述文、张泽锦、谭璟等；随后是朱焯、刘树帜、赵元鼎、伍英、王世英、管应笔、孙定远、刘杰、孔文惠、杨蕴初、李元箸、花藻、乐嘉藻、任华等，在赴京请愿时都痛心泣血，大声疾呼，其揭发之深广，足以动众寒敌。谭西庚领衔的两个呈文，传诵一时。谭西庚为贵州前立法院院长、谘议局议长，为一时物望。谭西庚依法据实，理直气壮地呼吁，使袁世凯不得已派亲信朱启钤转托陈永锡安慰谭说：“政府威信不及边省，为维持局面，不能不稍为迁就，还不能扶弱抑强，待中枢巩固，自有相当办法。呈文暂留中央，请转知各界谅解。”究其内幕，实袁世凯仇视民党，亦与黎渊、蹇念益、唐士珣辈阻挠有关。这时，国会召集议员开会，国民党在两院均占多数。由中山先生告党组织负责人吴景濂、参议院议长张继支持，遂请愿国会。先送书众院，由彭允彝、欧阳振声、殷汝骥介绍请愿。孙钟等人提案请查办，而孙洪伊、汤化龙（汤为议长）在报纸发表谈话，谓“贵州党争，各执一词，吾人本难悬断。但民党秉政时，未闻对方死一人，破一家。而今之当局反是，残杀惨案，层出不穷，世道人心，至此难以设想，真实情况，是非曲直，闭目可得”云云。因刘显治、陈国祥知道请愿书、查办案如果提上会议日程，国民党议席多，必然通过，故暗中运动进步党议员缺席，请愿书、查办案虽迭次列上日程，却开不成会。所以汤化龙、孙洪伊只好用个人谈话，博取舆论同情。由于出席议员不能达到法定人数，使提案无形取消。

六　北京政府抚恤殉难者黄泽霖、赵德全等人亲属

南北和议告成后，北京政府稽勋局调查对中华民国成立前后为革命牺牲及有功者，均予恤奖。其调查项目：

（一）开国前死难和被迫逃亡者；

（二）开国时倡义而死难者；

（三）开国前后为国尽瘁而死者；

（四）于军事上建议策划，或奔走革命运动成绩卓著者；

（五）开国前后捐资助公者。

决定省设调查会，由中央局派员会同办理。稽勋局前派专员刘潜被害，稽勋大典万难久悬。局长冯自由电贵州首义领导人张百麟，请命于孙中山先生。中山先生电宋教仁转袁世凯，黎元洪亦电袁，请优恤赵德全、黄泽霖，奖张百麟、周培艺。冯自由承命，由在京自治学社首义同志推周培艺记录事实，同时派培艺为调查员。稿成，呈局，悲壮淋漓，凡数十万言，述辛丑年（1901年）至壬子年（1912年）间贵州革命及其失败经过（此稿由冯自由送国民党中央党部，转交党史会。计4小册，今存台湾党史会）。其结论说："贵州自治、宪政初起，即以所抱主义，极端背驰，故极不相能。逮革命事机紧张时，宪政党联合官（清吏）绅（封建官僚）抵抗之力亦最巨。徒以吾党事事得占先着，勉告成功。"光复"以还，解仇释怨，方谓平分政权，共筹建设。即小有龃龉，亦不过一笔一舌，如当年竞争之惯技。夫谁料狼子野心，竟召外兵以解决党争，更不料其负心昧良，诬吾党冒万死不顾一生所创造之军政府为匪薮。培艺僻处南陬，曾不知贵州革命政治的表现，比较各省如何？又不知各同志冒险进取比较各省如何？尤不知秉政时纯尽义务，枵腹从公，比较各省若何（反正初，协饷停，军用巨，故除军队外，官员概不支薪）？一旦变生肘腋，祸起萧墙，死者饮恨于九泉，生者负谤于天下。名为共和，而专制毒焰，百倍曩昔，顺之者昌，逆之者亡，诽谤者诛，偶语者弃市，此真古今之奇冤，而神人所共愤者也。而终不可掩者，上年九月十四日，贵州确有革命之事实。革命之初，举动确极文明，革命之后，秩序确未紊乱。其成绩在一隅，其影响及全国。不然，贵州虽小，清抚沈瑜庆曾派新军董福开、鲁昌禧赴川助剿矣！湖南镇箪道反抗共和，又尝电沈瑜庆接济兵饷矣！使倔强者据而有之，北踼蜀、东窥湘、秣马厉兵，遥为清廷声援，天下事未可知也。吾党披荆斩棘，而海内观听一新，人皆曰僻远如贵州，贫瘠如贵州，犹且宣布独立，与清廷告绝，天时人事，岂不较然易知者哉？其声势之关系于大局者又何若？此则宪政党人百其口，口百其说，卒不能掠吾党之美，饰词以欺当世者也。”冯自由读竟，分呈党政各方；又由培艺通函各方，参证异同，补充修改，再拟《贵州稽勋专案》，经众再度审核，送局核审。

此时，故统领黄泽霖之妻张烈诚间关抵京，遍谒当道，为其夫讼冤。烈诚态度诚恳，出言有章，闻者同情。袁世凯交国务总理赵秉钧命秘书但焘接见烈诚，烈诚要以 3 事：

（一）崇祀烈士祠；

（二）追赠陆军官阶；

（三）抚恤家属。

秉钧答复：

（一）交稽勋局汇办；

（二）依例抚恤；

（三）前稽勋局呈请时，财政部本以预算开支不敷碍难照付，今由院负责，3 日内拨给。

袁世凯又命曾彝至张烈诚客舍，送川资，告以对首要刘显世辈，俟中枢力及贵州，方予办理，案犯立由黔当局缉办。时贵州军权在刘显世手，奉电后命安顺防军刺杀唐灿章等一二人复国务院销案。先是唐灿章戕黄泽霖统领，刘显世赏给营官驻安顺，今忽被刘显世表弟、安顺防军统领张作清杀害，人以为突兀，而不知实为销案也。烈诚既得所请，赵德全妻袁氏乃援例申请，亦照办。值浙江朱瑞辞民政长职，周培艺及首义成绩卓著的同志遂推张百麟继任。袁世凯拟授张、周二等嘉禾章，候用。浙缺则命人征询百麟，百麟复云：“……处置无状，累友病民，忝邀褒赏，内疚难安。请大总统惩凶救民，用遂初志。”世凯正交欢进步党，嘉奖张、周案遂拖延未办。其他奖叙，计有姜瑞熊等10多人，而显世只发表一二人。不久因倒袁，稽勋局无形撤销。不久，戴戡复电北京政府国务院，称周培艺捏造事实，颠倒是非，请递解回黔交民政长惩处，国务院置之不理。请愿呼吁，遂告一段落。

七　对贵州当局私借外债的抗阻

贵州当局借口善后，以都督唐继尧名义，由平远（今织金县）人王肇民勾结法国商人，介绍给法国国际财团，接洽以开发实业之名，借款500万元，年息6厘，以省契税、印花税作抵；定合同16条，商定由唐继尧为代表与法国财团签订草约。款项分配：唐继尧以军垦占特等，政府议会诸人列甲等；国会议员指定办省实业的人占乙等；王肇民以介绍关系，借疏通白层河为名，支15万元；朱启钤积极赞助，亦提有份额。阮绍莹主编国民党之《中央新闻》，得合同全文，遂告张百麟。百麟考虑谭西庚两次领衔请愿，不能再度出面，便函我促朱焯赶赴京沪，向政府质询，同时通电各埠黔组织共起反对。周培艺等也向国会请愿。袁世凯方集中财权，当然不愿开各省擅借外债例，今借人民反对，立电唐继尧制止，黔当局迭托朱启钤向袁关说无效。这是自治社人为民请命略尽绵薄的事例之一。

八　张百麟对革命的忠诚

先是前贵州军政府枢密院院长张百麟出走到京谒中山先生后，遵先生指示：对省内，以支持杨荩诚都督凯旋回黔图恢复多；对省外，由平刚出面照应出亡的同志与难胞多。实际一切仍取决于张百麟。百麟除进行前述活动外，还进行了以下几方面工作：

（一）争取中央的支持。他初谒孙中山先生陈述西南计划，报告贵州活动及其他建议后，中山先生认为张才堪大用，拟任为上海党的交通部理事长。时戴天仇办《民权报》，在宣传宪法问题上屈于梁启超之健将张东荪，戴天仇求助于孙中山先生，中山先生命百麟往助，经百麟参战，东荪终词穷。黄兴、宋教仁、张继、陈英士经这一事实考验，方争相罗致百麟。百麟忠诚老实，忘我工作，对宋的竞选、黄的军事、张的北方活动、戴的宣传方面，多所助力，遂为党中枢所敬重。国会议员中，更为众所钦服。孙中山先生深为嘉许，命百麟组织议院政治促进会，筹办《惧报》。时梁启超办《庸言》杂志，势甚张。孙中山先生乃令百麟办《平论》杂志，同《庸言》对峙。不久，宋教仁案发，转入讨袁运动。张百麟更力助黄兴、陈英士，策划尤多。

（二）张百麟对贵州难胞、同志在生死患难中一律视同手足，诚恳照料。他一面报请孙中山先生支持，得到充分资助，一面电函各方邻省支、分部支持。同时和大家苦乐与共，先人后己，并令干部实行“一人领薪，大家分用”办法，调查情况，配定份额；其中固不免有个别违言，而多数亦乐意。他还深察各人的长处和兴趣，授与任务，大家均乐而忘我，不惜奋斗牺牲，致力于救乡建国运动。

（三）在省内，张百麟仍继续推进革命工作。百麟初哀恸于德坤、胡德明之牺牲，不欲派员活动，后感到革命不能中断，乃秉承孙中山先生意旨，商请李烈钧、宋教仁，决定由唐继尧生平最敬重的叶荃（香石）入黔，以转变唐继尧的态度。又调指挥省内活动的朱焯赴京沪，并正式设立贵州干部驻黔通讯处，任陈康为主任，任陈瑞初、孟广炯、鲁瀛、龙杰卿、潘德明、傅佐卿、安瑞麟、傅雨农、黄伟伯、张文林为通讯员，指定黄伟伯负公开活动任务，助叶荃与各方联络。

百麟不计名位，忠诚老实，努力工作，颇得孙中山先生倚重和黄兴、宋教仁、陈英士、汪精卫、胡汉民等人推崇。百麟故后，我于北伐前后会见胡汉民、汪精卫和陈果夫，他们均说："百麟不死，功业当等于居正而超过戴季陶"云云。

百麟生前尝作诗以遣怀，其《书怀》云：

事变心徒热，共和梦不成。性慈不用武，迷政未谈兵；读书二十载，学理误平生。举棋一着错，遗悲满筑城。

又有《讽时》云：

凛凛元勋像，飘飘上将旗；健儿流血后，竖子冒功时。

九　贵州革命派的倒袁运动

（一）上海会议的决定

初，百麟承同盟会和孙中山先生意旨，领导同志们努力于贵州的建设与恢复。在中山先生和袁世凯和平相持阶段，谨守和平意旨，没有逾越。迄袁向国际银行借款和贵州向法国借款案发生，不久又发生刺杀宋教仁案，在贵州也加紧迫害李鼎丞等，始奉命由警惕的提防进入到革命的斗争。百麟召集贵州出亡在外从事革命的黔籍同志安健、凌霄、席正铭、戴宝辉、王度、王宪章、李元箸等，举行会议于上海，传达密令，讨论实际的革命策略。共同决定："方式策略不变，惟纲领改为：推动时代，开化地方，引导青年，唤起民众，内外相从共图贵州的事业，坚决追随孙中山先生，完成国民革命。"同时设法分化唐继尧的阵线，做击破敌人的工作。更联系苗胞，使其成为将来起义的一部力量。活动均秘密进行，以保全同志。省外加紧西南团结，全力以赴，以不顾身家性命的牺牲精神，献身于倒袁运动；不除袁贼，不完成革命，万不甘休。最后各书"鞠躬尽瘁，死而后已，不倒袁贼，不复贵州，誓不生还"20个字为誓言。百麟据这一决定，分告京、汉、宁、津和省内同志：周培艺、平刚、谭西庚、张泽钧、吴虎头、白士艺（白铁肩的丈夫）、简书、杨寿篯、廖谦、张友栋、漆运钧、陈永锡，又专函约晤杨荩诚（未告内容），同时报请孙中山先生核示。承先生手令总部，分别通知黄兴、陈英士、张继等，积极联系支助，尽量予以便利；并令百麟告知同志："大家从贵州出亡是逃难，对中央说来，是增强革命力量。应以愉快的心情，努力参加这个运动。将来国民革命成功，贵州将传檄而定。你们这个纲领很好，分告同志努力……"百麟遵示下达，同志均感振奋，各埠复函亦一致赞同，于是大家进一步投身于倒袁运动。

（二）加强舆论宣传

百麟得中山先生支持，扩充《平论》杂志，派王度驻社经理，推刘民畏等助编；发行《惧报》，揭发袁贼阴谋。《惧报》经费，固由党给，时讨袁军兴，需款浩繁，百麟约朱瑞协议，由浙负担一部经费，并推朱瑞之父福铣为董事长。张继、孙洪伊亦竭力支助。百麟专心编辑，《惧报》《平论》遂为较出色的讨袁报刊。《惧报》刊有短文说："孔子作《春秋》，诛乱臣贼子，所以巩固王权；百麟作《惧报》，讨大奸巨恶，所以发展民权。孔子曰：知我者，其惟《春秋》乎？罪我者，其惟《春秋》乎？百麟亦曰：知我者，其惟《惧报》乎？罪我者，其惟《惧报》乎？"这就足以表示该报的精神了。另外还有刘树帜仿文天祥《正气歌》，其词为："我挥朱泚笏，击碎袁贼头；我秉董狐笔，尽书袁贼由；我掉常山舌，揭穿袁贼谋。"均传诵一时。这些诗文被袁世凯察觉后，刊物遂遭封禁。

（三）贵州讨袁中的壮烈事迹

在讨袁中，贵州革命同志英勇奋斗、殉义成仁者甚众，兹就几起悲壮的斗争事迹，略述如次。

1. 李鼎丞之狱

李鼎丞来贵州为当时宋教仁所派，以协助李烈钧所派的叶荃共同工作。由张百麟介绍，李鼎丞与黄伟伯、陈康联系。百麟令陈钟麟之弟竹虚持密函，由安顺刘警黔转告陈康此事。警黔来安平，先会罗乃宪（按规定欲与陈康联系，必须先会罗乃宪）。此时黄伟伯也派亲信黄德 × 来安平晤乃宪。陈康乃约同刘警黔秘密赴省，会李鼎丞于贵阳北堂。本来拟定叶荃也来会晤，但事被侦探探知，监视极严，故未得会见。当时正值赣宁独立，时局紧张，袁世凯指国民党为乱党，下令诛、捕党人。回溯叶荃到黔之日，唐继尧率领军政首要迎于图云关。叶荃一见唐继尧，当众责唐说："你在贵州干些啥啊？怎么尽摧毁我同志呢？协和（烈钧号）听了很奇怪，故叫我来看看，并提醒你，究竟别人所说是否真实？你注意注意，莫乱搞呀！”继尧做惊讶状。宪政派的人听了大吃一惊，他们久防叶荃，怀疑李鼎丞，并严防黄伟伯，侦察与黄交往的人。今确知刘警黔与李鼎丞来往密切，决定加速迫害，遂由刘显世密令驻军杀刘警黔于安顺。

唐继尧经叶荃劝诫，对戴戡辈渐启疑窦，并日感势孤，拟扩编一师，以叶为师长。群奸得知，纷电蔡锷。时袁世凯方胜利，明令调蔡锷内用，想消灭云南的异己力量。蔡锷乘机调唐继尧返滇。鼎丞、伟伯、陈康力促叶荃就商于唐继尧，由叶代唐主黔。唐继尧纳其议，方拟电文，被宪政党人探知，立由省议会保荐刘显世为护军使，并电在京官员、黔人蹇念益等助刘。袁世凯遂发表刘显世为护军使。唐继尧怏怏，携叶荃同归滇。叶去，李鼎丞失去保护，逃铜仁；刘显世派杨金缄跟踪，鼎丞遂殉义于其家乡铜仁。安顺肖健初由赣归，亦遭难。是为李鼎丞之狱。

2. 炸《亚细亚报》之狱

袁世凯大借外债，作反革命之经费。上海《亚细亚报》对袁世凯的反动措施鼓吹甚力，颂扬备至，对我党诬蔑尤多。我总部决定予以炸毁，以示惩警。百麟令陈守廉组成“毁灭队”，准备重创之。首次，嫌所创轻微，准备再创。但巡捕已设陷阱等待。守廉率队再惩，多被拘去，因那里属租界，故多处以罚金或拘役。唯谭骏被引渡解北京后遭杀害。是为《亚细亚报》之狱（据陈守廉口述）。

3 . 常德截械之狱

1912 年贵州都督杨荩诚率北伐黔军凯旋，呈准前大总统孙中山先生，批令海关放行黔订购军械。唐继尧窃据省督后，电袁世凯命海关扣留。以后刘显世复请袁政府命海关将此械交刘显世所遣使者运黔。后刘派刘文炳（桂初）带队，赴湘西接护。刘文炳勾结自治社叛徒金渭滨，密见刘显世，刘显世饵以少校军职，派为湘西接械调查长，率败类多人随文炳出发。此时，黔出亡同志认为，此械是百麟请孙总统批发和给款订购的。初为敌阻停运，今辗转归敌，咸抱不平。且此时中央特派原自治学社副社长朱焯经略湘西，需械弥切，决请截为复黔之用。国民党总部允准，令百麟执行。凌霄闻讯，慷慨请行，即命他带朱雨山、陈守廉、艾树池及湘省欧阳熙、田 ×× 等同志前往，会同朱焯办理。霄抵常德，派陈守廉往洪江报朱焯，又召集在湘西的湘黔同志商定：会同朱焯，在沅陵以上、洪江附近截取。因艾树池旧部多归朱焯，纳入黔阳县警备队，可做主力。部署初定，金渭滨见霄，佯为愤慨，表示愿意效力。霄生性坦率，深信不疑，秘密泄露。朱雨山看出情由，迭次警告霄，不听，雨山毅然离开。不数日，黔军署电驻常德之冯玉祥军，将全体截械同志逮捕，立解军法处。次日晚，枪决霄等于德山。五鼓霄醒，惊疑交集，恍然知未死，迭起而仆，侧视同难六人皆僵，痛绝复仆。匍匐试行，闻远处有声，若曰："必是姓凌的，好汉子，好汉子，让他走！"天色初明，前面数十步来一农夫，霄惊却。发声者持枪奔至，令农夫速负之行。霄始知前发声者乃守尸之军士也。农夫雇小舟，顺流而下，藏诸其家附近山洞中，日给饮食，稍愈，赴汉。日偕同志买醉自遣，头痛诣医，始知弹头犹存骨缝。赴沪，报国民党总部，时为1914年。恰孙中山先生在日本避难，电命医治。伤愈，命凌霄约百麟同赴日本。适组中华革命党讨袁，以百麟目标过大，杨荩诚平凡不足胜任，故百麟推请孙先生任凌霄为中华革命党贵州分部长。其被枪决不死的真因，言人人殊，霄亦不自知其真窍。吾友认识审讯凌霄的军法官，据云：是命执行者故纵之，告知守尸者放行。因为见霄善书，挥写供词激昂慷慨，钦佩而故释也。我曾问过凌霄，凌霄回忆临刑时，法官曾对他说："我对得起你呵！"这是常德截械之狱真相。

4. 经略湘西的失败

朱焯反对黔实业借款的通电发表不久，随后又发响应张继、吴景濂两院国会议员反对袁世凯向6国借款的通电，词严义正，足正国内国际的视听。孙先生阅而嘉其守正不阿，立言得体，令百麟电京，约朱来谒。及晋见，孙先生说："你是中过庚子、辛丑科贵州举人的朱焯吗？你的文章我读过；你冲决旧网，打破专制的革命情绪很强烈。我叫遁初（宋教仁号）、右任找寻你，今天才见，真太晚了。你仗义执言，反对借款，我更佩慰。今后你想担负什么工作呢？"百麟荐朱焯经略湘西，先生立下手令。赵均腾又介绍其当年水师防营旧部之在湘西者为焯助，更以陈××为黔阳县长协助，艾树池收集旧部为骨干，人才初具。焯定洪江为根据地，表面以洪江贵州会馆办一小学，佯为谋生活，实际策动湘、黔、桂三边区革命武装，势极顺利。凌霄命守廉来，正中肯綮。焯分告辰、沅同志，布勒以待。复黔根据地的建立，端系于此。正等待间，忽报截械失败，而各方部署，颇引起黔东门哨王华裔的注目，王立将朱焯情况报刘显世。刘显世命任可澄前赴洪江，亲晤朱焯侦察，更力约焯返黔，饵以黔中道尹之职。焯严拒，任知势难屈致，遂报刘显世迫害。刘显世密令王华裔就地将焯枪决，并肃清余党。焯探悉，立遁。学校停办，黔阳县长陈××旋亦离职。湘西经略，跟着截械的偾事而失败了。

5. 沪、宁、徐之狱

袁世凯派赵秉钧遣刺客杀宋教仁后，中山先生指挥声讨。百麟以袁嫡系军队郑汝成据沪，遂命李元箸佐陈英士对付郑，卒得夺肇和兵舰起义，杀死汝成。贵州革命人士吴虎头跟随百麟佐黄兴在南京起义，冯国璋、张勋、倪嗣冲以大兵进犯，百麟奉黄兴令赴沪谒孙中山先生议战守，命吴虎头与黔同志多人留守南京。虎头激励将士，撑持近 20 日，冯、张迭犯，均被击退。吴终以兵少援绝，走日本，著小说述世凯奸形，嘲讽尽致。袁世凯衔恨入骨，悬赏 5 万元通缉。后虎头在沪被捕，袁立电枪决。临刑，其绝命书悲壮慷慨，中有“慷慨挥椎搏浪沙，丹心一片兴中华。男儿一死无他恨，大千世界是吾家”。当冯国璋、张勋、倪嗣冲方逞威肆虐于东南时，江宁、徐州、蚌埠受害极惨，席宝山性悍而残暴逾张勋。贵州革命人士王宪章愤激，屡击未中，席宝山深恨之，派侦探将王捕获，解南京，袁世凯电席宝山优礼招降。经数月，不为所动。袁世凯虽禁宪章于狱，犹时电席宝山往劝慰。每约谈，宪章均书“要犯王宪章”悬胸以见，并骂贼不绝于口，无纤微降念。席宝山会同冯国璋以难屈致告于袁，袁亦绝望，始复电枪决。宪章殉义于宁。两狱牺牲之同志甚众，详见简书《黔人殉义录》。是为沪、宁、徐之狱。

6. 广州之狱

民国 2 年（1913 年），倒袁战役中，龙济光、龙裕光兄弟极为凶恶，袁贼嘉奖，畀济光、裕光以两粤军政大权，而济光毒粤残暴尤甚。济光为云南土族，与安健有姻娅关系，中山先生派安健去开导说服。健到粤，龙济光款洽备至，反饵健以道尹，安不为所动。龙济光命其族人龙鸣阶招募黔省壮丁千余人（以贞丰子弟和陈守廉旧部为多），并任命贞丰孔陶安（自治社社员）为营长，编为一混成营，保卫龙济光的督署，人称警卫营。安健住粤近月，与各方联系，孔陶安表示不为龙用，鸣阶尤仗义。安健归，据情报告孙先生和百麟，认为规粤即所以复黔，暂用直辖黔军名义，归朱执信、张百麟领导，助邓铿倒龙规粤。健抵澳门，命第一路司令王度入广州，经鸣阶介绍，济光命为参谋，住督署，助陶安策划。与健、铿有关系的分子，由鸣阶、王度尽量联系掩护。策动日有进展，倒龙条件具备。健迭请朱执信起义，朱促铿，答以东江部署不够，求暂缓。省内虽不发难，而物资人事亦多所联络布置。唯时日拖延，来往复杂，倒龙活动渐为龙的侦探窥知，寻线打入，得陶安、王度的机密报龙，事泄。随度活动的 13 人悉就捕。二日传审要案，度往视，所谓 13 犯皆同志，度惊，方夺门逃，济光令禁出入，无法逃脱。鸣阶窃济光机密章下特别手令，始逃走。审得供，捕孔陶安和尹哲卿，酷刑严讯。陶安、哲卿知难免，仗义骂贼，均殉难，所部官兵亦皆就义。遍抄机关，粤、黔机密均被攫去。龙按籍拿捕，粤同志殉难者亦众。龙电袁贼的政事堂，转电贵州刘显世，按籍搜捕，株连极多。贞丰、平坝、安顺素多自治社员，久为敌方注意，刘得袁贼转龙济光电，及命其从兄刘显潜带队往贞丰捕饶毅、曾应堂、王子材 7 人，立枪决。陈明炯等解省亦殉义。还有谭育之等 20 多人，交县讯处。平坝县决定捕诛朱焯、陈康、王度、刘树帜、赵元鼎、伍英、罗乃宪、朱敬安、黄恃平，王锡位（鉴民）、王锡九等 20 多人。显世派宪兵营长朱导江前往，会同平坝县长寇宗华执行。朱、寇议定：借开会召陈康 20 多人，一网打尽，同时在会外捕其他次要人员。后陈康闻警逃匿，伍英殉难。是狱平坝仅牺牲一人，安顺各属牺牲则众，是为广州之狱。

7. 昆明之狱

民国 2 年（1913 年），倒袁的第二次辛丑革命，唐继尧、刘显世、任可澄、戴戡均站在袁的立场上。迄于筹安会发起，唐、刘还迭次上表劝进，颂德歌功，力争为开国元勋。中华革命党总部认为滇黔革命梗阻，命张百麟推选干员，赴滇策动倒唐继尧、任可澄（巡按使），并就近联系黔省运动。百麟荐蔡奎祥（化名刘铁凡）于陈其美。陈其美知蔡祖父标虽为清提督，但对人民还不算苛刻，唐继尧部属军、民、政的骨干，多为蔡标部曲的子弟，对蔡标尚有思念，故派蔡奎祥前往，加派简书及滇籍的杜若泉、杨美廷协助。到昆明赁屋子铁局巷 3 号，唐继尧部如董鸿勋、杨蓁、张开儒、杨希闵等均相与周旋，其次如王洁修、张汝骥、刁子祥、林篮耕、孙渡、韦杵、张鸿藻（自治社社员）等也与相交。久而互吐心腹，提出倒袁，众赞同。唐继尧的警卫团、炮兵部的下层分子倒袁态度尤激烈。交游需款，粤沪不济，蔡售家乡威宁私产以应急。又通知黔通讯处陈瑞初、孟泽民（时陈康奔沪）就近告水城李锡三，策动威、水、毕、大的民团；泽民联系桂边民众武力，待命响应。唯奎祥性急口快，交游太杂，工作进行过急。百麟素知其为人，命陈康由沪经港到滇察看，如有漏洞，速告美廷、简书弥补。康到滇，会见洁修、篮耕、子祥诸人，均感奎祥粗率，为其大病。中间有龙姓青年，简书疑为侦探，迭告奎祥，均不听。越日，康行，并报百麟。讵不十日，忽闻奎祥被捕，告密者果为龙姓青年（众呼小龙，供奔走，未识其名）。临鞫讯，蔡侃侃而谈，理直气壮，数袁贼叛国罪极详。时继尧得蔡锷、李烈钧等电，内定讨袁，故拟对蔡奎祥缓处。但任可澄坚主处死，乃于滇黔起义护国之前约五六点钟，将蔡奎祥枪杀。滇人咸奇怪："既倒袁，怎么又杀蔡？"而不知任可澄是挟自治学社的宿怨而出此策。蔡奎祥被捕后，简书、杨美廷、杜若泉均走免。是为昆明之狱。

（李子和　整理）

（选自贵州省政协文史资料研究委员会编《贵州文史资料选辑》第 10 辑，贵州人民出版社 1981 年 10 月第 1 版）

宪政派活动片断

丁尚固　刘友陶*

辛亥革命时期，在贵州政治上活动的有两个党派，一为西南派——自治学社，系主张革命的；一为宪政派，系主张改良的。丁尚固当时为贵州优级师范选科学生，兼优师同学会干事。同学会会员由师生中选出。宪政派主要人物唐尔镛（慰慈）、任可澄（志清）、陈廷棻（稚苏）等均以教职员当选为会员，以干事名义对外负责，担任向政府请愿等事项，每逢星期二、五晚间开会一次。当时因与唐、任等经常接触，对两派的关系知道一些，兹就亲身所见所闻，从宪政派这方面做简略叙述。

* 丁尚固、刘友陶：时为贵州优级师范选科学生。

一 宪政派成立的经过

清光绪末年，贵阳人熊范舆（铁崖）会进士后东渡日本留学，与当时在日本的梁启超交往密切，遂加入康、梁的改良派（熊初任直隶省知县，旋由云贵总督李经羲奏调云南知县，在李幕府办文案）。当熊留学日本时，在贵州的任可澄、徐天叙（叔彝）、唐尔镛、陈廷棻等因与熊范舆有同年或私交关系，遥为声应。于是任、唐等禀明贵州巡抚，设立宪政预备会。会址在贵阳福德巷（今富水中路）北五省会馆内。被召集的黔中子弟200人，分班学习宪政，毕业之后，由政府分派各县传习，作为君主立宪的准备。这就是宪政派的初基。

这批研究宪政的人员毕业时，正值贵州官立法政学堂别科行将停办。宪政派任可澄约集该科的职教员曹企韩、蔡兴元（均黔人）、龚廷栋（四川人）及地方耆老钱登熙（青甫）、丁泽安（勉初），富商华之鸿（延厘），包括官僚、地主、资本家在内，举办宪群法政学校一所，尽量吸收法政别科学生，并利用夜间举办法官养成所。教员中多系当时所谓“世家子弟”，如唐忠、钱同宣、于××等。因有豪门、士绅及富商大贾的赞助，故该校吸引学生力量较大。而一般官僚、地主和资本家的子弟，为将来升官发财打算，也乐于入学。昼夜学习的员生，一时竟达千人。当时贵州还办有优级师范选科学堂一所，也是任可澄主持，时人以宪政派称之，彼派亦以宪政派自诩。实则宪政派仅系一种名称，并无所谓纲领，亦无正式组织。其中人物以任可澄为首，熊范舆（辛亥革命后回黔）、何麟书（季刚，举人）、戴戡（循若，贵定人，留日学生）、华之鸿、唐尔镛、陈廷棻（稚苏）等均系重要人物。另外，豪绅郭重光（子华，贵阳人，清末任安徽芜湖道）等组织耆老会，与宪政派合流。军人方面有刘显世（如周）、陈钟岳（松甫）、胡锦棠等，均依附于宪政派。

二 宪政派与西南派公开斗争的起点

宪政派与西南派政治主张各有不同，彼此之间当然存在矛盾。但最初私人之间，表面上还是互相周旋。如宪政派办的优级师范选科学堂、贵州通省公立中学堂，曾聘请与西南派有密切关系的乐嘉藻（采臣）、蔡岳（衡武）、杨寿篯（白坚）等充任教员，即其一例。公开斗争则自争学堂基金开始。从前贵州各县原有一种款项，名为“宾兴”，即科举时代各县廪生、增生、附生赴省应乡试时的补助费，和贵山、正本、学古三书院举贡生、监生每月考课的膏火。另有“状元庄”，即奖励中状元的田产，这类产业收入，早被宪政派唐尔镛禀准贵州巡抚庞鸿书，提作通省公立中学堂的基金。西南派办的公立法政学堂，为筹集基金召开会议，柬邀唐尔镛出席，提出划分上项基金的议案，唐加以拒绝，仅承认一次提拨银1200两。西南派不答应，一再商讨，唐仍坚持。在僵持中，西南派所办报纸《西南日报》的兰某拿着一张新闻稿给唐看，并云，如果划分基金提案通过，此新闻稿作废，否则明日报上则登出。时距唐之族叔我圻（恭石）枪杀其子唐飞为日不久。西南派欲借此吓唐。唐怒拂袖而走，议无结果。西南派势成骑虎，次日在《西南日报》刊出新闻一条，标题为“请看图财害命、谋夫夺妻的唐尔镛”，将唐我圻杀唐飞的事张冠李戴，加在唐尔镛的身上。这条新闻发表后，全城耆老大为震惊，轰动一时。唐尔镛随即柬邀西南派主要人及士绅等在老城内忠烈宫（现中华南路南明区文化馆）

讲理。到者数百人，主要的绅耆有郭重光、钱登熙、丁泽安、牟思敬、陈茂初、张复初、于仲芳、华之鸿等。一直到天黑，西南派无一人到场。由此两派分裂，由暗斗转为公开的斗争。

这时，贵州巡警道办有一个苦工队，系西南派钟昌祚（山玉）当队长。并设妇女改良所，系西南派白铁肩当所长。所内收容的娼妓及使女，成年者由所择配，缴纳所中伙食及费用；未成年者许人领作养女，也同样缴费。缴纳数目无一定，视其对象的力量而收取。宪政派为攻击西南派，在《黔报》（宪政派所办）上登载新闻一条，标题为“狼狈为姦”，大意是说钟的财政手续不清，与白勾结侵吞公款。因标题将“奸”字刊为“姦”字，白系女性，认为《黔报》有意诬蔑，向法院起诉。《西南日报》也大大鼓吹，不是说白要跳井，就说白要服毒自杀。法院不查虚实，以为白的生命危在旦夕，《黔报》编辑陈廷棻应负其责，遂票传陈到案审讯。因陈屡传不到，某日派承法吏 40 余人围陈住宅，将陈拘捕到案。但始终未审讯一次，招待在高审厅会议室内。数日后，宪政派向巡抚庞鸿书请愿，庞无主张，又向云贵总督李经羲请愿，由李电庞，才将陈廷棻释出。嗣后两派在报纸上仍为此误字打了很久的笔墨官司。与此同时，宪政派又在《黔报》上将西南派韦可经（法官）与人通奸一事大加渲染，对西南派进行攻击。至此两派斗争达于极点。

三　组织军政府　两派平分秋色和斗争的激化

由于西南派策动，辛亥革命推翻了清王朝在贵州的统治，成立大汉军政府。宪政派本来是主张改良的，很难说得上革命，但西南派见宪政派实力大，不惜放弃前嫌，与宪政派妥协，共组军政府。当时推新军营教练官杨荩诚（柏舟）为正都督，赵德全（纯臣）为副都督。设置枢密院，下设各部、处，其人选均由两派中人充任。记得“光复”当天下午1时，在谘议局召集各方面人士甚多，在会议堂开大会，堂前东西两庑，均密布两派人物。西南派首领张百麟、宪政派首领任可澄由堂内走出，携手同行，密语多时，自北而南，更由南而北，皆喜形于色。接着又相携入堂，登台发言，宣布某人为某部长等，台下起立通过表决。结果张百麟为枢密院正院长，任可澄为副院长。谭邦平为学部正部长，傅中藩为副部长。陈百朋为民政部部长，兰少庭为执法部部长，黄泽霖为司法部部长，黄济舟为实业部部长，廖谦为军政部部长，周培艺为行政总理等，其余已记忆不清。

军政府成立后不久，出现了两件事。第一件事是，宪政派计杀黄泽霖：宪政派是官僚、地主集团，得到耆老会的支持，并拥有军事实力，如陈钟岳带领的新军，胡锦棠设立的商团（由富商购枪、子弟当兵），刘显世带来的兴义乡兵，刘桂初率领的军官队（新军营参加起义的，给予军官名义）等。西南派却无军事实力，黄泽霖遂放弃司法部部长职务，成立巡防军，任巡防总统，总统府设于旧中衡署（今贵阳二中地址）。以下编为5个分统，分统下设营，营下有中、小队。布告全城，不拘何人能募足一队，即任为队长，募足一营为营长。因之满城庙宇及广大住宅皆为募兵地点。一般无业游民及小商贩，多报名应募。当各点招募新兵列队至南厂时，应募者担犹在肩，篮犹在手，良莠不齐，训练需时，当然说不上纪律。耆老会郭重光对黄建议：昔年左宗棠用兵甘肃，多赖哥老会之助。

自治学社既已吸收一部分哥老会人士，若寓哥老会于军营，作用更大。黄亦以为然，于是开“光汉公”，分出若干支流，遂使一时公口林立。宪政派也利用哥老会，另开“斌汉公”，以陈钟岳、陈廷棻为正副龙头。

回忆公口成立之时，哥老会弟兄在街上行走，包缠头，插英雄结，鬓边有红花一朵，身穿密扣短衫，腰佩朴刀一口，仿效戏场中武生打扮。当时院前街李家及省府北路何家均被抢劫，即系哥老会中的不法分子所为。

黄泽霖募兵令下，贵阳、息烽之间有一哥老会大爷罗魁，系著名匪首。清布政使王某回四川，由贵阳起程，行至扎佐前面的羊郎坝，即被罗抢劫，并奸污王之成年女儿。罗平素无恶不作，此次他也前来应募，自报成立骑兵一队，黄许之，委为骑兵队长。罗派其部下四出拉马，贵阳至遵义大道上。凡驮运米、盐、煤之马匹无不被拉，所驮货物没收归已，弄得路断人稀。罗拉足一队之数，始成立骑兵队。而征用士兵饮食及马料，又按户搜索，更加骚扰。黄见此情形，阴谋除之，遂令其来省点验。罗入城之日，队兵身着彩色或丝织品的衣裤，侧坐于驮鞍上，或左或右，不一而足。当即指定该队进扎九华宫，留罗魁个人在四川会馆看戏吃酒。黄在馆内先设伏兵，宾主入席，戏班管班执戏目单请罗魁点戏。同席有人说，该班某角演鬼报仇一戏很好，请点此戏。罗首肯。宾主极乐之间，台上发出炮竹声响，伏兵起，举刀砍罗，罗力拒，伏兵开枪，罗登时毙命。该队骑兵闻讯，当即逃散。

巡防军总统府原驻中衡署，因嫌该处辽阔，令贵州矿业中学堂（原贵山书院）立即腾空，让总统府迁入。学堂原有甲、乙两班学生，发给文凭，准其毕业。当时甲班仅一年级，乙班仅二年级。迁入后，堂内图书、仪器二室未动，由该堂职员丁尚固每日到此，负保管责任。曾亲见黄泽霖在原有西侧的一个房间内，雇用正新街木工雷大成制造一个刑具，名为逍遥车。车的上、下部均装有尖刀，人在车上，坐不能坐，站不能站，摇摆不定。有人向宪政党派告密说：“这个刑具制成后，专用来向富户筹款，将以宪政派华之鸿来先行开车。”宪政派本欲扫除西南派，黄又系西南派实力人物，自然不能相容，得此消息，遂决意下手杀黄。当派宪群法政学堂教员谭梦松（晋卿）、聂阁臣与华商讨，由华出银1200两，运动哨官谭德骥（全清，平越人），选其部下干练士兵12名，一名伪装拐带军装的逃兵，一名充押解的人，另10名作为护送的武装兵，送到总统府向黄请示处理。时黄正在吃饭，饭后升公堂审讯。讯明既是逃兵，宣判应立即正法。逃兵立刻挣开捆在手上的绳子，大肆咆哮，护解兵枪声齐响。黄知中计，离开公案，奔入隔壁卧室，弯腰向床头取枪。护解兵奔入，开枪命中黄的脑袋，登时毙命。弹穿墙壁一孔，黄的脑浆涂溅在墙壁的周围。黄左臂上戴金手镯多只，护解兵急于脱下，乃将其左手由肩砍下，悬挂于常平仓左门旁示众（在中华南路）。不多时，贵州代都督赵德全出告示安民，系四言韵语，开始就说“枪杀黄统，个人交涉”云云。可见当时军政府都督毫无权力，对这样的重大事件，竟不敢过问，而以个人事件了之。

第二件事是张百麟被逼出走：宪政派计杀黄泽霖后，即下手捕捉张百麟。负责城防的胡锦棠所部到田家巷（今公园西路）张宅捕索时，张百麟刚起床入厕所，其卫队管带彭尔堃在会客室候张谈话，闻门外枪声出视，叛兵误彭为张，将彭枪杀，张由宅后越墙逃走。

是日，西南派约胡锦棠在次南门外瓦渣坡营盘（旧时绿营驻扎处）与张面谈。时张百麟带有随身少数兵士驻在营盘内，要胡在营盘脚稍候，等准备好，再通知胡上山营盘内相会：营盘围墙上遍插旗帜，如临大敌。胡候至天晚，不见人来通知，派人探视，营内竟无一人，才知是中了西南派借以缓兵的空城计。实则张百麟由哥老大爷陈兰生保护，早已安全逃走了。

四　宪政派勾结滇军祸黔惨状

杀害黄泽霖，张百麟又被迫逃亡后，宪政派扫除西南派的阴谋并未终止。宪政派中的阴谋家郭重光、何麟书等与唐尔镛密商，借口哥老会扰乱社会秩序，向云南请兵帮助，以便将西南派一网打尽。为此特派戴戡（循若）为代表，星夜赴滇，向滇督蔡锷作“秦庭之哭”。戴戡为当时贵州民政长，后此约二年率黔军入川，凭借黔军实力，由梁启超向北洋政府保荐，任四川省长、督军、军事善后会办等职。不久被川军驱逐，逃出成都，为追兵所杀。当时有人为之作挽联云：

生前惯效秦庭哭；
死后方知蜀道难。

蔡锷应宪政派的请求，于1912年1月派唐继尧率兵东下，以北伐为名取道贵州。行抵安顺，西南派钟昌祚前往劝阻，唐怒，杀钟于安顺提督署内。同时布告贵州全省，强制将滇造成色不足的半元银币一律作正版光洋使用。黔人对滇军之来，初未知出于宪政派密谋，但滇军图黔野心，已是“司马昭之心，路人皆知”。

唐继尧抵贵阳后，被招待在南门外尚武社内（今贵阳二十七中）。原驻扶风寺的刘显世部队迁入唐家花园（即唐尔镛家花园）；原驻相宝山的李香池所率巡防分统部队，迁入云南会馆；东山原驻的黔军部队，也迁移他处。唐即移队驻扶风山，并分兵驻相宝山和东山，做他的左右翼。布置完毕，唐的哨兵即布满贵阳城内各街。时已夜半，犬吠不止，居民闻声开门出视，哨兵说，你们不用怕，我们是你们贵州耆老郭重光请来的，是来平乱的。随有宪政派钱同室、王铁似等，率领很多的人，挑着糕粑稀饭等食物，分送各街哨兵。

次日拂晓，扶风寺滇军开大炮轰击都督府未中，稍偏击中执法部办公楼（今市公安局内）。都督以下各部、处长均逃亡一空。接着遍城搜索，凡机关服役人员着短服者概指为哥老，皆被捆捉。当日为农历正月十四，民间正在“过年”，照旧俗赌钱作乐，只要从身上搜出骰子及其他赌具者，亦被认为哥老，同样捆去。所有被捉者，均集聚于沿街庙宇或居民住宅，“午时炮”响（当时中午12时，由抚署鸣放一声铁炮），先后纷纷押到扶风寺后山。该处已预先挖好两个大坑，西南派革命人士和新招募的士兵约200人，以及无辜居民共约千余人，均排成行列，围绕在两个大坑边沿，被刺刀戳杀或被推落坑内活埋。

贵阳城中居民老幼，途遇由扶风寺返回的滇军，或行至哨兵防线内，即被截留，用刺刀强割发辫。稍有难色，哨兵即大声说：“留发不留头”，闻者无不战栗。在各县，更以取消公口为名，被杀者尤多。

此时贵州正都督职务系由副都督赵德全代行。赵潜逃在离贵阳50里的乡间，藏匿于岳父贺某家中。刘显世闻讯，派兵前往拿获，赵行至中途被杀死。从此西南派人物纷纷外逃，时人谓“亡省之惨，甚于亡国”云。

五 见闻四则

（一）滇军在黔的罪恶

唐继尧带来的滇军纪律甚差。兵士满街横行，人人畏惧，每借搜查哥老为名，诈索财物。或乘人不防，偷在其衣衫后面盖一图章，硬说衣衫为“我有”，如不服，即以图章为凭，令人啼笑皆非。

有一次，滇军在离贵阳约10余公里的合棚勒索供应不遂，怀疑系当地人士戴子猷阻挠，带官兵将戴抓来打屁股200板。《贵州日报》登载此事，当晚即有滇军多人蜂拥入报馆，见人就打。因遍寻编辑不得，将什物尽行捣毁。临行时，更将装有红炭热灰的火盆翻盖在编辑床上，幸得同街居民抢救，未造成火灾。

（二）宪政派为蔡、唐建生祠，并立“纪功碑”

宪政派消灭西南派后，拥唐继尧为贵州都督，刘显世也跃居高位（唐走后，由刘继掌贵州军政大权，统治贵州10余年）。宪政派内，重要人物均居显职，一般人物亦无不袍笏登场，各得一官半职。因此对滇军感恩戴德，在贵阳城内旧公园（原臬署，现市委大院）为蔡锷、唐继尧建生祠，并立“纪功碑”。曾大宴唐继尧于公园，设席池心亭上。唐入席，见冬月寒天满池荷花盛开，颇为惊异，细看始知为通草片所剪制。时在座者耆老乔连奎（星五，贵阳举人，老教书先生）随口编一对联，先念上联：“通草做荷花，满眼都是伪君子”；唐有不悦之色。乔接念下联：“齐巅多古树，全垣共仰大将军”（园内古树数株，人称“齐巅树”）。唐始转怒为喜。其实上联所嘲讽者为宪政派，含义很明显；下联亦不外借作该派夺取贵州政权之凭借者——滇军头脑唐继尧，表面上以称颂出之而已。

（三）唐继尧劫掠黔库的点滴

唐继尧将回滇，致公函于贵州预决算处及贵州审计分处，请派员至都督府商办预决算事宜。两处接公函后，一派职员袁大勋，一派职员丁尚固前往合办。由唐继禹（唐继尧弟，后改名继虞，时任营务处处长，为滇军两次扰黔的带兵头子）及军需课牛课长接见。略叙数语，唐即从衣内取出纸条一包，并将载有用洋200多万元的纸条一张，交袁、丁两人说：“请将此款编制卫戍司令部用费，及刘法坤到铜仁特别用费（因拒绝北伐黔军回黔）的预决算。”当询其科目单据，唐答以没有。袁、丁遂说：“我等非军需人员，凭空造此款的预决算，敢告不敏。”唐默然良久说：“容后商量。”其后另由唐继尧调贵州省预决算处职员蒋亦莹、王季虞到滇办理，半年之久，才将上述包内纸条所载各数编造完竣。袁、丁两人只获见200多万元一笔数字，其余纸条甚多，为数更巨。由此可见唐劫掠黔库之一斑。而蒋、王二人亦因办理有功，蒋被委任云南平彝县县长，王被委任该县厘金局局长。

（四）唐尔锟冒充国民党员

西南派被消灭后，其中人士多逃避省外，在省内者亦只有销声匿迹，不敢露头角。国民党中央党部派于德坤（于德楷之弟）等二人来黔组织分部。宪政派刘显世、何麟书等得讯，派人在中途将于德坤等暗杀。此时全省无一个国民党员出面，宪政派唐尔锟（省吾，清云南道员）遂乘此时机，冒充国民党员，组织国民党贵州分部，打出国民党招牌，并派周学源、张金鉴冒充国民党议员，出席中央会议。

这篇材料，仅是点滴的回忆，当然对宪政派的内容是写得很不够的，也难免遗漏和错误，希阅者指正。

1961 年 6 月

（选自贵阳市政协文史资料研究委员会编《贵阳文史资料选辑》第 2 辑，1961 年 6 月）

贵州自治学社和宪政会的斗争

萧子有 *

1895 年，清政府与日本战争失败后，孙中山组织的革命党与康有为、梁启超的维新（改良）派分别传播革命思想和改良计划，形成当时政治斗争中的两大洪流。1898 年戊戌变法后，各省也出现了革命和改良两种派别，积极在地方进行活动，以作两大主流的响应。贵州自治学社即孙中山革命党组织的支流，贵州宪政预备会即康、梁改良派的支流。

一　贵州自治学社与张百麟

张百麟，字石麒，湖南长沙人，随其父张翰（奕安，贵州知县）

---

* 萧子有：时为贵州自治学社骨干。
新中国成立后，任贵州省文史研究馆馆员。

游宦来黔，素性喜结纳，广交游。其父总办贵州坡脚（现安龙县属）厘金时，即结交贞丰的钟振玉（子俊）、钟振采（子绶）、钟振声（子光）、胡刚（寿山）、詹德煊（灵枢）、陈守廉（兰生）、姜瑞熊（辑五）等10余人。其父调任开州（今开阳）时，复结识钟昌祚（山玉）、李立鉴（香池）、蒋忠信、许嘉绩诸人。其父卒于开州任所后，寄居贵阳，又结交乐嘉藻（采臣）、周培艺（素园）、杨寿篯（白坚）、彭述文（明之）、平刚（绍璜）、张忞（瀠浦）、傅文堃（中藩）、蒲藏锋（劭光）、黄理中（绍光）、张绍铭（希濂）、肖懋林（子有）等许多进步的知识分子。这些人后来都成了自治学社组织的重要骨干。石麒进官立法政学堂当学生时，又结交教员张鸿藻（显谟）、学员张泽钧（秉衡）、韦可经（绍权）、黄人瑞、周培桥、余同善等10余人。石麒性豪爽，喜与当时哥老会中人联系，如孔鹏（程九）、吴冠（湘灵）、陈守廉、姜瑞熊等皆当时著名的哥老，石麒与他们最相契。贵州辛亥革命成功，除得力于新军和陆军小学的协助外，哥老会支持的力量亦复不小，都是这个时候打下基础的。石麒最痛恨清廷的腐败和丧权辱国，复深恶官吏的贪污压制，但为革命活动的进行，就不得不混迹于仕途（其父代捐知县），借官吏作护符，以避免清政府的疑忌。石麒联络既广，更鉴于时势的危急，拟组织一政治集团以做革命基地，假名自治，组织学社，请于清政府，得许可后，乃于1907年2月与张鸿藻、张泽钧、黄泽霖（茀卿）、钟昌祚、李泽民（小谷）、谢师莪（文琴）、罗时杰（竹之）、谭邦屏（景周）、周培艺、杨寿篯、彭明之、韦可经等30余人成立自治学社于田家庵镜秋轩相馆（现市府路小学对面）。接着创办公立法政学堂（当时学堂，政府办的为官立，团体办的为公立，私人办的为私立），发行《西南日报》和《自治学社杂志》。自治学社用自治的名义，借学堂作掩护，凭报刊为喉舌，宣传革命主张。不到一年，分社的分布将近 50 州县，入社者达 14000 多人，自治学社无形中遂在贵州展开了同盟分会的活动。据平刚过去所说，自治学社在当时已由平刚介绍加入同盟会，该会已被承认为贵州同盟分会，并承认张百麟为贵州同盟分会会长（在日本东京时的分会长原为平刚）。

二　贵州宪政预备会与唐尔镛、任可澄

贵州宪政预备会是自治学社成立两年后的一个政党式团体。1909 年 10 月成立，创始和领导的人是唐尔镛和任可澄。

唐尔镛，字慰慈，贵阳人，出身于镇压农民运动起家的大官僚大地主阶级，是当时贵阳最有力量的绅士之一。

任可澄，原名文镕，字志清，安顺人，在安顺亦以剥削农民起家。

唐、任两人以举人屡应会试不中，同时考取内阁中书，做官热情很高，几经活动无效，乃相约回黔。时清廷令各省办新政，贵州巡抚适以藩司林绍年（赞虞，福建人）升任，急欲有所表现。举人徐天叙（叔彝）刚由日本归来，遂以时敏学堂（徐天叙、张协陆、张彭年等创办，在县小河坎斗姥阁，现已拆修朝阳桥）堂长名义进谒林。座谈中，徐谓办新政必先储备人才，更须从师范教育先着手，林很以为然，当嘱徐物色办学人选。徐初属意赵以炯（仲莹，贵阳人，丙戌年科状元），后转属意唐尔镛，认为唐系有门第的绅士，并且尔镛之祖唐炯（鄂生）亦为贵州官吏所尽知。徐乃介绍唐进谒林，

林即委唐为监督。唐乃约徐叔、张协陆、任可澄、彭述文、蓝泽熙等担任教务和教员，于是在1905年，贵州官立师范传习所出现于贵阳城的贡院（现市公安局）内。唐尔镛、任可澄插足于贵州教育界即从此始。师范传习所结束，接着唐把全省宾兴、学谷、学产以及书院膏火等公款尽行搜罗，创办通省公立中学堂于次南门外（现一中学校），唐自为监督，华之鸿（延厘，垄断盐业，贵阳第一巨富）副之，任可澄主持教务，何麟书（季刚）、陈廷策（幼苏）、陈廷棻（稚苏）、熊继先（铁岩）、姚华（重光）、李国钰（穉林）、李国钊（祖峰）、顾定基（寅钦）等都是这个集团中的教员或共济会员。继又于1907年创办优级师范选科于次南门外丁公祠、雪崖洞、昭忠祠内（现电影机械修配厂），唐为监督，任主教务。复成立贵州省教育总会，唐为会长。复于1909年10月联合省内的何麟书、陈幼苏、陈稚苏、华之鸿、钱登熙（青甫）、牟思敬（惠庵）及省外的蹇念益（季常）、陈国祥（俊民）、姚华、熊铁岩等组织一政党式的宪政预备会，任为会长，实权为唐掌握，陈廷棻为副会长。自是唐、任两人更由教育界进一步进入政治界活动了。他们都是以康、梁维新主义为主义的，并且有许多会员与康、梁早发生了关系，如蹇念益、陈国祥、熊范舆（即熊继先）、姚华、刘显治（希陶，刘显世之弟）等在日本曾加入梁启超的政闻社组织。所以贵州宪政预备会就成为康、梁维新改良派在贵州的一个支流。

贵州自治社和宪政会渊源既各有不同，政治上的见解又复歧异，在贵州政团中乃形成对立的形势。宪政会为对抗自治社的公立法政学堂，即有宪群法政学堂的开办；为对抗自治社的《西南日报》，即以《黔报》和《贵州公报》为喉舌，从而两派在言论和行动上表现了显著的矛盾，展开了大大小小的斗争，最后演成宪政会勾结滇军残杀自治社革命党人的事件。

三　斗争的开端——自治社揭发唐家命案

两派进行斗争的开始，宪政会颇占优势。以经济言，贵州全省公款皆掌握于该会手中；以政治地盘言，教育会、商会、农会复为该会会员唐尔镛、华之鸿、李宗鉴（赞先）、于德楷（仲芳）等所把持；在政治上的背景，除巡警道贺国昌（莘生）、审判厅丞朱兴汾（诚侯）同情于自治社外，所有官员以及合城绅士皆为宪政会的护符。甚至工作地址，次南门外丁公祠、昭忠祠、雪崖洞为优级师范选科所占；次南门外河神庙为通省公立中学堂基地；万寿宫（江西会馆）为商会会址；资善堂（现市协商会）为农会会址；竹筒井某公馆（现群新电影院）为宪群法政学堂所有；现在富水中路两个公馆为《黔报》《贵州公报》所据。即是说，贵阳若干公地都为宪政会占有。而自治社所有学堂、专修科和若干讲习所以及报社都挤在租借的福建会馆之内。如果从这些方面来看，自治社是站在不利形势方面的。

斗争开始，双方都集中力量，从攻击对方的领导人下手。于是自治社的张百麟就成为宪政会攻击的对象，宪政会的唐尔镛也成了自治社攻击的目标。清宣统元年（1909 年）适有唐尔镛从弟唐飞被其父唐我圻枪毙的事件发生。自治社遂命社员蓝钠将枪杀唐飞的地点、装殓的工匠、葬埋的地方一一调查确实，乃在《西南日报》披露“唐我圻枪毙其子之奇闻”新闻一条，主笔杨寿篯复作“评论”登于同日的报端。一时堰塘坝唐家骇人听闻的祸变传遍贵阳城，成为群众街谈巷议的资料。当时贵州官吏臬司严隽熙（绍光）和大绅钱登熙等竟出面在政府方面袒护唐家。唐尔镛亦仗恃官绅的援助，控告《西南日报》为无根据的诬蔑。《西南日报》复将枪杀唐飞的地点（花园内某处）、装殓的工匠（王某）、葬埋的地方（红边门外茶店某姓地内）详细地再行揭出，终于开棺验尸证实其事。唐尔镛感觉大丢面子，乃将职务让给任可澄，避走北京。这是贵州自治社与宪政会斗争的第一幕。自治社通过唐家这一不可告人的事件，在贵阳揭露了封建巨室的丑恶面目，从而也揭发了一些官绅狼狈为奸的情况。

（一）一场笔墨官司

经过了第一幕斗争后，宪政会自然是不甘心的，因而时时在自治社领导人张百麟的言论行动上搜集材料，以施报复并借以打垮张百麟。1909 年 10 月，张百麟在公立法政学堂讲课时，误将“补苴罅漏”读为“补苴呼漏”，“瞠乎其后”读为“倘乎其后”，《贵州公报》登载其事，就说张百麟读别字。杨寿篯时为《西南日报》总编辑，乃为百麟辩护，在《西南日报》著文批评《贵州公报》的错误，每日都有论著与《贵州公报》作文字上的斗争。今日谈《广韵》，明日讲《广雅》，所有音韵各书几乎完全引用，来证明百麟读法不错。而所持论点，无一不有根据。杨寿篯复逞其雄辩之词，运用其犀利之笔，日日著文披露于《西南日报》，向宪政会机关报《贵州公报》挑战。而《贵州公报》隔几日始勉强登载支吾搪塞毫无根据的文章。经过三星期的辩论，自治社乃由《西南日报》登载启事，谓：“我报推定杨寿篯、平刚为辩论代表，你报可推定代表，定期开教育总会评论。”《贵州公报》数日未答复，始由达德学堂堂长凌云（秋鹗）

调停登报了事。这又是两派斗争的一幕。

（二）校址之争

宪政会办的优级师范选科自1907年开办，至1910年应毕业，不再续办，所有丁公祠、昭忠祠、雪崖洞的地址自然应该让出，但宪政会仍想继续占有作该会会址，并已商得政府同意。同时自治社租用的福建会馆地方尚不及该地址的一半，并且自治社、《西南日报》社、公立法政学堂以及6个专修科、3个讲习所都设置在内，实属拥挤不堪，自治社久欲另找地址，苦于无相当公地。优级师范选科地址腾出，自治社即请人向政府疏通，拟禀请划拨该地址作公立法政学堂及各专修科和讲习所之用。因宪政会已先下手，并且政府又素袒宪政会，自治社的请求就被拒绝。自治社愤政府偏袒宪政会，知道不可以理争。某日，天刚亮，自治社社长钟昌祚率领公立法政学生100余人，携带被盖行李梯墙而入，完全占据丁公祠、昭忠祠、雪崖洞3个地方，表示对政府抗议。宪政会首领任可澄禀请政府勒令公立法政学生退出。自治社强硬对付，毫不接受。政府不得已承认该地址不拨给宪政会。自治社犹不相信，仍不令学生退出。后由教育总会会长乐嘉藻出面担保该地址不拨给宪政会，自治社乃令公立法政学生完全退出。这也是两派斗争的一个过程。

（三）选举中的斗争

自治社成立于1907年，正是清廷明令各省筹备谘议局的一年。自治社乘着这个时机，积极发展各府厅州县的社员，一时各地知识分子纷纷加入，分社成立47处，社员将达15000人，这样迅速地发展，早在群众方面创造了竞选的有利条件。代表上层士绅力量的宪政会，不仅成立较自治社迟两年，其基础不如自治社广泛。因此，谘议局选举结果，39 席中自治社竟夺取了 33 席。1909 年贵州谘议局成立，召开第一次会议，该会局内选举，议长当选者为素来同情自治社的乐嘉藻，谘议局全局委员会委员长为钟振玉，常驻议员自治社占最大多数，常驻办事处书记长为周培艺，其余书记钟昌祚、孙镜（鉴清）等 4 人皆为自治社社员。而宪政会会员仅牟琳（贡三，遵义人）得副议长一席。于是整个谘议局完全控制在自治社手中。

1910 年，清政府资政院成立，两派竞选出席北京的议员，结果为自治社议员刘荣勋（久安）当选。北京各省谘议局代表组织“国会请愿同志会”，自治社又选举蔡岳（衡武）、彭述文、李泽民代表贵州教育总会参加。北京组织各省谘议局联合会，两派在谘议局竞选，又为自治社议员杨寿篯当选。自治社在这些选举当中的胜利，不但使自治社声势逐渐扩大，而且在外援的结纳、革命工作的联络方面，也便于逐步推广。

贵州谘议局议长乐嘉藻因素同情于自治社，在局内有时受宪政会议员故作无谓地挑剔。如副议长牟琳在开会时，争列席于主席台上，与议长席位并列，后经请示中央，终列席于各议员席中。乐愤而辞去谘议局议长和议员、议长一席，自治社议员谭西庚（云鹏）被选补充。议员缺额，应由贵筑选区补选，宪政会开会决定推该会首领任可澄竞选，但任可澄已在安顺选区以“任文镕”的名字应选过，宪政会这次企图用“任可澄”名字又在贵筑选区蒙混参加选举，被自治社竭力攻击，议员缺额的选举，就被自治社社员杨寿篯夺取。

唐尔镛因唐飞事被《西南日报》揭露，避走北京，贵州省教育总会会长应另行改选，自治社主张全体改选。宪政会开会决定举任可澄为会长，何麟书为书记长，其余评议员、会计、庶务各职，宪政会皆预先组织了人选。及至在北门外新四川会馆开大会时，选举结果，会长一席被接近自治社的乐嘉藻当选，自治社员杨寿篯当选为书记长，其余当选人数自治社社员占 2/3，整个教育总会又完全为自治社所控制。从此，教育界中人很倾心于自治社，自治社在教育界又增加了不少实力。

1911 年武昌起义后，11 月黎元洪通电各省，请派代表到武昌商组临时政府。12 月江浙两都督程德全和汤寿潜复通电各省，请由旧谘议局和都督府各派一名代表常驻上海，筹组全国代表会议。任可澄、刘显世（如周）极力为宪政会会员陈廷棻和何麟书活动，但终为立法院（旧谘议局改）选举平刚、文崇高充任贵州代表。任可澄、刘显世阴谋既不能行，遂私用军政府名义电云南都督蔡锷，借口黔无适当人物，请就在滇黔籍人士中代推二人出席。蔡乃推熊继先、刘显治二人代表贵州前往。平刚得到确实消息，即与文崇高先时赶赴上海报到，并将熊继先、刘显治不合法的情形向主持人说明。熊、刘二人继由云南后至，亦照例报到。及至审查资格时，遂以贵州既自选有代表，云南代选代表即作无效。自此，双方矛盾越来越尖锐，宪政会谋杀自治社革命党人就在这个时候伏下根了。

四　白铁肩与陈廷棻以及方策与徐印川的斗争

自治社社员白铁肩女士原与黄泽霖夫人烈诚、谭邦屏夫人佛侠创办光懿女学堂，在教育界颇有名。清光绪末年，贵阳世家大族、富商大贾（这些人家大多数系宪政会中人）虐待婢女者很多，婢女不堪其苦，多往巡警道署控告。巡警道贺国昌以科长钟昌祚建议，在该署内办一女习艺所（钟已在署内办有男习艺所，收容贫苦流浪儿童，很得社会赞许），来收容这些受虐待的婢女。贺国昌约白铁肩为管理员兼会计职务。白办事认真，宪政会中人最感不安，他们恐怕自己的婢女逃去有伤面子，阴谋攻击铁肩。某日宪政会员、《黔报》主笔陈廷棻就在该报著文攻击白铁肩，文中有“狼狈为姦”字样，不知是否陈有意以“奸”作“姦”，《西南日报》主笔杨寿篯就在该报著文，在“奸”与“姦”字上详细地解释，最后硬说与白名节大有关系（因铁肩系孀居）。自治社主张白向巡警道署和审判厅控告陈廷棻。白是贺国昌属员，审判厅丞又为公立法政学堂监督，自然一诉就准。审判厅票传陈审讯，陈几次抗传不到，审判厅即下拘票拘提，把陈拘留数日，陈颇难堪，宪政会亦感觉丢脸。

自治社安顺分社长方策在安顺学界绅界中颇负盛名，常与安顺宪政会中人黄元操（尧承）、洪纲（善章）等作斗争。提督徐印川（月亭，安徽人）屡屡袒护黄等，早为方不满。适有提督署卫士某应提督射艺月课，实弹打靶，安顺泥水工人陈其才正在周姓屋上翻瓦盖房，为流弹所中，登时毙命。照旧例，实弹打靶，系在城外北校场，徐改在督署内校场举行，每遇士兵考试或练习时，子弹常由附近人户飞过。居民公举方策和安顺县董事会会长陈遂初，学堂教员刘镇、刘选青，议员刘荣勋为代表见徐。这些代表都是自治社社员，徐不待代表词毕，即端茶送客。街绅方子义复见徐，请改在北校场原处举行打靶，徐复置之不理。陈其才这次被弹打死，方策遂在群众中活动与徐作斗争。人人都抱不平，一致认为徐不接受群众请求而酿出了人命案。安顺知府瞿鸿锡见人情汹汹，恐事情扩大，极力劝徐出银 200 两，请方策等交陈其才家作为安葬费了事。但徐对自治社方策等不肯甘心，宪政会黄元操等怂恿徐奏杀方策诸人，就代徐找讼棍杨培初写好一本奏折，硬说方策诸人是革命乱党，请早捕杀以清后患。徐把折子带进省请巡抚庞鸿书出奏（清例，武官折子进京，须得文官会衔），庞鸿书派胡同生调查与事实不符，遂不代奏。方策得此消息，乃直接函禀云贵总督李经羲，徐反而大大受了申饬。这些事表面上看去，都是私人斗争，实际发纵指使的还是自治社与宪政会。

五　宪政会密请官府迫害自治社的阴谋

自治社的势力逐渐发展，宪政会自然感到不安，于是就从该会在外有势力的黔人方面另打主意。当时唐尔镛出走北京，已将两派斗争一切情形告知黔人蹇念益、陈国祥、熊范舆（即熊继先）、姚华等，并以门第关系联络直隶总督陈夔龙（筱石，黔人），共同筹商对付自治社办法。何麟书复以亲谊关系屡函请陈主谋，省内外宪政会会员几经往复函商，于是决定了谋杀张百麟和周培艺的恶毒计划。

先是 1907 年，陈夔龙由江苏巡抚调升四川总督，便道请假回籍省墓，在贵阳日与唐尔镛和宪政会人往来酬酢甚密，培艺在《黔报》曾加讥评，致触陈怒。及至调督两湖，复借故查封了《江汉日报》，培艺又在《黔报》著文讽刺，陈更深恶培艺。陈曾函黔抚庞鸿书，指张百麟、周培艺为革命头子，自治社为贵州革命机关，请严密查办，诛除张、周，解散自治社，为贵州肃清后患。庞以事无实据答复而罢。及陈总督直隶时，值李经羲调督云贵，陈即面告李，谓张百麟和周培艺为贵州革命头子，自治社为贵州革命机关，请路过贵阳时为贵州除害。谋划既定，宪政会复使人在李经过的沿途中作词状控告百麟、培艺为贵州革命头子，自治社为贵州革命机关，证实陈对李所言不虚，使李信而不疑。自治社在京社员快函密告百麟、培艺及早预备。李经羲到了镇远，即问知府吴嘉瑞（雁洲，湖南人）张百麟、周培艺是否革命党人。吴一面代为解释，一面飞函警告百麟、培艺。因百麟为吴门生，而且吴素来同情自治社，故很关心。自治社开紧急会议，社员均主张百麟、培艺外避。张、周两人皆认为外避不但证实我们是革命党，中了宪政会的诡计，我们自身的危险且不必说，自治社将不能保存，并且要使省内外许多社员受株连，不如镇静以待，一旦有事，临机应变。因此，张、周两人仍照常工作，行若无事。李经羲进了贵阳，尽管宪政会先行密告，培艺故意不闻不问，处之泰然。百麟挺身求见，并将连夜赶写的万言书面呈经羲，座谈之余，李经羲颇以百麟为有才。李又将陈夔龙所说一切问之巡抚庞鸿书，庞述说了两派积怨的情况。宪政会借刀杀人的阴谋诡计仍然遭了挫折。

宪政会计不得行，认为庞鸿书袒护自治社，又认为贺国昌素来同情自治社，既为巡抚文案，亦必从中为自治社掩护，宪政会因此迁怒于庞、贺，阴图打击庞、贺。乃由在京的宪政会员蹇念益等贿买御史陈普同奏劾庞鸿书庸劣失职，贺国昌纵属贪暴。清廷交云贵总督李经羲查办，李派迤东道郭某来黔调查，郭以事无实据禀复而罢。宪政会的阴谋诡计又一次遭到失败。

六　宪政会勾结滇军残杀自治社革命党人

宪政会千方百计地用尽心机和金钱，同自治社几经决斗，都得不到胜利。于是，在辛亥革命后，遂不择手段，勾引滇军，实行屠杀自治社革命党人的计划。

辛亥革命以后，掌握云南军政大权的是蔡锷。宪政会中人以戴戡经理云南个旧锡厂有年，与云南官绅有相当的关系。周沆宦滇很久，并且做过云南昆明首府，亦与云南官绅素有联络。戴、周两人与蔡锷在云南军政两界上又有一段同僚的关系，所以宪政会决定派他们两人向云南军政府请兵。兼之云南独立后，蔡正欲向外发展，扩张势力，特别是企图抓住川、黔两省，作图霸西南基地。在戴、周还未与蔡会晤时，贵州郭重光（子华）已假耆老会名义，电请蔡锷出兵。因此，戴、周会见蔡锷，一拍即合，话甫谈完，蔡即不假思索，立刻应允。于是蔡乃假北伐的名义，实行假途灭虢的计划，命参谋次长唐继尧（蓂赓）为司令，统率庾恩旸、韩凤楼等带兵赴黔。首先向各省通电，电文中有“闻贵州公口林立，有碍治安……又据贵阳绅耆迭电请兵，兼派代表赴愬，滇、黔唇齿，滇军不忍坐视”等语。自治社在京社员钟昌祚、刘荣勋得蔡出兵消息，即从沪绕道云南面见蔡锷劝阻，并谓两派闹意见，请不必过问。蔡虽面允，但仍命唐继尧率兵入黔。钟昌祚不得已向滇军沿途劝阻，行至安顺，随滇军回黔的宪政会会员戴戡、周沆即勾结滇军，杀害钟昌祚于安顺。

宪政会残杀自治社革命党人，不是从向云南军政府请兵开始的。在滇军政府尚未出兵的时候，宪政会就以银 2300 两收买了巡防总统黄泽霖部下的唐灿章，于 1912 年 2 月 2 日刺杀了黄泽霖，极大地削弱了自治社对巡防队兵力的控制。但是这个时候，自治社尚未被推翻，大部分贵阳军队还是倾向自治社一面。因此，宪政会还恐自己力量不及，不敢公开地杀害自治社的社员。及至宪政会请来的滇军于2月29日进了贵阳，戴戡、周沆亦随滇军到达省城，宪政会即有恃无恐地、毫无忌惮地勾结滇军，成立了一个清一色的宪政会的贵州政权。于是解散自治社，焚毁自治社文件和档案，按照自治社名册分别进行搜捕，重要的则加以残杀。贵州自治社组织至是完全归于消灭。从此各县又组成宪政分会，借以侦查自治社社员及与自治社有密切关系的人，以便实行一网打尽的恶毒计划。此后，自治社社员和与自治社关系密切的人的生命断送在宪政会和滇军手中的就难以数计了。其比较重要的，已见于平刚著的《贵州革命先烈事略》和《滇黔辛亥革命录》，不再重述。

以上所述，皆是从当时我亲身经历的过程中回忆出来的。事实固然不止于此，但事隔50余年，兼之我八十有六，有好些事实已记忆不清。兹特就记忆所及的几点写出聊供参考。错误之处，恳祈阅者指正。

（选自全国政协文史资料研究委员会编《辛亥革命回忆录》第3集，中国文史出版社2012年6月第2版）

辛亥革命前后“自治”“宪政”两党斗争见闻

严池华 *

一　辛亥革命前两党斗争情况

（一）两党之形成及其人物

贵州自1905年清朝停止科举兴办学校时起，至辛亥年（1911年）反正前夕止五六年间，一般知识分子为了谋自己的出路，便由当时的举、贡、生员等各就平时所能联络的亲友中结合起来，创办私立学堂。最早的为达德、时敏、正谊等，同时公家也办了官立小学9所，委周恭寿（铭久）为总堂长。于德楷（仲芳）、尔镛（慰慈）、华之鸿（延厘）又创办贵阳府中学，后改为贵州通省公立中学堂。张百麟

* 严池华：曾任南京国民政府军事委员会贵州统制局贵阳办事处秘书，贵州省参议院参议员。新中国成立后，任贵州省文史研究馆馆员。

（石麒）、陈永锡（百朋）、杨寿篯（百坚）等创办西南法政学堂。当时在“公中”任教的有任可澄（志清）、何麟书（季纲）、陈廷棻（稚苏）、王延直（仲肃）、姚荣廷等。在西南法政任教的张秉衡、韦可经及当时的推事检察官数人，黄泽霖（苇卿）在校任职。

1908年，马灿奎、杨文山、任可澄、曹兴蕲（继韩）、李琳（玉峰）创办宪群法政学堂，成立宪政预备会，所以当时一般人称他们为宪政党。

张百麟成立自治学社，又办西南法政学堂及《西南日报》，一般人称他们为自治党或西南党。

宪政党办有《黔报》，自治党办有《西南日报》，这两家报纸，便是他们两党互相攻讦的喉舌和宣传品。一般人称他们为“党”，其实是当初办学堂的两个派别，并不像今天的各民主党派，有组织有领导的那样。为了彻底明了他们之间的斗争性质，对于两党代表人物的家庭和个人成分实有记述之必要。兹分列于下：

自治党：

张百麟（石麒）：捐班知县，父张翰（字挹庵），贵州知县，岳父黄鲁岩贵州知州。

张秉衡：家世不详，但他是法政学堂毕业。

陈永锡（百朋）：大定府（今大方县）秀才。

杨昌明（伯钊）：京师大学毕业。

杨寿篯（百坚）：贵筑县秀才。

黄德铣（济舟）：贵阳府廪生。

韦可经：贵阳审判厅推事。

黄泽霖（苇卿）：贵筑县刑幕，叔父黄越生、黄鲁岩均贵州知州。

宪政党：

于德楷（仲芳）：清知府。

唐尔镛（慰慈）：清内阁中书，祖父炯，云南巡抚。

任可澄（志清）：清内阁中书，祖父清翰林。

何麟书（季纲）：清举人，祖父清翰林。

陈廷棻（稚苏）：清举人，父清举人。

王延直（仲肃）：清举人。

曹兴蕲（继韩）：清举人，法政毕业。

李琳（玉峰）：清举人，法政毕业。

华之鸿（延厘）：清训导，父清道员。

张百麟为了办报社办学校筹集资金，曾将其岳父黄鲁岩宦囊所置之房产及金珠宝石等变价充数，其内弟黄登熙生前还时常对朋友提及。西南法政学堂成立，推高等审判厅厅丞朱兴汾（诚侯）为监督，所以自治党与司法界更接近。至宪政党所办之《黔报》及《贵州公报》，其印刷机器及字钉等，均系共用。如临时有亟须开支之款，则向华之鸿借贷。宪政党人中，世家大族较多，又系地方绅士，所以与当时本省执政的官僚接近。

（二）两党起隙的一些事实

唐飞与其祖父之妾有私，当时知其事者甚多。在半封建社会的大官僚家庭中出了这样的事，便认为奇耻大辱。飞父唐我圻（恭石）告老回家得知其事，便认为有辱祖先，败坏了家风，怒不可遏。乃于某日亲率健仆数人，将飞拉到他家花园内捆在树上，面数其罪，以手枪击毙。尸从花园后门拖出，以薄棺殓之。此事传出后，《西南日报》即予揭载。根据当时法律，著文斥责，并随时作短文加以讽刺嘲笑。而《黔报》呢？仅简略登载。此其一。

审判厅推事韦可经与已故翰林黄卓元之妾有私，因弄死其私生子，为外间所知。于是《黔报》便据传说登载，亦数次作短文讽刺嘲笑。而《西南日报》亦简略登载。此其二。

《黔报》登载光懿女学堂堂长白铁肩事，标题是“狼狈为奸”，将“奸”字排为“姦”字。白与西南党接近，认为有损她的名誉，遂控告《黔报》主笔陈廷棻。贵阳审判厅传陈庭询，将陈押看守所。而陈的学生等（陈当时在公中任教）则每日均往慰问陈，看守20余日，亦不再审问，罚款百两，释陈出。因此两党嫌隙更深。此其三。

公立中学创立之初，由唐尔镛呈准提学使将南书院、贵山书院、北书院膏火及宾兴拨充基金[①]。张百麟创办西南法政学堂时，派人与唐尔镛商洽，望分一部分膏火、宾兴经费给他办学，而唐坚执不允。此其四。

当1906年至1907年公、私立学堂骤然增加，需用教学书籍颇多，于德楷、唐尔镛集资8000两创办通志书局，同时成立《黔报》馆，聘周丰园为总经理，丰园之弟培艺任《黔报》主笔。办理不过3年，结算账目，资金有了亏折，唐尔镛即对周丰园当面指斥，使其难堪，丰园辞总经理职，培艺亦愤而辞去主笔。张百麟知周、唐之间有隙，

① 膏火：清制，生员在书院读书，须缴膏火费。公家积累此款，购置学田，每年收租作书院开支。宾兴：清代乡举，地方设宴以待应举之士。此款亦置购学田，每年收租积存备用。贵州这两项学田，拨给公立中学后，是文明钰（式如）经管。

遂极力与周联络。周从此与张交谊日益深厚而与唐绝交。此其五。

当时贵州的知识分子，除达德、时敏、正谊及官立中小学有一部分不参与他们两党的斗争外，有些人与西南党接近则攻击宪政党，有些人与宪政党接近则攻击西南党。因此较大的县份也形成了两党对立，各是其所是，而非其所非。如安顺之自治派方竹君、涂月楼则与宪政派之谷寅宾等互相攻击，对地方事各执一词，争论不休，因此便明争暗斗各不相让。两党虽无组织领导，也就形成了两个壁垒。此其六。

黄泽霖某次向《黔报》馆订阅报纸，他自己写订报人为“县幕黄”而不写出名字，于是《黔报》在报上登出，加以询问和嘲讽，泽霖因而更恨宪政党人。此其七。

当然两党互相倾轧的事实，为我所不知的还不止此。

（三）革命爆发前两党暂时的联合

黄兴率领同盟会会员在广州起义虽然失败，但革命烈火燃遍了全国，尤其青年学生接受革命思潮最快最积极；更因孙中山先生于1905年成立同盟会以后，所办《民报》等报刊均宣传民族主义革命，并介绍了一些西欧资产阶级民主自由的理论。

一般知识分子接受那些理论较早，这就不限于自治、宪政，两党的人物，所有当日各方面的知识青年都抱有这种思想。张百麟抓着了这个机会，便在贵阳各学堂的学生及教职员中广为联络，进行宣传活动，使他们的民族意识和爱国热情空前高涨。公中的何煓就是在那年春间与张百麟接上头的。我们的地下组织论理研究会，也在那时暗中组成。就“光复”后露面的那些革命组织来看，当时确是不少。如官立、私立各学堂教职员参加自治学社的越来越多。虽无组织领导，但大家都抱有一个总目标，那就是推翻腐败无能、辱国丧权的清王朝，兴建一个欧美式的国家。

到1911年10月10日武昌起义的消息传来，人心更加振奋，人们会面谈的都是武昌革命军战况。随着湖南、云南也相继独立，人心更受鼓舞。这时张百麟便暗中号召各地下组织做好准备。何煓接受了这个号召，便通过刘桂初、姚荣廷向监督任可澄说明贵州要响应武昌革命军的企图，并希望学堂领导人与自治党合作。得到答复是时机成熟是可以的。何煓即将这话往告张百麟。百麟很高兴，并对何煓说：以后我们两方的意见就由你传达吧（后来才知道黄泽霖不同意张百麟的这个主张）。此话是何煓对我说的。所以贵州反正原定于农历九月十二日，公中领导人是知道的。后因新军营陆军小学学生的子弹还要补充，改期于九月十四日，他们也是知道的。到十四日黎明，何煓通知任可澄即刻到谘议局会张百麟。任立即前往，张百麟即与任携手同出，立于会议厅前面石阶上。此时公中及西南法政学堂学生和其他各地下组织的学生挤满院内外，张百麟首先宣布贵州独立，任可澄继续讲话，均说明清廷的腐败无能，必须把它推翻另组新政府。他们讲话以后，即在会议厅商讨组织军政府的一切计划。我们便遵照指示共组成5队合计500人（每队100人），具条向姚荣廷请领枪弹，分赴省城各教堂负责保护外国在本省的传教士。各商店照常营业，所不同者，只有各界青壮年也和学生一样，把拖在脑后的发辫剪了。一方面是张百麟等事先部署周密妥善之功；一方面是民族主义深入人心，各阶层人民一致拥护，所以兵不血刃就“光复”贵州。

二　辛亥革命成功后之斗争情况

（一）两党扩充势力的斗争

贵州独立后不过五六天，忽传张百麟扣留任可澄于枢密院，将杀之。公中学生以师生之谊，群趋枢密院（今评剧团地址）。我亦持枪者之一，在街上听到同学通知，亦即前往，欲保护任回家。当时学生刘琪进入办公室，责问张百麟：“为啥要谋害任可澄？”张答：“哪有此事，你们不要轻听谣言。”刘琪即一手拉张百麟一手拉任可澄且行且说：“不管有无其事，我们到会议厅去当着众人说个明白。”到了会议厅前面，张百麟又对刘琪说：“我哪有谋害志清之心，你们轻听谣言，恐误大事。”刘琪说：“既无其事，那就请任先生回家。”即由同学雇一小轿送任回，并由10余名学生持枪保护。此时刘显世已奉沈瑜庆调，率所部（靖边团营）到达贵阳，以一部驻扎螺蛳山，一部驻城内唐家花园，显世本人亦驻园内。任可澄惧有不测，遂迁往唐家花园与显世同住。从此两党的暂时联合又复破裂。于是两党均积极想扩充实力。但当时贵州的形势是新军一标为杨荩诚（柏舟）、赵德全（纯臣）所掌握，巡防营为胡锦棠、和绍孔、陈兰生、黎绪元、麻城伯、孔程九、谭全清、李湘池及绿营之守备、千把总所掌握，地方团队为刘显世所掌握；陆军小学200余人中，自治党掌握一部分，如胡仁等；宪政党掌握一部分，如欧阳巨卿等；另有一部分是不依附两党的，如肖道生、莫季莹等。

在辛亥年农历十月初，宪政党何麟书组织尚武社，拉拢各方面人士参加，各学堂学生最多，工商界次之；在陆军小学前面大操场内开成立大会，到会者数千人。何麟书登上数日前搭好之高台，说明成立尚武社的理由是发愤图强，要赶上欧美民主国家，并宣布社章。这时宪政党声势较大，自治党不甘示弱，尤其黄泽霖急欲发展势力，所以推他为司法部部长。他不愿干，要带兵。但他本非军人，又无基本队伍，新军方面除胡刚一营外，其余的不能与杨荩诚、赵纯臣争。巡防营中之胡锦棠、谭全清、和绍孔等又被宪政党拉拢。刘显世更同他们一气。只黎绪元、孔程九、陈兰生、李湘池、吴襄陵等还可收为己用。于是成立贵州巡防各营总统，由黄泽霖任其职，在总统之下设东、西、南、北、中 5 路分统，将所带士兵改编。初设总统署于前中衡衙门（现在二中地址），不数日后，又迁至贵山书院（在旧省府左侧由民生路出入）。此时自治党声势大振，宪政党又来一套新花样。是年冬月由陈廷棻出面，成立政党联合会，会址在前粮道衙门（今科学馆），联合在革命前各学堂及各机关之地下组织，在粮道衙门内肖曹祠开成立大会，到者约 2000 人，推陈廷棻为会长，欧阳巨卿为副会长，设置职员，义务办公。我也是职员之一。贵阳区区山城，宪政党又借此联络了一些人，声势复壮。自治党恐怕抓不住人心，被宪政党占了优势。不知何人向黄泽霖献策，叫他与哥老会联合，准他们立公口、开山堂、超拔弟兄。在超拔时还可量其家财，收取费用。这样做既可抵制宪政党，又可得钱充作军饷。黄采纳其议。不数日间，“光汉公”即以第一个公口出现。迎帅印之日，唢呐、锣鼓、旗帜、彩亭等喧闹过市。泽霖自为正龙头，亲身主持开山堂于前皇殿上（清官吏朔望朝拜之处，今之忠烈祠地址）。

此时张百麟西巡未在贵阳，赵德全虽在贵阳，泽霖久已瞧不起他。孔程九后来在盘曾对我谈，黄当时有取赵而代之之意。开公口的事，自然事前不会和他商量；周素园熟知泽霖平素刚愎自用，且知泽霖与百麟系至亲，纵认为不妥，亦不便劝阻。自“光汉公”以后，“大汉公”“兴汉公”“复汉公”……相继出现。宪政党也就跟着成立“斌汉公”，陈钟岳为正龙头，陈廷棻为副龙头。我也帮他们办过公事。贵阳既闹得公口林立，各公口又找寻同类，或以函电邀约，或派人出外招揽。于是外县的袍哥纷纷入省。他们哥老会中分为仁、义、礼、智、信5个字号，仁字号老辈，自称是不打家劫舍的；义字号以下就可以为非作歹。这些人聚集在贵阳，吃饭有公口供给，一天无所事事。为了要装点排场，表示与一般人不同，有的则打青纱帕套头，在额上扎成人字纹，在人字纹上插一英雄结，身穿青短袄，自颈以下纽扣密排至二三十个，腰左右系两片红色青边战裙，脚着抓地虎青靴，或着麻耳草鞋，有枪者则荷枪，无枪而有马刀者则负刀，刀把挽红绸，三五成群，扬长过街。有的则身穿长衫，扎蓝布或白布套头，背负长枪或马刀；有的则身穿青蓝色短袄，外披合氅，靴藏短刀。奇装异服，沿街可见。酒馆茶社，更是他们麇集之所。

全城居民见此情况，惶恐万分。一些富商巨贾、世家大族，纷遣其子弟加入哥老会。但不是想加入即加入，必须有人介绍，先将价讲妥，所有大爷、三爷、六爷、九爷都可超拔加入者充当。缴费多少亦无定额，由他们审酌参加者之家资而定，多者至二三百两，少者至数十两，必须照缴以后，公文才会送来。但亦有不花一文而得到超拔者，这就必须与他们帮会内有势力的大爷有交情才办得到；这些品类复杂不受约束的人，一旦扬眉吐气，便随性之所至，信口乱说，胡作非为。如西门外狮子山附近发生奸淫妇女案，当时执法部兰绍廷不敢管，并声言惹他们冒了火，就要扯红旗（放火烧房）。人们惴惴不安，每日总要听到三五次或七八次枪声。店铺一闻枪声就关门，人们在夜间多半和衣而眠。这些情形，黄泽霖不是不知道，他却听其发展，不加禁止。人们也知道这些袍哥是他首先成立“光汉公”喊进省来的，所以他不敢过问。都督赵德全因为与黄泽霖有嫌隙，也使冷眼。有人告诉他，请他想办法制止。他却答复：这是黄总统干的，他不便过问。在这种情况下耆老会出来了。宪政党抓着这个机会，便与耆老会联合，筹所谓弭乱安民之策。

（二）耆老会与宪政党之联合

耆老会是哪些人呢？就是一批士绅、官僚、地主或资本家老年退职回家享福的人。为首的是郭重光。兹将其主要人物介绍于后：

郭重光（子华），清安徽芜湖道，丁母忧回籍。

钱登熙（青甫），清云南道员，告老回籍。

陈夔麒（幼石），清四川川东道，告老回籍。

高培琨（元予），清云南道员，告老回籍。

牟思敬（惠庵），清四川泸州知州，告老回籍。

文明钰（式如），清廪生，光裕典资方。

陈茂初，义兴号资方。

张复初，复德隆号资方。

这些人中以郭重光最为阴险，最为刻毒。他在安徽芜湖道任内，因贪污巨款案被御史弹劾，证据确凿，不仅革职还要解京惩办。他为求免祸，竟打出逼死亲生母亲的坏主意。事情是这样的：他为要保全赃款，并且免祸，只有报丁忧，他母亲也知道他的案子被揭发，替他焦愁。他母亲问他要怎样办才能免祸呢？他半吞半吐地说：“只有报丁忧一个办法。”言罢大哭。他母亲终以慈母爱子之心甚切，宁可牺牲自己，保全儿子，遂于当夜自缢。郭重光竟以报丁忧去职，果然达到了他保全赃款之目的。他在那群退职闲人（绅士）中是居于领导地位的，首先由他约集上述那些人成立“转转会”（即轮流做东），不过是闲人俱乐部而已。到了黄泽霖首开公口，袍哥大量拥入贵阳，弄得一日数惊。他们更怕被烧被抢。宪政党之何麟书（季纲）便与郭重光商讨遏止混乱之方，而宪政党那些人是正在由“士”转化到官僚的过程当中，所以尊郭重光为前辈，事事都请教他。他就利用宪政党为他捧场，以便实现他重登政治舞台的阴谋。他把“转转会”改为“耆老会”，更约了一些地主和商人加入。宪政党向他请教，他就提出斩草要除根的办法，大意是：“贵州的事首先必须杀掉张（百麟）、黄（泽霖），但是你们的实力是不是可以控制全局，如果不能，那就要借用外援了。”这段话，是后来我在昆明同何麟书（季纲）闲谈时他告诉我的。宪政党既得到他这一指点，便一面推戴戡（循若）兼程赴昆明向蔡锷求援，携有“耆老会”再次求援函件（第一次求援函系用“耆老会”名义先发出）。并在郭重光宅为戴戡饯行。戴走后，一面又商于刘显世找下手的人，显世并托谭德骥（泉清，巡防营管带）帮同物色。不久时间，谭泉清答复刘显世，已在他所部哨官中找到李日晖、唐灿章二人。此二人还可在士兵中找出若干个可靠帮手。

辛亥年农历腊月某日上午 10 时左右，城内闻枪声数十响，人们惊吓，满街狂奔。至正午 12 时才知道黄泽霖被人借解逃兵为名，直入寝室将他杀了。我走到贵山书院（黄之总统署）去看，门无守卫，一些人进进出出，走到正房右边一间去看，见黄卧血泊中，脑浆溅在纸裱的木壁上，二三寸长，一寸多宽。手已不在，据说是他膀上戴有金膀圈，被人杀时为乱兵砍手取去。我在回家途中，见小十字贴有赵都督告示一张云："巡防黄统，被人杀害，个人交涉，与众无关"。这件事，听说是宪政党出钱买李日晖等干的。这些人如果没有贪图，他肯白干吗？又听人说，那些人杀了黄泽霖之后，张百麟赶回贵阳时，他们又在田家巷（今市府路）张百麟住宅，欲杀之。百麟避于厕所，得免于难。南路分统陈兰生闻讯，率兵驰救，护送出险。但前抚院卫队长彭尔堃，却被他们枪杀了。后30多年任可澄在云贵监察使任内，某门下条委李日晖为调查员，并说："日晖有可传之事"，意即指杀黄泽霖事。戴戡到昆明向蔡锷请求出兵援黔，蔡锷初犹以滇省反正不久，无力援助为词，不允其请。刘显世又函告其弟刘显治（希陶），会同戴戡、熊范舆（铁岩）、周沆（季贞）再三向蔡锷要求，蔡始允许。即以北伐为名，委唐继尧为北伐滇军总司令率兵出发，并电赵德全向贵州假道。唐继尧于农历壬子年正月十四日抵贵阳，驻螺蛳山、东山、照壁山等处。十四日夜间1时许，忽闻大炮声、枪声极密，直至天明以后才停止。人们还不知道是为什么打起来了。

十五日上午11时许，街上已有人走路，我才出外至顺城街（今护国路），见滇军所出布告，说是便道助黔平乱，才明白昨夜的枪炮声是滇军攻打黔军。在黄死张逃、滇军还未到省的一段时间，赵德全曾与当时贵州立法院商定，推周培艺为参议长，蔡衡武仍为财政部部长，严庆祺（号仲琳，云南知府，已故贵州按察使严隽熙之次子）为政务部部长，维持现状。

三　滇军第一次侵黔

唐继尧既占了贵阳，耆老会即出面召集各界开会，推举唐继尧为贵州都督，另行组织贵州军都督府，以下设军务、政务、卫戍、警务4部，及内务、财政、教育、实业各司。以刘显世为军务部部长，周沆为政务部部长，卫戍、警务两部为唐部人员充任，郭重光为内务司司长，华之鸿为财务司司长兼官钱局总理，何麟书为教育司司长，黄禄贞为实业司司长，戴戡、任可澄为参赞，任兼审计处处长，陈夔麒、高培琨为民团总局正副局长。数月后，何麟书调任东路巡阅副史，唐尔镛已由京回黔，即以他为教育司司长，文明钰为官钱局协理。这样一来，耆老会和宪政党的核心人物已全数登台。郭重光的阴谋也就实现了。此后数年之间，唐继尧、刘显世都成了军阀，宪政党就依靠这两军阀达到他们做官的目的。而郭重光更不以做到内务部部长为满足，他还想向上爬。他便施展一切手段，与宪政党争名位。

1914年，袁世凯要实行军民分治，封唐继尧为开武将军，同时令唐举荐云南巡按使人选，唐保荐了3个人，第一个便是郭重光（贵州人），第二个是任可澄（贵州人），第三个是周钟岳（号惺庵，云南人、清举人，后来在蒋介石反动集团任考试院副院长）。当时郭重光还在贵阳，听到唐推荐他为云南巡按使的消息便起程赴滇准备去做大官。不料事出意外，唐继尧保荐郭重光的消息被在总统府任职的安徽某人转告李经羲。李即去见袁世凯，把郭在芜湖道内贪污的事和逼死母亲的事向袁世凯陈述，袁鄙其为人，于是便发表了任可澄为云南巡按使。唐继尧接到北京来电很感诧异，也认为不发表他保荐的第一个而发表第二个，其中必有缘故。乃函当时云南在京某议员探听，才知道所以不发表郭重光的原因。此事是我父亲对我谈的。我父亲当时为唐部秘书。郭重光"乘兴而来，扫兴而返"，唐继尧在其回黔时厚给旅费，并设盛筵为之饯行。郭回黔后，野心不死，又依靠刘显世，随时为其出谋划策，以打击当时的积极分子。所以 1920 年王文华由重庆撤兵回黔时，发动贵州政变，竟嗾所部捕郭重光杀之于北门桥肉案上。他以一个闲散的绅士，于政变中会被杀，究竟是什么原因呢？这就是他又在与王文华之兄王伯群争夺贵州省长，所以才被王部杀了。

四　刘显世刘显潜弟兄之暗斗

1938 年我在昆明云贵监察使署任职时，刘显潜（字如渊，显世之兄）死，其子函请任可澄题像赞，任阅函叹息，并说："人生固有命焉。"我说他已 79 岁，不算短命。任说："你哪里会知道，当贵州反正之初，如周资望不及如渊，他可号召盘江各属团队。因为他在清宣统二年被广西巡抚沈炳堃调到广西，充统领打游勇。广西反正，他率部送沈炳堃回乡后才回兴义。这时贵州已'光复'一个多月了。我们初意是想将贵州军政交如渊掌握，而以如周协助。不料他回来迟了，张百麟又到西路巡察，不能不留他在西路防备，所以他不能来省。滇军到黔后，如周便做了军务部部长。如周在那时，才识资望、军事经验皆不及如渊，但他得了机会。"我回想以前在显潜部任秘书长职时，看见刘家下辈弟兄分成两派，一派拥显潜（敬吾、新吾等），一派拥显世（敦吾、公亮、剑吾等）。当时贵州军队中也分两派，王文华是显世一派，王小山、易荣黔、张佐清、凌国先（灿猷、后被剑吾杀于黔西）等是显潜一派。

1916 年袁世凯称帝，显世通电反对。袁世凯即任显潜为贵州巡按使，显潜即在盘县设巡按使行署，并且通令各县要听他命令。显世请他撤销行署，他不理，后来派何麟书到兴义劝解，他才允撤销行署。固然他们兄弟之间，也可说是要两面手法，无论国内哪派得势，他们都可掌握贵州政权。但显潜不忘情于贵州省长职位，即寻源于反正初期宪政党之预计，如果他们兄弟是和睦的，袁世凯也不会来那一套，即使意存挑拨，他也不会接受的。其次是滇军第二次侵黔，固出于唐继尧之野心与显世勾结，假称“护送副帅回黔”，而贵州省长则未定人。当滇军进入贵州之初，显世尚未到，显潜曾授意所部，密函贵阳各人民团体，微露省长一职以他为宜之意。指定我写信与总商会会长熊静安。这事被显世知道，其到贵阳后，迫不及待召集贵阳各界推他兼任省长。显潜接阅显世通电，默不作声，唯将头摆了几摆，似颇不以为然的神气。后来竟令盘江各县局将所有田粮税收全数缴解滇黔边务督办署，这就有意与显世为难了。直到唐继尧辞贵州省长职时，显世自知不能再兼任，才听随各界推显潜为省长。不知者还以为他弟兄亲如手足，其实他们名位利禄之争仍然很激烈，不过没有演到像袁谭、袁尚的互相撕杀而已。

五　宪政党对付冤愤团之事实

自治党既失败，逃出去的张百麟、杨寿镂等于 1913 年会合北伐黔军官佐之流落在外省的人组成冤愤团，到北京向袁世凯诉冤。

宪政党与刘显世等也恐怕袁世凯来一个撤职查办，他们就非下台不可。于是便托当时众议院副议长之贵州人陈国祥，在京代他们向各方疏通，并汇巨款交陈国祥做活动费。又托当时总统府顾问贵州人蹇念益（季常）向袁世凯陈述（因为蹇与袁有交情）。当冤愤团派代表见袁世凯请求查办贵州宪政党及刘显世等时，袁世凯竟以先入之言为主，当面答复冤愤团代表说：“贵州的事蹇七爷对我说得很清楚，我已知道了，我自会叫国务卿办理。”其实就是不办。

当时国内形势，袁世凯之势达不到长江以南，尤其西南各省，他无力控制。贵州的事他也不能过问，所以对冤愤团之呼吁便借词敷衍。而刘显世等因此更愤恨自治党人，加以残杀报复。钟山玉被杀于安顺途中，许阁书被杀于开州住宅，其他被杀之人为我所不知道的还不少，其手段之毒辣，也就可以想见了。

六　宪政党同“研究系”是一脉相通的

宪政党后来投入研究系是有原因的。因为梁启超（任公）是贵州人李端棻（字苾园，清礼部尚书）之妹婿，因亲及亲。当时贵州的资产阶级和小资产阶级知识分子凡读过他的《饮冰室文集》《庸言报》的人，都受他的思想影响，所以在政治上也有不少人跟着他走。云南蔡、唐、任通电讨袁时，虽反对袁世凯称帝，但在云南向四川出兵以后，仅滇黔两省讨袁，任公深恐无人响应乃觉势孤力弱。此时他曾亲到广西游说陆荣廷,得陆同意并亲为陆荣廷拟独立电稿。曾闻白之瀚（小松）言，任公到广西去将近一月，还没有接到陆荣廷是否同意讨袁的消息，蔡锷、唐继尧均很担心。某日，广西电到，蔡、唐及任可澄都坐在旁边，等候他（小松）译电，当译出第一句“荣廷起家椎埋”，任可澄即对蔡、唐说：“广西独立了，这通电定是任公所拟。如果是陆荣廷的秘书拟稿，恐不敢这样起头。”后来探听果系任公手笔。

袁死以后，他想抓住西南各省实力做政治资本，云南有蔡锷，贵州有宪政党，已有把握。正好戴戡已攻占重庆，他便乘机极力扶持戴戡得了四川督军兼省长，以为可以抓着四川了。在当时中国是封建制度占优势的社会，他既是改良派，就不及孙中山先生领导的革命派进步。贵州的宪政党既同研究系是一脉相通，他们当然属于改良派。他们不是进步的革命派系，而是当时落后的派系，就更明显了。也因为那时候的社会，是半封建半殖民地社会，所有的知识分子都是资产阶级和小资产阶级的知识分子，在辛亥革命时，出于爱国热情参加了革命运动，有的人还在这个运动中立了功，在那一段时间内他们是进步的，是革命的。但到后来，那些资产阶级知识分子几乎全部参加到反动政权中去做工作，为反动的统治阶级服务。如袁祖铭、谷正伦弟兄、丁照普（甘肃省政府秘书长）、何煓（贵州省议会副议长）、刘琪（曹锟时印铸局局长）、白之瀚（云南蒙自道尹及云南绥靖公署秘书长）等都成了帮凶。这是中国历史进程所限制，本不足怪，但是有些人不了解这点，把当时的事实加以渲染、歪曲，或明知其有错误，却仍存着封建意识为尊者讳为亲者讳的思想。这就把历史的真实性减低了，更不是我们今天应有的态度。

贵州辛亥革命时的情况根据我个人见闻和亲身经历的一些事实

写出，但事隔50年，及今回忆，难免有遗漏和差错的地方，尚望亲历其事者予以纠正补充。

1961年5月26日

（选自贵阳市政协文史资料研究委员会编《贵阳文史资料选辑》第2辑，1981年10月）

自治学社与哥老会

胡寿山*

一 一个认识

贵州自治学社在贵州辛亥革命活动中，具有主导作用；张百麟在自治学社中，具有主导作用，这是贵州社会人士所肯定的。我当时曾参加自治学社，以自己的亲身经历，认识到张百麟和他所领导的自治学社，深受了哥老会的影响，从而使张百麟和自治学社能具有一定的社会基础和比较坚定的革命意志（这是指当时的作为比较进步的小资产阶级的旧民主主义革命而言的）。张百麟本人即具有双重的社会关系，他既是宦家子弟和当时的新官吏，又是哥老会弟兄，和哥老会的

* 胡寿山：曾为贵州安顺哥老会成员。

组织及其成员有密切的往来。这样就使自治学社的组织成分包括了比较复杂的社会阶层。从其社员分析来看，可以分为两个部分：一部分是当时进步的上层人士，有留日学生，有科举中的举人、秀才，有较高的文武官吏，有议员代表，部分的士绅、地主、资本家等；另一部分，也是大部分，是当时社会中受压迫的大众和失意的人士，主要是哥老会的成员，有大爷、弟兄，有军人，有学生、秀才、举人，有手艺人、农人、小商人、富商子弟以及失业游民。这些人有益于革命实际活动，足以加强对社会各阶层的联系、宣传、鼓动，足以充沛战斗气氛，威胁当时的顽固的反动官吏和顽固保守的反动封建阶层。哥老会成员都有受尽压迫的感觉，多属穷苦大众，不满现状，因而反对官府的残酷统治，就成为生活上的现实要求。自治学社及其成员，在当时的革命活动中，所以能够奋起争先，出生入死，而至终不变，就是由于这种力量的支持。由这种分析，就可以看出自治学社及其成员，必然地和当时的反对派宪政预备会——一个士绅军阀和其追随者的集团——存在着极难调和的矛盾。我之参加哥老会，纠合同志组织哥老会——贞丰同济公，并想以哥老会的组织从事反对清朝专制的革命，就是基于这一个认识。其后结识了张百麟，参加了自治学社，参加了同盟会，参加了贵州的辛亥革命活动，也完全从这一个原始朴素的认识发展出来的。现在来回忆当初，并写出这方面的资料，就不能不先从自己认识的这一点谈起。[①]

① 这一篇回忆录只限于个人的亲历，也限于当时个人的见闻，以及现在所能回忆的限度，因而这只是些局部的资料，也不一定完全正确，仅供历史研究的参考。并请读者参阅作者所写的《贵州辛亥革命史略》——见中国科学院历史研究所第三所所编辑的《近代史资料》1956 年第 4 期第 73 页到第 133 页及《贵州辛亥革命散记》——见中国科学院历史研究所第三所所编辑的《云南贵州辛亥革命史料》第 174 页到第 198 页。

二　张百麟和哥老会的关系

自治学社和哥老会的关系是从张百麟本人和哥老会的关系发展开来的。

张百麟的父亲张翰系湖南长沙人，以知县分发贵州任用。张百麟随父亲寓居贵阳，少年时和贵阳的哥老会中人有来往，对哥老会的组织情况、社会活动方式、传统革命任务和它潜在的群众力量有了了解。当时哥老会是汉族民间的一个秘密组织，为反动的清朝官吏所严禁。张翰晚年生百麟，颇为钟爱，对百麟和帮会的来往并不禁止，这就使得他和贵州各地哥老会人士能够多所结识。

光绪二十八九年（1902—1903 年），张百麟年二十三四岁，由贵阳前往兴义府（现在的安龙县）坡脚省亲①，路过安顺府城，结识了安顺的哥老会会员方策（字竹君）、陈夔春等人——以后都成了自治学社的重要社员和地方的有力骨干；过兴义府城时结识了郭润生、曾宪章、许可权等人——以后也都成了自治学社重要的革命活动者；又前往贞丰州访问了仁学会的各会友②，逗留的时间很长，结识了很多人，如孟广炯、邓金昶、傅良弼、钟振玉、钟振声、饶存厚、梁士荃、詹德恒、孔广钧、吴子行、姜孟雄、孟广仁、姜瑞雄、刘希文、黄卓然、宁秉钧、王子林、曾应堂、李尧先、饶毅等数十人——这些人以后都成了自治学社的重要骨干，参加了各方面的革命活动。其中大部分都参加了贞丰同济公的哥老会组织。我也在这

① 张翰当时任坡脚金厘局总办，坡脚离安龙县城 60 里。

② 贞丰仁学会是吴嘉瑞在戊戌维新期间任贞丰百层河厘金局总办时所发动组织的，贞丰当时有维新思想的青年都参加了这个学会。张百麟在吴解职回省后，拜吴为老师，得知仁学会组织情况，因而便道前往访问。仁学会的各会员的思想逐步由康、梁维新走上孙文的革命，先后参加了同济公和自治学社。

时结识了张百麟。几年后，我和贞丰这一批人，通过整个同济公的组织和仁学会的组织，参加了自治学社的组织，并在百麟的领导下，进行了有关辛亥革命的各项活动。而张百麟因这些少年时代的结识，也就有了地方组织基础和革命行动的助手。

三　贞丰同济公对于自治学社的贡献

贞丰同济公是自治学社在革命活动中的一个有力组成部分。

这个历史事实的开端，有必要从我本人说起。光绪二十六年（1900年），我 14 岁，检阅家谱知原籍是江西吉安府。我的祖父（远清）、叔父（远沛）、伯父（时兴）、堂兄（逢忆）都参加过洪杨革命，在南京、芜湖、江西等地做事。后来清军攻破南京，我的祖父等相偕逃亡，到湖南靖州（现在靖县）结识了我的外祖父，也是参加过洪杨革命的逃亡者；于是，又同他的一家再逃到贵州的黎平、湄潭、安顺，还是不能安居；又向贵州西南部极边逃亡，涉过花江河（北盘江）到贞丰州，那时贞丰州除城内有少数汉人外，一出城完全是少数民族，99% 是苗族，同他们居住一起，得到幸免。从这段家庭痛史中想到国恨家仇，就兴起了加入帮会反清的念头。从 15 岁到 18 岁这四年，我名虽读书，实已加入帮会做联系革命同志的活动。

清末这段时期，贵州安顺七属和盘江五属哥老会的组织活动是极其发达的。光绪二十七年（1901 年）腊月十五日（1 月 24 日），接到安顺哥老会的通知，腊月底在安顺金钟山开黄汉公成立大会，要贞丰派人参加。贞丰当时只是一个码头（哥老会的一个地方单位），红旗管事（五爷）刘希文约我前往参加，我是贞丰的执法老幺（执法老幺的职务是在管事因公出外时代行接洽三川四码头来的会员）。到达安顺后，会晤了龙头大爷陆小端、当家三爷丁荣先、红旗管事赵子忠。黄汉公的山堂水名是：“文德山，福禄堂，千秋水，万代香。”会期从腊月二十八日开始，经过二十九日、三十日共3天。各省各地前来参加的和本地的会员共有几千人，声势极其浩大。因此受到当地的反动官府和安顺提督徐印川的迫害，逼使陆小端、丁荣先、赵子忠3人（所谓三大宪）流浪在省内外各地，依靠各码头兄弟招待，亡命避祸。后来丁荣先遭了捕杀，陆小端、赵子忠也客死外地，不能回乡。

当黄汉公会期结束后，首先由贞丰邀约陆、丁、赵三大宪到贞丰联络弟兄，准备组织贞丰的同济公以相呼应。3人留在贞丰颇久，对于以后贞丰同济公的成立是有帮助的。

光绪二十八年（1902年），兴义五属有战事[①]，我充任民兵什长，参与地方平乱。黄士诚（川北人）奉兴中会命令来贞丰视察，搞联系，推进会务。据黄自称，当时孙中山先生的指示是哪里有战乱，就到哪里视察，联系鼓吹。黄是哥老会内部人，带有郑成功海底，随时送给会友传观，宣传革命。这一点可以说明兴中会和哥老会的关系，并可以说明孙中山先生如何利用原有的帮会组织来作为他领导的旧民主主义革命力量。乱事不久即平息，我也退出民兵，光绪二十九年（1903年）由贞丰州选送我晋省考陆小，正和黄士诚同道。途中，他劝我即日参加革命，时机已迫，并即和他入川；劝我不要投考陆小，认为由陆小升入陆中到保定，共需9年才能毕业，再搞革命，可能那时革命久已成功了。我接受了他的劝告，准备随他入川。到贵阳后，

① 广西提督苏元春所部十三营，因苏克扣军饷全部哗变，时有变兵越界（隔巴节河）骚扰抢掠。贵州省清大吏派张骧卿为巡防分统，召组兴义五属民团防阻捕剿。

黄又奉到别种任务再入川，我未能随去。经此改变，我决心不进陆小，又不能即刻回家，徘徊在贵阳一段时期，进了一两处学校。但我脑海中盘旋着革命思想，不能安于读书，就在光绪三十年（1904 年）年底回到贞丰，按照郑成功海底纠合同志，在过去的旧组织的基础上组织了贞丰同济公，仁学会里绝大部分的会员都参加进来。

海底指示：凡建立一个公口，必须通知联方码头，以及全省地方派弟兄前来参加。贞丰同济公即按照此项办法，于光绪三十一年（1905 年）二月中旬，纠合同志百数十人到距贞丰州城 45 里的纳孔地方，开同济公成立大会。同济公的山堂水名是："孙中山，洪武堂，成功水，肃清香。"极富有反抗清朝的革命意义。另有诗二首，一首是："昆仑一揽小群山，黄海特权天地宽。叙说古今沿革史，汉家种族满江干。"另一首是："丈（大爷填丈字）夫独占中心点，江（三爷填江字）湖（五爷填湖字）上且好盘旋，交头（六爷）只足（八爷）叩重天（九爷），博（么）得个专制改变。"同济公 3 天大会结束后，邓金昶被推为龙头大爷，刘希文为当家三爷，胡刚（作者本人）担任了红旗管事（五爷）。即决定将山堂水名和两首诗印成 10 万份，以少数送各邻县邻省地方码头，以表示互相联络，鼓吹革命。贞丰同济公同志当黄兴在云南河口起义时，曾计划打入黄河源[①]所招募的贞丰民兵入滇，乘机图事。因河口起义很快失败，贞丰民兵在云南也被遣散回籍，未能发生作用。我留在云南观看形势，

① 光绪三十一年（1905 年）黄兴在河口起义，云贵总督锡良专电贞丰黄河源（号吉斋）在贞丰招募士兵三营，兼程到滇听用。黄是贞丰渡鱼汛的苗族，父亲随岑毓英到过越南，黄即在河口生长，是云南候补知府，也做过河口副督办。同济公各同志认为有机可图，孟瑞廷（孟广炯，同济公同志，武备毕业生）招募一营，胡刚招募一哨属孟营，黄自统一营，罗质斋（苗族）招募一营。我们一营准备到河口起事。

并参加了滇军工作。

光绪三十三年（1907 年）正月初，接到张百麟的专函，约我到省在光懿两所女学任教。张已开始约集同志计划创立自治学社，女学即为张所创设，凡有特殊秘密会商，大多夜间在此校开会。我从此参加了自治学社的革命活动，贞丰同济公的同志大部分都成为自治学社的社员，作为一个自治学社的基本力量。十一月间在田家巷镜秋轩谢石琴照相馆开成立大会，第一批社员 60 余人，不少是哥老会会员，同济公的同志和仁学会成员也不少。

四 自治学社组织中的哥老会成分

根据仅存的自治学社第一次印发的社员名单，共列了 250 余人，以后陆续参加的社员总数达 14000 余人，全部社员名单未能保存。即以第一次印发的名单而言，据我个人所知，各地分社社员中即有不少人是哥老会会员。大部分分社和大部分社员非我所素识，因而我所能指出的只是其中的极少数。以我所知，分赴各县联络、组织分社的人，大部分是由有关的哥老会成员的社员去进行的，并且多以当地的哥老会成员为主要对象，因而可以推知自治学社的社员确系包括了极大数目的哥老会成员。否则在当时像自治学社的这样一个社会团体，很不容易拥有 14000 余人的成员。

如安顺分社的方策、陈夔春，都是张百麟初过安顺时所结识的哥老会弟兄，辛亥革命起义前后都参加了重要活动，负了重要责任。起义后，方任安顺军政分府的知府，陈任了提督，刘警黔参加了在贵阳的实际活动，邓金昶系举人，哥老会的大爷，参加了同济公，起义前打入了胡锦棠的巡防营营部任总文案，侦察情况，透露消息。普定分社的胡锡侯，安平（平坝）分社的王度，都是哥老会会员，负有在地方上的联络任务。永宁（关岑）分社杨肃安的儿子杨鑫初是大爷，自治学社失败后，杨父子皆被杀。兴义（安龙）分社的许可权、曾宪章、郭润生、张顺清也为张百麟初过安龙时所结识，许、张皆秀才，张任谘议局议员，许曾负责《西南日报》印刷；郭亦秀才，武备学生，留学日本，负责联系新军，接近杨柏舟，曾宪章负责地方联系，4 人皆哥老会会员。镇宁分社的陶淑，普安分社的龙为霖、董威伯、郭五鸣（秀才），新城（兴仁）分社的杨嗣绾、邹国玺、李宪文、曾应奎皆为哥老会会员。贞丰分社的 17 人，12 人为哥老会会员，其余 5 人也大部分是仁学会成员，他们在自治学社的革命活动中发挥了骨干作用，大部分都参加了在贵阳的革命工作。我亦系 12 人中之一，其后，12 人中之一的陈南生（守廉），在张百麟遭到宪政党的阴谋暗害被迫出走时，陈与张共生死患难，一直保护张出境。大定（大方）分社的 5 人谭冠英、简书、简忠义、陈永锡、彭景祥都是哥老会会员。起义后，组织军政分府，简书为行政长官，谭冠英为参谋长，旧遗的书吏、差役不安于改革，挑唆接收人员旧大定知府陈鸿爵，将新巡防营管带何宾侯及自治学社社员简忠义、谭冠英等均行杀死，简书则被俘去。陈永锡在贵阳任军政府民政部部长。威宁分社的管汉夫，贵阳分社的罗祝之、桂少莲、冷国民等都是哥老会会员。贵阳分社的黄泽霖在起义后一日加入了哥老会，再一日组织了光汉公，被推为龙头大爷。开州（开阳）分社的李立鉴，贵定分社的凌霄，龙泉（湄潭）分社的任济云，镇远分社的穆邦荣，天柱分社的龙昭灵，独山分社的黄祺元，都是哥老会会员。李立鉴在起义后任北路巡防分统，黄祺元任巡防总统的副官长。黎平分社的张静波也是哥老会会员。从回忆中，就我所知的一些事迹，可以部分地说明哥老会和自治学社组织成分上的关系，也可以部分地说明哥老会各成员在贵州辛亥革命运动中所发挥的作用，而我所不知道的和我所未能忆起的，比我所能指出的要多得多。

自治学社的实际革命活动多半依靠这一部分社员，他们实际深入各方面做核心力量。整个革命计划、安排和应付反动官吏、反对派等工作则依靠另一部分社员，所谓当时的上层人士。我属于前一类的实际活动联络者之一。在辛亥革命起义不久前，张百麟要我利用哥老会关系和新军士兵定期聚饮，宣传革命，鼓吹起义。这一活动通过了原在新军中的几个社员杨树清、艾树池、马繁素等取得初步联系，分批约他们出来，发挥内外双层拉拢的团结作用。杨树清、艾树池、马繁素都是哥老会会员，在新军中的职位都不高，杨是什长，艾、马是司书，所以能具有号召同志的力量的，完全由于原有的哥老会的关系。起义之夕（九月十三日夜），执行自治学社的决定，[①]开第一枪的是杨树清，吹紧急集合号做起义准备，决定大事的是董司号长（哥老会会员，但非社员），支持自治学社的决定，鼓动大家即时动作的是艾树池、马繁素等，因而支援了陆小，发动了全城首义的大举，完成了贵州“光复”大业。贵州辛亥革命成功，固然由于自治学社在各方面的联系、安排和领导，同样也由于哥老会弟

① 辛亥年（1911年）九月十三日晚，陆小同学因泄露革命运动秘密，为清吏派巡防营胡锦棠部队包围，事机急迫，自治学社因做了提前起义的决定，派我设法取得子弹送到陆小，继又送往新军，向军中的社员传达了社的决定，即行集合准备起义援救陆小。当即由董（名字已记不起）司号长吹紧急集合号，向集合部队宣布陆小被围情况和社的决定要即刻起义，群情一致赞成。标统袁义保闻紧急集合号，知有事变，只身逃走，从而造成贵阳不流血的革命成功。当时群情汹汹，艾树池、马繁素皆做了有力鼓动，促成起义大举。基本原因，完全由于哥老会在军士中的弟兄关系和平日联系的成效。

兄在自治学社组织领导下的大胆勇敢的斗争意志。革命活动中一切奋不顾身的冒险工作，几乎绝大部分由哥老会成员的社员担任；而在自治学社张百麟、黄泽霖失败或死或走以后，和自治学社共存亡生死的也大多数是这一部分社员；受到反对派宪政党政权和滇军唐继尧绝不宽恕地镇压的，也是这一部分社员和各地的哥老会的弟兄。显然，反对派勾结滇军唐继尧要彻底消灭自治学社的势力和影响，就必须同时彻底消灭贵州的哥老会。

五　自治学社团结哥老会的一个计划

张百麟、黄泽霖在辛亥年（1911 年）初，为着联系团结各地哥老会，并把它们组织起来，在自治学社领导下有领导地从事革命活动，经常集合社员中的哥老会的重要人士商谈并计划这件事。

某次（日期已记忆不起），在黔南合资会社[①]开会，出席的有李立鉴（香池）、孔鹏（程九）、陈南生（守廉）、胡刚、黎克荣（绪元）、吴冠（湘灵）和贵阳府四位差头（姓名已回忆不起），都是哥老会的重要成员。会议中计划组织哥老会弟兄成为自治学社的革命武装力量。一面决定通过谘议局提出训练乡兵方案，由各地哥老会实际掌握；一面组织自治学社自己领导的武装为革命基本力量。当时推定李立鉴联系黔北，孔鹏联系黔西北威（宁）水（城）毕（节）大（定，即大方），陈南生联系南路，胡刚联系盘江（兴义）五属，方策、陈夔春联系安顺七属。这一个布置，即起义前后的新五路巡

① 黔南合资会社是贞丰同济公同志所组织经营的书店，用以掩护购运革命书报为传播革命思想言论之用。书店地址即现在正兴路对面，经理为陈南生的堂兄。

防营建制的开端。因此，新五路巡防营是自治学社自己领导的革命武力，也正是由哥老会弟兄武装起来的。

辛亥年六月初，又召开了第二次会议，根据各方面的报告，联系得都有成效。当时革命潮流澎湃，随时有爆发的可能。张百麟认为形势急迫，遂内定黄泽霖为新巡防营总统，李立鉴为北路巡防分统，孔鹏为西路巡防分统，陈南生为南路巡防分统，黎克荣为东路巡防分统，吴冠为中路巡防分统，方策、陈夔春、胡刚另有其他任务。辛亥年农历九月十四日贵阳首先“光复”，各属次第响应，分别由军政府派人接管。各路所联系的哥老会分头率领弟兄到省，已成军的拨入了新军，扩充为 3 个标。起义之夕，首先发难有功的几位新军中的哥老会同志或与此事有关的同志杨树清、艾树池、马繁素、胡刚皆被任为新标的营长，肖规、曾广义、郭润生也被任为营长，未成军的编成了 5 路巡防营，即按六月间的决定由军政府任命黄泽霖为 5 路巡防营总统，李立鉴、孔鹏、陈南生、黎克荣、吴冠为北、西、南、东、中各路分统。这也算是当时的革命者自己的武装力量了。

当时因谭德骥、岑少刚（皆旧巡防营哨官）招募得数十人（旧军械库守库兵），向黄要求职位，发给伙食。黄以谭、岑既非自治学社社员，又未为革命事业出力，不肯委派。经过 4 日纠缠，由张百麟出为安排，调黎克荣、吴冠为巡防总统府（总部）的左右掌旗官，委谭为东路分统，岑为中路分统；这一变动使自治学社的自有武装打开了一个裂口。谭因对黄不满，又因出巡东路犯罪害怕受惩，接受了宪政党勾结收买，终于叛变，杀害了黄泽霖，迫走了张百麟，从而攫夺了辛亥革命的成果。

六　自治学社对哥老会组织的改造企图

辛亥起义后，在对酬答哥老会的功绩上，一面李、孔、陈、黎、吴等被任命为分统，编制和安置了已来省的各路弟兄，未来省仍留在各县的也亟待安排。为着团结这一部分力量，安定他们的情绪和解决他们的生活，李、孔、陈、黎、吴等共同建议军政府，应当即时派出得力人员前往各地宣慰，要他们安居乡里，爱惜自己的家乡，保持地方秩序，如果省中有需要时，有电信来即可集中到省。为着把这件事办得更好，最好派会内人士前往，更容易说服，得到弟兄们拥护。大家因又建议，应该在省城组织一个总公口，由自治学社内部人士领导，即由总公口选派会内弟兄前往各路安抚，比派军政府人员前往更能有效，并可以长期保有并发展、利用这一个有全省性的力量。张百麟、黄泽霖同意了这个建议。当由黄泽霖首先参加了哥老会，取得一字（起码大爷），在“光复”后二日，即在皇殿（现在贵阳女中后面右侧）开光汉公成立大会，黄泽霖被推为龙头大爷，曹仲五（四川人，参加过两个山堂）任红旗管事，一切哥老会内部事务布置由曹负责。光汉公成立后，选派了负责会友前往各路安抚、宣慰，地方秩序极为平静。

再过两日，郭重光在谘议局会议上提议大开公口。这是一位反对派中的阴谋家。他的提议和自治学社组织光汉公的单纯动机不同。他们一面想分裂哥老会的团结，自己可以来分有这一种力量，对抗自治学社以自保；一面想把哥老会搞得大乱，引起社会的责难，为归罪于自治学社的借口。他的提议未得到与会者的理睬。再后一天，九月十九日宪政党即开了一个斌汉公，推由陈钟岳、陈廷棻为正、副龙头。一个是保定速成生，一个是《黔报》编辑，一武一文合成斌字，所以自称为斌汉公。接着在贵阳的各行各业都自行大开公口，出现了各种不正常的现象，扰乱了部分的社会生活。因而反对派对张、黄大加责难，虚构了张、黄十大罪状，做出列名千人的控诉书，从而招入滇军，推唐继尧为都督，为贵州人民造成一个新灾难。

七　哥老会和自治学社的共同命运

辛亥革命成功后，自治学社成了执政的主要力量，想设法酬答哥老会的勋绩，改善哥老会会众的社会地位和物质生活。自治学社内部的哥老会人士也都盼望由当政者公开亲自领导，把旧时代被认为是扰乱社会的秘密组织、下流团体变为一种安定社会的力量、前进向上的团体。即在这样做的一开始中，还未能做出整理组织制定纪律的成绩；首先由于谭德骥的渗入和叛变，自治学社遭到了彻底的失败，哥老会也遭到了同一命运。这一个富有改造理想的计划，也即成为诬蔑自治学社的话柄。因而哥老会在贵州辛亥革命运动中所起的作用和功绩，也被人抹杀，和自治学社同样受了不合理的污辱。

1912 年 3 月 2 日，滇军唐继尧夺取了贵州省政权后，成立了一个以宪政预备会人员为骨干，以任可澄、刘显世、戴戡、周沆为首要的省政权组织，有计划地消灭贵州军政府的革命部队、自治学社组织和它的成员。手段残酷，令人发指。同样以极凶暴恶毒的办法，消灭各地哥老会，屠杀哥老会会员。除宪政会人员陈钟岳、陈廷棻发起的斌汉公组织外，凡为自治学社派人组织或发动组织的一概不予赦免。派出各县清乡司令，专为肃清自治学社和哥老会在各县的残存势力和影响。清乡司令会同地方官吏开出当地公口人员名单，按名捉拿，不加审讯，一概枪决。贵州全省被这种不成罪的罪名而死于唐继尧、刘显世、任可澄等之手的不知若干人，流离逃散的更不知若干人。真不能不令人感到无比义愤。其中清乡司令和继圣（云南人）的残酷更超过他人，有“屠户”的称呼。

（选自全国政协文史资料研究委员会编《辛亥革命回忆录》第3集，中国文史出版社2012年6月第2版）

辛亥革命时期贵州陆军小学的一些活动

刘莘园*

辛亥武昌首义，贵州于农历九月十四日继起响应，兵不血刃，推翻了清朝在贵州的统治。其主要原因，自然是当时贵州广大人民和全国人民一样痛恨清朝的残酷压迫，因而在孙中山先生领导的同盟会的号召下，在贵州自治学社及其他进步人士的推动下，同全省各阶层人士联合在一起共同反抗的必然结果。而贵州陆军小学学生和陆军第一标目兵们的积极参加起义活动，对这次革命也起了重要的作用。我对于贵州陆军小学和陆军第一标的革命活动知道一些，把它写出来，以供研究贵州辛亥革命史料者参考。

---

* 刘莘园：时为武昌陆军第三中学学生，后任湖北军政府交通次长，国民革命军第二十二集团军中将高参，贵州省仁怀昆山中学校董事长。

一 清末贵州陆军小学的情况

光绪丙午年（1906 年），清政府仿效日本陆军制度，在各省和旗兵驻防区创办陆军小学堂，贵州陆军小学就是这年开办的。学堂的地点在贵阳南明河新桥旁边（现在的民族师范学校、教师进修班的校址）。学生是由各府、厅、州、县保送，旧绿营的武官也可以保送子弟。年龄大都是 15 岁到 18 岁的青年，并具有“秀才”的头衔或读过了“四书”“五经”受过科举教育的人们，才能考进这个学堂。我是丁未年（1907 年）考入的。入堂后，见到课程中有兵学、格致（物理）、日本语、算学、图画等新东西。格致、日本语是由日本人清宫宗亲教课，算学、图画是日本人岩原大三郎担任，与以前的私塾和书院完全不同，开始给我一个新奇的感觉。在报纸、杂志方面初次看到了《民报》等新刊物，读到了不少提倡革新政治、民族独立平等、扫雪国耻、挽救危亡的议论；因此，我们不少同学在思想上起了很大的变化，不再想做清朝的“武官”或“忠臣”，而倾向于孙中山的革命运动了。《民报》那时被禁读，不容易买到，我们所看的是同学杨和苏（振）由达德学堂借来的，大家秘密阅读。爱看这类刊物的人，有同学席丹书（正铭）、阎崇阶（几良）、田子玉（荆椿）、王西林（躅）、江务滋（德润）、刘莘园（端裳）等多人。

我进入这个学堂首先感到刺激的是，在陆小任教职的日本人清宫、岩原等逞着强国国民的威风，随时表现征服者的狂妄态度。上课时，偶尔谈及中日甲午战争，日本如何如何，真令人痛心疾首，欲跃起而击之。其次是陆小总办（校长），大都是候补道员，所任用的职、教员有些学识太差，滥竽充数，亦为学生所不满。因此，

《民报》对腐朽的清王朝的一切攻击宣传，正符合学生们的心理，我们的资产阶级民主革命思想就从这里萌芽起来了。但是又有“枪杆高于一切”的统治思想，认为有武力就可掌握军政大权。民国成立以后，大多数同学变为军阀，他们的思想根源，是同当时清朝仿效日本陆军制度所进行的军事教育政策的影响分不开的。

陆小学生虽然已有“民主革命”思想，但是在丁未年（1907 年）尚无组织。当时贵阳已有贵州通省公立中学（现在的一中地址）及私立达德等学校。学生们的年龄相差不大，星期日互相往来，情感甚好。同时贵州已成立了新式陆军第一标（团），驻在南厂。目兵们的年龄，一般说来都大于我们。他们的成分相当复杂，有知识分子，亦有手工业工人、农民及游手好闲的人们。他们当兵的目的，一部分是爱国尚武，但大多数人希望的是升官。而升官的机会很少，目的难达，因此就不满意。我们陆小的这些青年学生，经过小学、中学、军校，就有官做。他们“行伍派”认为我们对他们的前途有妨碍，心里很不舒服，这也是双方容易发生斗殴的原因之一。丁未年（1907 年）二月，陆小与新军在马棚街（现在新华路）、大道观（现在贵州电影院附近）一带群斗，是我亲眼看见的。这次群殴事件，陆小第一、第二两期学生被开革的共 30 余名。有的被捕押在贵筑县，有的押解回籍，也有自己逃亡的，在不同情况下均离开了学堂。

二　“历史研究会”的组成

当时贵阳的消息不灵通，尤其是关于革命活动的事情知道得很少。河口起义的消息由《黔报》披露出来，我们非常兴奋。可是，大家再一想，革命军来了，我们怎样办呢？答案是我们也组织一个团体，革命军来了，我们就加入他们的党吧。戊申年（1908 年）三月，陆军小学、公立中学、优级师范选科等学校的少数学生于星期日在螺蛳山开第一次秘密会议,决定组织一个团体来联络各方面的人们。那一次秘密会议是由陆小二期学生席正铭主持的，大约经过半天的时间，做出了下列决定：

（一）成立机关，发展组织，地点暂设在陆军小学堂内，由席正铭负总责，陆小学生阎崇阶、刘莘园、田子玉、江务滋及公立中学第三期学生何器之协助。

（二）相机致力于秘密宣传，吸引各县的学生加入革命活动，使力量发展到各县去。

（三）优级师范选科与公立中学的活动，由何器之负责发展。

由大家商量，决定组织“历史研究会”来联络学生界，于四月间在达德学堂正式成立。仅仅在一两个月的时间中，在陆小第一期学生中就有朱筱山（松）、熊其贤（朝霖，后来死于滦州起义）、袁蕴华（珣）、赵渐逵（鉴）、孙宏成（毅）、谷纪常（正伦）、聂建猷（元勋）、李荷生（元锦）、陈筱舟（铁）；第二期学生中有朱导江（岷）、李仲生（儒清，武昌首义后，战死于汉阳）、韩俊章（文）、刘辅卿（国桢）、胡位三（禄同）、王准之（嗣楷）、关承之（祖荫）、柳耀初（琨）、熊仲符（策）、彭少怀（鸿业）、孔锡九（宪经）、金雨生（谷）、朱绍甫（毓善），第三期学生中有杨和苏（振），向多三（书方）、杨匡平（映春）、姚蕴山（煊，民国 4 年在广东被龙济光杀害）、张尚祥（英）、傅明轩（杰）、朱亮东（奎）、刘文瑞等；在优级师范选科有王文华（电轮）、吴志循、王叔度（秉枢）3个人；公立中学有何器之（熵）、王克仁（天鉴）、姚绍英（似臣）、冷体云（百鹏）、刘立生、张静轩、周春熙等，以及社会人士李元著、花效实、汪泰阶（3人皆陆小学生，因与新军冲突案被开除的）等人参加。

“历史研究会”表面上说是研究历史，实际上是宣传《民报》所倡议的革命理论,并揭露清军入关后屠杀汉族和各族人民的惨史，以及《大清律》所定的贵族享有许多特权，与近数十年的割地赔款、丧权辱国的外交失败等事实，在思想上鼓动人民起来革命，推翻清王朝的统治。每星期日，都有各校学生热烈参加，由席正铭主持一切。因此，革命思潮得以迅速传播，加入的人逐渐增多。五月中《黔报》登出了历史研究会这个组织，被陆小总办刘安农（泽沛）知道，就挂牌严禁。刘总办的牌告上有这样几句话：“查本堂学科无一不关重要，该生等何独专研历史？盗外界之虚声，干军人之律禁，为此严加禁止。倘敢故违，定予严办不贷！”我们当时研究一下，表面上佯为服从，而暗中活动较从前更为积极，并改为分头联络，很少定期开会。联络的地点则改在东山、螺蛳山等寺庙中。重要会务依然照常进行。当时的昏庸清吏，并不知道这种暗中活动的情况。

三　“皇汉公”的组成

由于河口起义失败的教训，我们深信如果没有陆军第一标的敌忾同仇、青年学生与社会上广大群众的支持，则革命事业是没有成功的把握的。因此，在戊申年三月在王家巷（今勇烈路）朱勇烈公祠成立了“皇汉公”（哥老会组织的名称），专为与陆军第一标目兵们打交道，但对绿营、巡防营、帮会、社会人士的联络也包括在内。在旧时代军队中的人们，大多数都是哥老会的成员。不加入哥老会的人们，不仅是受气，而且很难立足。所以我们利用这个组织，才能靠近他们。同时也考虑到哥老会中有些规则太陈旧，如果原封不动地袭用，恐产生一些不良后果，因此，决定把原有的一些庸俗的规则也改订了。

这个“公口”由席正铭任“大爷”，掌“码头”。席早在家乡沿河县参加了哥老会，已有些基础，他的“票布”（哥老会的证件）当时也是由沿河县寄来的。阎崇阶、朱绍甫任正、副“钱粮”，刘莘园、江务滋、朱导江分任正、副“管事”，张英、姚蕴山、杨匡平、向多三、孔锡九、刘文瑞、何器之等分任其他重要职务。由于这个组织的关系，我们也就很快地联络了陆军第一标基层中一些思想比较进步的人，如班长杨树清、张树臣、张百熙、戴文光、庄鹏程、黄之萌（后在北京炸袁世凯，被捕就义，是三贝子花园四烈士墓中的一人）、吴质夫、林松柏等。从此，每个星期日都有两三个人来请求“归标”（加入这个公口的意思）。为加强这个活动，即由江务滋、向多三、张英等于星期日分别在陈南生家及贺永清家或东山、螺丝山及郊外僻静地方，经常地与各营有势力的目兵联络，和第一营副目邵银州（袍哥，义号上龙头）、二营副目谭仁甫（袍哥，义号上执法管事）、一营正目曹仲武、一营右队正目夏培之、标本部密查金渭滨、征兵营队官黄剑青及其他士兵多人时常交谈畅饮。言谈间都一致表示要报仇雪耻和以“光复”汉族为军人天职，并共同宣誓，以弟兄的义气为重，大家必须终身信守。到了这个时候，陆小与新军的关系直同弟兄手足，感情相当融洽，从前的误会冲突不但不存在，而且认为“英雄遇好汉，不打不成亲”，因此联络工作的进展非常迅速，这是我们所始料不及的。

四 “历史研究会”和“皇汉公”组织的巩固与发展

己酉年（宣统元年，1909 年）冬，陆小第二期学生毕业并升学武昌陆中，以上两个革命组织机构的一部分负责同志即将离开贵阳；同时第五期学生入校，也将增加新力量。李元箸早已进入陆军第一标测绘班，又开辟了一个“新据点”。为使我们活动范围扩大到省外，在二期同学赴鄂以前，又商议决定几点：

（一）在贵阳的两组织，由阎崇阶、何器之共同负责。

（二）席正铭、刘莘园到武昌后立即与武汉、上海的同盟会谋取联络，使我们贵州的组织增加更多的外力支援（后来席正铭、刘莘园等于 1910 年在武昌加入同盟会）。

（三）国事日非，人心惶惶，我们应该迅速调整扩大组织，为避免机密泄露，于第二期同学离校后，即将“皇汉公公口”地点移入陆小学堂内。

（四）加派张英、姚蕴山、杨匡平负校内、校外联络通讯的责任；陆军第一标内部由谭梦之、康俊武、张百熙负责；优级师范、公立中学由何器之、王克仁、张静轩、周春熙负责。己酉冬月，陆小二期同学毕业离校前后，因各方面协调努力，于短时期中，有城中著名“袍哥”如南门的王焕章、北门的赵子良、中城的李先春等几十人及陆小第四期学生肖道生、莫季莹（思谟）、程仲权（毅）、赵龙骧、谷正朝、雷世魁、陈兆龙、史之培、胡寿良（仁）、周维之（景奎），第五期学生李治熙（伯平）、高贞柏、黄幼甫、阎崇文等先后加入这个组织。同时又利用当时一般青壮年喜欢“掉谱”和“拜把”（结为异姓弟兄）的风习，分头接纳。仅在几个月的时间，就发展到一百四五十人之多，组织力量又壮大了。

宣传革命和发展组织虽然达到了一定程度，但力量还不够大，组织尚不健全。陆小全校仅有汉阳造步枪200多支，没有子弹。第三期学生又将在辛亥年（1911年）夏季毕业，升学武昌，今后会务应当如何进行，成为主要问题。所幸江务滋由武昌回到贵阳，担任本校第四期学生的助教，带来了席正铭等在武汉活动的消息。因此，在阎崇阶等未离贵阳以前，做了一些决定：

（一）在陆小第三期学生离黔以后，这两个组织由江务滋、肖道生、莫季莹、程毅、赵龙骧、谷正朝、雷世魁、陈兆龙、史之培、谭梦之、康俊武、张百熙、庄鹏程等分头负责；江务滋因任助教，出入便利，应多搞校内外工作，特别是与陆军第一标的随时联络和交通。

（二）陆军第一标由谭梦之、康俊武、庄鹏程、张百熙负责主持。

（三）征兵营、炮兵队、巡抚卫队由黄剑青负责联络。

（四）学校方面由何器之、王克仁等负责联络。

五　陆军小学首义的情况

辛亥春，杨柏舟来当陆小总办。杨名荩诚，四川秀山人。他假贵州松桃厅籍考上贵州武备学校，毕业后被保送到日本留学，毕业于陆军士官学校。他到陆小接任总办后，对校中行政和教育大加改进，获得了学生们的爱戴。尤其是对学生们的革命活动暗中给予方便。如学生们的朋友来访或者请假和早出晚归，都放宽了尺度。当四川铁路风潮日急、学生们的革命活动更加积极、清巡抚沈瑜庆严厉防范学生的时候，杨对学生训话还是加以勉励。这样，就给学生们很大的鼓舞。

不料在第三期学生毕业时，传来一个不幸的消息，杨柏舟将在暑假中离校，被调任陆军第一标教练官（副团长）。接任总办姜若望，外省人，是个老官僚，学生们感到不满，表示坚决反对。但在那时专制政府下，也知道“不满还是一个不满”，不能反对他不到校。当时学校规定暑假假期不得超过一个月。这次暑假限于七月上旬回校。大家决定自动延长暑假期一个月表示反抗。学生们自己决定，统限于八月初十那天一齐回校，不准一人先到一天，也不希望一人后到一天。先到一天必是奸徒，后到的恐被清吏严办。后来大家果然遵守决定，一律在同一天到校。清巡抚及总办对自动延长暑假事件也未明示做何处理。总办姜若望到校视事才几天，武昌首义消息传来，大家非常兴奋。姜若望即下令学生们的枪支全部缴库收存（学生的枪支原来是自己保管，放在寝室中的）。他这个措施激起了学生们很大的愤怒，同志们就好几次同陆军第一标同志商量起义，尚未得到结果。到九月初九日云南宣布独立，学生们跃跃欲动的革命斗争情绪再不能压抑了。当时迫切希望的是得到各地起义的确实消息，以便伺机而起。清抚沈瑜庆正调动省城外面的巡防营来省，防范陆军小学和陆军第一标，并加调最反动的兴义黄草坝团防营刘显世（如周）营来省镇压起义，至多不过 10 天就可到达。如果再迟延起义日期，敌方布置完备，就可能阻挠革命运动的发展。

九月十三日是星期日，陆小同学商定同陆军第一标目兵商量，必须做出具体确切的决定。同志们出校后，就分头去活动洽谈。最后得到新军同志的答复，决定于本月二十日前后两天内，利用在夜间野外演习（新军通常的野外演习时间是星期六至星期日的上午）的时机，先派兵一排来陆小协助同学们夺取枪支，全部开赴南岳山麓集合。首先解决昭忠祠（现在卫生学校）及南门外各处防营，再行攻城。最重要的是二十日至二十一日拂晓以前，陆小同志必须轮流派遣人员，经常由新桥至洼子街一线活动联络，以免错过机会。

午后回到学校时，大家都喜形于色。由于情绪过于紧张，晚间上自习时，大家忘了顾忌，就三三两两地在讲堂上或自习室中互相传达这个决定。不料为值星学长（区队长）毛凤岗所窃听，他随即命学生肖道生、莫季莹、赵龙骧、谷正朝、雷世魁等到值星官室，拍桌怒骂大家造反作乱，非立刻报告总办、抚台严厉惩办不可。在这样严重的情况下，大家只好说出实际情形，并开导他要认清楚当前局势，参加革命活动。他顽固得很，绝无商量的余地。机密已经泄露，就只有很强硬地对付他。他看见事情严重，边说边走，一出大门，就飞快地向府后街（现在公园南路）姜若望的公馆跑去。大家见他逃走了，料定凶多吉少，已经成了骑虎难下之势，就要罢手，也万万不可能了，便将发生危险的情形转告全体同学，并提议乘着学校中没有官长的时候，破库取枪，早做准备。并推举江务滋、雷世魁分赴城内与南厂新军方面告急。那时全体同学都一致高呼赞同，于是大家像一股洪流一样直冲到军械库，顷刻间步枪就拿在手中了，但是没有一发子弹，大家只好磨利刺刀，准备白刃接战。同时全体同学都剪去发辫，表示革命决心。

约近 9 时，被派入城的同学转来的情报说“姜若望已奉到沈瑜庆的命令，要他即时来校，先行调查，做好严拿首犯的准备。另沈已派巡防营统带胡锦棠率部来校，必要时由姜指挥，做有效的处置，便宜行事，务请注意”等语。同学们立刻布置校内前后门操场上的排哨、步哨，并守着大门。不久，姜若望果然只身来了，要集合全体同学讲话。大家推举莫季莹、程毅、赵龙骧、高贞柏、谷正朝和其他同学 30 余人为代表，拥入姜的办公室，向他说值星官不在校，同学们不同意集合讲话，请就在这里房内会谈。当时他看见门外警戒森严，室内同学荷枪林立，横眉怒目地瞅着，他勉强表示同意。但大唱其“忠君爱国”的调子，说什么“皇恩浩荡”，军人必须守纪律，又说造反的人，将来要罪及九族。同学们毫不留情地指责他，要他注意今天晚上的情势，不然，只好对他不客气。大家又一齐将刚剪下来的辫子给他看，并且严重地警告他说：“在会谈没有得到结果以前，不要轻离座位，以免不便！”在这样的情况下，双方相持了一个多小时。他看见形势不佳，才勉强假惺惺地说：

（一）你们既说与陆军第一标协商好了一致行动，我主张等候新军先行发动，你们作为附和，我就赞同，否则万万不可。因为你们人数太少，没有子弹，危险很大。

（二）希望大家暂时安静，等候江务滋交涉回来，不要轻举妄动。

（三）准许我与新军杨前总办柏舟通电话询问，再来共同取决。

大家答应了，派人跟他到电话室，因为电线已剪断，他仍然转回办公室，继续谈判。

当大家与姜若望开始谈话时，队长阮俊斋（德炳）、学长邝质夫（龙俊）先后来到学校。同时又发觉胡锦棠部陆陆续续地来到，校外情况紧急。同学们在内操场上包围着阮俊斋，要他表示态度。他思想顽固，出言不逊，反对革命，激起了大家的愤怒，当时有人怒吼："杀他！"结果将他押解到总办室，与姜一同看守着。邝质夫见到事情不妙，当下表示愿与同学们共同行动。他谈话时，将他的假辫子取下来，证明他早有革命思想。并说：今天晚上，同学们的起义，恰恰是他的夙志。同志们都推他为临时的领队长，因为负责人江务滋到新军去请援未归，情况紧急，必须有个老练的人来指挥，好应付瞬息万变的局势。并做出紧急决定：

（一）严密看守姜若望、阮俊斋，防范他们与胡锦棠部内外呼应。

（二）如果胡锦棠部发动围攻，必须先处决姜、阮两人，邝质夫即指挥队伍向学校的西南面突围，出校后由新桥上流徒涉过河，直向南厂与陆军第一标会合。

当晚 11 时左右，新军目兵全体起义，响应我们。清抚沈瑜庆闻警，打电话向新军询问，新军同志诳言袁标统已被革命军三枪毙命，现在南厂营内尚混乱中。沈下令炮兵队选定阵地向新军、陆小两处轰击。炮兵队回答说："所有炮栓已经被人盗去，尚在追查中，现听候处分。"抚署卫队亦同时向他请示说："如果陆小和新军的队伍打进城来，我们是向外面打呢，还是向里面打？"当时沈瑜庆知道大势已去，即派巡警道贺国昌和劝业道王玉麟出面，代表他到谘议局向议长谭西康及自治学社领导人张百麟等交涉，表示立刻调回包围陆军小学的胡锦棠部，当即取得协议。九月十四日凌晨 2 时左右，由黄剑青、胡寿山运送子弹一箱到达陆小。同时陆小与新军取得联系，双方商定于拂晓时由杨柏舟率领陆军第一标和陆军小学两处的起义部队入城，同社会人士以及进步团体到达谘议局。贵州就在这天宣布“光复”了。

六　陆军第一标起义的情况

九月十三日晚上9时左右，陆军小学助教江务滋等到南厂陆军第一标的营中告急说：“陆小同学已于晚间八时发动起义，现在被巡防营胡锦棠部包围，情势危急，特来请求新军兄弟们火速援救。”这个消息顷刻传遍各营，你来我往，全标都骚动了。

11时左右，标统袁义保闻讯，命令全体官兵集合训话，各营官兵都表现愤怒情绪，人声嘈杂，秩序混乱。袁在队前训话，他开口便使用压制的语气说：“近来外面谣言很多，军人以绝对服从为天职，应当严守军纪。今晚上你们深夜不睡，已犯了营中禁令。总值星官应该立即……”他的话还没有说完，杨树清即从队伍中砰的一枪，对空射击，并喊道：“我们就是不能再‘绝对’了！”登时队伍哗变。差弁李正邦即将袁扶走，送回标本部。这个时候，杨柏舟就出来说：“请大家不要闹，有事可以商量，我绝对负责任帮助解决！”于是杨树清、谭梦之、康俊武等就向杨柏舟提出：“现在武昌、云南已经先后起义，我们贵州不能再坐着等待，让人家来打我们。今晚巡防营胡锦棠部为什么去包围陆军小学？是否胡部还要来袭击我们，也不见我们做什么准备。袁标统还说我们妄听谣言，不守军纪。我们有责任去保卫治安。况且陆军小学的同学们与我们谊同手足，更不能见死不救！我们已经得了全体同意，即刻出动，援助陆小，共同起义。”杨柏舟表示说：“陆小方面的情形我已有所闻，因为有好几个官长和头目续假未回，不便做出决定。现在大家既有这个表示，我愿意与大家共同行动。各营快把队形排好，听候命令！”话毕，杨柏舟就口述命令，分派各营的任务：队官赵德全（湖北人，字纯臣）率所部即刻出发，布置队哨（连哨）于马家坡，排哨于新路口，监视包围陆小的胡锦棠部，其余的部队，即做战斗准备，候令出发。

九月十四日午前一时左右，胡锦棠的哨官（连长）石玉清、曹福龙两人到了新军的前哨线上，口称要向新军办交涉。新军派正目谭仁甫与他们谈话。石、曹两人说：“我们二人是奉管带（营长）的命令来向你们说明，我们的部队是奉抚台的命令来监视陆军小学学生，防范他们造反。完全与你们新军没有关系，请你们不要误会。”谭仁甫代表回答说：“明明是你们在造反，你们还要说陆军小学造反。我们奉命令来监视你们的部队，现在只有遵照命令办理，不知道什么误会不误会，也没有什么交涉可办！请你们两人回去，就这样代为答复。”石、曹二人就回去了。

不久，新军的前哨报告说：“胡锦棠部现在正向西北方面撤退，请指示前进哨的位置。”当时即命赵德全派兵一部立刻入城，直趋大兴寺（现在人民检察院右侧）军械库，夺取库存的枪弹，以免资敌。计得差板枪（格利生式）800多支，子弹多箱。除分配陆军小学的子弹派专人（黄剑青等5个人）送去外，还分配给驻马棚街（现新华路）的新军第一标徒手部队许多枪支。这样处理完毕后，即近拂晓。

杨柏舟率领陆军小学和陆军第一标部队由大南门、次南门入城。路过大十字，在大兴寺的一部队伍即加入行列，直到谘议局

（现在富水中路评剧院），会同各进步团体及革命人士，组织“大汉军政府”，并推杨柏舟、赵德全为贵州军政府正、副都督，宣布独立。

七　“光复”后陆小和新军的概况

陆小入城后负责防守西门至大南门，注意防御已到达安顺的刘显世团防营来贵阳的行动。一星期后，刘部投降，又调守藩库及其他的机关，将近一月，始奉命回学校。十月中，军政府改陆小为军官学堂，命邝质夫、程毅筹备扩大，给学生正军校（上尉）军衔，并每人奖白银 10 两。又特许携枪回籍省亲。冬月中，散学回家过年，限于壬子年正月回校。后来时局变迁，这个军官学校并未成立，而陆小一部分同学所组织的“历史研究会”和“皇汉公”两个革命机构亦随着消逝。

陆军第一标入城后，扩充为 3 个标。第一标标统叶占标奉命援川，第二标标统肖鸿宾和第三标标统鄢元发两部随杨柏舟入湘援鄂。后来唐继尧军假道入黔，黔中的陆军多被滇军消灭。在贵州辛亥起义曾立功绩的陆军第一标的系统，从此便瓦解了。

附　记

这篇记事中第一节至第四节是阎崇阶和刘莘园（作者）的回忆，第五节是莫季莹的回忆，第六节是谭仁甫的回忆。作者根据这些回忆综合写成此篇。事隔 50 年，同学们死亡很多，存者又散处四方，无从访问，又无文字资料可供参考，仅凭几个人的回忆，遗漏和错误的地方当然在所不免，希望同志们给予纠正和补充。

（选自全国政协文史资料研究委员会编《辛亥革命回忆录》第3集，中国文史出版社2012年6月第2版）